21世纪高等院校
人力资源管理精品教材
Elaborate Textbooks on HRM for Higher Education

全国优秀畅销书

姚裕群 曹大友 / 主编
石永昌 李从国 周小舟 / 副主编

职业生涯管理

Career Management
5th edition

第五版

东北财经大学出版社
Dongbei University of Finance & Economics Press
大连

图书在版编目（CIP）数据

职业生涯管理 / 姚裕群，曹大友主编．—5版．—大连：东北财经大学出版社，2021.10（2025.8重印）

（21世纪高等院校人力资源管理精品教材）

ISBN 978-7-5654-4309-1

Ⅰ．职… Ⅱ．①姚… ②曹… Ⅲ．大学生-职业选择-高等学校-教材 Ⅳ．G647.38

中国版本图书馆CIP数据核字（2021）第158754号

东北财经大学出版社出版

（大连市黑石礁尖山街217号 邮政编码 116025）

网　址：http://www.dufep.cn

读者信箱：dufep@dufe.edu.cn

大连金华光彩色印刷有限公司印刷 东北财经大学出版社发行

幅面尺寸：185mm×260mm 字数：441千字 印张：20.75

2021年10月第5版 2025年8月第4次印刷

责任编辑：石真珍 责任校对：石建华

封面设计：冀贵收 版式设计：钟福建

定价：49.80元

教学支持 售后服务 联系电话：（0411）84710309

如有印装质量问题，请联系营销部：（0411）84710711

总 序

改革开放以来，我国经济和社会发展取得了举世瞩目的巨大成就。从人力资源开发的角度来看，我国改革开放的一切成就无不得益于人性解放所爆发出的社会与经济能量。正是在市场经济条件下，人力资源向人力资本转化并不断积聚和集中，从而形成巨大的物质力量，推动了中国经济社会的强劲发展。确立建设人力资源强国战略和持续投入人力资本，是进一步推动国家发展、社会进步、人民生活水平提高的不竭动力。纵观历史，劳动力转化为商品、人力资源转化为人力资本的当代，是人类历史上最为辉煌的时代。从世界范围来看，所有发达国家都高度重视人力资本的投入，发展最快的发展中国家都处在人力资源利用效率最高的历史时期。展望未来30年，世界经济的竞争将是人力资本的较量，支撑中国和平崛起的根本动力是人力资源开发所释放出来的巨大能量。

中华人民共和国成立70多年尤其是改革开放40多年的历史，是一部转变人的分工角色、社会身份的历史，是不断解放人的思想、调整分配关系、提高人力资源利用效率的历史。因此，无论是短期设计还是从长计议，都必须深入贯彻以人为本的发展观，大幅度提高社会保障度，大幅度提高劳动者的工资，积极转变人们的社会身份，把世界上最丰富的人力资源转化为人力资本，迅速增加人力资本的存量和流量，大力推进人力资源管理向人力资本经营转化。显然，人力资源开发与管理的理论研究和实际应用，是一项充满挑战和希望的伟大事业；建立具有中国特色、与国际接轨的人力资源开发与管理体系，是我们追求的宏大目标。

目前，我国高水平的人力资源管理专业人才与经济社会发展的需求之间存在很大缺口，编撰 套好的教材是推进人力资源管理专业发展和提升我国人力资源开发与管理水平的需要。为此，东北财经大学出版社组织多所知名高校人力资源管理专业的资深教师，联合打造了“21世纪高等院校人力资源管理精品教材”。本系列中各本书的主编均为学有成就的教授和博士生导师，他们丰硕的科研成果和教学经验，足以保证这套教材达到精品水平。

有优秀作者的大力支持，有策划者的努力付出，有良好的财经教育出版平台，相信本套教材的出版能创造很好的社会价值，对我国人力资源管理实践的发展、人力资源管理学科的发展和人力资源管理专业人才的培养产生积极的作用。

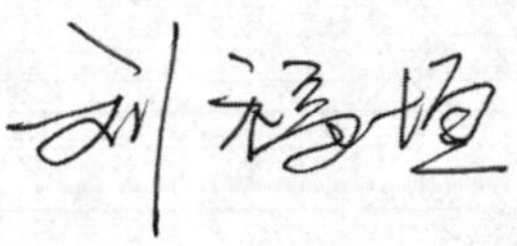

第五版前言

2020年，是中国经济社会发展长河中极不平凡的一年。面对新冠肺炎这一对人类危害特大的烈性传染病，党和政府本着人民至上、生命至上的理念，领导全国人民共克时艰，经过持续不断的付出与拼搏，取得了医疗救护与科学防控的阶段性胜利。在强力应对这一突发且严峻的疫情的同时，我们在努力并有效地恢复生产，推动经济发展，应对贸易战、科技战，取得了很好的成效和多方面的成功。

回望2020年，我们看到：

2020年，我国的GDP经历了下滑、回升，增长率达到了2.3%，实现了经济的正增长，成为2020年全球唯一实现经济正增长的主要经济体。

2020年，我国进一步推动经济社会发展，特别是高度重视科学技术发展，大力推动创新，我们也在进一步对"'十四五'全面擘画"。

2020年，我国的脱贫攻坚战取得决定性胜利，全国所有的贫困县全部"摘帽"脱贫。全面建成小康社会是历史性成就，实现中华民族伟大复兴的梦想越来越近。

2020年，我国在大力抗击疫情、保持发展的同时，也积极地帮助他国。显然，不仅经济全球化不可逆转，病毒也跨越国界、跨越人种而在"全球化"，在全球性的疾患中，人类确实已经成为命运共同体。

中华民族，大有希望。

习近平总书记在2021年新年贺词中指出，"'十三五'圆满收官，'十四五'全面擘画"。2021年，"十四五"规划开局以后，经济、社会、科技都会进一步发展，会创造数量巨大的经济需求和新的职业机会。我们将迎来长期的、更好的职业发展前景。

2021年7月1日，我们迎来了中国共产党的百年华诞，习近平总书记代表党和人民庄严宣告，经过全党全国各族人民持续奋斗，我们实现了第一个百年奋斗目标，在中华大地上全面建成了小康社会，历史性地解决了绝对贫困问题，正在意气风发向着全面建成社会主义现代化强国的第二个百年奋斗目标迈进。这将给中国带来长期的经济社会繁荣的格局，将给广大中国人民特别是亿万学子和青年劳动者带来更好的职业发展前景。

编者致力于就业、职业和人力资源学科的研究与教学近40年，深刻体会到社会越发展，越显现出这门学科的重要性。在东北财经大学出版社的支持下，《职业生涯管理》一书顺利出版，在2021这一重要年头，我们又进行了第五版的精心修订。自己的书就像自己的孩子，总盼着她成长得更好。

党的二十大报告提出"教育、科技、人才是全面建设社会主义现代化国家的基础性、战略性支撑"，强调"必须坚持科技是第一生产力、人才是第一资源、创新是第一动力"。新修订的《中国共产党章程》也首次加入了"充分发挥人才作为第一资源的作用”的表述和要求。这些新表述、新要求为做好新时代的人才工作提供了科学指南和根本遵循。

本书突出职业生涯学科知识的系统性和人力资源管理、社会职场层面的特色，其中有关大学生就业后的职场适应与成长、不同职业（技术或管理）的发展路径、用人单位对员工的管理、用人单位的职业生涯规划工作等方面的内容，能够让读者更广泛和深入地了解职场知识，学习有关方法，因此，它不仅适合用作高校人力资源管理等专业的专业课教材，对其他专业的师生来说，也是一本有着突出特色和很高实用价值的“大学生职业生涯管理”类必修课教材。此外，本书还可以供人力资源管理工作者和一般职场人士学习和参考。

第五版除了较大幅度调整内容结构、更新理论知识外，还在每一篇篇首结合相应的思政目标融入了课程思政内容，更新了部分章节的案例。在配套资源方面，每章都配有职业测试，助力教学，促进读者更好地认识自己、认识职业，大大提高了本书的实用价值。为了进一步丰富学习的内容与形式，本书每一章都设置了二维码链接，链接的内容包括与教材主要内容相关的拓展知识、案例分析提示和职业测试结果，读者使用手机扫描二维码即可阅读。为方便教学，本书配有网络教学资源包，使用本书的任课教师可登录东北财经大学出版社网站（www.dufep.cn）查询或下载相关资源。

本书由西华大学客座教授、中国人民大学劳动人事学院教授姚裕群，西南政法大学管理学院教授曹大友担任主编，山东工商学院副研究员石永昌、河南大学副教授李从国、中国青年政治学院副教授周小舟担任副主编。本书具体的写作分工如下：姚裕群编写第1、2、6、9章；石永昌、吴现波编写第4、7章；周小舟编写第3、5、8、13章；李从国编写第10、11章；张项民编写第12章；曹大友、邓上、陈晨、肖明发编写第14、15章；姚裕群、周小舟编写各篇思政内容。衷心感谢各位合作者的辛勤劳动和大力配合。

希望各位读者对本书多提意见、建议和要求，帮助我们进一步完善本书，有关意见和建议可发至电子邮箱Yyq_365@163.com。

最后，祝愿大学生们今天学业出色、明天职场出色；祝愿老师们教学出色、学术发展出色；祝愿人力资源管理工作者和所有职场人士工作出色、职业生涯发展也出色。

编　者

2021年7月

（2024年8月修改）

目　录

第一篇　职业生涯原理

第四篇 职业生涯发展

第一篇　职业生涯原理

思政之光

思政目标

通过学习下面的材料，从宏观层面和理论角度认识职业、思考职业、了解社会，认识我国社会主义市场经济体制的内容和优越性，了解我国经济、社会、科技发展的良好格局与未来的宏伟前景，进而看到我国持续发展的经济、社会、科技环境中的职业发展机会，形成正确的价值观、人生观和职业观。

学习材料

材料一：

展望二〇三五年

党的十九大对实现第二个百年奋斗目标作出分两个阶段推进的战略安排，即到二〇三五年基本实现社会主义现代化，到本世纪中叶把我国建成富强民主文明和谐美丽的社会主义现代化强国。

展望二〇三五年，我国经济实力、科技实力、综合国力将大幅跃升，经济总量和城乡居民人均收入将再迈上新的大台阶，关键核心技术实现重大突破，进入创新型国家前列；基本实现新型工业化、信息化、城镇化、农业现代化，建成现代化经济体系；基本实现国家治理体系和治理能力现代化，人民平等参与、平等发展权利得到充分保障，基本建成法治国家、法治政府、法治社会；建成文化强国、教育强国、人才强国、体育强国、健康中国，国民素质和社会文明程度达到新高度，国家文化软实力显著增强；广泛形成绿色生产生活方式，碳排放达峰后稳中有降，生态环境根本好转，美丽中国建设目标基本实现；形成对外开放新格局，参与国际经济合作和竞争新优势明显增强；人均国内生产总值达到中等发达国家水平，中等收入群体显著扩大，基本公共服务实现均等化，城乡区域发展差距和居民生活水平差距显著缩小；平安中国建设达到更高水平，基本实现国防和军队现代化；人民生活更加美好，人的全面发展、全体人民共同富裕取得更为明显的实质性进展。

资料来源　中共中央关于制定国民经济和社会发展第十四个五年规划和二〇三五年远景目标的建议.

材料二：

改革是中国发展的最大红利

改革是当代中国经济社会发展的动力源泉。实现经济持续发展，仅有物质资本、技术进步、人力资本和资源禀赋这些条件是不够的，还需要持续的制度变迁提供动力。30多年（注：该文发表于2013年）的改革开放实践证明，解决生产关系与生产力发展不相适应问题，确保经济持续健康发展，必须依靠改革。改革是促进各类要素创造新红利的主要手段。在劳动力、资本、自然资源、技术创新和制度安排等影响经济发展的要素中，制度安排处于最为重要的位置。一方面，制度可以协调资本，适合的制度可以充分调动资本所有者和使用者的积极性，从而加速资本循环和再生，加快经济发展；另一方面，能够有效保护产权的制度安排，可以促进个体与个体、个体与组织、组织与组织之间的分工合作，最大程度调动各种要素所有者的积极性，促进技术创新和生产力发展。

改革能带来哪些红利？

提高资源配置效率。改革开放以来，从“计划经济为主，市场调节为辅”到“有计划的商品经济”，再到“建立社会主义市场经济体制”，改革的深化提高了资源配置效率，使社会财富不断涌流出来。具体来说，推行农村家庭联产承包责任制、国有企业股份制改革、分税制改革等，使市场配置资源的基础性作用得到越来越充分的发挥，资源配置不断优化，激发了市场活力，促进了经济的跨越式发展。

提高全要素生产率。我国经济从20世纪80年代开始到现在保持了年均近10%的高速增长，这在很大程度上依靠的是全要素生产率的提高。研究表明，改革对全要素生产率的提高起到了关键作用。例如，农村经济体制改革提高了农业劳动生产效率；改革加快了工业化进程，促使农村富余劳动力从农业转移到工业，由于工业生产效率高于农业，因而提高了全要素生产率。

资料来源 郝寿义，蒋宁．深化对改革红利的理解［J］．上海集体经济，2013（5）．

材料三：

自学成才、无愧时代的“中国爱迪生”

蔡祖泉，被人称为“中国的爱迪生”“中国的照明之父”，他从一个学徒工走上了光源研究的道路。抗日战争时期，年仅16岁、只有小学三年级文化程度的蔡祖泉就到当年的中法药厂玻璃制造车间当学徒，生产玻璃药水瓶，在那里从事了10年的玻璃制造工作。他曾协助几位大学教授从事药剂实验工作。后来，上海交通大学物理系建设X光管实验室，周同庆教授和方俊鑫教授希望将他调去协助进行X光管研发工作。

1951年，在上海市的一次座谈会上，一位教授向陈毅市长递了张条子，认为蔡祖泉对玻璃真空有研究，应该调任专业技术岗位工作。陈毅市长对知识分子非常重视，很快将工人出身的蔡祖泉调到上海交通大学担任技术员。1952年，我国高校院系大调整，他被调到复旦大学继续从事X光管的研发工作，并负责玻璃和金属铜圈的焊接技术攻关、X光管的玻璃封接及对玻璃真空系统的维护。

1955年，在周同庆教授的领导下，我国独立研发成功了第一支X光管，填补了国内市场技术的空白，年仅30岁的蔡祖泉受到莫大的鼓舞和启发。他看到研发X光管的真空系统主要设备都是依赖进口的，便立志要为国家多做些贡献，在这一技术领域走出自己的创新之路。经过他的钻研，1956年，我国第一只立式三级玻璃油扩散泵试制成功。随即他又研制麦克劳水银真空斗。这些技术和设备的研制成功，为后来新型电光源的研究开发和生产打下了技术和物质的基础。

蔡祖泉曾希望读大学，并考上了南京工学院，但因为玻璃真空研究工作需要，他并没有读成。他一生的科研知识全靠坚持不懈的自学和实践获得。

20世纪60年代，自学成才的蔡祖泉创建了我国第一个电光源实验室，开始了该领域的系统研究。1961年，蔡祖泉与同伴们初探我国的科学空白领域——电光源，着手研制国内的第一盏光源——高压汞灯。同年，复旦大学电光源小组成立。我国电光源史上第一个氢灯、第一个高压汞灯、第一个氪灯、第一个长弧氙灯等一系列成果陆续从他手上诞生，大大缩短了我国电光源研究水平与国际上的差距。长弧氙灯在上海人民广场被点亮后，这盏100千瓦的“人造小太阳”，被称为中国人的“争气灯”；25千瓦水冷电极短弧氙灯被用作航天工业部大型空间环境模拟设备“太阳模拟器”的光源。1985年起，蔡祖泉开发了中国人自己的系列节能荧光灯。他认识到：“中国需要强大，光源更需要自主创新！有自己的新技术，我们就能站起来。”

20世纪80年代，蔡祖泉的科研工作进入了一个全新的发展时期。一方面，他积极从事学术论文的写作和国际光源与照明的学术交流，多次出席国际性科技研讨会议，了解电光源的最新发展状况，并及时将国际上的专业信息传至国内企业，指导我国光源照明的研究和开发。另一方面，针对现代化经济建设的需要，在成功研制新光源的基础上，他更加注重进行二次开发——工程化开发——的研究，使科研成果迅速转化为生产力，取得极大的经济和社会效益，并获国家科委推广二等奖。1984年，蔡祖泉提议在复旦大学开设光源与照明工程专业。如今，这个光源与照明工程专业已经培养出无数优秀人才。1988年，本着强烈的民族责任心，他克服种种困难，成立了中国自己的照明学会。

1992年退休以后，蔡祖泉依然心系创新，在上海市科协副主席、上海市照明学会理事长岗位上兢兢业业，谋划建言。卸任后，蔡教授仍坚持每年做出一两个专利。他说：“爱迪生到晚年仍坚持发明研究，这一点我得向他学习，能活多久，就工作多久。”

2007年，在蔡祖泉的直接推动下，被誉为光源界“奥林匹克会议”的国际电光源科技研讨会第一次在中国召开。在会上，国内外企业家、研究人员深入交流，中国电光源力量精彩亮相。他对身边的亲人同事说：“我最大的心愿已了。”

资料来源　蔡中敏，洪梅芬. 父亲蔡祖泉的“光明道路”[J]. 档案春秋，2018（7）.

材料四：

浙江省实施人才强省、创新强省战略

“十三五”时期，浙江省的科技创新产业升级取得重要进展。“互联网+”、生命健康、新材料三大科创高地加快建设；杭州城西的科创大走廊建设加力加速；之江实验室、西湖实验室纳入国家实验室建设序列；首批浙江省实验室启动建设；实施“尖峰、尖兵、领雁、领航”计划；形成73项自主可控进口替代成果……

在这样的形势下，浙江省又提出要实施人才强省、创新强省首位战略。2021年1月26日，浙江省省长郑栅洁在浙江省第十三届人民代表大会第五次会议上做政府工作报告时指出，在加强高端人才引育方面，浙江省的目标是5年集聚领军人才5 000

名以上、新增高技能人才100万名以上。

资料来源　郑栅洁. 浙江省政府工作报告［R］. 2021-01-26.

思政格言

世界是你们的，也是我们的，但是归根结底是你们的。你们青年人朝气蓬勃，正在兴旺时期，好像早晨八九点钟的太阳。希望寄托在你们身上。

青年人应具备两点，一是朝气蓬勃，二是谦虚谨慎。

——毛泽东

天行健，君子以自强不息。

——《周易》

辽阔的世界，宏伟的人生，长年累月，真诚勤奋。不断探索，不断创新。常常周而复始，从不停顿。忠于守旧，而又乐于迎新。心情舒畅，目标纯正。啊！这样又会前进一程。

——歌德

第1章　职业基本范畴

学习目标

✓重点掌握职业的概念和特点；
✓掌握职业需求的来源——用人单位的招收要求；
✓理解职业对个人的功能以及职业对组织和社会的功能；
✓了解职业岗位的来源和市场经济环境下的职业体制；
✓了解职业生涯的含义与特点；
✓了解影响职业生涯的各种因素；
✓理解和掌握霍尔关于各生涯阶段的任务和社会情感需求的观点。

引例　**小刚的疑惑**

小刚本科学的是会计专业，大学期间，他的成绩一直很好。大学毕业的时候，和其他同学的想法一样，他认为应该找一份与专业对口的工作，否则大学4年就白学了，而且他在网上做过一个“测测你适合什么样的职业”的测试，最后结果是他适合从事会计这个职业。但是，从心底来说，小刚认为自己并不适合做会计，而且他对将来从事会计这个职业也不是很感兴趣，他认为自己其实更愿意从事销售方面的工作，做市场开拓。于是带着迷茫，他在某职业规划论坛上发了一个帖子，请教该论坛上一位资深的职业规划顾问：“在大学里学一个专业，4年下来，是否性格与天赋会有被定向培养成为适合那个专业的痕迹？比如，我本来不适合做会计的，但学了几年会计后，做一些心理测试，发现居然有做会计的能力。”

该资深职业规划顾问给他的回答是：“首先，这些测试设计不合理；其次，要正确理解职业不适合的含义。”即使职业规划师说你不适合做会计，也不是说你一点都不具备做会计的能力。假如你去做会计，也不是说你一定会做不来。

“不适合”代表了两层意思：

（1）这个职业不能让你发挥你的优势。这里指的是天生的优势——性格和天赋，不是指后天的（如学的专业）。你从事这个职业不能很快地成长和发展，同时也意味着你与其他人竞争时没有最重要的优势——天生的优势。

（2）你从这个职业获得的工作满足感不高，就是说，你很可能做了一段时间后会不喜欢，感到厌倦甚至痛苦。

得到职业规划顾问的回答之后，小刚自己也认真地思考了很多，而且看了很多职业规划方面的书籍，正确地认识到了选择一个好职业的重要性，知道了如何确定自己的职业方向。走上工作岗位以后，小刚发挥了自己的优势，得到了老板的赏识，被提拔为华北区域经理。

资料来源 成功职业指导中心．职业规划师答疑：工作是否应该专业对口？[EB/OL]．[2021-06-06]．http：//www.ienjoyjob.com/anli36.htm.

小刚是如何确定自己的职业方向的呢？我们在做职业规划之前首先应该了解的知识有哪些？

1.1 职业的概念、特点和功能

1.1.1 职业的概念

1.职业的内涵

摆在人们面前的社会职业是一个范围极广的领域，对于“职业”一词的含义，学者们有着不同的看法。

美国社会学家塞尔兹认为，职业是一个人为了不断取得个人收入而连续从事的具有市场价值的特殊活动。这种活动决定着从业者的社会地位。美国著名哲学家、教育家杜威认为，职业是人们从中可以得到利益的一种“生活活动”。社会学对此也提出，职业是人的一种“资源”。

塞尔兹指出，职业范畴的构成包括三个要件，即技术性、经济性和社会性。日本学者保谷六郎进一步指出，职业的特性包括：①经济性，即从中取得收入；②技术性，即可发挥个人才能与专长；③社会性，即承担社会的生产任务（社会分工），履行公民义务；④伦理性，即符合社会需要，为社会提供有用的服务；⑤连续性，即所从事的劳动相对稳定，而不是经常中断。

2.职业的定义

从词义学的角度分析，“职业”一词由“职”与“业”二字构成。“职”包含社会职责、天职、权利与义务的意思；“业”包含从事业务、事业、事情、独特性工作的意思（有的学者用“职是责任、业是业务”这样一句话来反映“职业”一词的含义）。可以说，“职业”在这里反映个人与社会两个方面的内容，是一个个人与社会互动的范畴。

从科学的角度来看，职业是指人们从事的相对稳定的、有收入的、专门类别的工作。它是对人们的经济状况、文化水平、行为模式、生活方式以及思想情操的综合反映，也是一个人的权利、义务、社会职责和社会地位的综合表现。由此也可以说，职业是人的社会角色的一个极为重要的方面。

1.1.2 职业的特点

对职业范畴进一步分析，可以得出，它具有以下特点：

1.基础性

职业是个人和社会存在和发展的基础，因为职业给人们解决了生活的来源问题。人们为了生存，必须从事职业活动，人们的各种社会活动、人文活动，大多建立在职业的基础上，“衣食足而知荣辱”，有了职业生活，才有其他社会生活的基础。

进一步来说，人类社会的各种文明大多建立在职业分工、分化、分类，即职业范畴进步的基础上。人类有了农业，有了农民，就能够利用自然界提供长久的生存资料；人类有了手工业、机器大工业，有了工人，就能够创造品种丰富的、数量巨大的甚至是无穷尽的生活资料和生产资料；人类有了第三产业，有了各种服务性劳动者和管理人员、科学家、艺术家等脑力劳动者，就使得人类社会更加丰富多彩。

2.广泛性

职业问题涉及社会的大部分成员，也涉及社会、经济、教育、技术、心理、政治、伦理等许多领域，因而它具有广泛性。就个人而言，一个人生活的方方面面都与大千职业世界发生着联系。

基于职业范畴的广泛性，诸多的学科如社会学、经济学、管理学、心理学、教育学、政治学、工程技术学、生理学与医学等，都把职业问题作为自己的研究对象。

3.时代性

职业具有时代性，它有两个含义：一是职业随着时代的变化而变化，一部分新职业产生，替代一部分过时的职业；二是每个社会都有自己的“时尚”，它表现为该社会中人们所热衷的职业。

个人与时代精神的关系往往也反映在人的职业取向上。例如：20世纪80年代，大家都追求上大学，然后当工程师、科学家；90年代，人们转而注重第三产业的职业，当时就有“十亿人民九亿商”之说，不少青年人认为从事商业经营、到外企工作是最可心的；21世纪则是IT时代、知本时代、人本时代、全球化时代，高科技领域、健康产业、国际交流领域等的职业大有发展。

4.同一性

某一类别的职业内部，其劳动条件、工作对象、生产工具、操作内容、人际关系等都是相同的或相近的。由于情境的同一性，人们会形成相同或相似的行为模式，有共同语言，很容易相互认同。同行、同事就是因相同职业而形成的有一定类似之处的“业缘”群体。

正是基于职业的同一性，工会、同业公会、行业协会等社会组织得以建立，形成了从业者的利益共同体。工会是一个保障会员们的工资收入、就业机会、福利保险等共同利益的团体；著名的保险行业就是由“船东”这种职业人士基于共同利益和共同认识而创造出来的。

职业的这种同一性，往往会给人打上社会印记，并由此产生“晕轮效应”。这些社会印记都是职业特点的反映。例如：张三是侦探，人们会认为他精明；张三改行搞文艺，人们会认为他活泼而浪漫；张三又去当教师，人们则认为他有学问等。

5.差异性

不同的职业有着巨大的差异，这些差异可能体现在职业劳动的内容、职业的社会心理、从业者个人的行为模式等方面。一般来说，人类社会作为一个有机体，必然存在分工，存在多种多样的职业，这是社会发展的必然趋势。古人说世上有“三百六十行”，现代社会则有着几千种职业，各类职业大相径庭，隔行如隔山。职业的这种差异导致了不同职业者的不同社会人格，以及人在职业转换中面临的矛盾与困难。

随着劳动分工的细化、技术的进步、经济结构的变动和社会的发展，新职业不断产生，旧职业被淘汰。当今社会，职业差异还在继续加大。

6.层次性

众多的社会职业可以区分不同的层次。尽管从社会需要的角度来看，存在的职业都有其社会价值，职业间是不必区分重要与否的，或者说没有“高低贵贱”的等级性，但现实社会中，人们对不同职业的社会评价存在层次上的差别。这种职业评价的层次性，根源于社会分层所引起的不同职业的差别，即从业者的文化程度、工作性质、财产收入、社会地位和社会声望等方面的差别。

不同职业的这些差别，本身是一种客观存在而非因人的主观意愿形成。当社会重视作为个体的人时，就必然承认社会客观存在的职业层次性；承认职业存在层次上的差别，也就应当通过给人们创造平等竞争、自由择业的机会，促进人的向上流动，进而促进社会的健康发展。

1.1.3 职业的功能

1.职业的个人功能

职业是人的一种社会活动和生活方式，又是人的一种经济行为，是人们从社会中谋取各种利益的资源，它对于每一个人都极为重要。具体来说，职业对于个人有以下作用：

（1）职业是人生的主要活动。

职业作为人们参与社会生活、从事社会活动、进行人生实践的最主要场所，从多方面决定了个人的特征和境遇，而且，一个人一生的一大半时间都是围绕职业而度过的。无职业者因为处于社会体制之外，在社会保障尚未健全的情况下，在社会生活方面则会大受影响。

职业生活使从业者进入一种社会情境，这种社会情境因职业的不同而不同，由此，职业就成为使人担任特定的社会角色、形成一定行为模式的条件。

（2）职业是人们获取利益的手段。

①职业是人的主要经济来源。职业作为个人获得经济收入的主要手段，成为个人生存和维持家庭生活的物质基础。“趋利”与“避害”一样，都是生物对外部环境的

必然选择，人的“趋利性”也体现在追求高收入的职业上，收入也就成为人们选择职业的主要标准之一。

②职业可以提供多种非经济利益。通过职业活动，个人可以获得多种非经济利益，包括名誉、地位、权力、各种便利等，进而获得心理满足，达到“乐业”的境界。这些非经济利益有时也可能转化为金钱或者其他形式的经济利益。

社会地位是许多人追求的人生目标。职业类别、职业环境和职业中的不同个人等级（如局长、经理、办事员、服务员、工人等），就是人的社会地位的象征。人们在职业上的努力和奋争促成人们在社会地位“阶梯”中的向上流动。

（3）职业是个人发挥才能的手段。

特定的职业类别不仅要求人具备一定的素质条件，还要求人的才能、特长得到发挥，并成为促进人的能力和个性发展的手段。在当今社会，离开职业这一平台，个体的才能和特长将失去施展的空间。

（4）职业是个人为社会做出贡献的途径。

一个人从事某种职业，就是进入一个社会劳动分工体系之中参与其活动。个人在这个体系中的活动结果，就是他（她）为社会做出的贡献。

2.职业的社会功能

（1）职业发展是促进社会进步的推动器。

职业的社会运动包括个人职业的向上流动、与社会经济结构相联系的职业结构变动、不同职业层级间的矛盾冲突及其解决等，是社会发展与社会进步的动力之一。此外，人们为了追求未来的“好职业”而进行人力投资、学习，也成为推动社会发展的巨大动力。

人们为社会发展做出的贡献，必须通过在一个或几个职业岗位上的具体工作成效体现出来。这种贡献就是对社会分工的肯定与支持。如果没有职业和职业岗位，就没有人的主观能动性与社会发展相结合的载体，也不可能有社会的发展。

（2）职业状况是维持社会稳定的安全阀。

从全社会的角度来看，职业世界是社会存在的基础之一，是社会运行的一种具体方式，也决定着社会成员的阶层划分与社会地位归属。职业涉及人们参与社会生活的动力，涉及人的社会关系，涉及社会的矛盾和冲突，涉及社会财富和利益的分配，涉及人的价值观与整个社会风气，涉及一个社会的平等与效率选择。

就业是民生之本。解决好广大社会成员的就业出路和职业生涯发展问题，使“无业者有业、有业者乐业”，使人们在职业方面各得其所，是社会管理者和政府应尽的责任。鉴于职业问题的重要性，政府部门也把它作为宏观管理的重要对象。

职业是人的重要生活方式，“安居乐业”是人们的共同愿望，“仓廪实而知礼节，衣食足而知荣辱”。可以说，政府实施的就业政策、制度，大多是为了实现各种社会目标。例如，政府提高最低工资水平，在一定意义上是为了缩小收入差距、缓和社会矛盾；再如，政府为公众创造就业岗位，促进“充分就业”，是为了减少社会问题，达到维持社会稳定进而实现社会和谐的目的。

（3）职业活动是影响组织绩效的重要因素。

从组织即各类用人单位的角度来看，职业是其从社会吸收人力资源的具体岗位，也是其使用人力资源的具体方式。

对于一个用人单位来说，选拔和配置合格的员工，是实现经营目标或完成工作任务的重要保障；选拔出色的技术人才、管理人才，是在竞争中制胜的诀窍；用好人才，培养好人才，关心员工的个人发展，是增强凝聚力、提高经济效益的重要手段。这些都涉及人的职业问题。

企事业单位和政府机关需要大量具有较高专业技能水平的人才，成为人们关注的重要领域和职业竞争的重要场所。

总之，解决好员工的选拔、使用、安置问题，解决好组织成员的个人职业发展道路问题，是各类用人单位的重要工作，也是其实现可持续发展的根本保证之一。

1.2 职业岗位

1.2.1 职业岗位需求之源——社会消费

1.职业岗位链条

社会对人力资源的需求，是用人单位雇用人员和职业岗位得以存在的原因。人作为职业劳动者，是一种对用人单位的经济要素供给；职业岗位则是一种相对于人力资源供给的社会经济要素需求。

一个社会要进行生产经营、经济活动，一个企业要雇用人员，必然要对人力资源、物质资源（诸如厂房、机器设备、原材料）提出需求。一个社会、一个企业为什么要提出这种资源需求？其内在的原因就是社会消费。从社会经济活动的总体来看，消费包括两部分，即物质产品的消费与劳务的消费。消费是社会经济活动进行的动力，是社会生产得以持续进行的条件。当社会上有了一定的消费要求以至形成一定的购买力以后，就会有满足这种需求的社会生产，而有了社会生产，就有对人力资源的需求。

在社会上具有一定的有支付能力的消费需求的条件下，一些经济组织认为，自己从事满足该种需求的社会生产可以实现盈利。这样，各个经济单位就有了对各种生产要素，包括对特定职业劳动者的需求。例如，在北方，许多家庭搬进楼房，他们希望居室的空气清新湿润，于是就有人开办生产加湿器的工厂，这些工厂就要雇用各种技术人员、管理人员和生产工人。再如，伴随着消费者对个性化服装需求的增加，时装厂就会出现，它们就要招收时装设计师、裁剪工人和缝纫工人等。可见，人力资源需求是根源于社会消费的，是由满足这种消费的生产单位所提出的，因此我们把它称为“派生需求”或“引致需求”。

用框图表示这种联系，如图1-1所示。

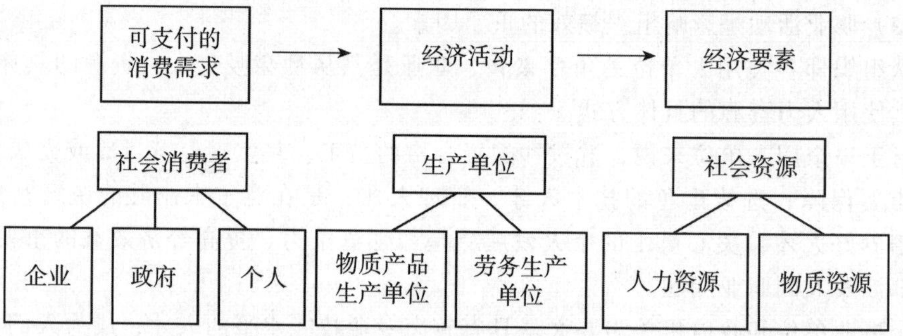

图1-1 职业岗位来源图

2.原有需求和新增需求

一个社会在一定时期的人力资源需求，实际上包括原有的并仍然维持的人力资源需求和追加的即新增的人力资源需求两部分。

原有的人力资源需求一般可以由原有的人力资源供给来满足，其中一小部分会发生变化，如离职、退休等，需要招收新人予以补充。当生产条件变化（如企业压缩生产规模、更新生产设备、转产或停业）时，还可能减少对原有人力资源的需求，即要辞退人员，减少工作岗位。

新增人力资源需求则来源于企业扩大生产经营规模、建立新的分支机构等情况。人力资源需求增加的根源，在于社会消费总量的增加和相应的消费结构的变化。社会越富裕，需要消费的产品数量就越大，新增的人力资源需求也就越多。

1.2.2 职业岗位的提供者——用人单位

企业、事业单位、政府机关等用人单位是庞大的职业世界之中的一个个细胞，是微观的职业需求单位。一个人要寻找工作，必须到某一个用人单位去求职。各个用人单位的工作特点、生产与工作内容、规模大小、机构设置和分工状况各不相同，因而它们需求的职业种类、人员数量和招收人员的条件都有所不同。

求职者面对的是一个个具体的招收单位。这些单位自然要提出各种具体的要求：招收哪个岗位、哪种职业的人；工作任务是什么；对应聘人员的学历、专业、身体条件的要求是什么，他们应有哪些工作履历和经验，有什么长处，拥有什么资源等。

有的用人单位非常渴求人才，有用才的新观念，也非常注重“人”的职业生涯的发展，它们让受聘者认识到：如果到该单位就业，就会有良好的前途。例如，一家广告公司的招聘广告词是：“××的许诺——是金子让你闪光，是千里马助你腾飞。××人升起‘不拘一格降人才’的大旗，欢迎志同道合、有志于献身中华广告事业的友人相识相聚。”

1.2.3 职业岗位数量

一个社会的职业岗位“多”还是“不多”，不是一个绝对量的问题，而是人力资源供给、需求两个方面的关系问题。二者的这种数量比例关系，是一个社会就业状况最基本的成因。

人力资源的供给与需求的关系，从总体上可以分为三种基本状况，即供过于求、供不应求和供求平衡。下面分别进行论述。

1.人力资源供过于求的状况

人力资源的供给大于社会对其的需求，表现为职业岗位缺乏、社会就业不足，存在一定数量的失业人员或求业人员。这种状况是对社会人力资源的闲置和浪费。此外，在人力资源供过于求的局面下，还会存在在职失业、停滞性失业、潜在失业等不明显的状态。

人力资源供过于求的原因可能是资本缺乏、物质资源的供给数量不足导致生产停滞或者产量下降；可能是人口、人力资源数量增加过快；可能是生产过剩、企业减产、产业调整，使资本排斥已经吸纳了的人力资源；可能是企业、部门和国家在促进技术进步、提高经济效益方面的努力使得现有的就业人员被辞退或者分流下岗。

总之，在这种条件下，社会的职业岗位缺乏，人们选择职业的余地较小，就业出现较大的困难。造成人力资源供过于求局面的原因是复杂的，解决方法也应该是多方面的。

2.人力资源供不应求的状况

人力资源的供给小于社会对其的需求，表现为一个国家或地区缺乏劳动力，其结果是影响正常的经济活动，使经济增长受到一定限制。通常，在经济持续增长特别是高速增长的形势下，人口、人力资源的增长速度相对较慢，这时就可能出现人力资源供不应求的现象。

从社会的角度来看，这时社会上职业岗位的数量很多，人们容易找到工作，因而职业选择的余地也就较大。

需要注意的是，当某个地区、部门感到劳动力供给趋紧时，即社会人力资源供给的增量赶不上对其需求的增量时，应该分析这种扩大的人力资源需求，是否能通过企业自身产出率的提高或者通过“物”对“人”的替代（提高资本-劳动的比率，如升级设备、提高自动化程度、使用机器人）来满足其中一部分甚至全部。

3.人力资源供求平衡的状况

人力资源供求平衡是指人力资源的供给与社会对其的需求基本上达到一致的状态。这种平衡应当包括数量、质量、职业类别等方面的内容。人力资源供求平衡，除了宏观层面的平衡，还包括在结构上、微观上达到平衡。

从动态角度来看，人力资源的供给与需求都在不断变动，其方向、速度各有不同，这样，又会对原有人力资源供求关系产生影响，既可能加剧原有的不平衡，又可能使其趋向平衡，还可能使平衡状态发生转化（由供不应求变为供过于求或者由供过于求变为供不应求）。对近期和未来的社会人力资源供求关系做出正确的估计，是个人合理确定职业大方向的基础。

从理论上说，一个国家或地区人力资源供求平衡的标志是：一方面，人力资源的供给能够被社会全部吸收；另一方面，社会对人力资源的需求又能全部得到满足。在现实生活中，这种理想状况是罕见的。比较现实的目标是达到人力资源供求的基本平衡。从这个意义上说，人力资源的供求平衡也是相对的。

人力资源供求基本平衡的现实标志是：要求就业的人绝大部分能够得到就业岗位，既不存在大量长期失业人员，也不存在长期和大量缺乏人力资源的部门、行业。少量的人力资源处于短期失业状态，是经济正常运行条件下不可避免的现象。这种现象的存在不能被认为是对供求平衡状态的打破，它是人力资源供求在实现平衡的过程所必须付出的代价。这是因为，个人要选择职业，用人单位也要选择人员，这两种选择都要花费一定的时间，由此所形成的失业被看作合理的失业。在实行市场经济体制的国家，达到充分就业时，仍然存在一定的失业。

1.3 市场经济与职业

1.3.1 市场经济的含义

这里我们首先要对“市场”这一重要范畴建立正确的认识。“市场”一词具有多方面的含义。

1.市场是指某种物品交换的场所

交换物品的类型和特性不同，交换的规模和区域不同，交换者们的习惯不同，都会使得市场的形式与运作产生差异。

2.市场反映了物品或资源交换者双方的关系

“关系”在这里也有多重含义：其一，价值和效用的经济交换关系。一般来说，这种交换关系应当是等价交换的关系，但是交换能否“等价”取决于对要交换物品的价值或效用的衡量，物品的供求关系，交换者双方的知识、信息和决策行为。其二，交换者主体之间的位势，这往往由交换者的社会境况所决定。人们说“店大欺客”或者“客大欺店”，正是对交换者之间相对位势作用的反映。在职业市场上，人们趋之若鹜的“著名企业”或者非常抢手、待价而沽的“杰出人才”，就反映了两种不同的位势。其三，交换者主体（双方或者多方）之间的信用关系以及社会信誉。

3.市场更深层次的含义是体制

在市场经济体制下，市场可以引导社会生产，可以作为“看不见的手”操纵整个经济生活，即由大批分散的生产者、消费者的共同活动构成市场总体，由他们的共同活动自发、主动地完成资源的配置。这种经济体制是实践证明了的人类历史上效率比较高的、发展前景好的体制，因而是比较优越的体制。

市场经济体制具有优越性，已经是人们比较一致的看法。建立市场经济体制，实行具有市场体制特征的各种制度，在各个转轨国家，包括在我国，也已经成为不争的事实。但是，人们对于“市场经济”的认识还是非常不全面的。就总体状态而言，相当多的人仅仅把它看作经济范畴的概念，而缺乏对其社会层面的研究和社会意义的理解。在中国经济全面与国际接轨的条件下，我们更应当摒弃“轻公平、重效率”的思想，重视社会层面，因为不仅社会层面是经济稳定和高效发展的条件，而且良好的人文状况和社会格局也是经济发展的根本目的。职业是人的行为，构成重要的社会层面活动，就业状况是社会运行情况和社会发展道路的反映，因此研究职业问题必须重视其社会层面。

1.3.2 市场经济的体制结构

“市场经济”的内涵，从经济运作关系的角度来看，即党的十三大提出的“国家调控市场、市场引导企业”，它有三个运动主体。但是，如果从社会的角度来看，以及从更全面的经济因素的角度来看，不能不承认它还有“人”的因素：人构成社会消费者，也构成社会生产者；人构成社会发展的终极目标，也是经济运作的主体和主角（例如，企业家有配置资源方面的作用，个人创业也有实现资源配置和解决自身就业问题的作用）。于是，这里又多了一个客观存在的主体——个人。因此，我们就得出如下结论：在市场经济体制下实际上存在政府、市场、企业、个人四个方面的要素，即四个运动主体（企业在社会用人单位中占据主要部分，是典型的用人单位），这四个主体之间形成了六对关系。这四个要素及其形成的六对关系，就构成现代市场经济体制的结构，如图1-2所示。还应当指出，这种“四要素、六关系”的结构不仅是一种经济结构，也是一种社会结构。

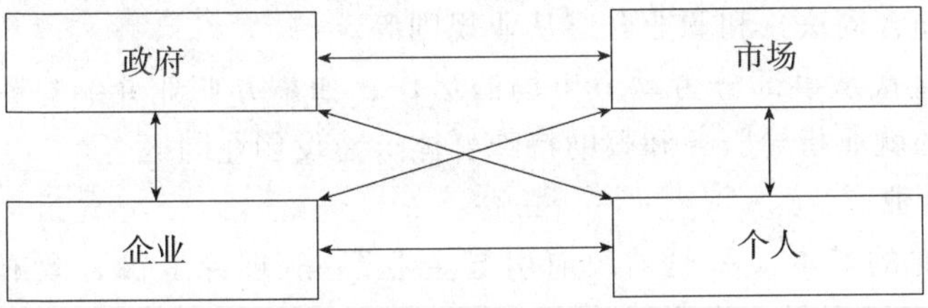

图1-2 市场经济体制结构

结合就业问题来具体分析，市场经济体制结构的六对关系是：

1.市场与企业

市场与企业的基本关系是“市场引导企业”。我们知道，企业不仅构成社会经济的基础和主要部门，而且在一定意义上是社会组织的典型（例如，政府机关和非政府组织搞内部管理时也借鉴企业的模式），因此研究市场与企业的关系至关重要，这是把握市场经济关系最基本的方面。

（1）企业作为经济单位，其经营与收益、生存与发展状况均取决于市场。市场需求是企业取得收益的动力（因为市场上有某种产品或劳务的需求，企业进行生产满足需求，就可以取得利润）。市场需求的变化、竞争对手的状况、劳动者择业的倾向，都构成对企业的压力。

（2）企业行为的总目标是从市场中寻求利润或收益的最大化。企业在提供市场需要的产品、可以赢利的条件下，还要考虑节约成本、节约劳动要素。

（3）在健全的经济体制下，企业的择员行为是由市场直接引导的。企业自主地、自由地选择各项生产要素（包括劳动要素），市场（包括产品市场与要素市场）

的变化会影响企业的经营活动，影响企业对要素的选择。当然，职业市场上个人的求职意愿、价格要求（对工资报酬的要求）、素质状况等，对企业的择员也产生一定的影响。

（4）企业经营者作为企业的一个特殊要素，在经济运行中具有重要作用，以致对整个市场也产生重要的影响。“企业经营者与产权所有者的关系”本身就是一种体制因素，解决好企业经营者方面的问题，是有效地协调和整合生产要素的重要内容。

2.政府与市场

这里的“政府”从理论意义上讲是中央政府而不是基层政府。政府与市场二者的基本关系是“政府调控市场”。进一步来说，“政府调控市场”和“市场引导企业”二者的结合，构成市场经济的基本特征。

（1）政府通过经济杠杆（如税收、利率、信贷等）、经济政策（尤其是财政政策、货币政策和产业政策等）、法律法规、自身经济实力（国有企业、国有控股企业以及受政府影响的商会）和行政机构（如市场监督管理机关、税务机关），对市场运行进行引导、控制、监督和规范，以调节宏观经济的运行。

（2）政府对劳动要素配置的基本原则与方向做出规定和指导，从根本上决定了劳动力市场的格局。注意，劳动力市场的社会层面内容更多、社会属性更强。

（3）政府对市场体制中劳动要素的运作制定一系列的法律法规，如以就业条件为中心的劳动基准法（劳动安全卫生标准）、个人就业的准入资格、最低工资标准、雇佣制度（如劳动合同法）和职业介绍从业规则等。

（4）政府直接从事部分劳动力市场的运作，如举办职业介绍机构、人才市场机构，提供免费的就业指导服务和救助特殊群体，建设创业园区等。

3.政府与企业

政府与企业的基本关系是“政府引导企业”。从理论上讲，政府与企业是“政府调控市场、市场引导企业”这一链条的两头，其总体特征是政府对企业的间接影响。

（1）政府是不直接管理企业的，而是把经营管理权交给企业。在理想的市场经济状态下，政府主要制定经济社会发展战略和产业发展的大方向，通过经济法规塑造经济运行环境，通过经济政策调节宏观方面的总供求；企业（包括国有企业、国有控股企业、私营企业、外资企业、集体所有制企业、混合所有制企业等）则是“自由”的经济单位。政府往往直接管理少量关键、特殊的部门与企业的生产和运营（例如军工企业、造币工厂、部分公用事业部门）。在市场经济体制下，即使是政府“管”少量企业，也不是像过去的计划模式那样对企业进行全面控制，而是将大部分的经营管理权交给企业，使它们成为一定意义上的资源配置主体、经营活动主体和雇用主体。

（2）在我国从过去的计划经济走向全面市场化的体制改革中，政府与企业之间的关系发生了变化。政府塑造“政府与企业”关系的目标是：其一，尽快完成国有企业“自主经营、自负盈亏、产权明晰、管理科学”现代企业制度的塑造；其二，大力促进在市场中自然成长起来的各类非公有制企业的发展；其三，大力发展混合所有制企业。

4.企业与个人

这里的“个人”即劳动者。企业与个人的基本关系是“企业雇用个人”。企业拥有就业岗位，即具有对求职者的需求，企业雇用了个人，是实现就业和形成市场经济关系的前提。由于个人也是社会生活的主体，具有择业的自由，因此企业与个人的关系实际上是一种互动的关系。

（1）企业与个人之间存在平等的关系。首先，双方在市场上相互选择的地位是平等的；其次，企业录用个人后，企业与个人在劳动过程中具有同等的地位与权利；最后，企业与个人进行自愿的价值交换，即以企业的工资报酬与个人的劳动付出相交换，这意味着经济上的相对平等。

（2）企业与个人之间具有法律关系。双方通过法律契约关系联结在一起（劳动合同就是其体现），双方的矛盾、争议、冲突，以仲裁机构或法庭为最终裁决机构。

（3）企业对个人负责。企业对所雇用人员的工作条件、职业安全卫生等方面负有一定的责任，并担负着所雇用员工的社会保险责任。

（4）个人对所在的企业负责。个人对企业承担应完成的工作，承诺有关的义务（如对企业的商业秘密与知识产权的保护），在工作中要遵守职业道德。

5.市场与个人

市场与个人的基本关系是“市场塑造个人”。市场是人们活动的空间，也是一种环境，人则是社会生活中活生生的“细胞”和要素。研究市场问题至关重要，而职业市场更是人们关注的问题。

（1）市场体制是竞争体制，它不仅给人以机会，而且优胜劣汰，给人以压力。劳动力市场体制要求求职者个人提升素质，它鼓励人们积极向上，鞭策不努力、素质低的人。

（2）健全的劳动力市场，是公开、平等、全面、高效的市场，它应当具有完善的劳动就业服务功能和较高的求职实现率。

（3）职业市场是分层的。从国内外的情况来看，职业市场从总体上可分为一般市场、低端市场（中职以下学历的体力劳动者市场）与高端市场（或专业人员市场、人才市场）。一般来说，高素质的人才比一般劳动者拥有更大的竞争优势，有一定的“卖方垄断”倾向，而一般劳动者则往往处于相对不利的、由雇用单位“买方垄断”的地位。

6.政府与个人

政府与个人的基本关系是“政府保障个人”。这是由政府的角色和政府在社会中的职责所决定的。

（1）政府保证社会成员的生存权、劳动权（就业权）和受教育权。生存权即保证社会成员基本生活需要的满足，一般通过政府规定最低工资标准和发放社会救助资金等途径来实现。我国实行的“城乡居民最低生活保障”制度，在一定意义上是一种对失业者的救济。劳动权或就业权，一般通过政府调节社会劳动力供求关系、提供就业门路、进行工作安置、从事就业服务、限制企业解雇等途径达到。受教育权，是保障人的生存、提高人的素质与就业能力和促进社会平等的重要途径，一般通过普及义务教育、发展中等职业技术教育以及扩大社会教育的途径来实现。

（2）政府通过法律和社会管理活动，在社会劳动领域实现平等的目标。"平等"一词的含义有二：其一是个人发展的障碍、不同的个人在身份上的歧视和"等级"性都不存在，即达到社会层面的平等；其二是达到劳动者与用人单位地位的平等，即达到具体的劳动关系的平等。在用人单位面前，劳动者尤其是求职者通常是弱者，政府要通过制定劳动方面的法律、法规、方针、政策，建立劳动者团体组织——工会——等途径，来保障他们的合法权益。

（3）政府通过选择经济体制，运用经济政策和社会政策特别是工资政策与福利政策，来刺激和调动个人的工作动力、就业动力、职业发展动力，尤其是自我创业的动力。

1.3.3　市场经济中的职业体制

就业的基本格局是由一个社会的经济管理体制和经济发展水平决定的。改革开放以来，我国逐步建立了社会主义市场经济体制，在职业方面也采取了相应的做法。其基本内容包括以下几点：

1.市场就业，双向选择

在市场经济国家，就业的最根本特征是通过劳动力市场的配置而实现。

在市场就业的格局下，劳动要素即人力资源要素的"买方"与"卖方"自由选择、自由竞价，从理论上说，没有人为的干预与垄断行为，在双方共同认可的情况下实现工资成本与预期劳动的交换。这类似于某个消费者到某个农贸市场去买菜，在众多摊位和各种蔬菜中选中某个菜摊的西红柿，讨价还价，最后以"1.50元一斤"的价格与摊主谈妥，买卖成交。这就是一种市场选择行为。当一个人毕业，到职业介绍所或者人才市场去找工作时，他要选择工作单位；招聘单位这个"摊主"反过来也要选择他，看他符不符合单位、工作岗位的要求。这就是职业的双向选择。

求职者与用人单位双方自由选择和通过市场实现就业的体制，优点是能够保证双方以最优状态（至少是双方都认可的比较合理、相对满意的状态）实现配置，这对于就业者取得经济收入和非经济收入、使整个职业生涯顺利发展，对于企业提高利润和取得多种效益，都有着积极的作用。

市场就业加上灵活的用工制度以及有效的激励制度，会达到高劳动生产率、高经济效益的社会效果。这正是人的职业生涯发展所需的良好经济条件与社会氛围。当然，这种纯自由的市场就业也存在一定的问题和不足，需要从宏观经济政策和社会保障的角度加以解决和弥补。

2.企业自主，优化用人

在市场经济条件下，就业作为对社会人力资源的配置，是由企业环节或者说企业层次实现的。企业作为雇主，基于自己对商品市场的预测和预期利润的追求，决定所需要的人力资源要素的数量、质量与类型，再基于这种需求与劳动力市场上的卖方——求业人员——见面并竞价、协商。企业是资源配置的主体，在市场经济体制下必然讲求效益、追求资源的高效配置，同时，由于它掌握完全的经济决策权，因而使最优配置能够实现。

由于各种原因如宏观上的经济衰退，中观上的行业发展过度致使竞争加剧、利润下降，微观上的管理不善或职工老化等，出现经济效益下降时，企业对原有资源的优化配置出现恶化趋势，就需要采取各种措施改变既有的资源配置。在人力资源要素的配置上，企业往往要辞退人员或更换人员，从而造成劳动者的流动、更替和失业。企业还可能做出重大经营决策，如转产、减产、停工、闭厂，使资本外流和劳动要素闲置、过剩，导致大规模解雇员工。

3.个人自由，择业竞争

从一般意义上说，在市场经济体制下，劳动者具有个人自由，要凭借自己的实力在劳动力市场上寻找工作机会，参与就业竞争，最后被某个用人单位雇用。在完全健全的市场经济体制下，劳动者的择业机会是充分的，所有的职业大门都为其打开，没有人为限制，只有“自己的职业能力属于哪种职业分层”的客观约束和“存在其他劳动者”的竞争因素，这种“自由”“充分”的就业机会就与失业的风险共存。

在市场经济国家，人是一种颇具主体性、主动性的范畴。市场经济是“唯才是举”的社会体制。[①]这样，才能较强的人在与其他求业者的就业竞争中、在与企业的工资竞价中、在自己就业岗位的保持与发展晋升中，就占据明显的优势。

个人的充分择业权使得人力资源的流动具备了客观条件。一旦地区、产业、职业报酬出现不平衡，就必然导致较大规模的人力资源流动。当经济发展不平衡、经济结构进行调整时，也会出现较大规模的人力资源流动。市场经济的特征是创新、竞争，不断吞吐和更新人力要素，这就给人们提供了较多的机会，使人力资源的流动成为经常现象。也就是说，在市场经济国家人的职业变动必然很频繁。个人在有充分择业自由的同时，也面临失业的风险。市场这只“看不见的手”从根本上决定了人的命运。

4.高效劳动，公开失业

社会上就业的具体状况是由用人单位招收人员的情况所决定的。在市场经济体制下，每个用人单位都处于社会的竞争之中。用人单位追求高效率的劳动而精简内部过剩人员，必然造成外部人力资源供给增加，可能导致社会上的公开失业。只有在经济持续高速发展、劳动要素连年严重不足的情况下，公开失业才会很少，只存在正常的摩擦性失业。

企业的高效配置是一种必然，公民的公开失业难以避免。作为一个社会全方位代表的政府，要促进经济发展，就不能强制企业容留过剩人员；要保障社会效益，就不能置社会失业人员于不顾。其选择就只能是建立全方位的社会保障机制，包括建立失业救济和失业保险制度、对失业者进行职业培训和职业介绍、为失业者介绍就业岗位等来促进就业。可以说，实现就业是对失业者最重要和最有效的社会保障。

5.宏观目标，政策干预

政府从宏观上把握经济发展，制定经济政策，通常都把实现充分就业作为一个重

---

① 梁晓宾. 美国劳动市场［M］. 北京：中国社会科学出版社，1992：131-132.

要的目标，甚至作为最主要的目标。为此，政府还采取一系列的经济政策和直接的就业政策干预劳动力市场，促进充分就业目标的实现。

6.依法就业，政府监控

政府对关系劳动者和用人单位合法权益的雇用问题，以及雇用以后涉及的一系列问题，诸如劳动合同、职业安全卫生条件、工作内容、工资报酬、社会保险等给予关注，并制定一系列的政策法规。

政府还通过劳动监察对用人单位实施监督，通过劳动调解、劳动仲裁、民事诉讼等手段来处理从业者和用人单位之间的矛盾和争议。干预劳动力市场是政府解决社会就业问题的重要手段。

1.4 职业生涯基本分析

1.4.1 职业生涯的概念

对于职业生涯的认识与研究由来已久。沙特列（Shartle）提出，职业生涯是指一个人在工作生活中所经历的职业或职位的总称。麦克法兰德（McFarland）指出，职业生涯是一个人依据心中的长期目标所形成的一系列工作选择，以及相关的教育或训练活动，是有计划的职业发展历程。

美国著名职业问题专家萨帕（Donald E. Super）给出了"职业生涯指一个人终生经历的所有职位的整体历程"的定义，之后又进一步指出："职业生涯是生活中各种事件的演进方向和历程，统合人一生中的各种职业和生活角色，由此表现出个人独特的自我发展路径；它也是人自青春期以迄退休，一连串有酬或无酬职位的综合，甚至包括了副业、家庭和公民的角色。"①中国台湾学者林幸台指出：职业生涯包括个人一生中所从事的工作，以及其担任的职务、角色，同时也涉及其他非工作或非职业的活动，即个人生活中衣食住行各方面的活动与经验。

1.4.2 职业生涯的特性

从总体上看，人的职业生涯具有以下特性：

1.独特性

每个人都有自己的职业条件，有自己的职业理想，有自己的职业选择，有为实现自己的职业理想所做的种种努力，从而有着与别人相区别的、独特的生涯历程。

2.发展性

每个人的职业生涯都是一个发展、演进的动态过程。就整体而言，职业生涯是一个具有一定逻辑性的过程。

3.阶段性

每个人的职业生涯发展过程都有着不同的阶段，可以分为不同的时期。人在不同

① 邱美华，董华欣．生涯发展与辅导［M］．台北：心理出版社，1997：11.

的职业生涯阶段有不同的目标和任务，职业生涯各个阶段之间具有递进性。

霍尔（Hall）认为，一个人进入工作世界以后，其职业生涯可以分为早期生涯（early-career）、中期生涯（mid-career）、后期生涯（late-career）三个阶段，每个阶段都有不同的任务和社会情感方面的需求（social-emotion needs）。其内容见表1-1。

表1-1 **霍尔职业生涯各阶段的社会情感需求**[①]

阶段	任务	社会情感需求
早期生涯	①培养行动技能 ②培养某一专门能力 ③培养创造、创新的能力	①支持 ②自主 ③应对竞争的感受
中期生涯	①培养“训练和教导他人”的能力 ②更新训练和技术的整合 ③培养对工作和组织宽广视野的能力 ④转换需要新技能的工作	①表达中年生活感受（包括痛苦、挫折、压力、忙碌等）的机会 ②重新思考自我（包括道德观念、价值系统、家庭和工作） ③减少自我放纵或恶性竞争 ④缓解中期事业前程的压力
后期生涯	①从实际掌权者逐渐转变为提供智慧、指导和咨询的顾问角色 ②开始参与组织外的活动（部分时间），重新建立自我并准备退休	①通过支持和咨询来帮助整合个人经验、智慧，供别人参考 ②接受个人独一无二的生命旅程 ③逐渐离开组织或团体

4.终生性

每个人的职业生涯作为一种动态发展的历程，是根据个人在不同阶段的企求而不断蜕变与成长的，直至终生。“老骥伏枥，志在千里”正反映了人生晚期在职业生涯方面的英雄气概。

5.互动性

人的职业生涯都是个人与他人、个人与环境、个人与社会互动的结果。人的“自我”观念，人的主观能动性，以及个人所掌握的社会职业信息、职业决策技术，对其职业生涯有着重要的影响。

1.4.3 影响职业生涯的因素

人们的职业道路选择、职业发展和事业成功，受到个人、家庭、社会多方面的影响。

1.教育背景

教育是赋予个人才能、塑造个人人格、促进个人发展的社会活动。它对人的职业生涯有着巨大的影响，因为它培养了一个人的基本素质。

首先，一个人所接受的教育水平越高，其劳动生产率就可能越高，其职业生涯也可能越成功。文化程度较高的人，在就业以后的发展前景一般比较好。即使他们的工

① 邱美华，董华欣. 生涯发展与辅导［M］. 台北：心理出版社，1997：14.

作不尽如人意，但其流动的动机与能力比较强，从而能够做到“人挪活”。

其次，人们的专业、初次选择的职业种类对于其职业生涯有着决定性的影响，往往决定其生涯前半部分以至一生的职业类别。即使人们转换职业，也往往与其所学的专业有一定联系；或者以所学的专业理论、知识、技能为基础，流动到更高层次的职业岗位上。例如，从机械专业的技术员、工程师晋升为机械厂的总工程师，而后又成为该单位的厂长。因此，一专多能者、专业水平和应用技能（如外语、计算机）俱佳者，往往能够在职业生涯发展方面得到更多的机会。如果一个人学习的是属于朝阳行业的专业，那么其目前与未来的机遇都会很多。

此外，人们所接受的不同教育水平、所学的不同学科门类、所在的不同院校以及不同的教育思想，会使其产生不同的思维模式与意识形态，以不同的态度对待自己、对待社会、对待职业的选择与职业生涯的发展。

2.家庭影响

家庭是人生活的重要场所，一个人的家庭也是造就其素质以至影响其职业生涯的主要因素之一。人的社会化，实际从出生的一瞬间就已开始。一个人在幼年时期就开始受到家庭的深刻影响，长期潜移默化的影响会使人形成一定的价值观和行为模式。许多人还会受到家庭中长辈的教诲和各种影响，自觉或不自觉地习得某些职业知识和技能。因此，有的教育专家认为，家长是孩子做人的第一任老师，家庭是孩子第一所生活的学校。

这种价值观、行为模式、职业知识和职业技能的习得，必然从根本上影响一个人的职业理想和职业目标，影响其职业选择的方向、种类，选择职业时的冒险与妥协程度，对职业岗位的态度，以及工作中的种种行为和表现等。“子承父业”正说明了家庭对于个人职业生涯的多方面影响。邓亚萍的父亲不仅是作为一个体校教练教给她打乒乓球的技术，更是作为一个长辈传授给她做人的道理以及成为世界冠军所需的坚毅品格和拼搏精神，即帮助她塑造了优秀的个人素质，这成为她获得职业生涯成功的重要条件。

此外，一个人的家庭成员，尤其是父辈兄长，在其择业和就业后的流动上，往往会给予一定的帮助。这也会对人的职业生涯产生巨大影响。

3.个人的需求与心理动机

人们出于自己的主客观条件，在不同的年龄阶段、不同的阅历特别是职业经历状况下，在职业的选择和调整方面，都会有不同的心理需求与动机。就一般情况而言，人在年轻时意气风发，成功的目标和择业的标准都较高。人到成年，特别是人过中年，就越来越现实。这是因为不论是一般的劳动者，还是事业上有成就的人，在有了相当多的职业实践和阅历以后，都更容易看到社会环境的约束，其成功的目标和择业、转业的标准就变得非常实际。因此，个人的需求与动机，以及由此导致的职业行为，也是影响个人职业生涯发展的极其重要的动力因素。

4.机会

机会是一种人所希望，但随机出现、具有偶然性的良好事物。这种机会既包括社会各种就业岗位出现的随机性（它成为一个人就业和流动的目标），也包括能够实现个人发展、在职场顺利晋升的愿景。例如，某专业的博士生正好遇到高薪招聘的机会，职业生涯一起步就步入正轨，成功的概率极大，遭受的波折、挫折就很小。

机会虽然具有偶然性，但个人素质与机会有着一定的联系。高素质有助于个人寻求到新的发展机会，甚至能创造许多机会。许多事业上的成功者不是依赖社会“碰巧”给予他的机会或者家庭、亲友、师长给予的帮助，而是在社会中探索，在社会留给个人的广阔空间中创业，主动寻求自己的位置，按照自己的意图成就了事业。从这个意义上可以说，机会约等于个人的努力，正所谓“有志者事竟成”。对于不同的人来说，机会更青睐素质高、有准备的人。谁素质高、谁有准备，谁就能够把握机会、获得机会。此外，机会也经常寻找符合条件、具备高素质的人。例如，一个人学有专长、取得特殊成就、声名远播以后，猎头公司就会纷至沓来。

5.社会环境

社会环境是指社会的政治经济形势、涉及人们职业权利方面的管理体制、社会文化与习俗、职业的社会评价以及社会时尚等大环境因素。这些大环境因素决定社会职业岗位的数量与结构，决定其出现的随机性与波动性，从而决定了人们对不同职业的认定和步入职业生涯、调整职业生涯的决策。

社会环境还包括个人所在的学校、社区、工作单位，家族关系，交际圈子等小环境因素。这些小环境因素决定一个人具体活动的范围、内容和限制，从而也决定了其职业生涯中具体际遇的好坏，诸如职业选择得合理不合理、该职业有没有发展前途、所在的工作单位是不是有利于自身的发展等。

知识拓展：员工的类型与不同职业人士的职业生涯

本章小结

职业是人生的大事，走好个人的职业生涯道路是每个从业者高度期望的事，做好组织的职业生涯规划已经成为许多用人单位的自觉理念。本章首先阐述了不同学者对职业的理解，科学地定义了职业的概念，概括了职业的特点，详细讲述了职业对个人和社会的功能，并从职业需求的特点入手，介绍了职业岗位的来源和一般用人单位的招聘要求，进而就我国的就业体制在市场经济大环境下有哪些相应的改变做了简单介绍，最后阐述了职业生涯的基本范畴，介绍了影响个人职业生涯成功的因素。

复习思考题

1.什么是职业？你如何看待学者的几种职业观？

2.结合实际谈一谈，你如何认识“职业关系着社会、经济、教育等许多领域”。

3. 职业对于个人和社会有哪些功能？

4. 在市场经济的大环境下，大学生应该如何认识职业体制对个人职业发展的影响？

5. 什么是职业生涯？

6. 分析自己的优点和缺点，谈谈自己应当如何思考职业生涯问题。

案例分析题

从动漫到市场营销

李某是学动漫专业的，读大三时他曾作为交流学生去瑞典留学一年，在此期间，李某发现自己更喜欢另一门课：市场营销学。那时李某就想，自己以后的工作应该是这方面的。

1. 确定职业方向

毕业前，李某把自己关注的一些职业因素进行了梳理：

（1）希望进世界500强企业。首先是欧美国家的企业，其次是中国香港的企业和韩国企业。因为不太喜欢日本文化，李某基本上把日本企业排除在外。

（2）最希望从事市场营销工作，其次是公关、销售，再次是人事、行政；坚决不做财务。

（3）希望进快速消费品行业，因为工业品行业以销售为主导，而快速消费品行业以市场为主导。他更希望将来能在一个核心或是主导部门工作。

（4）希望企业的总部在上海，因为李某特别喜欢上海这座城市，上海有很多的机会。

如此一来，李某的求职范围缩小了，只有15家企业符合要求，而联合利华则是排在第一位的。于是李某就把求职的重点放在了联合利华上。

2. 整整做了两天的“网申”

联合利华不是李某唯一的目标，但是李某第一个进行“网申”的企业，而且他的态度非常认真。“网申”共有8页内容，李某总共花了两天时间阅读、思考和填答。第一天是仔细阅读，认真准备；第二天才开始答题。8个开放性问题李某都非常认真地做了。其实“网申”很重要，联合利华在全国总共收到20万份“网申”，但只有5 000份进入它的视野。

3. 应对两轮面试

第一轮面试有一个这样的问题：你对联合利华的产品了解多少？李某最喜欢的“立顿花茶”就是联合利华的产品。他随身携带的包里还有两小包“立顿花茶”，李某便顺势拿了出来，说：“这是我最喜欢的‘立顿花茶’。因为喜欢，我回国时还买了很多送人。这种茶在国内还没有卖的，你们愿不愿尝尝？”

第二轮面试开始了。来自全国的140名大学生被集中到上海国际会议中心。140人又被分成两组，分别参加周六、周日的面试。这次面试以案例题、小组面试的方式进行。上午由中国区的CEO和重点客户销售总监当面试官。下午的面试更难，考两个案例，一个关于新产品推广，一个关于申办世博会。当时场面很乱，大家七嘴八舌，很快就有人陷入了细节的争论。这时李某抓住了机会，果断地走到白板前。李某把如何推广新产品的计划大致搭了一个框架，并在白板上画出图示。同时，李某没忘记把大家讨论的细节都纳入了框架中。最后，李某问："大家还有什么需要补充的？"一下子，大家似乎被李某的计划折服了，没有人对李某的框架提出异议。很自然，当时李某成了这个小组的领导。

最后的结果就是：李某进入联合利华市场部成为一名管理培训生。

工作两周以后，李某发现自己很喜欢这份工作，李某的上司也说李某挺适合这份工作。更让李某开心的是，他大三的时候在瑞典做出的职业选择是对的。

资料来源 熊小镭. 我终于进了联合利华了［EB/OL］.［2021-06-06］. http：//yantai.dzwww.com/rencai/zcgs/200609/t20060909_1751084.htm.

讨论：

1.李某选择职业的时候，是如何对自己所希望从事和不希望从事的职业进行梳理并最终确定求职意向的？

2.李某工作两周后发现自己喜欢所选的工作，这与他在大三时的职业选择有什么联系？

3.你是否也对自己的职业意向进行了梳理？如果没有，可以试着发掘一下自己的兴趣。

第1章案例分析提示

职业测试

成功商测试

一、测试提示

1.在回答各个测试问题时，请你尽量坦白、完全真实。只有以你自己目前的实情来回答，这个测试才会准确和有效。

2.下面对影响成功的17个方面的因素的各项具体内容进行分析，请你根据对每个问题的判断，在后面的"是"或"否"处画圆圈。

二、测试内容

成功素质测试的具体内容如下：

第一，确定的目标

①你有没有确定一生的主要目标？ 是 否

②你有没有定下达到目标的时限？ 是 否

③你有没有达成目标的特定计划？ 是 否

④你是不是确定自己的目标能带来哪些好处？ 是 否

第二，积极的心态

①你了解积极心态的意义吗？ 是 否

②你能控制自己的心态吗？ 是 否

③你知晓人人都能控制的唯一的东西是什么吗？ 是 否

④你知道如何觉察自己和别人的消极态度吗？ 是 否

第三，多做一些

①你有没有经常做些超出自己薪酬以外的事情？ 是 否

②你是否知道何时何人应该加薪？ 是 否

③你是否认识哪一行的哪一个人，没有付出超过自己薪酬以外的努力就能成功？ 是 否

④你是否认为一个人不必做超出自己薪酬以外的事情就有权利要求加薪？ 是 否

⑤如果你是老板，你对自己目前的工作状况满意吗？ 是 否

第四，周密的思考

①你是否尽量学习跟自己有关的事？ 是 否

②对于不熟悉的事，你是否喜欢发表意见？ 是 否

③在需要用到某种知识时，你知道如何去找吗？ 是 否

④你在说话、交谈、做某件事、做决策时是否想到后果？ 是 否

第五，自律

①你在生气时是不是能缄口不语？ 是 否

②你是否不经考虑就说话？ 是 否

③你很容易不耐烦吗？ 是 否

④一般而言，你的情绪是否平静？ 是 否

⑤你习惯让情绪控制理智吗？ 是 否

第六，控制自己的心智

①你是否设法影响别人来帮助自己实现目标？ 是 否

②你相信一个人不需要别人帮助也可以成功吗？ 是 否

③你相信一个人受到妻子或家人反对，仍旧可以获得事业成就吗？ 是 否

④如果领导和下属和谐共事，是否有许多好处？ 是 否

⑤你所属的团体如果受到称赞，你是否引以为荣？ 是 否

第七，运用信心

①你是否相信人可能拥有“无穷的智慧”？ 是 否

②你是诚实正直的人吗？ 是 否

③你对自己决定去做的事情有没有信心？ 是 否

④对于下面七种基本恐惧，你能理智地去除吗？ 是 否

A.贫穷的恐惧

B.批评的恐惧

C.健康不佳的恐惧

D.失去爱的恐惧

E.失去自由的恐惧

F.老年的恐惧

G.死亡的恐惧

第八，和蔼可亲的个性

①你的个人习惯使人讨厌吗？ 是 否

②你有没有做到“己所不欲，勿施于人”？ 是 否

③你受同事欢迎吗？ 是 否

④你使人厌烦吗？ 是 否

第九，上进心

①你的工作有没有计划？ 是 否

②你做工作会高于岗位标准的要求吗？ 是 否

③你是否有你的同行所不具有的杰出的特点？ 是 否

④你习惯于拖延吗？ 是 否

⑤你是不是在工作中尽量想更好的办法？ 是 否

第十，热忱

①你是不是非常热心的人？ 是 否

②你会不会发挥自己的热情去执行自己的计划？ 是 否

③你的热忱会左右你的判断吗？ 是 否

第十一，全神贯注

①你做事时专心不专心？ 是 否

②你是不是很容易受人影响而改变计划和决定？ 是 否

③你受到反对时会不会立刻放弃自己的目标和计划？ 是 否

④在遭遇不可避免的干扰时，你能不能继续工作？ 是 否

第十二，团队精神

①你能不能与别人和谐相处？ 是 否

②你帮助别人时，像要求别人帮助你那样大方吗？ 是 否

③你经常与别人意见不合吗？ 是 否

④同事之间友好合作有没有好处？ 是 否

⑤你知不知道不跟同事合作的害处？ 是 否

第十三，从挫折中学习

①遇到挫折时你会不会终止行动？ 是 否

②假如受到挫折，你会进一步努力吗？ 是 否

③一时的挫折是否能引起你的重视？ 是 否

④你曾经从挫折中得到过教训吗？ 是 否

⑤你知道如何把挫折变成资产进而实现目标吗？ 是 否

第十四，富有创意的远见

①你把自己的想象用在富有建设性的工作方面吗？ 是 否

②你的决定是自己做的吗？ 是 否

③完全服从的人是否比另外加上自己创意的人要好？ 是 否

④你有没有创造性？ 是 否

⑤你是否经常想出与工作有关的一些实际创见？ 是 否

⑥必要时，你会寻求有识之士的建议吗？ 是 否

第十五，控制时间和金钱

①你有把一部分收入存起来的习惯吗？ 是 否

②你花钱是否并不考虑将来的收入？ 是 否

③你每天都有充足的睡眠吗？ 是 否

④你是否经常利用空闲时间阅读励志书籍？ 是 否

第十六，保护良好的健康

①你知不知道影响健康的五个基本因素？ 是 否

②你知晓健康从哪里开始吗？ 是 否

③你知道休息与健康的关系吗？ 是 否

④你知道保持健康需要哪四个要素吗？ 是 否

⑤你懂得“抑郁症”和“精神疾病”的含义吗？ 是 否

第十七，运用跟自己习性相合的自然规律

①你是不是有些自己难以控制的习惯？ 是 否

②你最近有没有消除什么坏习惯？ 是 否

③你最近有没有养成新的好习惯？ 是 否

成功商测试结果

第2章 社会职业

学习目标

✓了解三大产业的划分与职业状况；

✓掌握企业单位、事业单位、政府机关三大类用人单位的内容与需求特点；

✓了解各产业部门与职业岗位的关系；

✓了解五种企业的不同内容；

✓掌握职业进入的七种途径；

✓了解现今社会的三大职业管理制度。

引例 **我国当前和未来的热门行业分析**

随着工业经济和互联网经济的快速发展，很多传统行业都已经进入饱和阶段，很多新兴行业也迎来了拐点。那么，面对当下的大形势，未来10年，哪些行业会更吃香呢？一起来看看未来10年的十大热门行业有哪些。

1.文化娱乐行业

以前，一部大片想赚个几百万元都非常不容易；现在，一部成本几千万元的小片，也能赚个十几亿元票房。这个票房数字的背后，是现在的人们对文化生活的渴望。中国很多地方也有客观条件大力发展会展文化经济，但常缺乏宏观大思路。信息化时代的传播媒介，会加快这种新文化的扩展速度，迅速产生全国性的甚至世界性的影响力。所谓的新文化创造产品，不是去抢世界现成的“蛋糕”，而是创造自己特有的“蛋糕”。网络经济与网络文化的融合发展是当今网络时代的一大特色。网络游戏就是当代网络经济的一大支柱产业。

2.教育和培训行业

中国适龄劳动人口基数巨大，劳动力技术技能培养的需求也是巨大的。随着“双减”政策实施，素质教育、职业教育、教育科技等领域将成为教育培训机构新的发展方向。

3.老年用品和服务行业

目前我国老年用品和服务的市场需求为每年6 000亿元，但每年为老年人提供的产品和服务则不足1 000亿元，供需之间的巨大差距让老龄产业“商机无限”。我国的老年用品和服务产业才刚刚起步，涉及养老机构、医疗保健、旅游、房地产等领域的专项产品及服务都有待开发。

4.人工智能（AI）产业

人工智能是新一轮技术革命及产业变革的重要驱动力，将深刻改变人类的生产生活方式。全球IT巨头、互联网公司、创新创业企业都在大力发展人工智能技术，抢占产业制高点。人工智能涉及越来越多的领域，走进生产生活各层面，正成为我国推进供给侧结构性改革的新动能。比如，我们常常听到的5G物联网、智能家居、智能汽车、智能营销系统……这些都是科技进步的代表。

近年来，我国人工智能产业高速发展，企业积极性和活跃度显著提升，在人工智能产品及服务等关键领域涌现出了一批优秀企业。上海矽昌通信推出中国首款自主研发的无线路由器芯片，实现该领域零的突破。华为推出全球首款5G基站核心芯片——华为天罡，助推全球5G大规模快速部署。另外，在语音识别、视觉识别等领域，涌现出了科大讯飞、旷世科技、地平线等优秀企业。在创新平台领域，以腾讯、阿里巴巴、百度为代表的互联网企业，已能提供从底层到上层应用的整体人工智能解决方案。

5.农业

从创业的角度来看，我国农村过去几乎是一张白纸。伴随着新农村、新郊区建设的红火，农民需求的增长和农村市场的兴旺催生了大量的创业机会。不仅农民创业热情高涨，而且吸引了城里人和大学生前去创业。如今，城市创业成本高，竞争激烈，农村则生机盎然，优势凸显。农村的劳动力充足，自然资源丰富，创业成本低；逐渐富裕起来的农民，对物质文化生活的需求层次在提高，各地政府相继出台了系列创业扶持政策，使农业成为创业吸引力最强的行业之一。

6.互联网服务行业

这几年，互联网服务行业以摧枯拉朽之势改变着越来越多的传统行业，其巨大的吸金能量和对人才的需求与渴望，也使得互联网企业的涨薪速度曲线几近陡直。互联网本身是一个瞬息万变的大行业，不同子行业的热门程度往往与其垄断程度、发展速度和从业公司数量有关，目前较为热门的有互联网金融、电商、视频、搜索等。比如，大数据、云计算、移动互联网等热门领域都有大量的高薪就业机会。

除了技术人员外，还有两类人才是许多互联网企业，尤其是中小电商急需的人才：一类是熟悉网络市场营销的专业人才；另一类是懂电子商务专业技能的人才。另外，总体来看，互联网企业的薪酬在不同的城市和地区差异明显。数据显示，浙江省、广东省、上海市、北京市的薪酬水平最高。由此可见，中国互联网企业目前还是集中在长三角、珠三角和首都经济圈这三大经济最发达的都市圈。如果想在这个行业里淘金，那就不要梦想逃离“北上广”的高房价、高物价和拥堵的交通了。

7.生物医药行业

生物医药是国家的战略性新兴产业，其制药技术将成为未来创新主动力，也是企业核心竞争力。从对研发人员的薪酬策略上也可以看到生物医药行业对研发人员的重视程度。

8.旅游行业

数据表明，近3年来，中国在线旅游行业复合增长率超过30%，传统旅行社越来越看重在线旅游市场的发展潜力。从未来发展趋势看，中国在线旅游行业会持续保持快速增长态势。在这种情况下，网络平台的口碑营销模式将得到重视，因此可以明确的是，市场对于旅游体验师的需求会越来越大。

9.信息安全分析行业

从宏观角度来分析，市场规模越大，对人才的需求越强烈。智慧城市的建设也对信息安全体系提出了全新的要求，云计算、移动互联网、大数据、移动支付等领域的应用信息安全逐渐成为市场的主要发展方向。

10.环境保护行业

环境保护行业（包括新能源产业）是开展环境保护工作、实现可持续发展的技术支持与物质基础；是改善环境质量、保护人们身体健康和建设现代化强国的重要手段；是扩大内需、吸纳就业和国民经济发展中新的增长点；是当代的一项朝阳产业。随着经济的发展、环境污染问题的加重，我国对这方面的人才需求很大，这也意味着会有越来越多的人致力于环境保护这一行业。环境保护工作是一项功在千秋的事业。

资料来源　佚名．未来10年的十大热门行业［EB/OL］．［2021-05-22］．https：//www.sohu.com/a/304661822_120031645.

人们高度关注职业的收入。假设个人素质基本一致，收入因行业、地域的不同而不同。在我国现阶段，收入还因企业所有制的不同而不同。选择进入什么样的行业，对一个人的收入影响非常大。因此，了解职业的分类，了解社会不同行业的就业状况，对初入职场的年轻人来说非常重要。

2.1 社会产业部门

根据《国民经济行业分类与代码》（GB/4754-2017），我国国民经济中的“部门”，目前分为农、林、牧、渔业，采矿业，制造业，电力、热力、燃气及水生产和供应业，建筑业，批发和零售业，交通运输、仓储和邮政业，住宿和餐饮业，信息传输、软件和信息技术服务业，金融业，房地产业，租赁和商务服务业，科学研究和技术服务业，水利、环境和公共设施管理业，居民服务、修理和其他服务业，教育，卫生和社会工作，文化、体育和娱乐业，公共管理、社会保障和社会组织，国际组织，共20个。

国民经济的20个部门，可以概括为三大产业。下面分别介绍三大产业及其职业岗位情况。

2.1.1 第一产业

第一产业指的是从自然界取得产品的产业，也叫作“第一次产业”。第一产业具体指农、林、牧、渔业。

第一产业从事初级产品的生产，它在整个国民经济中居于基础的地位，其产品除了直接为人们所消费外，也是第二产业许多行业进行生产的原材料。由于科学技术的进步和生产管理水平的提高，第一产业逐渐实现机械化、电气化和自动化，在其总产量增加的同时，人才需求减少，对从业者的素质要求提高，从而分流出一部分人向第二产业、第三产业转移。

中国是人口众多、农业劳动力过剩的国家，但从整个国民经济发展趋势来看，第一产业还有相当大的发展空间，可以向生产的深度、广度进军，因而第一产业有大量新的职业岗位待开发。

2.1.2 第二产业

第二产业是国民经济中对农业等初级产品进行多种层次的加工，为社会提供各种生产资料与生活资料产品的产业。第二产业因此也叫“第二次产业”。

第二产业具体指在国民经济中居于核心、骨干地位的制造业、采矿业、建筑业等产业。第二产业的发展水平是一个国家或地区经济实力，如生产技术的机械化、自动化水平和经营管理水平等的反映。这种发展水平也决定了该国家或地区人民的富裕程度。第二产业的职业岗位变动反映一个社会生产总量的扩大、技能要求的提高、技术更新排挤劳动力的状况、产业结构的兴衰变化，能够反映作为国民经济产业大军主体的社会劳动者的失业与就业状态。

第二产业的经济单位通常被称为“工矿企业”。概括地说，第二产业就业岗位的工作内容包括：对各种原材料进行加工，生产制造各种轻工业、重工业产品；对自来水、电、煤气、液化气、天然气、蒸汽、热水进行生产；从事上述各个行业的工程技术工作；从事上述各个行业单位的组织与经营管理工作。第二产业能够提供大量就业岗位、吸纳大量劳动力。

第二产业的行业众多，同行业中又有众多不同的企业，同样的企业又有众多不同的产品，同样的产品又有不同的生产工艺。因此，第二产业的职业岗位种类繁多，从工业企业的角度可以分为工人、学徒、工程技术人员、管理人员、服务人员、其他人员六类。

2.1.3 第三产业

第三产业包括众多部门，规模庞大，在整个国民经济中担当完成流通、提供服务和社会管理的职能，也叫“第三次产业”。

第三产业也具有提供大量就业岗位、吸纳大量劳动力的功能。经济越发展、社会越进步，第三产业规模就越大，从而产生和分化出许多新的领域，使就业岗位大量增加。劳动力由第一产业、第二产业向第三产业转移是一种规律。从整个世界来看，第三产业就业人员所占比重增加迅速，在经济发达国家已经占全部就业人员的一半以上，有的国家甚至达到70%~80%的水平。在我国，第三产业已经成为社会新增就业的主要场所。

第三产业可以分为五个类别：

1.为流通服务的部门

该类部门包括交通运输、仓储和邮政业，批发和零售业，住宿和餐饮业等。

2.为生产服务的部门

该类部门包括金融业，科学研究和技术服务业，商务服务业，信息传输、软件和信息技术服务业等。

3.为居民生活服务的部门

该类部门包括居民服务业、租赁业、物业管理业、法律服务业等。

4.为提高社会科学文化水平和公民素质服务的部门

该类部门包括教育、新闻和出版、文化艺术、娱乐、卫生、体育等。

5.为社会公共事务与管理服务的部门

该类部门包括国家机构、社会保障、社会团体，基层群众自治组织及其他组织等。

第三产业的就业岗位类别、数量众多，要求从业者具备不同的素质条件。许多就业岗位需要专门选拔任职者，如公务员需要经过考试录用。在教育、文化、卫生、科研等部门工作的专业技术人员，要具备较高的学历和专业水平。普通服务性行业的岗位，对从业者素质的要求则相对较低。

2.2 社会用人单位

2.2.1 企业单位

1.企业的一般职业需求

企业是从事社会经济活动的单位，其用人需求可以分为经营、管理、技术、操作等类别。

以生产性企业——工厂——为例，企业一般包括以下四类人员：

（1）生产人员。生产人员包括直接操作机器的生产第一线的工人和为一线生产提供直接服务的辅助生产工人（如运送产品与原材料的工人、维修机器设备的工人）。

（2）工程技术人员。工程技术人员指担负企业工程技术性工作，并具有一定的专业技术职称或相应水平者，如工程师、技师。

（3）管理人员。管理人员指在企业的各个职能科室、部门机构担任各层次行政、经营、营销、后勤、教育、劳动人事、政工，以及工会、妇女和青年等各方面管理工作的人员。

（4）服务人员。服务人员指直接为本企业职工生活服务和间接为生产提供服务的各种人员，主要包括警卫保安人员、勤杂人员、食堂炊事人员、卫生保健人员等。

2.企业的类型

按照企业投资者的出资方式和责任形式的不同，企业可以分为个人独资企业、合伙企业、公司企业（包括有限责任公司和股份有限公司）和外商独资企业。按照企业所有制性质的不同，企业又可以分为全民所有制企业（又称国有企业）、集体所有制企业和私营企业。下面重点介绍其中几种类型。

（1）国有企业。国有企业是指产权属于国家，从事生产、流通、服务等各种经营性活动，以营利为目的的独立核算单位。对在国有企业就业的员工，一般都实行劳动合同制和聘任制。

国有企业的基本特征是企业的产权归国家所有，由各地国有资产监督管理委员会管辖，在具体业务的生产经营方面企业拥有自身的决策权。按照我国的政策，国有企业是自主经营、自负盈亏、自我约束、自我发展的独立经济实体。

国有企业在国民经济中占据重要的地位，为社会创造了巨额的物质财富，提供了数量巨大的就业岗位。

（2）私营企业。私营企业是由自然人出资创办、在市场监督管理部门登记、雇用人员在8人以上的经济单位。改革开放以来，我国私营企业迅速发展，成为国民经济中的重要组成部分。

私营企业可以分为独资企业、合伙企业和有限责任公司。私营企业经营灵活，能够瞄准市场需求和消费者意向进行生产经营。目前，我国的私营企业广泛存在于城乡各种生产、流通、服务领域，用工灵活，为社会提供了大量就业岗位。

（3）外商投资企业。外商投资企业是全部或者部分由外国投资者投资，依照中国法律在中国境内经登记注册设立的企业。外商投资企业依法平等适用国家支持企业发展的各项政策。

许多外商投资企业是外国的总公司或跨国公司在华的子公司、分公司，执行比较严格的产品质量技术标准，注重营销，在许多行业的产品品牌、质量以及产量方面都发挥巨大的影响，如戴尔个人电脑、惠普打印机、苹果手机等。不少外资企业的产品返销外国或出口国际市场。

外商投资企业为社会提供了大量的就业岗位。按照官方估算的数据，中国全部外商投资企业吸纳的直接就业人数超过了4 500万。发展外商投资企业，有利于我国获得本身缺乏的资本而扩大对人力资源的利用规模，从而改善资源配置；有利于我国利用国外的先进技术和管理经验，提高我国劳动者的素质；有利于繁荣市场，增加国内生产总值。

外商投资企业与内资企业在劳动条件、员工工资福利等方面存在较大差别。外商投资企业对从业人员的素质要求（如外语水平）一般更高，人员流动性更大，竞争更激烈。

（4）股份有限公司。股份有限公司是由两个或两个以上股东组成，公司全部资产划分为等额股份，股东以其认购的股份为限对公司承担责任，公司以其全部资产对公司债务承担责任的企业法人。

我国自深化企业改革以来，已经组建或转制形成了大量的股份有限公司，股份的所有人包括国家、企业职工、社会公众、法人和外国资本（个人与公司）。这些股份有限公司为社会提供了大量就业岗位。

股份有限公司的用人制度比较灵活，一般要求任职者具有较高的素质、较强的竞争实力和敬业精神。

2.2.2 事业单位

1.事业单位的性质

事业单位是指为了社会公益目的，由国家机关举办或者其他组织利用国有资产举办的，从事教育、科技、文化、卫生等活动的社会服务组织。事业单位中的许多单位由国家拨款，是非营利性组织；有的是国家非全额拨款，自身在业务活动中收取一部分业务费用；还有许多事业单位已经实行“事业单位企业化管理”的体制，完全靠自收自支维持活动。

事业单位在整个国民经济体系中占有重要地位，对工农业生产效率和国民收入水平的提高发挥重要作用，对政府决策实施的合理化、科学化也有一定的帮助。事业单位一般属于第三产业的范畴。我国的事业单位包括文化教育事业、文艺体育事业、科研事业、广播电视事业、医疗卫生保健事业、社会福利与社会保障事业、农林水利气象事业、城市公用事业等单位。

事业单位作为一个范围广泛的部门，为社会提供了数量巨大的就业岗位，聚集了大量的人才。

2.事业单位用人的特点

事业单位用人的特点是：

（1）具有较强的专业性，其职业特点是以脑力劳动为主。其岗位对就业者的素质要求较高，许多事业单位是专业性很强的单位，人才、专家荟萃。

（2）事业单位的职业岗位需求以各类专业技术人员为主，一般实行专业技术人员聘任制。

2.2.3 政府机关

政府机关是国家和地方各级政府行政管理机构的总称。一个国家或地区的政府，是制定经济社会发展目标和规划，对社会进行立法、监督、检查、服务，对社会活动进行组织和实行日常性工作管理的组织，它对社会的正常运转具有重要的作用。

在政府部门工作的人员，除一部分专业技术人员（如医生、计算机操作人员）和工勤人员（如清洁工人、司机、炊事员）外，主要是国家公务员。我国已经全面实施公务员制度。公务员应当是社会的精英，一般要通过公开考试才能被录用，同时国家对公务员要进行经常性的考核、评价等方面的管理。

2.3 社会职业的进入

在市场经济条件下，寻找就业机会、走上就业岗位的渠道有多种。

2.3.1 市场就业

劳动力市场从本质上讲，是一种社会经济机制，即平等竞争、供求见面、双向选择的社会环境；从个人就业的直观角度看，是完全自由地进行职业选择的场所，是寻找职业岗位的个人与招收员工的用人单位的“鹊桥会”。

劳动力市场有着不同的形式：

（1）公共就业服务机构。公共就业服务机构由人力资源和社会保障部门举办，免费为劳动者提供以下服务：就业政策法规咨询；职业供求信息、市场工资指导价位信息和职业培训信息发布；职业指导和职业介绍；对就业困难人员实施就业援助；办理就业登记、失业登记等事务；其他公共就业服务。根据用人单位需求提供以下服务：招聘用人指导服务；代理招聘服务；跨地区人员招聘服务；企业人力资源管理咨询等专业性服务；劳动保障事务代理服务；为满足用人单位需求开发的其他就业服务项目。

（2）职业中介机构。职业中介机构是由法人、其他组织和公民个人举办，经人力资源和社会保障部门审批，为用人单位招用人员和劳动者求职提供中介服务以及其他相关服务的经营性组织。职业中介机构可以从事下列业务：为劳动者介绍用人单位；为用人单位和居民家庭推荐劳动者；开展职业指导、人力资源管理咨询服务；收集和发布职业供求信息；根据国家有关规定从事互联网职业信息服务；组织职业招聘洽谈会；经人力资源和社会保障部门核准的其他服务项目。

（3）人才市场。人才市场服务的对象是各类用人单位和具有中专以上学历或取得专业技术资格的人员，以及其他从事专业技术或管理工作的人员。人才中介服务机构可以从事下列业务：人才供求信息的收集、整理、储存、发布和咨询服务；人才信息网络服务；人才推荐；人才招聘；人才培训；人才测评；法规、规章规定的其他有关业务。

（4）各个企事业单位的对外招聘市场。它们通过发布招聘广告等途径为人们提供岗位需求信息，吸引人们前去投考、应聘，这是劳动力市场的特殊形式。

（5）其他非组织形态的自发市场。

培育、发展和规范劳动力市场，是我国各级人力资源和社会保障部门的重要工作内容。

2.3.2 应聘就业

许多用人单位通过报刊、电台、电视台、广告栏或校园招聘会等形式或途径，发布“招聘启事”。求职者可以按照招聘启事中所提供的时间、地点前去应聘，参加面试，或者邮寄个人材料与求职信进行联系，也可打电话询问详情，约定面试时间。

2.3.3 亲友介绍

处于择业阶段的青年的长辈，往往会对他们的职业生涯提供各种帮助，如按照自己的阅历和价值观对青年的职业选择进行指导，为青年谋求职业出主意、想办法等。这种途径不仅在传统社会中大量存在，而且仍然是现代社会中人们就业的重要途径之一。在经济发达国家，一些用人单位在技术竞争激烈、员工流动频繁的情况下，采取亲友介绍就业的方法，使员工能够可靠、稳定和尽责地工作。

在我国目前的社会环境下，亲友介绍是青年获取职业岗位极为重要的途径。但是，它也存在一些问题，从个人角度看：一方面，家长简单地替子女包办工作，而未考虑他们的能力、兴趣、价值观等因素，造成职业选择的不当与失误；另一方面，子女跳过求职环节“不劳而获”，可能导致心理认知与社会行为偏差，如依赖性强、炫耀父母的权力与门路、办事靠侥幸或靠投机取巧、不能公正地待人处事和看待自己。

2.3.4 社会选拔

一个社会为了能获取优秀的人才，往往采取多种形式从大量社会成员中选拔优异者。我国实行的国家公务员考试录用制、企事业单位经营管理人员和工程技术专家的社会招聘制等，都属于社会选拔式就业途径。从求职者的角度看，这是一部分社会优秀人才获得职业岗位的途径。由社会选拔而发掘出的优秀人才，一般都有更多的机会选择等级较高的职业岗位，或者说，社会选拔往往是根据高等级岗位的需要而进行的。

2.3.5 个人谋业

个人自谋职业是充分体现个人择业权利的就业途径。采取个人谋业途径的择业人员，有的是因为劳动力市场中缺乏就业机会，只好自己到处寻求职业；有的是因为自己的择业目标较高，不屑从事社会提供的现有职业岗位。前者反映社会就业形势不佳或者择业者就业条件较差，对他们应当提供适当的帮助。后者则具有很好的就业条件，他们致力于寻求优越的职业岗位。就业是民生之本，鼓励和支持劳动者自谋职业和自主创业，通过推动创业来促进就业的一条主干道，也是解决我国当前就业问题的主攻方向。

2.3.6 国家分配

国家分配工作的途径是我国计划经济体制下沿袭了几十年的做法。个人在分配工作的途径中一般是被动的，择业权很小。20世纪80年代初，我国实行“三结合”就业方针，将全面的社会分配就业转变为部分社会分配就业、部分自己解决就业。此后进一步发展市场就业道路。由于社会经济体制的变化，国家分配工作的范围大大缩小，目前只对部分退伍军人和少数定向招生（如师范院校、军事院校）的毕业生进行工作分配。

2.3.7 自然继承

这种类型多是出身于农民、小手工业者、工匠以及艺术工作者等家庭的青年所走的路。在以家庭为劳动单位的环境中成长的人，成年累月地受到耳濡目染或者父传子式的能力训练，掌握了专门的职业信息与知识，形成了固定的职业价值观和思维定式，往往采取自然继承父业、在家庭中就业的方式。但是，很多拥有该类家庭背景的青年也不甘于或者不愿意自然继承父业，逐渐倾向于到社会中寻求职业机会，以实现自己的职业理想。

2.4 社会的职业管理制度

2.4.1 各类从业人员的劳动合同制度

1995年我国颁布了《中华人民共和国劳动法》。2007年我国颁布了《中华人民共和国劳动合同法》（以下简称《劳动合同法》），于2008年1月1日起施行。2012年12月28日，中华人民共和国第十一届全国人民代表大会常务委员会第三十次会议通过《全国人民代表大会常务委员会关于修改〈中华人民共和国劳动合同法〉的决定》，新的《劳动合同法》自2013年7月1日起施行。修改的内容涉及第五十七条、第六十三条、第六十六条和第九十二条。

《劳动合同法》是规范劳动关系的一部重要法律，在中国特色社会主义法律体系中属于社会法。劳动合同在明确劳动合同双方当事人的权利和义务的前提下，重在对劳动者合法权益的保护，为构建与发展和谐稳定的劳动关系提供法律保障。《劳动合同法》的颁布实施有着深远的意义。

劳动法明确提出要普遍实行劳动合同制。劳动合同制是我国劳动管理制度的重要内容，是市场经济条件下求职者个人与用人单位建立劳动关系的法律凭证。劳动合同作为劳动者与用人单位之间确立劳动关系、明确双方权利和义务的协议，一般来说，应当是书面形式的。它不仅体现了求职者自主就业的地位，也明确了求职者与用人单位签约后有关职业劳动方面的诸项具体的权利义务。“合同”就是“契约”，是对签约双方的行为具有约束力的准绳，签订了劳动合同，就是规范了劳动主体双方的行为。这样，劳动合同就是建立、规定和调整劳动关系的一种手段，是处理当事人双方劳动争议的重要依据。总之，劳动合同制是保障求职者、从业者个人合法权益的重要工具。

一个人要就业，如不签订劳动合同，就等于丧失了自己在职业方面应有的权利。这是不知道自己在职业劳动中应当干什么、不知道如何运用法律保护自己权益的表现。因此，求职者、从业者必须了解劳动合同制，懂得劳动合同的订立事项，把握劳动合同条款的内容，从而使自己在职业生涯的起步和发展中取得主动权。

2.4.2 专业技术人员的聘任制度

高等教育是在完成中等教育的基础上进行的专业教育和职业教育，是培养专门人才和职业人员的主要社会活动。我国专门人才或职业人员层次的岗位可以分为两类：专业技术人员岗位与行政管理人员岗位。从事专业技术工作的人员一般实行专业技术职务聘任制。

专业技术职务聘任制主要在事业单位，如学校、医院、研究所、新闻单位等实行，企业、政府机关中也参照执行。国家对专业技术职务的类别、各类专业技术职务的任职条件，以及各单位专业技术职务人数和初、中、高级人数比例做出规定。具有一定学历、确有真才实学、成绩突出的人员按照一定手续申报，经审核批准后，即被聘任为某种专业技术职务。

专业技术人员在不同部门有着不同的职称系列，每一系列又有高级、中级、初级三个等级。我国的专业技术人员主要有以下系列：

（1）工程技术人员系列：研究员级高级工程师、高级工程师、工程师、助理工程师、技术员。

（2）农业技术人员系列：高级农艺师、农艺师、助理农艺师、农业技术员。

（3）经济专业人员系列：高级经济师、经济师、助理经济师、经济员。

（4）会计人员系列：研究员级高级会计师、高级会计师、会计师、助理会计师、会计员。

（5）统计人员系列：研究员级高级统计师、高级统计师、统计师、助理统计师、统计员。

（6）工艺美术人员系列：研究员级高级工艺美术师、高级工艺美术师、工艺美术师、助理工艺美术师、工艺美术员。

（7）高等院校教师系列：教授、副教授、讲师、助教。

（8）科学研究人员系列：研究员、副研究员、助理研究员、实习研究员。

（9）实验人员系列：研究员级高级实验师、高级实验师、实验师、助理实验师、实验员。

（10）中等专业学校教师系列：教授级高级讲师、高级讲师、讲师、助理讲师、教员。

（11）中学教师系列与小学教师系列：教授级高级教师、高级教师、一级教师、二级教师、三级教师。

（12）技工学校教师系列：教授级高级讲师、高级讲师、讲师、助理讲师、教员；高级实习指导教师、一级实习指导教师、二级实习指导教师、三级实习指导教师。

（13）医疗卫生技术人员岗位复杂、人员数量众多，分为“医、药、护、技”四大类别：

①医疗防疫系列有主任医师、副主任医师、主治医师、医师、医士。

②药剂系列有主任药师、副主任药师、主管药师、药师、药士。

③护理系列有主任护师、副主任护师、主管护师、护师、护士。

④技师系列有主任技师、副主任技师、主管技师、技师、技士。

此外，还有新闻、出版、播音、广电艺术等系列。

2.4.3 政府工作人员的公务员制度

1.我国公务员的职业特征

我国公务员的职业特征有以下几点：

（1）公务员是为国家服务的。由此，其服务的范围、内容和方法，其承担的责任、享受的权利，其获得的报酬都是由国家决定的。

公务员有对国家忠诚的义务。公务员在执行公务中，不仅要无条件地服从国家的意志，按照国家法令和政策办事，而且要积极考虑国家的利益，处处为国家着想。

公务员自身才能和作用的发挥，主要体现在完成好公务、发挥政府职能和取得社会效益上，是以国家的成果形式而不是以个人的成果形式出现的。

（2）公务员由国家选任。公务员身份由国家专门选任获得：或者通过参加公务员考试获得；或者由国家权力机构（各级人民代表大会）选举任命；或者经过其他法定程序获得。任何人都不能凭借某种权力和关系，自然成为公务员。

（3）公务员职业具有稳定性。公务员作为国家机关的工作人员，基本上不受市场经济竞争中企业倒闭和企业辞退人员等的影响。公务员不是“高薪阶层”，但相比企业来说，工资有保障并以企业工资为参照标准而定期提高。

2.我国公务员制度的内容

我国的公务员分为两大类：一类是政务类公务员，即依照宪法和组织法管理、实行任期制的各级政府组成人员，一般由各级人民代表大会选举或决定；另一类是业务类公务员，即担负具体行政事务管理的政府工作人员，他们主要从事执行性、管理性工作，一般需要较强的专业知识和技能。我国对业务类公务员通常经过公开考试择优录用。

我国招收公务员实行“公开、平等、竞争”的原则，一般由国家或地方政府组织公开考试，对一切符合条件的人开放。考试内容依据各部门和地区的实际工作需要设计。考核的内容主要有：

（1）知识水平。这包括通用的科目知识和招考单位与职业岗位的专项知识。

（2）行政职业能力。这是考核、测定与工作有关的各种能力。我国公务员考试中的“行政职业能力”考核内容包括：第一，知觉能力，即对数字、字母和汉字等视觉符号快速而准确地觉察、判断和记忆的能力；第二，数量关系，即对数量关系的理解和计算能力；第三，资料分析，即对各种资料进行准确理解和分析的能力；第四，言语理解，即对言语的理解与表达准确、规范的能力；第五，判断推理，即逻辑判断推理的能力。

（3）分析能力。我国公务员考试中的“申论”，要求应试者根据所给出的有一定长度的文字材料，对理论问题和实际问题进行思辨性分析，对其处理问题能力进行考核。在面试中，对应试者则进行情景模拟等多种测试，以鉴别其分析能力。

知识拓展：组织的变化

本章小结

社会的各种职业岗位都可以归属于一定的产业部门。我国的产业分为第一产业、第二产业、第三产业，具体包括农、林、牧、渔业，采掘业，制造业，电力、热力、煤气及水生产和供应业等20个部门。用人单位分为企业单位、事业单位、政府机关等。我国的企业按照投资者的出资方式和责任形式的不同，可以分为个人独资企业、合伙企业、公司企业和外商独资企业；按照所有制性质又可以分为国有企业、集体企业和私营企业。本章对上述内容进行了阐述，并介绍了社会职业的进入渠道，以及三大类职业管理制度。

复习思考题

1.社会职业为什么能够存在？

2.职业岗位需求的状况由什么因素决定？我国当前的职业需求状况如何？

3.比较企业单位、事业单位、政府机关的职业岗位状况与用人特点，并比较不同类型企业的职业岗位状况与用人特点。

4.简述我国的公务员制度。

5.签订劳动合同的原则有哪些？参照《劳动合同法》，列出劳动合同有哪些相关条款。

案例分析题

英国国家职业资格证书（NVQ）制度简介

1.什么是NVQ

一个国家的经济竞争能力和发达程度与其人口的能力和素质有着密切的关系。随着国际竞争的日趋激烈、经济技术发展速度的加快，各国必须采取行动来提高青年的基本技能，使他们通过不间断的学习来增强适应外界发展和变化的能力。

NVQ是英国国家教育和培训的一种证书形式，其目标是鼓励个人以工作场所为中心，不断地开发自身的能力以适应外界发展变化的需要。NVQ的主要内容包括职业能力、工作中随机应变的能力以及适应外界发展变化的能力。NVQ首先强调的是你能干什么，这不仅包括技术能力，还包括制订计划、解决问题、处理意外情况、与他人协调工作以及运用个人的基本知识和理解力的能力。

2.NVQ的证书授予条件

在NVQ框架内，国家职业资格证书的授予必须符合下列条件：

（1）基于实际工作所要求的国家标准，考虑将来的需求并兼顾技术、市场和就业；

（2）基于对学习结果的评定，通常不限具体的学习方法、期限和地点；

（3）以有效可靠的评定为基础，保证实际操作能达到国家标准；

（4）不受任何不必要的外界约束，适用于通过任何方式达到所需标准的任何人；

（5）不准有任何形式的公开或不公开的歧视。

3.NVQ的级别

所有的NVQ都有下列五个等级：

第一级：具有进行一定范围内各种工作活动的能力，其中大部分可能是日常的和可预见性的工作活动。

第二级：具有在一定情况下进行较大范围内各种不同工作活动的能力，其中有些是复杂的和非日常的工作活动；具有一定的责任感和独立处理问题的能力，在必要的情况下必须能与他人（可能是同一工作群体中的其他成员）进行协作。

第三级：具有在广泛情况下进行广泛范围内各种不同工作的能力，这些工作常常是复杂的和非常规的；具有一定的责任感和独立处理问题的能力，常常需要对他人的工作进行管理和指导。

第四级：具有在广泛情况下进行广泛领域的技术或专业工作的能力；具有较强的责任感和独立处理问题的能力，常常需要对他人的工作及资源的分配负责任。

第五级：具有在广泛的并经常是不可预见的情况下运用广泛的基本原理和复杂的技能的能力；具有很强的独立处理问题的能力，经常对他人的工作及重要资源的分配担负重大责任，并且具有独立分析、判断、设计、规划、实施和做出结论的能力。

NVQ框架的五个等级覆盖了从事简单常规工作的低级别到具有挑战性的复杂职业能力的高级别的NVQ。不同级别之间能力的提高在不同的职业领域有不同的表现方式，职业资格证书的级别越高，其以下方面的特点就越突出：

（1）能力的广度及范围；

（2）能力的复杂性和难度；

（3）对特殊技能的需求；

（4）从事特殊活动的能力；

（5）在广阔的环境中运用技能的能力；

（6）革新和从事非常规活动的能力；

（7）组织和计划工作的能力；

（8）管理监督他人的能力。

资料来源　王爱珍．英国国家职业资格证书制度（NVQ）[J]．职业技术教育，2000（21）．

讨论：

1.简述中国的职业资格证书制度，并举例说明。

2.比较中英两国职业资格证书制度的异同。

3.《劳动合同法》对我国职业资格证书制度产生怎样的影响？

第2章案例分析提示

职业测试

建立关系网的能力

一、测试方法

本测试有15个问题，请你逐个做出回答，确定、圈划出A、B、C之一。然后，对照测试题后面的计分表，进行打分。最后，把各个题目的分数加总，就得出本测试的总分。

二、测试题

1.出门旅行度假时，你——

A.通常很容易就交到朋友

B.喜欢一个人消磨时间

C.希望结交朋友，但难以做到

2.和一个同事约好了一起去跳舞，但下班时你感到精疲力尽，这时同事已回去换装，你——

A.决定不赴约了，希望他（她）谅解

B.仍去赴约，尽量显得情绪高涨

C.去赴约，但询问如果你早些回家，他（她）是否在乎

3.你与朋友的友谊——

A.大多是日久天长式

B.有长有短，志趣相投者通常较长久

C.弃旧交新是常有的事

4.结交一位朋友，你通常是——

A.由熟人、朋友的介绍开始

B.通过各种场合的接触

C.经过时间、困难的考验而定交

5.你的朋友，首先应——

A.能使人快乐轻松

B.诚实可靠、值得依赖

C.对我有兴趣，关注我

6.你的表现——

A.我走到哪儿就把笑声带到哪儿

B.我使人沉思

C.和我在一起，人们总是随意自在

7.别人邀你出游或表演一个节目，你往往——

A.找借口推脱

B.欣然前往或允诺

C.断然拒绝

8.与朋友们相处，你通常的情形是——

A.倾向于赞扬他们的优点

B.以诚实为原则，有错就指出来

C.不吹捧奉承，也不苛刻指责

9.如果别人对你很依赖，你的感觉是——

A.总的来说，我不在意，但如果他们有一定的独立性就更好了

B.我喜欢被依赖

C.避而远之

10.走入一个陌生的环境，对那些陌生人，你——

A.常能很快记住他们的名字和某些特点

B.想记住这些信息，但失败居多

C.不去注意这些东西

11.对我来说，结交人的主要目的是——

A.使自己愉快

B.希望被人喜欢

C.想让他们帮我解决问题

12.对身边的异性，你——

A.只在必要的情况下才去接近他们

B.与他们互不来往

C.接近他们，彼此相处愉快

13.朋友或同事劝阻、批评你时，你总是——

A.只能部分地接受

B.断然否决

C.愉快地接受

14.在编织你的人际网时，被考虑的人选一般是——

A.我的上级及有权势者

B.确实心地善良的人

C.社会地位不超过自己的人

15.对那些精神或物质上帮助过你的人，你——

A.铭记在心，永世不忘

B.认为是朋友间应该的，无须拘泥小节

C.时过境迁

“建立关系网的能力”测试结果

第3章 职业生涯与管理理论

学习目标

✓掌握职业"自我"的概念；

✓了解金兹伯格的职业发展理论；

✓掌握萨帕的职业生涯整体发展理论、职业生涯阶段论和职业生涯层面论（彩虹论）；

✓了解人职匹配理论；

✓重点掌握霍兰德的人职六类型的内容；

✓了解利维古德的职业生涯分期论；

✓掌握施恩职业周期理论；

✓重点掌握并能够运用施恩的职业生涯系留点理论。

引例

史玉柱的创业史

1.中场休息的感悟：败与战

1980年，史玉柱以全县总分第一、数学119分（满分120分）的成绩考入浙江大学数学系，毕业后被分配到安徽省统计局工作，时年24岁。由于工作出类拔萃，史玉柱作为"第三梯队"（储备干部）被送往深圳大学进修。

史玉柱是中国早期最出色的电脑程序员之一。1989年8月2日，他利用在《计算机世界》报"先打广告后收钱"的时间差，用4 000元做了一则8 400元的广告："M-6401，历史性的突破。"13天后，史玉柱即获15 820元；1个月后，4 000元广告费已换来10万元回报；4个月后，新的广告投入又为他赚回100万元。史玉柱产生了创办公司的念头，并用"巨人"这个名称来命名公司。1995年，巨人公司发动"三大战役"，把12种保健品、10种药品、十几款软件一起推向市场，投放1亿元广告费。同年，史玉柱被《福布斯》列为中国内地富豪第8位。

1996年巨人大厦资金告急，史玉柱决定将保健品方面的全部资金调往巨人大厦，保健品业务因资金"抽血"过量，再加上管理不善，迅速衰落。巨人集团危机四伏。脑黄金的销售额过5.6亿元，但烂账有3亿多元……最后惨败，留下一栋荒草肆虐的烂尾楼，外加几亿元巨债。"死"过一次后，他才知道死亡的滋味。

2."送礼就送脑白金"：再定位

幸运的是，公司20多人的管理团队，在最困难的时候依然不离不弃，没有一个人离开。当时史玉柱手上已经有两个项目可供选择：一个是保健品脑白金；另外一个是他赖以起家的软件。1998年，山穷水尽的史玉柱找朋友借了50万元，开始运作脑白金。

手中只有区区50万元，已容不得史玉柱再像以往那样高举高打，大鸣大放。他如履薄冰，把江阴作为东山再起的根据地。启动江阴市场之前，史玉柱首先做了一次"江阴调查"。他戴着墨镜走村串镇，挨家挨户寻访。白天年轻人都出去工作了，在家的都是老头老太太，史玉柱就搬个板凳坐在院子里跟他们聊天，以掌握第一手资料。

这些老人告诉史玉柱："你说的这种保健品我想吃，但我舍不得买。我等着我儿子买呐！"史玉柱敏感地意识到其中大有名堂、大有市场，他因势利导，推出了家喻户晓的广告："今年过节不收礼，收礼只收脑白金。"随后，2001年"黄金搭档"也上市了。在史玉柱纯熟的广告策略和成熟的通路推动下，两个产品很快走红全国市场，成了保健品市场上的常青树，畅销多年销售额仍持续增长。2007年上半年，脑白金的销售额比2006年同期增长了160%。

3. 又一次不靠谱：网游新纪录

靠卖软件起家的史玉柱，自然对电脑游戏不会陌生。《征途》刚开始做不久，就说要做第一，当时大多数员工都认为老板在吹牛。公测人数突破30万人时，史玉柱提出"保60万争80万望100万"的目标，很多人也都认为不靠谱。结果，公测3个月后，《征途》就成为同类网游在线人数与营收领域的老大。

一次次目标的兑现，让一些自命清高的研发能人由不以为然到心服口服。《征途》项目负责人透露，史玉柱身兼主策划、最重要测试员、资深玩家数职。他参与过任何一个项目，骂过任何一个策划（可能只是因为一些细节问题）。史玉柱经常在凌晨给同事打电话，只要发现一个小漏洞，马上就得改，他眼睛里容不下沙子。有些程序员忙到凌晨四点回家，还没捂暖被窝，就接到要求上线修改的"军令"。

4. 巨人再归来："死过一次"的经历

史玉柱仍经常反思那场"著名的失败"。他说："我人生中最宝贵的财富就是那段永远也无法忘记的刻骨铭心的经历。"他还说："成功经验的总结多数是扭曲的，失败教训的总结才是正确的。"

毫无疑问，"死过一次"的经历，也一定在史玉柱的心灵深处留下了无法磨灭的印记。史玉柱重新注册了"巨人公司"，很快就把网络游戏、投资、保健品等旗下所有业务全部装进去。史玉柱在上海松江买了一块长1 000米、宽500米的地，盖了一个总部，2008年把所有业务搬过去。"不过，这次我修房子不敢修高了，修矮的，只有3层。"

资料来源　秋荻."巨人"史玉柱：惊天逆转为征途［J］. 财富人物，2007（12）.

人们应当怎样认识自己，认识自己的职业及其与社会的关系？人的职业生涯发展、事业成功的道路是什么样的？可以分为几个阶段？是怎样决策的？专家是怎样看待人的职业发展的？

3.1 职业生涯认知理论

3.1.1 职业“自我”的概念

美国著名学者萨帕（Donald E. Super）对人的“自我概念”（亦即“自我意识”）与职业行为之间的关系进行了大量的研究。他进一步把美国著名学者金兹伯格（Eli Ginzberg）提出的“职业性”看作“自我意识”。这种自我意识是人们尤其是青年学生明确地认识自己与外界环境的关系，特别是基于外界对自己的看法和认定而认识的自己。这种自我意识成为人们迈入社会生活、完成社会化的动力与导向系统。而人的职业性的发展，也就是人们的“自我”概念或意识的建立和发展过程。

班尼斯特（D. Bannister）和福朗塞拉（F. Fransella）对“自我”做了比较全面的归纳，他们指出：第一，每个人均具有区别于他人的、独特的并依赖于自我意识的“自我”特性。第二，每个人都有自身体验的完整概念，而且自己就是这种“体验”本身。其含义是，人们把事物分为“与自己有关”和“与自己无关”两种，与自己有关的事物即“我的世界”。第三，每个人都有自己的历史和自己的环境，这对自己的未来有一定的影响。第四，每个人都有自己的目标，都在自己进行选择，也要为自己的行动负一部分责任。第五，人们通过与别人的类比和区别，来定义“自我”，也可以推论出别人的“自我”。第六，人们经历即体验，并且要反思、总结、评价、分析。人的反思能力正是体现了“自我”的中心地位。①

萨帕对自我概念形成的因素也进行了分析。他指出，职业性发展是一个“妥协过程。在此过程中，天生才能、神经系统和内分泌系统的组成、起各种作用的机遇、对所起作用（指个人作用）得到的上级和同事的赞许程度的评价等，所有这些因素的相互作用产生了自我概念”②。

3.1.2 自我与职业的联系

金兹伯格提出和运用了“职业性”这一概念，其基本含义是指，人的职业能力和对职业的认识是发展的、演进的，是一个不断成长、不断成熟的过程。这种职业性导致人对职业的选择及其成功、正确与否。

萨帕指出，职业的自我认识、自我概念是一个持续发展的实体，在经验表明需要变化以适应现实时，它在生活中就做出转变。当然，自我概念的转变，必然导致人的职业行为及意识的变化，导致不同的职业选择，即“我-职业”。

同时，职业的客观存在，不论是可能的工作内容、需求结构、就业机会，还是现实的职业劳动与职业人际环境，又对自我产生影响，迫使个人重新认识自己，树立新的自我概念，即“职业-我”。

---

① 霍尔兹沃思．职业咨询心理学［M］．李柳平，李伯宏，译．天津：天津大学出版社，1988：141-143.
② 霍尔兹沃思．职业咨询心理学［M］．李柳平，李伯宏，译．天津：天津大学出版社，1988：137.

英国学者罗伯茨基于人（自我）与职业之间相互作用的上述关系，还得出“年轻失业者看待自己的不同方式，是其失业因素中的重要一环”的结论。[①]

3.2 职业发展理论

3.2.1 金兹伯格的职业发展理论

1.金兹伯格的职业决策论

金兹伯格是职业发展理论的缔造者，他和萨帕成为该理论的主要代表人物。

（1）职业决策包含一连串的决定。金兹伯格等人经过对实证材料的研究，首先提出了职业发展理论。他们指出，职业选择决策是一种发展过程，它不是一个某一时刻一下子就能完成的“决定”，而是基于人们的选择观念，这种观念要经过若干年才能形成。职业选择过程包含一连串的决定，每一个决定都与个人在童年和青少年时期的经历及身心发展有关。

（2）职业选择是一种优化决策。金兹伯格认为，职业选择的实现也是个人意识与外界条件的折中、调适。他还进一步指出，个人最终所做的职业决策，是寻求个人所喜爱的职业与社会所提供、个人能获得的机会之间的最佳结合。

（3）影响职业决策的因素。金兹伯格指出，影响职业选择的因素包括现实因素、教育因素、个人的情感和人格因素、职业价值观与个人价值观因素。

2.金兹伯格的职业成熟论

在金兹伯格的理论中，青年的职业选择过程即他们的职业成熟程度可以分为三个阶段。

（1）空想期。空想期亦即幻想期。这一时期实际是人的少年儿童时期。该时期以少年儿童对“早日长大成人，成人后干某种工作”的空想或幻想为特征。这种空想不受个人能力与现实的社会职业机会所限制，似乎想干什么工作，将来就能干什么工作，就会如愿以偿。实际上，这种职业想象往往是少年儿童的一种模仿行为。

（2）尝试期。尝试期也称试验期或暂定期。这一时期大约从10岁开始，到18岁结束。尝试期的特征是人已经脱离了少年儿童时期的盲目、随意性幻想，开始考虑未来个人的发展，真正考虑对职业的选择。但这一时期，青年人做选择所依据的是自己的兴趣、智力、价值观，并依据这些主观的范畴对待职业选择的目标调节等问题。

（3）现实期。现实期一般从16岁至18岁开始。这一阶段即人们正式的职业选择阶段。前两个时期的“选择”是主观的选择，而这一时期的选择是真正的选择，是将主观选择与个人客观条件、外界客观条件（环境）、社会需要相结合的选择。这种承认客观因素、从现实出发的选择是一种折中和调适。现实期的特征是缩小了个人选择的范围。具体来说，现实期又可以分为三个阶段：

①探索阶段。在这一阶段，青年人试图把自己个人的选择与社会的职业岗位需要

① 霍尔兹沃思．职业咨询心理学［M］．李柳平，李伯宏，译．天津：天津大学出版社，1988：138．

等现实条件联系起来。

②结晶阶段。在结晶阶段，青年人对一种职业目标有所专注，并努力推进这一选择。

③特定化阶段。特定化，是指青年人为了特定的职业目标，进入更高一级学校深造或接受专业训练。已有工作但不满意者，想重新进修再找工作，也属于这个阶段。

金兹伯格的职业成熟理论如图 3-1 所示。

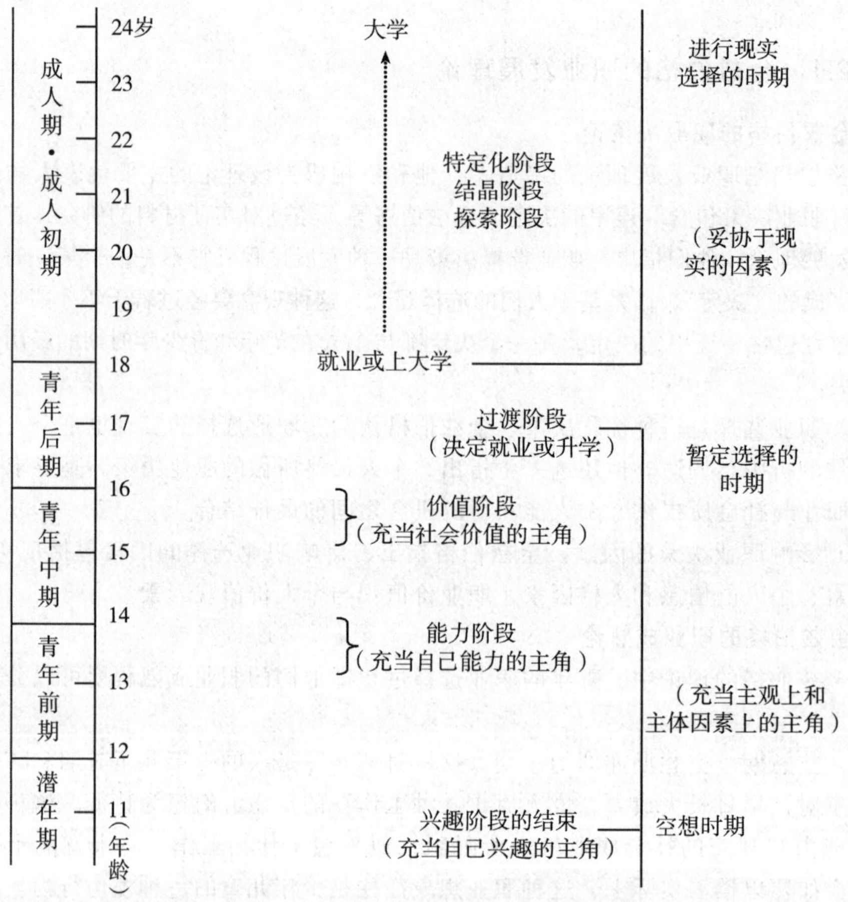

图3-1 金兹伯格的职业成熟理论

3.2.2 萨帕的职业发展理论

1.萨帕的职业生涯整体发展论

萨帕的职业发展理论比金兹伯格的学说更为详细和深入，扩大到整个人生。其主要包括以下论点：

(1) 人是有差异的。

第一，人的才能、兴趣和人格各不相同。

第二，人们因自己的上述特性而各自适应若干种职业。

第三，各种职业均具有一套对于人的才能、兴趣和人格要求的特定模式，但是职业与人均有一定的改变余地。

第四，职业生涯模式的不同性质，是由人们不同的家庭地位与经济状况、智力水平与人格特征，以及个人的机遇所决定的。

（2）职业选择与调适是一个连续的过程。

第一，人们对于职业的偏爱、人们的生活与工作情境，以及人们的自我概念，都会随时间的推移和经验的增加而改变，这使得人们对职业的选择与调适成为一个连续的过程。

第二，职业选择与调适过程可以分为探索阶段和固定阶段。其中，探索阶段分为空想、尝试和现实三个时期。固定阶段分为尝试、固定两个时期。

第三，从更大的范围看，人的职业成长、探索、固定、维持、衰退各个阶段的总和，即构成一连串的人生阶段。

（3）职业发展过程具有可塑性。

第一，职业发展的过程，从根本上说是一种建立自我概念的过程。这种自我概念的建立过程也是一种折中、调适的过程。“自我”是个人自身条件与外界各种条件、各种反响相互作用的产物。

第二，个人与社会、自我概念与现实之间的折中和调适，是人们把自身放入社会的职业角色的过程。这种角色扮演也是一个人从少儿时期的空想，到青年时期的择业咨询与商谈，再到初次任职等的系列演进过程。

第三，一个人工作的满意（进而是生活的满意）程度，视个人的才能、兴趣、人格特征和价值观能否找到对应的归宿，或者上述各方面与工作的适应程度而定。

第四，职业发展的各个阶段可以通过指导而加以改善。这里既包括培养人的职业才能与职业兴趣，使人走向成熟，也包括帮助人尝试选择职业和建立自我概念。

2.萨帕的职业生涯阶段论

萨帕对于人生生涯的分析，是围绕职业生涯的不同时期而进行的。这构成了他的职业生涯阶段论。该理论关于各阶段的具体内容如下：

（1）成长阶段。该阶段从出生至14岁。在这一阶段，个人的自我概念发展起来。初期，个人欲望和空想起支配作用；后期，个人对社会现实产生兴趣，个人的能力与爱好则是次要的。

成长阶段又可以分为空想期、兴趣期和能力期三个阶段。

（2）探索阶段。该阶段从15岁至24岁。个人在学校生活与闲暇活动中研究自我并进行职业上的探索。

探索阶段是人生道路上非常重要的转变时期，它可以分为暂定期、过渡期和试行期。

①暂定期。暂定期从15岁至17岁。在这一时期，个人在空想、议论和学业中开始全面考虑意愿、兴趣、能力、价值观和社会就业机会等，做出暂时性的选择。

②过渡期。过渡期从18岁至21岁。这是个人接受专门教育训练，进入劳动力市场，开始正式选择的时期。这时个人着重考虑现实，在现实和环境中寻求“自我”的实现。

③试行期。试行期从22岁至24岁。这个时期，个人选择似乎适合自己的职业，并想把它当作终生职业。

（3）确立阶段。该阶段从25岁至44岁。就职以后，个人发现真正适合自己的领域，并试图使其成为自己的永久职业。这一阶段初期，有些人在岗位上“试验”，若不合适就改为其他职业。后期，人们都在某种职业岗位上稳定下来。

这一阶段又可以分为试行期和稳定期。

(4) 维持阶段。该阶段从45岁至64岁。在这一阶段，人们主要是保住现有的职业岗位，按既定方向工作。极少数人会冒险探索新领域，寻求新的发展。

(5) 衰退阶段。该阶段为65岁以后，是精力、体力逐步减退的时期，也是人们逐步退出职业劳动领域的生涯下降时期。

3.萨帕的职业生涯层面论

萨帕认为，人生的整体发展是由时间、宽度和投入程度决定的，即职业生涯包括时间、宽度和深度三个层面。其具体内容为：

(1) 时间层面。职业生涯的时间层面，即按人的年龄和生命历程划分的成长、探索、确立、维持和衰退五大阶段。

(2) 宽度层面。职业生涯的宽度（breadth）或者范围（scope）层面，是指一个人终生所扮演的各种不同角色，如儿童、学生、公民、赋闲在家者、工作者和家庭主妇等。

(3) 深度层面。深度，即职业生涯的投入程度，指一个人在扮演每个角色时所投入的程度。

这一理论也被称为“彩虹理论”。

3.3 职业匹配理论

人与职业是相互关联的一对范畴，个人在选择职业的同时，职业也在选择个人，要较好地完成职业选择，必须以两者相互一致、相互适应、相互匹配为前提。

人与职业匹配的理论，可以分为人格特性与职业因素匹配和人格类型与职业类型匹配两种。相应于这两种理论，在职业选择、职业指导及其管理中出现了不同的模式。

3.3.1 人格特性-职业因素匹配理论

所谓人格特性-职业因素匹配理论，指的是依据人格特性及能力特点等条件，寻找具有与之对应的因素的职业种类的理论，也称“特性-因素匹配理论”。该理论是由职业指导的创始人、美国波士顿大学教授弗兰克·帕森斯（Frank Parsons）创立的。

1.人格特性-职业因素匹配过程

这一理论认为，每个人都有自己独特的人格特性与能力模式，这种特性和模式与社会某种职业的实际工作内容及其对任职者的要求之间有较高的相关度。个人进行职业选择时，以及社会对个人的职业选择进行指导时，应尽量做到人格特性与职业因素接近或者吻合。这种匹配过程包括三个步骤：

(1) 特性评价。特性评价是指对将要选择职业者的各种生理、心理条件以及社会背景进行评价，具体包括基于常规身体检查与体质测试、能力测验（尤其是职业能力测验）、兴趣测验、人格测验、学业成绩、家庭经济收入、父母职业、家庭文化背景等多方面的材料，做出综合评价。

（2）因素分析。因素分析是指对职业要求的各项因素，包括各种职业（职位、职务）的不同工作内容，它们对人的生理、心理、文化程度等条件的要求等进行分析，使个人有较明确的选择目标。

（3）二者匹配。二者匹配是指把对个人的特性评价结果与对职业的因素分析结果进行对照，从而使人能够找到自己适于从事的职业。

2.人格特性的划分

人格特性-职业因素匹配理论的基础是人格特性理论。人格特性理论认为，人格可以划分为若干种特性，每一特性都是人所共有的，但不同人在同一特性方面的强度或水平是不同的。不同的人有不同的人格特性结构，因而就有了人格的差异。关于人格特性的划分，有着不同的理论，影响较大的是美国著名社会心理学家和人格心理学家阿尔波特（G. Allport）的理论和美国伊利诺伊州立大学人格及能力研究所卡特尔（R. B. Cattell）教授的理论。

（1）阿尔波特的人格论。该理论将人格的特性分为支配、自我扩张、坚持、外倾（即外向）、对自己能批评、自炫、合群、利他、社会智力水平、对理论的兴趣、对经济的兴趣、对艺术的兴趣、对政治的兴趣、对宗教的兴趣等14项，并与人的生理、心理基础方面的7项特征合并成21个项目，制成心理图示评定量表。量表的每一项都区分为11个等级的答案，计分从-5至0，再至+5。

阿尔波特还将这些特性分为共同特性和个人特性两种。个人特性具有独特性，为个人所独有，代表了个人的特定行为倾向。个人特性又可以分为主要特性、中心特性和次要特性三种类型。

（2）卡特尔的16种特性论。卡特尔发展了阿尔波特的理论，把人格特性分为表面特性（surface traits）与根源特性（source traits）。根源特性是人格中相当稳定和持久的基本特性，包括乐群性、聪慧性、稳定性、好强性、兴奋性、有恒性、敢为性、敏感性、怀疑性、幻想性、世故性、忧虑性、激进性、独立性、自律性、紧张性等16项。根据一个人在这些项目上的不同水平，可以判断其人格特性总体状况。卡特尔的研究发现，人的根源特性对其职业方向、婚姻关系方面都有明显的影响。

3.3.2 人格类型-职业类型匹配理论

人格类型-职业类型匹配理论的基础是人格类型理论。人格在一定意义上是对社会刺激的反应，是人与环境、与社会互动的反映，如荣格提出“内向、外向”的类型。与人格特性的划分及相关理论相比，人格类型的划分及相关理论更加简明方便，是人们进行职业选择及职业定向时常用的理论。

人格类型-职业类型匹配理论，是将人格与职业均划分为不同的类型，当属于某一类型的人选择了相应类型的职业时，即达到了匹配。社会对个人择业的指导目标，也就是要达到人格类型与职业类型的匹配。

人格类型与职业类型的匹配可以从多方面进行。这一思路还可以扩大到气质与职业匹配、向性与职业匹配、兴趣与职业匹配、价值观与职业匹配等方面。实际上，心理学家和职业问题专家对上述多方面的匹配进行了研究与职业指导实践，如抑郁质的人较适于从事研究工作，胆汁质的人较适于当经理。

美国著名职业指导专家约翰·霍兰德（John Holland）提出的人格与职业类型匹配学说，成为沿用至今、一直被公认为有效的重要理论和方法。霍兰德从心理学价值观理论出发，经过大量的职业咨询指导实例的积累，提出了职业活动意义上的人格分类，包括现实型、调研型、艺术型、社会型、企业型、常规型6种基本类型，相应的，社会职业也分为上述6种基本类型。

3.3.3 霍兰德的人职匹配论

1.人职六类型

霍兰德关于人格与职业类型的划分具体包括：

（1）现实型（R型）。现实型也称实际型。属于现实型人格者，喜欢从事技术性的或机械方面的工作，能够独立钻研业务并完成任务，擅长动手并以“技术水平高”为荣。其不足之处是人际交往能力较差。

属于这一类型的职业主要有飞机机械师、机器修理工、电气工程师、自动化技师、电工、木工、机床操作工（车工、钳工等）、机械工、制图员、农民、医学影像技师、鱼类专家、火车司机、长途汽车司机等。

（2）调研型（I型）。调研型也称调查型、研究型或思维型。属于调研型人格者，喜欢富有思考性、智力性、独立性、自主性的工作。这类人往往有较高的智力水平和较强的科研能力，注重理论。其不足之处是不重视实际，考虑问题偏于理想化，领导他人、说服他人的能力较弱。

属于该类型的职业主要有科研人员、技术发明者、计算机程序设计师、实验员、科学报刊编辑、科技作家、天文学家、地质学家、气象学家、药剂师、植物学家、动物学家、物理学家、化学家、数学家等。

（3）艺术型（A型）。属于艺术型人格者，喜欢通过各种媒介表达自我的感受（如绘画、表演、写作），其审美能力较强，感情丰富且易冲动，不顺从他人。其不足之处是往往缺乏从事文书、办事员之类具体工作的能力。

属于该类型的职业主要有作曲家、画家、作家、演员、记者、诗人、摄影师、音乐教师、编剧、雕刻家、室内装饰专家、漫画家等。

（4）社会型（S型）。社会型也称服务型。属于社会型人格者，喜欢与人交往，乐于助人，关心社会问题，常出席社交场合，对公共服务与教育活动感兴趣。其不足之处是往往缺乏机械能力。

属于该类型的职业主要有社会学家、福利机构工作者、社会工作者、咨询人员、心理医生、社会科学教师、学校领导、导游、公共卫生护士等。

（5）企业型（E型）。企业型也称决策型或领导型。属于企业型人格者，其性格外向、直率、果敢，精力充沛，自信心强，有支配他人的倾向和说服他人的能力，敢于冒险。其不足之处是忽视理论，自身的科学研究能力也较差。

属于该类型的职业主要有厂长、经理、营销人员、采购员、律师、政治家、校长、广告宣传员、调度员等。

（6）常规型（C型）。常规型也称传统型。属于常规型人格者，喜欢从事有条理、有秩序的工作，按部就班、循规蹈矩、踏实稳重，讲求准确性（如数字、资料），愿意执行他人的命令、接受指挥而不愿独立负责或指挥他人。其不足之处是为人拘谨、保守，缺乏创新。

属于该类型的职业主要有记账员、会计、出纳、法庭速记员、成本估算员、税务员、校对员、打字员、办公室职员、统计员、计算机操作者、图书资料档案管理员、秘书等。

显而易见，每一种类型的人都有自己的特点和长处，也有一定的短处，从全社会以及人的心理差异的角度来看，无所谓哪一种好些、哪一种差些，而只有与职业类型是否协调、匹配的问题。但是，社会中的人是复杂的，往往不能用一种类型来简单概括，而是兼有多种性质，即以一种类型为主，同时具备其他类型的特点。因此，职业问题专家提出了若干种中间类型或同时具备三种类型特性的职业类型群。

2.各类型的个性与环境特点分析

霍兰德还对各类型的个性和环境特点做了进一步的分析，具体内容见表3-1。[①]

表3-1 **霍兰德六种人职类型的个性和环境特点**

类型	个性特点	环境特点
现实型	攻击性 机械呆板倾向 重视现实 体魄强壮 传统的男子气质 借助手势表达问题 避免人际关系类任务	要求明确的、具体的、体力方面的任务 户外工作 需要立即行动 需要立即强化 较低的人际关系要求
调研型	思考问题透彻 讲究科学性 有创造力 简明扼要	要求思考和富有创造性 思考任务倾向 极少的社会要求 要求实验室设备但不需要强体力劳动
艺术型	成就感 害羞 彻底性、独创性 不合群 不喜欢有程序和内容要求的任务 较多的传统女性气质 情绪化	解释和修正人类行为 对于优异有模糊的标准 喜欢长时间埋头苦干 单独工作
社会型	责任感 人道主义 渴望发挥自己的社会作用 具有人际交往技能	解释和修正人类行为 要求高水平的沟通 帮助他人
企业型	避免智力性地解决问题 善于口头表达 倾向于权力和地位	强调威望 扮演督查性角色 需要说服他人 需要有管理行为
常规型	偏爱有程序和内容要求的工作 高度的自我控制 对权力和地位的强烈认同	体力要求极低 室内工作 对人际交往技能要求较低

① 李宏，周正训. 21世纪人生职业规划［M］. 北京：金城出版社，2001：40-41.

3.4 职业周期理论

3.4.1 利维古德的生涯周期理论

1.利维古德的三因素与三阶段论

荷兰学者勃纳德·利维古德（B. Levegoed）有着更加开阔的思路，他对人的发展和生活道路问题进行了40多年的研究。他从人的生理、心理和精神三方面因素拟合、统一的角度，对人生进行了分析。

利维古德在大量分析他人关于生涯阶段学说的基础上，将人生划分为生长期、平衡期、衰老期三大部分。在生长期，人的成长速度超过了衰退速度；在平衡期，人的成长与衰退是平衡的；在衰退期，显然衰退的速度是加快的。

利维古德指出，在成年之前的生长期，生理发展规律影响最大；在成年、中年阶段的平衡期，心理的发展最为明显；在人到老年、处于生命后期的衰退期，精神发展则成为主要特征。

利维古德对"人"从事过广泛的研究，包括处于童年、青年、成年、老年各个时期的人，也从事过医疗、精神病理、教育、培训、管理人员、企业方面的研究。他集上述研究于一身，将之归结为"人的发展"，并关注人生的发展阶段，其立足点是"帮助一个人寻求新的前途"和主张人的"自我终身教育"。

2.利维古德的职业生涯分期论

基于上述理论，利维古德指出，人的职业生涯包括下述时期：

（1）青年期。青年期大约从16岁开始，至22岁。这一时期是人的"觉醒"时期，其少儿时期的幻想破灭，而要从现实出发做出人生的抉择。这时的青年已经具有"成为与众不同的有作为的人"的意识，但是，在职业抉择方面往往具有盲目性。

（2）成年初期。成年初期，即人的"初入成年阶段"。这一阶段是人在20多岁的时期。成年初期的人开始对自己的行为负责，并从主观与客观的相互关系中确立自己的地位。他们要成家和"立业"，要在工作变换中寻找自己的价值。

（3）组织阶段。这一阶段大约从28岁开始，直至35岁。在这一时期，人们尝试寻找好工作的职业变换行为停止，而是要从自己现在从事的职业中找出路了。

（4）继续阶段。这一阶段大约从35岁开始，至40岁。该阶段也是维持阶段，这时的人们真正地现实了，当工作顺利时，也就心安理得，感到"顺心"。

（5）危机阶段。危机阶段处于整个40~50岁的时期。在这一阶段，人的体力开始下降，逐渐进入生理的更年期，人的精神有出现危机的倾向，对取得的一切、对自己追求的目标，以致对自己原来所持的价值观等统统产生怀疑，进而，人在精神方面也出现分化：有的人觉得失败，有的人觉得成功。而不同人的人生历程，也有失败（走下坡路、无所追求）和成功的分化。

（6）晚年阶段。这一阶段即整个50~60岁的时期。在该阶段，人生的发展会再次出现分化，有的人还会登上成功的新高峰。到了56岁以后，人们倾向于对自己整个生涯的际遇做出总结。

利维古德的“初入成年阶段”与“组织阶段”，是人们确定职业发展方向时尤其要注意、思考和明智处理的阶段。

3.4.2 施恩的职业周期理论

1.施恩职业理论的地位

施恩（Edgar H. Schein）是美国著名的心理学家和管理学家，其《组织心理学》《职业动力学》等著作具有重要的学术影响力和实践价值。例如：施恩的协调组织与个人目标、实现一系列匹配的理论模型，成为人力资源管理学科的基本理念；[①]他提出的“职业发展”观，是实现现代管理中的组织发展（OD）的重要基础。

2.施恩职业周期的阶段

施恩把人的职业生涯划分为10个阶段，他把个人的发展与在组织中的角色紧密联系起来，在阐述职业生涯发展方面有着深刻的见解，他的学说也有着相当高的应用价值。表3-2对施恩职业周期的每个阶段的角色特征、面临的问题和特定的任务进行了介绍。

表3-2 **职业周期各阶段的角色、问题和任务**[②]

阶段及角色	面临的问题	特定的任务
1.成长、幻想、探索（0~21岁，角色：学生、候选人、申请人）	1.为进行实际的职业选择打好基础 2.将早年的职业幻想变为可操作的现实 3.基于社会经济水平和家庭境况对面临的现实压力进行评估 4.接受适当的教育或培训 5.养成、开发进入工作世界所需要的基本习惯和技能	1.发现和发展自己的需要和兴趣 2.发现和发展自己的能力和才干 3.学习职业方面的知识，寻找现实的角色模式 4.从测试和咨询中获得最大限度的信息 5.查找有关职业和工作角色的可靠的信息源 6.发现和发展自己的价值观、动机和抱负 7.做出合理的教育决策 8.在学校品学兼优，以保持尽可能大的职业选择空间 9.在体育活动、业余爱好和学校的各项活动中寻找机会进行自我测试，以发展一种现实的自我概念 10.寻找试验性工作和兼职工作的机会，测试早期职业决策
进入一个组织或初任一个职业		
2.进入工作世界（16~25岁，角色：应聘者、新学员）	1.进入劳动力市场，谋取可能成为一种职业基础的第一份工作 2.达成一项正式可行的心理契约，保证个人和雇主的需要都能满足 3.成为一个组织的成员——穿越第一个主要的包含边界	1.学会如何找一份工作，如何申请，如何通过一次求职面试 2.学会和评估一份工作和一个组织的信息 3.进行挑选和比较 4.做出现实的和有效的关于第一份工作的选择

① 施恩．职业的有效管理［M］．仇海清，译．北京：生活·读书·新知三联书店，1992：7.
② 施恩．职业的有效管理［M］．仇海清，译．北京：生活·读书·新知三联书店，1992：42-47.

续表

阶段及角色	面临的问题	特定的任务
3. 基础培训（16～25岁，角色：实习生、新手）	1. 明白工作和成员资格实际上是怎么回事 2. 尽快成为一名正式的成员 3. 适应日常的操作程序 4. 作为正式的贡献者被承认，穿过下一个等级边界	1. 克服缺乏经验带来的不安全感，增加一种信任感 2. 尽快“了解内情” 3. 学会与第一个上司或培训者相处 4. 学会与其他受训者相处 5. 参加始业仪式和其他与做一名新手有关的仪式，从中学到点东西（多干杂活和“单调乏味”的工作） 6. 接受正式进入组织的象征物品：制服、徽章、工作证、停车证、员工手册等
4. 早期职业的正式成员资格（17~30岁，角色：新的正式成员）	1. 承担责任，成功地履行第一次被正式分配的有关义务 2. 发展和展示自己的特殊技能和专长，为晋升或进入其他领域的横向职业成长打基础 3. 在自己的需要与组织约束和一定时期对组织的依赖之间寻求平衡 4. 决定是否在这个组织或职业中干下去，或者在自己的需要和组织约束及机会之间寻求一种更好的配合	1. 有效地工作，学会如何处事，改善处事方式 2. 承担部分责任 3. 作为下属，学会如何与上司和同事相处 4. 在有限的工作范围内增强进取心和主动性 5. 寻求良师和指导人 6. 根据自己的才干和价值观，以及组织中的机会和约束，重估当初决定追求的职业类型 7. 准备做出长期承诺和一定时期的最大贡献或者流向一个新职位和新组织 8. 应对第一份工作带来的成功感或失败感
5. 正式成员资格，职业中期（25岁以上，角色：正式成员、任职者、主管、经理）（个人有可能停在这个阶段）	1. 选定一个专业，成为一名多面手或进入管理部门 2. 保持技术竞争力，在自己选择的专业（或管理）领域内继续学习 3. 在组织中确立一种明确的认同，成为人所共知的人 4. 承担较高水平的责任，包括对他人和对自己的工作 5. 成为职业中的一名能手 6. 根据抱负、所寻求的进步类型、用以衡量进步的指标等，开发个人的长期职业计划	1. 取得一定程度的独立 2. 提高自己的业绩标准，相信自己的决策 3. 慎重评估自己的动机、才干和价值观，依此决定要达到的专业化程度 4. 慎重评估组织和职业机会，依此制定下一步的有效决策 5. 解除自己与良师的关系，准备成为他人的良师 6. 在家庭、自我和工作事务间取得一种平衡 7. 如果业绩平平，任职被否定或失去挑战力，调节失败情绪
6. 职业中期危机（35~45岁）	1. 针对自己决定求安稳、换工作或迎接新的更大的挑战的想法，着重评估自己的进步 2. 从个人的梦想和希望与现实的比较方面，评估职业抱负 3. 评价工作和个人职业在自己的一生中究竟有多重要 4. 满足自己成为他人良师的需要	1. 开始意识到个人的职业锚——个人的才干、动机和价值观 2. 现实地评估个人职业锚对个人前途的影响 3. 就甘于现状或者争取看得见的前途做出具体选择 4. 围绕所做出的具体选择，与家人达成新的共识 5. 建立与他人的良师关系

续表

阶段及角色	面临的问题	特定的任务
7.非领导者角色的职业后期（40岁至退休前，角色：骨干成员、有贡献的个人或管理部门的成员、有效贡献者或平庸者）（许多人停留在这个阶段）	1.成为一名良师，学会发挥影响力，指导、指挥他人，对他人承担责任 2.扩展兴趣，增强以经验为基础的技能 3.如果决定追求一种技术性职业和职能性职业的话，要增强技能 4.如果决定追求全面管理角色的话，要担负更大范围的责任 5.如果打算求安稳，在职业或工作之外寻求成长的话，要接受影响力和挑战能力下降的事实	1.保持技术上的竞争力，或者学会用以经验为基础的智慧代替直接的技术能力 2.发展必需的人际和群体技能 3.发展必需的监督和管理技能 4.学会在一种政治环境中制定有效决策 5.应对“崭露头角”的年轻人的竞争和进取 6.应对中年危机和家庭的“空巢”问题 7.为担任高级领导角色做准备
穿越职权和等级边界		
8.处于领导角色的职业后期（即使在年轻时获得，仍会被看作在职业“后期”，角色：总经理、官员、高级合伙人、企业家、高级参谋）	1.为组织的长期利益发挥自己的才干和技能 2.学会整合别人的努力和扩大影响，而不是进行日常决策或事必躬亲 3.挑选和发展骨干成员 4.开阔视野，从长计议，现实地评估组织在社会中的作用 5.如果身为有贡献的个人或企业家，学会如何推销观点	1.从主要关心自我转而更多地为组织福利承担责任 2.负责任地运作组织机密和资源 3.学会应对组织内部和组织外部两方面的局面 4.学会在持续增长的职业承诺与家庭特别是配偶的需要之间谋求平衡 5.学会高水平地行使责任和权力，而不是软弱无力或意气用事
9.衰退和离职（40岁至退休前，不同的人在不同的年龄衰退）	1.学会接受权力、责任和中心地位下降的事实 2.基于竞争力和进取心的下降，学会接受和发展新的角色 3.学会适应很少由工作支配的一种生活	1.在业余爱好、家庭、社交和社区活动、非全日制工作等方面，寻找新的满足源 2.学会如何与配偶更亲密地生活 3.评估完整的职业，着手退休
离开组织或职业		
10.退休	1.适应生活方式、角色和生活标准的急剧变化 2.运用自己积累的经验和智慧，以各种资深角色对他人进行传帮带	1.在失去全日制工作和组织角色后，保持一种认同感和自我价值观 2.在某些活动中依然尽心尽力 3.运用自己的智慧和经验 4.回首过去，感到有所成就和满足

3.5 施恩的职业生涯系留点理论

3.5.1 职业生涯系留点的意义

美国管理学家施恩的职业生涯系留点理论，是职业生涯发展理论中很重要的内容。它反映了人们在拥有相当丰富的工作阅历以后真正乐于从事某种职业的状况，反映了一个人进入成年期的潜在需要和动机，并把某种职业作为自己终身的职业归宿的根本原因。经过长期的职业实践后，人们对个人的“需要与动机”“才能”“价值观”等方面有了真正的认识，即寻找到了职业方面的“自我”与适合自我的职业，这就形成人们终身所认定的、在再一次职业选择（包括真实的和假定的选择）之中最不肯舍弃的东西，即“职业生涯系留点”。[①]或者说，某种因素把一个人“系”在了某一种职业上。施恩指出，根据定义，这种系留点在有工作之前是不存在的，它是“自我意象的习得部分，与自省动机、价值观和才干相联系”。[②]

在我国，学者们一般把这一理论称为“职业锚理论”，即人们因为某种思想原因选中了一种职业，就此“抛锚”、安身。也有的学者把它翻译为“职业着眼点”。[③]

施恩和巴林等人对麻省理工学院的44名管理学院毕业生进行了长达10多年的追踪研究，进行了大量采访、面谈和态度测量，并根据这些资料进行研究分析，结论是这批人在毕业时所持有的就业动机与职业价值观，与10多年后的实际状况——心理需求、就业动机、职业价值观和现实职业岗位各方面——都有一定的出入。出现差异的原因在于，大学毕业生对自己的认识和对外界的认识有盲目和不准确之处，这种差异要经过相当长时间的客观实践之后才能得到矫正。施恩指出，“自我概念”中最重要的“人对自身才能的感知”，要在人们真正有了职业经历、工作体验后才能被正确、清楚地估测出来。

3.5.2 五种职业生涯系留点

施恩把麻省理工学院管理学院毕业生的系留点划分为5种类型：

1.技术性能力

这种人的整个职业生涯的核心，是发挥自己擅长的技术才能和职能方面的工作能力。其价值观是愿意从事以某种特殊技能为核心的挑战性工作。这类毕业生最后从事的是技术型职员、职能部门领导等职业。

2.管理能力

这种人的整个职业生涯的核心，是追求某一单位中的高职位。他们沿着该单位的权力阶梯逐步攀升，直到一个全面执掌权力的高位。这种管理能力体现在分析问题、人际交往和在不确定情况下做出难度大的决策等方面。他们追求的职业目标为总裁、常务副总裁等。施恩提出的这种系留点，是一些人的企业型职业人格（霍兰德分类法）、从事挑战性工作的意愿、处理复杂问题的能力和因地位高而受到尊重的需要的结合。

3.创造力

这种人的整个职业生涯是围绕着某种创造性努力而进行的。这种努力的结果是他们创造了新产品、新服务，或者搞出了新发明，或者开拓了自己的某项事业。在这些人中，有的人为之所奋斗的事业、创造、发明已经成功，有的人则仍然在奋斗和探索着。

---

① 施恩．组织心理学［M］．仇海清，译．北京：经济管理出版社，1987：104-107.
② 施恩．职业的有效管理［M］．仇海清，译．北京：生活·读书·新知三联书店，1992：176.
③ 王蔷．组织行为学［M］．上海：上海财经大学出版社，2002：404.

4.安全与稳定

这种人的整个职业生涯的核心，是在一个组织机构中寻求一个安稳的职位，在这个职位上，他们能够长期、稳定地就业，能够保持一定的经济独立、充裕地供养家庭。

5.自主性

这种人的整个职业生涯的核心，是寻求“自由”，即能够自主地工作，能够自己安排时间，按照自己的意愿选择工作方式和生活方式。这类人一般不在企业工作，但是其活动与企业仍然保持一定的联系。他们从事的职业有大学教师、咨询师、作家、店铺老板等。

3.5.3　其他职业生涯系留点

施恩和巴林等人的上述研究，是对名牌大学管理学院毕业生的研究，其结论是有一定适用范围的。鉴于社会职业的广泛性，施恩还提出了4种不同于名牌大学管理学院毕业生的、其他从业人员可能具有的职业生涯系留点：

1.基本认同

基本认同是指在一些社会阶层较低的职业层面，一个人的头衔、制服和其他职务标记可以成为“自我”定义的基本根据。施恩指出，具有这种系留点的人，是用头衔、制服、标志或其他一目了然的工具，外在地定义了自己的职业角色，一般是认同一个有权力或有声望的雇用单位，以其为职业的符号，即使这类外在符号可能与自己从事的工作关系不大。换言之，他们是以一个单位的好声望替换自己不起眼的职业岗位与身份。例如，在被问到从事什么工作时，肉类加工厂的工人会说自己是“××大公司”的人，基层公务员会说自己为政府工作，大学的门卫会说他们是××大学的工作人员。

2.服务[①]

施恩认为，在社会福利部门、某些医疗部门、教育部门以及行政部门，其工作体现了自由（允许个人表达基本需要）、发挥才干和与他人合作的价值观。在这些部门，人际沟通和协助本身就是目的，其工作人员就以提供服务为系留点。尤其女性，她们之中会有较高比例的人优先考虑以服务为其职业生涯系留点。这一类别与霍兰德提出的社会型职业人格、日本学者田崎仁提出的志愿型职业价值观是相吻合的。

3.权力欲及其扩展

施恩指出，人们有追求权力的需要和运用权力的才干，但其存在状态是复杂的。在政治家、教师、医生和政府官员中，可以看到有些人的系留点正是控制和左右他人的欲望。

有些人的追求权力的系留点与前述的管理能力系留点可能有一定的重合，也可能与其他需要和才干相结合，这就出现了一种比纯粹关心权力更好的情况，即“全面管理”的系留点取向。

---

① 在施恩的《职业的有效管理》（中文版）中，译者将该系留点翻译为“劳务”。

4.多样化

有些人在生活和工作中有多种追求。施恩指出，在各行各业都有“心神不定”的人，有些人多才多艺，他们的基本需要和价值观是表达这种特点，而不是在一个较短的时期内充分发挥自己的某种才干。用通俗的话来说，就是这些人追求当“博学的杂家”而不是“精深的专家”。据一些教授、技工、商人、顾问、经理和检修工讲，吸引他们和使他们安于本职工作的东西，是他们遇到了层出不穷、形形色色的挑战。寻求多样化是这些人职业生涯的组成部分。[①]

知识拓展：海立集团员工的发展

本章小结

本章对“自我概念”这一职业生涯的基本概念进行了说明，对金兹伯格的两个经典的职业发展理论进行了阐述，并进一步对萨帕的职业选择与调适的过程学说和职业生涯各阶段理论的内容，以及霍兰德的人职匹配理论进行了阐述。本章还对利维古德的生涯周期理论和施恩的学说做了详细介绍。

美国管理学家施恩的职业学说具有重要的学术影响和实践价值。施恩把人的职业生涯划分为10个阶段。施恩还提出职业生涯系留点理论（职业锚学说），基于实证研究把麻省理工学院管理学院毕业生的系留点划分为技术性能力、管理能力、创造力、安全与稳定和自主性5种类型，还提出了适用范围更广泛的4种系留点：基本认同、服务、权力欲和多样化。

复习思考题

1.人的职业自我意识是如何形成的？

2.人的职业生涯要经过哪些阶段？试运用萨帕职业生涯整体发展学说的某项内容，分析某个职业生涯成功人士的职业生涯发展问题。

3.什么是人职匹配学说？你属于霍兰德职业人格类型中的哪一种？适合从事什么职业？

4.施恩的职业生涯系留点的含义是什么？

5.施恩的职业生涯系留点理论的内容有哪些？你属于哪种类型？

---

① 施恩．职业的有效管理［M］．仇海清，译．北京：生活·读书·新知三联书店，1992：175-176.

案例分析题

旅馆大王希尔顿

1.工友、投机和政治——生涯需探索

康拉德·希尔顿（Conrad Hilton）在得克萨斯州首次经营一家名叫莫布雷（Mobley）的旅馆时只有31岁。1887年出生于新墨西哥州圣安东尼的他，曾经做过各式各样的工作，比如办事员、生意人、矿山投机者等，也曾经参与政治和银行相关的工作，最后因父亲的事业失败回到故乡。起先他希望振作起来，在石油兴盛的得克萨斯州大干一场。

2.进入旅馆业——生涯有定位

希尔顿将变卖家产所得的5 000美元很谨慎小心地带在身边，只身前往得克萨斯州。最初他想做的"银行业"，其实是金币买卖。5 000美元在当时足可买下一家银行，但他却买下了一家叫莫布雷的小旅馆，从此踏出经营旅馆业的第一步。

希尔顿成功的秘诀是：首先，他对经营旅馆就像经营企业一样有相当明确的观念。"尽量吸引顾客住宿以赚取利润"是他全力以赴的工作。他还把旅馆当作不动产业，将倒闭的旅馆以极低廉的价钱买下来，加以豪华整修，然后一有机会再以买价的数倍价钱卖出去，以增加储蓄、壮大资金。他经常在关键的时刻背负债务，从银行或个人资本家借出大量资金，并且把股东都拉进来，因而才能一次次买下他的实力所无法负担的旅馆。就这一点来说，他确实是个天才。

年轻时候的希尔顿无所畏惧，又具有幽默的气质。不过，在关键时刻，他会像个魔鬼一般摇身一变，将平常的幽默感都收起来，冷静地思考、工作。

3.连锁旅馆——生涯再拓展

1969年，希尔顿连锁旅馆在美国国内有33家，在海外31个国家有42家，共计75家。另外，它在美国国内有8家小型旅馆、1家希尔顿信用卡公司，还有5家希尔顿预约中心，其资本将近4亿美元，旅馆房间总数约45 000间，每夜有4万人住宿，员工也有将近4万人，是世界上最大的连锁旅馆。

希尔顿到底为什么能将旅馆生意拓展到国内外呢？希尔顿在年轻时就是一个野心家，认为"人非抱持梦想不可"。他是这种人中的佼佼者。另外，他具有超越这个时代的更具先见之明的直观力。

希尔顿开始着手经营旅馆之际，正是美国资本主义扩张的时代，不久以后，以现代中产阶级为核心的上班族与日俱增。因此，身处旅馆业的希尔顿瞄准那一群中产阶级，比别人更热心地建设面向大众而又豪华的现代旅馆，摸准了成功的方向。

1942年，他以10万美元的自有资本为开端，耗资100万美元建造了第一家希尔顿旅馆，在达拉斯奠定了基础。这家旅馆共有15层楼、325个房间，完全符合时代的要求。从此以后，希尔顿连锁事业便急剧地展开了。

1963年7月，在纽约第33街建成新的希尔顿旅馆之后，希尔顿的连锁拓展事业在美国国内暂且告一段落，因为当时美国国内的旅馆数已经达到饱和点。先知先觉的希尔顿便把目标转向海外。这时，美国的海外旅游人数急剧增加，影响所及，必将使其他发达国家也奋起直追，这就使得希尔顿有了在世界各地建立现代化大旅馆的总体创意和构思。希尔顿很自然地以“旅馆业大王”自居，并且拼命努力使这个头衔获得认可。

4.固执与梦想——生涯系留点

这个“旅馆业大王”的特征之一是令人吃惊的“固执”个性。希尔顿一旦想做什么事，无论多么艰难都要克服，不达到目的誓不罢休。

在连锁旅馆中格调最高、最难得手而且必须付出高额成本的是纽约“世界女神”大旅馆。有一天希尔顿梦见了这家旅馆，并有了目标：“愿这旅馆是我的。”当时是1931年。他以自己为“买下世界女神的男人”为奋斗目标，前后共花费18年之久。在这段长久岁月里，他经常把该建筑的照片带在身上。后来，希尔顿以高价买下它的投票权，直到自己拥有足够支配股东的股票为止。

如此，希尔顿才名正言顺地拥有美国“旅馆业大王”的头衔。的确，对于旅馆业务，无人能出其右，不仅在美国如此，就是全世界也没有人比得上。

资料来源　胡衍. 实力至上［M］. 广州：广东高等教育出版社，1992.

讨论：

1.人的职业生涯发展要经过哪些过程和阶段？你从希尔顿的身上看到了什么？

2.你认为希尔顿的职业人格是什么？他适合从事哪些工作？他做出旅馆业职业生涯决策的依据是什么？

3.你认为希尔顿的职业生涯系留点是哪种？他在旅馆经营中找到了什么价值？

第3章案例分析提示

职业测试

你的职业成熟度如何

通过职业成熟度测试能看出你在职场中如何处事、职场工作是否游刃有余。做下面这个测试看看：

小王最近感到很郁闷，他负责的一个项目需要和另一个部门合作完成，而和他直接合作的是一个年轻的女孩。双方经常在一起讨论，难免会产生一些摩擦，坏就坏在，每次意见不合的时候，那个女孩就会表现出很不高兴的样子，有时甚至会在办公室对他大发脾气。小王一直告诫自己要忍耐，但是发现情况好像越来越糟糕。如果你是小王，你会怎么办呢？请看看你符合下面的哪一种情况？

A.下次再出现这种情况时，严厉地告诫她，让她也知道你不是好欺负的。

B.找个机会和她单独谈一下，要她以后注意分寸。

C.不和她计较，如果还遇见这种情况，冷静地和她一起讨论、分析。

“你的职业成熟度如何”测试结果

第二篇　职业生涯规划

思政进阶

思政目标

通过学习下面的材料，从个人职业生涯发展的层面，结合有关行业与专业的实际情况认识社会，思考职业生涯规划的功用，分析优秀人士的职业生涯成功之道，学习他们的长处与经验，了解自己的个人素质与职业生涯发展方向，看到与个人发展方向有关的行业、职业的良好前景，形成正确的职业观和从业态度。

学习材料

材料一：

欣欣向荣的中国经济

国家统计局发布数据，2020年我国“三新”经济增加值为169 254亿元，比上年增长4.5%，比同期GDP现价增速高1.5个百分点，相当于占GDP的比重为17.08%，比上年提高0.7个百分点。分三次产业看，“三新”经济中，第一产业增加值为7 423亿元，比上年增长11.0%，占比为4.39%；第二产业增加值为73 487亿元，比上年增长4.3%，占比为43.42%；第三产业增加值为88 345亿元，比上年增长4.2%，占比为52.20%。

“三新”经济是以新产业、新业态、新商业模式为核心内容的经济活动的集合，是经济活力和发展前景的体现。“三新”经济增加值衡量的是一个国家（地区）所有常住单位在一定时期内从事“三新”经济生产活动创造的增加值，它也在一定程度上反映着社会就业的趋势方向和人们职业生涯成长的巨大空间。

资料来源　国家统计局. 2020年我国“三新”经济增加值相当于GDP的比重为17.08%［EB/OL］.［2021-07-20］. http: //www.xinhuanet.com/fortune/2021-07/06/c_1127626256.htm.

材料二：

网络安全人才供需格局

1. 研发岗位需求集中度高，技术深度提升，招聘规模逐年扩大

数据显示，2019年以来，网络安全领域对技术研发岗位的人才需求始终在60%以上，并逐年提高。2021年一季度，核心技术研发人才的招聘需求占比达到64.6%，平均招聘月薪为21 182元（参见下表）。

2. 人才体系建设完备度不足，统筹管理角色稀缺

在对岗位需求的具体分析中，我们注意到，企业在网络安全人才体系建设方面尚不完备，工作角色丰富度不足。360网络安全大学将网络安全从业者的工作角色分为六大类：①监管、合规与治理；②规划、开发与建设；③运行、维护与评估；④监

网络安全领域各岗位大类的需求比例和平均薪资表

年份	2019年		2020年		2021年一季度	
岗位	需求占比	平均薪资（元/月）	需求占比	平均薪资（元/月）	需求占比	平均薪资（元/月）
技术岗	61.5%	20 878	62.8%	21 381	64.6%	21 182
销售岗	10.7%	10 939	11.5%	12 396	13.0%	14 409
运营岗	5.0%	12 135	5.7%	13 714	4.9%	13 872
职能岗	4.6%	7 177	4.6%	7 296	4.5%	7 800
产品岗	4.2%	21 761	4.4%	23 411	4.2%	24 347

测、防御与响应；⑤意识、教育与培训；⑥创新、支持与促进。技术研发类岗位相对集中地分布于第二到第四大类，而其他高层次岗位，在需求规模和人才供给两端都存在相当大的发展空间。企业建立更加完备的网络安全管理体系，配备多种角色的人才队伍，对全面提升网络安全水平具有重大意义。

3．人才供求区域分布差异大，北京人才需求占比全国第一

从地域分布来看，网络安全人才的供需两端都存在区域差异巨大的现象。2021年，北京市、浙江省、广东省的网络安全人才需求占比名列前三，分别达到28.4%、18.6%和11.5%。在城市分布上，也呈现高度集中的特点。北京作为网络安全领域的领军城市，网络安全人才招聘规模雄踞第一。排在第二名的杭州及其后的上海、深圳、广州/成都、南京等城市分别有17.0%、8.8%、5.9%、3.4%和2.5%的需求。

4．网络安全从业者年轻化程度高，流入人才学历水平提升

数据显示，2021年一季度，主要活跃在网络安全领域、处于20～40岁年龄段的中青年求职者比例高达86%，其中过半在30岁以下；同时，从其他行业或岗位流入网络安全领域的求职者中，处于20～40岁年龄段的比例为82%。从业人群的年轻化现象，表明网络安全领域对青年人才存在较大的吸引力，但资深人才储备不足以及新人培养和留育难度大，成为企业普遍面临的挑战。

资料来源　BOSS直聘．2021网络安全人才趋势报告［R］．北京：BOSS直聘，2021.

材料三：

女排精神与女将成长

排球是著名的三大球（Big Three）之一，为世人所高度关注。

1981年，中国女排参加第三届世界杯女子排球赛。经过7轮28场激烈的争夺，11月16日，中国女排以7战全胜的成绩首次夺得世界杯女子排球赛的冠军。教练袁伟民获“最佳教练员奖”，队长孙晋芳获“最佳运动员奖”“优秀运动员奖”“最佳二传手奖”，主力队员郎平获“优秀运动员奖”。随后，在1982年秘鲁举行的第九届女排世锦赛上，中国女排再度夺冠；紧接着，在1984年洛杉矶奥运会上，中国女排实现了“三连冠”的梦想。中国女排并未就此止步，在1985年的第四届世界杯女子排球赛和1986年的第十届女排世锦赛上，中国女排连续两次夺冠。从1981年到1986年，中国女排创下世界排球史上的第一个“五连冠”，谱写了我国大球翻身的新篇章。

国务院以及国家体委等部门号召全国人民向女排学习，从此，女排精神广为传颂，家喻户晓，激励人们为中华民族的腾飞顽强拼搏。女排精神是对中国女子排球队顽强战斗、勇敢拼搏精神的总概括，其具体表现为：扎扎实实，勤学苦练，团结战

斗，顽强拼搏，不畏强敌，永不言弃，刻苦钻研，勇攀高峰。中国社会科学院社会学研究所研究员王春光指出："改革开放早期阶段，国人猛地意识到与世界的差距，而变得有些失落和彷徨。因此在这一背景下，女排精神广为传颂，其实就是在向国人和全世界庄严宣告中华民族崛起的信心和能力。"

在女排主攻手、功臣郎平看来，中国女排的精神不只是赢得冠军，而是有时候明知难赢，也竭尽全力。后来，她做了教练，扩展了女排精神的内涵：无论遇到什么困难，都要有团队精神，踏踏实实，做好工作。女排国家队现任队长朱婷认为，女排精神就是传承，从最早的"五连冠"辉煌延续至今，新一代队员一直在努力，永不放弃。第一位不满20岁就作为主力队员拿到世界冠军的主攻手张常宁认为，新时代的女排精神就是，哪怕只剩1%的机会，也要100%地努力…… 正是一代又一代的中国女排人薪火相传，身体力行地传承着女排精神，中国女排才能夺得十次冠军。

郎平和孙晋芳是女排精神的杰出体现者。

郎平是1978年参加全国女排甲级联赛时，被国家队教练袁伟民看中并选入国家集训队的。为了练习扣球，她每天早、中、晚分别要扣300次球，经常练到手臂僵硬，双手失去知觉，最终练出了高位拦网和落地开花扣杀技术，成为著名的"铁榔头"。郎平的扣球技术还与美国排坛的海曼、古巴排坛的路易斯齐名，她们三人被誉为"世界三大扣球手"。从1981年到1986年，中国女排夺得"五连冠"，成为华人的骄傲，郎平的名字也响彻全球。

因为长期进行超强度训练，郎平的膝盖严重磨损并老化，1986年她退役了。退役后的郎平不离本行继续拼搏。她远赴美国新墨西哥大学留学，一边读书一边在该大学校队兼职做助教，尽管条件艰苦，她还是考上了该校的体育管理专业研究生。1995年，她接到了中国排协的邀请，义无反顾回到了中国，担任中国女排主教练。

在短短一年多的时间里，中国女排在郎平的带领下，迅速走出低谷，在1996年亚特兰大奥运会上获得银牌，郎平个人也被奥组委授予"世界最佳教练员"称号。1997年，中国女排取得亚锦赛冠军。1998年，中国女排相继拿下世锦赛银牌和亚运会金牌。

2009年，郎平担任广东恒大女排队主教练，河南队一个名叫朱婷的小姑娘给郎平留下了深刻印象。2013年，中国女排再度邀请郎平出任国家队主教练。郎平大胆任用新人，毫不犹豫地把当时并不突出的朱婷招进了国家队。很多人都不看好朱婷，但是郎平看到的是朱婷的潜力，坚持了自己的决定。在郎平的用心调教和帮助下，朱婷取得了飞速的进步。2016—2018年，朱婷连续三年蝉联World of Volley年度最佳女排运动员奖项。

孙晋芳是江苏人，16岁时被选进江苏省女排二队。在省女排二队，孙晋芳个子最矮，人又瘦弱，但在教练的悉心指导下，她通过艰苦努力和超负荷训练，凭着自己的天赋和对排球的理解，在很短时间内，使各项技术突飞猛进，很快被调到省女排一队担任主力二传手。三伏天，南京是闻名全国的大火炉，闷热得厉害，在孝陵卫宿舍的走廊里，孙晋芳和她的球友张洁云却在练习托球。室外有的是空旷的天地，干吗非要在走廊里练球呢？这是大有道理的：在这又矮又窄的地方如果能传递自如，那么到空旷的球场上传球就更加得心应手了。

1976年6月，国家体委重新组建中国女子排球队，孙晋芳首批入选。人们都说孙晋芳是迄今为止世界女子排坛上最优秀的二传手之一，这个评价并不过分。1981年11月16日，中国女子排球队首次荣膺世界冠军，队长孙晋芳立下了汗马功劳。她一人当之无愧地独得第三届世界杯女排赛的“最佳运动员奖”“优秀运动员奖”“最佳二传手奖”三个奖杯。1983年初孙晋芳告别排坛，她首先想到的是回母校上大学继续深造，用体育科学理论来充实提高自己。她认为光荣的引退，并不意味着拼搏的结束。后来，孙晋芳担任国家体育总局网球运动管理中心主任，她激励李娜拿下了世界网球赛上我国的第一个女单冠军。

资料来源　作者根据多则新闻报道整理而成。

材料四：

为新冠肺炎疫情拉警报的好医生

张继先大夫是湖北省中西医结合医院呼吸内科主任医师、教授，是医院救治一线的“带头人”。张继先是2003年参加抗击“非典”的专家组成员，对传染病有很强的排查、诊治和防护意识。

2019年12月26日上午，附近小区的一对老夫妇因发烧、咳嗽来医院看病，他们拍出来的胸部CT片呈现出与其他病毒性肺炎完全不同的改变。张继先大夫让老两口叫来他们的儿子做检查，儿子没有任何症状，但CT一照，肺上也有那种表现了。这一天，还来了一位华南海鲜市场的商户，一样的发烧、咳嗽，一样的肺部表现。12月28日、29日，门诊又陆续收治了三位同样来自华南海鲜市场的病人。面对“一下就来了四个华南海鲜市场的”同样的病人，基于超强的专业敏感意识，她判断这个异常情况非常严重，于是向医院院长、院传染病管理部门和医务部做了汇报，并坚持上报，医院将此情况立即上报给武汉市江汉区的疾控中心。

张继先大夫第一个为全国和世界的疫情防控工作拉响警报。这位高水平而且特别负责任的医生被中央文明办、国家卫生健康委员会评为“中国好医生、中国好护士”抗疫特别人物。

资料来源　佚名. 张继先：为疫情防控工作拉响警报第一人［EB/OL］.［2021-07-25］. https：//www.womenvoice.cn/html/report/20030832-1.htm.

思政格言

人生最宝贵的是生命，生命属于人只有一次。一个人的生命应当这样度过：当他回忆往事的时候，他不致因虚度年华而悔恨，也不致因碌碌无为而羞愧；在临死的时候，他能够说：“我的整个生命和全部精力，都已献给世界上最壮丽的事业——为人类的解放而斗争。”

——奥斯特洛夫斯基

运筹帷幄之中，决胜千里之外。

——《史记・高祖本纪》

志向和热爱是伟大行为的双翼。

——歌德

第4章 职业生涯规划的基本内容

学习目标

- 理解职业生涯规划的内涵；
- 了解职业生涯规划的类型及其对个人的意义；
- 掌握职业生涯规划的基本要素和基本特征，以及制定职业生涯规划的基本原则；
- 重点掌握职业生涯规划的方法、模式和步骤，尤其是规划步骤，学会结合自身实际制定职业生涯规划。

引例 年轻人成为高管以后

余波1999年大学毕业后进入一家不知名的国企工作。6年后，这家企业发展成为国内颇具知名度的大型企业，而余波也成为这家企业最年轻的高管人员。

2006年，余波在事业如日中天之时突然离职，原因是另一家企业出更高的年薪聘请他。两年后，后来的这家企业因缺乏必要的资金支持而濒临倒闭，余波被迫离开。2010年，余波又与朋友合作创业，结果在一年后因企业亏损而不得不又一次离开。经过数次的职场动荡后，余波陷入迷茫。

后来在朋友的帮助下，他从猎头公司那里第一次听说了"职业生涯规划"一词。回顾过去，他发现自己的第一次职业变动是因为高薪、高职吸引了他，曾经取得的优秀业绩让他以为自己无所不能，低估了职业变化的风险，第二次变动是因为自己难以承受失败的打击，没有正视自己的不足，选择了不适合自己的创业之路。

余波在猎头公司的帮助下制定了自己的职业发展规划，逐步清楚地认识了自身未来的职业发展方向，在年近"不惑"的时候谨慎地选择了一家企业，重新走上了健康的职业发展之路。

余波前期因为没有对自己的职业发展做规划而多次遭遇职业失败，后来他懂得了如何规划职业生涯，正确地对自身能力及环境等做出估量，又慎重地选择了职业，从而使自己重新走上了健康的职业发展之路。

资料来源　关冬梅. 创业技能［M］. 北京：清华大学出版社，2008.

余波的职业发展历程对我们有何启示？什么是职业生涯规划？为什么要进行职业生涯规划？如何进行自己的职业生涯规划？

4.1 职业生涯规划的范畴

4.1.1 职业生涯规划的内涵

所谓职业生涯规划，是指个人结合自身情况以及面对的机遇和制约因素，为自己确立职业目标，选择职业道路，确定教育、培训和发展计划等，并为自己实现职业生涯目标而确定行动方向、行动时间和行动方案。

从时间维度来看，职业生涯规划可以划分为短期规划、中期规划、长期规划和人生规划4种类型。

（1）短期规划，即2年以内的规划，主要是确定近期目标，规划近期应完成的任务。

（2）中期规划，一般涉及2~5年内的职业目标和任务，是最常用的一种职业生涯规划。

（3）长期规划，即5~10年的规划，主要是设定较长远的目标，以及为实现此目标应采取的具体措施。

（4）人生规划，是整个职业生涯的规划，时间长达40年左右，设定整个人生的职业发展目标和阶梯。

在实际操作中，由于环境和个人自身情况随时都在发生变化，时间跨度太长的规划难以把握，而时间跨度太短的规划又没有太大的意义，因此，一般人们把个人职业生涯规划的重点放在2~5年的中期规划上，这样既便于根据实际情况设定可行目标，又便于随时根据现实的反馈进行修正或调整。

4.1.2 职业生涯规划的意义

1.职业生涯规划能够帮助个人确定职业发展的方向和目标

职业生涯规划可以帮助个人对自我进行全面的分析，认识自己，了解自己的特点和兴趣，评估自己的能力、优势和不足。在设计和规划的过程中，通过对客观环境和自我的分析，个人可以明确职业发展的方向，正确选择职业目标，并运用适当的方法，采取有效的措施，克服职业生涯发展中的困难和障碍，使自己的才能得到充分发挥，从而获得事业上的成功，实现人生的理想。

2.职业生涯规划能够促使个人努力工作

职业生涯规划就好似给自己树立了一个明确的标靶，唯有目标明确才能奋勇前进。随着规划内容的逐步实现，实现目标的成就感不断增强，进一步促使自己向新的目标前进。制定和实现职业生涯规划就好似一场比赛，随着时间的推移，一步一步地实现所制定的规划，自己的思维方式和工作方式又会不断地完善。

3.职业生涯规划有助于个人抓住工作的重点

职业生涯规划的一个重要作用就是有助于个人合理地安排日常工作，评价工作的轻重缓急。没有职业生涯规划，就很容易被日常事务缠绕，甚至被琐碎的事务掩埋，无法实现人生目标。职业生涯规划能够帮助规划者紧紧抓住工作的重点，提高成功的可能性。一个人要想成就一番事业，只有树立明确的目标、抓住工作的重点，才会有意识地为重点工作下最大的功夫，为工作需要创造最有利的条件，从而取得成功。

4.职业生涯规划能够激发个人发挥潜能

没有制定职业生涯规划的人，很容易沉陷于繁杂事务。精力分散，就很难全神贯注地工作，也很难充分发挥自己的才干。职业生涯规划能够帮助规划者集中精力，为实现自己的职业目标尽可能发挥个人的潜能。其实一个人的潜在能力是无限的，需要充分地去挖掘。并不是每个人都在某些方面具有得天独厚的天赋，唯有善于激发个人潜能、努力学习才能实现能力的提高。

4.1.3 职业生涯规划的内容

根据职业生涯规划的含义，可以把职业生涯规划分为知己、知彼、抉择、目标、行动等5项基本内容。

（1）知己，指自我认识与自我了解，包括了解自己的兴趣、能力、价值观、个性，以及家庭、学校与社会教育对个人产生的影响等。

（2）知彼，指认识外在的世界，特别是与生涯发展有关的工作世界，主要包括职业的特性、所需的能力、就业渠道、工作内容、工作发展前景、薪资待遇、晋升发展机会等。知己与知彼之间的关联如图4-1所示。

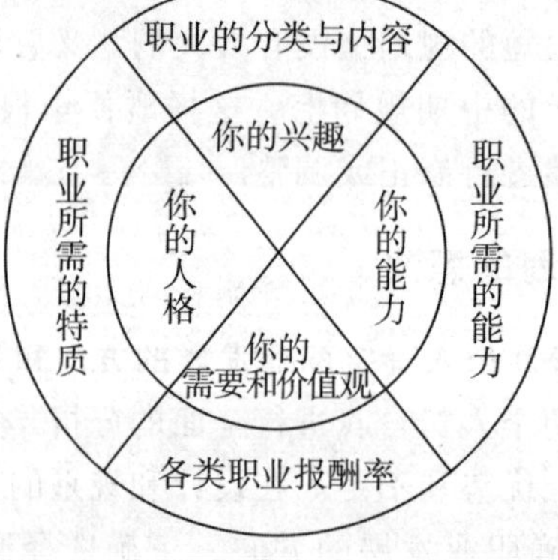

图4-1 知己与知彼的关联

注：内圆表示个人的内在世界（知己），外圆表示外在的工作世界（知彼）。

资料来源 伍德（Wood，1990）.

（3）抉择，指下定决心选择。在职业生涯规划中会面临各种选择，包括行业、地域、发展前景等。抉择包括抉择技巧、抉择风格，以及抉择可能面临的冲突、阻力、助力等。

（4）目标，指抉择之后确定目标，即考虑自己职业生涯的前景，确定切合实际的目标，以指导行动。

（5）行动，是极其重要的一个环节，即使前面的所有工作都做得很好，如果没有行动去实现，规划也只是空中楼阁而已。

这五个方面的内容，可以看作五大板块，它们相互关联，缺一不可。这五大板块之间的关系如图4-2所示。只有在知己知彼的基础上设定适合自己的职业目标并付诸有效的行动，才算真正地完成了职业生涯规划所赋予的使命。

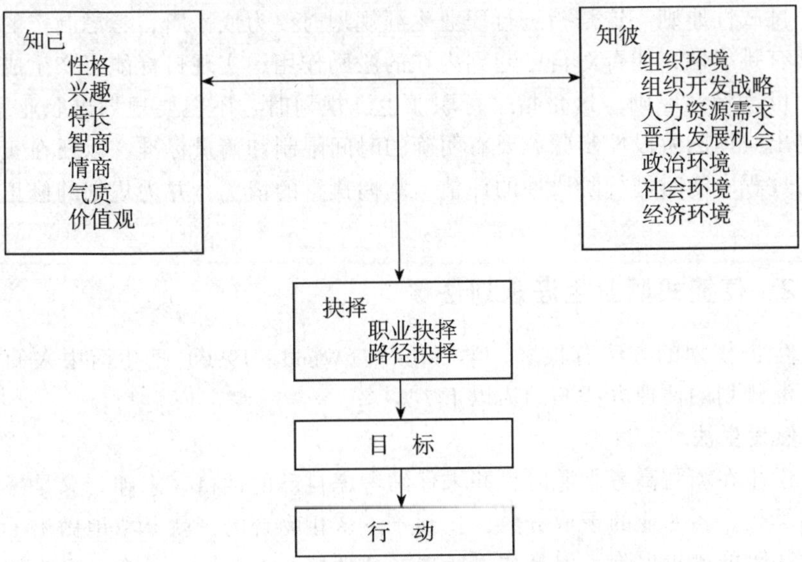

图4-2 职业生涯规划内容的关系

4.2 职业生涯规划的制定原则与方法

4.2.1 制定职业生涯规划的原则

对个人而言，制定有效的职业生涯规划，既要有利于个人职业的成功，又要有利于个人的全面发展和家庭生活质量的提高。所以，在进行职业生涯规划时要立足个人实际，对影响职业生涯的因素进行总结和分析，确定个人的发展目标，选择实现这一目标的职业并做出具体的安排。具体来说，在进行职业生涯规划时应遵循下列原则：

（1）清晰性原则。这是指进行职业生涯规划时应该做到目标清晰、措施明确、步骤直截了当、安排具体有序。

（2）发展性原则。这是指进行职业生涯规划时要充分考虑变化与发展性因素，如目标或措施是否能依环境、组织及个体的变化而做调整，调整的幅度及范围有多大，目标或措施是否有弹性或缓冲性。

（3）可行性原则。这是指进行职业生涯规划时应从实际出发，考虑个人、组织和社会环境的特点与需要，考虑目标是否符合自己的性格、兴趣和特长等，是否对自己有挑战性，在自己的特质和组织、社会环境等规定的范围内能否执行，可行性有多大，能否在规定的时间内实现。

(4) 连续性原则。这是指进行职业生涯规划时要考虑人生各个发展阶段的连贯性，注意主目标与分目标是否统一，具体规划与人生总规划是否一致。

(5) 长期性原则。这是指进行职业生涯规划时要考虑自身职业生涯发展的整个历程，要从长远考虑，着眼于大方向。

(6) 挑战性原则。这是指进行职业生涯规划时要力戒平庸，考虑制定的目标或措施是否具有挑战性，能否对自己起到内在的激励作用，实现目标能否产生成就感。

(7) 可度量性原则。这是指进行职业生涯规划时，不但要规划出职业发展目标，还应制定出具体的阶段性步骤，要有明确的时间限制和衡量标准，以便在实现职业生涯目标的过程中随时进行阶段性的评估，掌握执行的情况，并为规划的修正提供参考依据。

4.2.2 便捷式职业生涯规划法

职业生涯规划的方法有很多，学者伍德（Wood，1990）把生活中人们广泛使用的职业生涯规划的便捷方法归纳为以下7类：

1.自然发生法

很多学生在填写高考志愿时，并未仔细考虑自己的性格、志趣，只是考虑自己的考分和各学校、各专业的录取分数，找到差不多相吻合的，就草草地做出了选择。这种选择方法可能比较保险，但是如果所选择的学校、专业并不是自己喜欢的，可能一进去就会抱怨，甚至可能会遗憾终生。

2.目前趋势法

跟随一个时期的趋势盲目地进入新兴的或热门的行业。这样的选择可能暂时会造成将来就业情况非常乐观的表象，但没有考虑到以后形势是否会有所变化。比如，在国家实施“双减”政策后，教育培训行业受到冲击，很多教育培训机构大量裁员，有的甚至就地解散。因此在做选择时，应该进行动态考虑，而不能一味地随波逐流、追踪热门。

3.最少努力法

选择最容易的专业，希望能够学得轻松、玩得开心，但又祈求有最好的结果。这样的想法太理想主义，总是希望能够不劳而获。切记：天上不会掉下馅饼，一分耕耘一分收获。

4.拜金主义法

盲目选择待遇最好的行业，而忽略了从事该行业给自身心理带来的是快乐还是痛苦，自己的志趣是否与此符合，如果不符合，工作起来就会很辛苦，使自己得不偿失。

5.刻板印象法

以性别、年龄、社会地位等刻板印象来选择职业。例如，认为女性应该从事服务业或者秘书等辅助性工作，而男性则应该做大事，不必拘泥于小节。这样的观念早已过时，现在只要你想做，没有你不可以从事的职业。

6.橱窗游走法

到各种工作场所走马观花一番，再选择最顺眼的工作。对各种工作有所了解固然是必需的，但要注意在这一阶段所花费的时间千万不能太长，否则到头来会发现自己没有专项所长，只是对各项都有浅显的了解。现在的社会不仅需要全才，更需要有所专长的专才。

7.假手他人法

由他人替自己决定和选择。他人可能包括家人、朋友、同学、老师、权威人士等。

以上7种便捷的职业生涯规划方法，优点是省时、省力，不用花费太多心神，在短时间内即可见效，效率高；缺点是无法根据个人的能力、特性做出长远的规划，将来所面临的生涯风险会比较高。所以，要制定有效的职业生涯规划，应该遵循一定的原则，把握一些科学的方法和模式，按照一定的步骤来进行。

4.2.3 职业生涯规划的“5W”法

职业生涯规划的“5W”法又称归零思考法，是一种简单、有效的职业生涯规划方法。这种方法从问自己是谁开始，依次问五个问题：

第一个问题：Who are you?（你是谁?）

这个问题强调对自己进行一次深刻的反思，对自己的年龄、性别、个性、能力、专业、家庭状况、社会资源、优缺点等进行全面的分析。

第二个问题：What do you want?（你想干什么?）

这个问题强调对自己职业发展心理趋向的检查，探索自己的需要、价值观、兴趣。每个人在不同阶段的兴趣和目标并不完全一致，有的甚至很不相同，但兴趣会随着年龄的增长而逐渐稳定，并最终确定自己的终身理想。

第三个问题：What can you do?（你能干什么?）

这个问题强调对自己的能力和潜力进行分析，可以把自己有能力做的、通过潜能开发可以做的以及根本不可能做的列出来。一个人对职业的定位最根本的还要归结于他的能力，而他职业发展空间的大小则取决于自己的潜能。对一个人潜能的了解应该从以下几个方面着手：对事物的兴趣、做事的判断力，以及知识结构是否全面、是否及时更新等。

第四个问题：What can support you?（环境支持或允许你干什么?）

这个问题强调对环境的分析。环境支持，在客观方面包括经济社会发展水平、人事政策、企业制度、职业空间等，在主观方面包括同事关系、领导态度、父母亲人的期望等，进行职业生涯规划时应将两个方面的因素综合起来考虑。有时，个人在做职业选择时常常忽视主观方面的因素，没有将一切有利于自己发展的因素调动起来，从而影响了自己的职业发展。

第五个问题：What you can be in the end?（你最终的职业目标是什么?）

明晰了前面四个问题，就会从各个问题中找到对实现有关职业目标有利和不利的条件，据此列出不利条件最少的、自己想实现而且又能够实现的职业目标。

4.3 职业生涯规划的模式与步骤

4.3.1 职业生涯规划的模式

美国伊利诺伊大学斯温（Swain）教授提出了一个形象且有用的职业生涯规划模式。此模式由三个三角形和一个圆形组成（如图4-3所示）。圆形是此模式的核心部分，表示一个人想要实现的职业目标。此目标的设定，深受环绕着核心的三个小三角形的影响，每个三角形都包含丰富的内容（每一条边都代表一个方面），并且都是职业探索与规划的重点。职业决定就是圆形和三角形之间的联结点，由此形成最终的职业生涯目标。

图4-3 职业生涯规划模式

资料来源 转引自洪凤仪. 一生的职业规划［M］. 广州：南方日报出版社，2002.

斯温将复杂的职业生涯理论，以简单、明了的图形呈现出来，使得职业生涯规划有模式可循。即使如此，每个人的客观情况不同、主观判断不同，每个三角形所占比重会有不同，从而产生不同的职业决定，所形成的职业生涯目标也因此呈现出每个人的个性和原创性。

4.3.2 职业生涯规划的步骤

职业生涯规划一般包括确定志向、自我评估、生涯机会评估、确定职业生涯目标、选择职业生涯路径、选择职业、制订行动计划与措施、评估与反馈8个环节（如图4-4所示）。

1. 确定志向

俗话说，“志不立，天下无可成之事”。志向是追求成功的驱动力，是事业成功的基本前提。没有志向，如同驶入大海的孤舟，不知该去向何方。立志是人生的起跑点，反映着一个人的理想、胸怀、情趣和价值观，影响着一个人的奋斗目标及成就的

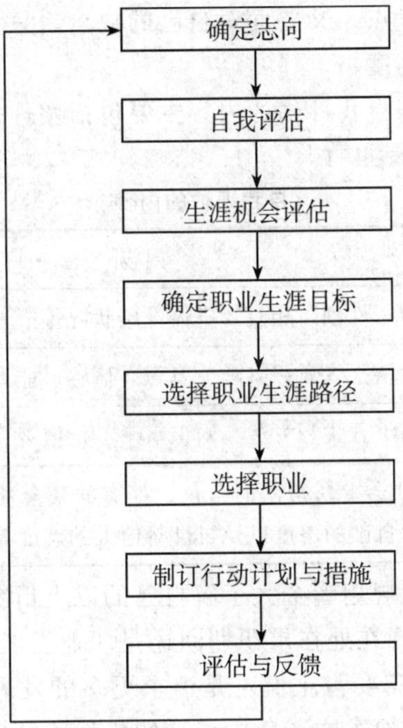

图4-4 职业生涯规划流程图

大小。所以，在制定职业生涯规划时，首先要确定志向，这是制定职业生涯规划的关键，也是职业生涯规划中最重要的一点。

在职业生涯规划中，确定志向也就是树立职业理想。职业理想指人们对未来职业表现出来的一种强烈的追求和向往，是人们对未来职业生活的构想和规划。任何人的职业理想必然要受到社会环境、社会现实的制约。社会发展的需要是职业理想的客观依据，凡是符合社会发展需要和人民利益的职业理想都是高尚的、正确的，并具有现实的可行性。

职业理想形成后，就要确立明确的职业目标。在职业生涯中，人生的职业目标有短期目标和长期目标以及近期目标和长远目标之分，而且在一定时期还有可能对职业目标进行调整。职业生涯规划是根据一定的职业目标而进行的，是为了实现这个目标而做的设想和打算。所以，每个人都应当尽快确定自己的职业目标，如打算成为哪方面的人才，打算在哪个领域成才等。对这些问题的不同答案不仅会影响个人职业生涯的规划，也会影响个人成功的机会。

2. 自我评估

自我评估就是通过各种方式进行自我分析，认识自己，了解自己，也就是职业生涯规划要素中的“知己”。只有认识了自己，才能对自己的职业做出正确的选择，才能选定适合自己发展的职业生涯路径，才能对自己的职业生涯目标做出最佳选择。在职业生涯规划这个过程中，评估自我是不可缺少的一个步骤，是职业生涯规划的基础，关系到职业生涯的成功与否。

在自我评估中，要利用科学的方法和手段，全面认识自己的职业兴趣、气质、性格、能力等，清楚自己的优势与特长、劣势与不足。自我分析要客观、冷静，不能以点带面，既要看到自己的优点，又要面对自己的缺点。只有这样，才能避免规划中的盲目性，达到适宜的设计高度。

（1）自我评估的内容。自我评估的内容主要包括生理自我、心理自我、理性自我和社会自我等4个部分，见表4-1。

表4-1 自我评估的内容

项目	内容
生理自我	主要包括自己的年龄、性别、相貌、身体健康状况等
心理自我	主要包括对自我的性格、气质、兴趣、意志、情感、能力等方面优缺点的评判
理性自我	主要包括对自我的思维方式和方法、知识水平、价值观、道德水平等因素的评价
社会自我	主要包括对自己在社会上所扮演的角色，拥有的社会资源，在社会中的责任、权利、义务、名誉，他人对自己的态度以及自己对他人的态度等方面的评价

回答以下问题，有助于规划者个人了解自己的以上情况：

•你现在的年龄多大？现在处在求职期间还是职业发展时期？你的心态如何？

•你有什么需要？哪种需要占主流？是追求更多的发展机会，还是追求更多的收入？是追求工作舒适，还是追求在竞争中成功的成就感？什么样的工作能满足你的这种需要？

•你的兴趣爱好是什么？你是喜欢与人还是与事物打交道？是喜欢管理工作还是技术工作？你的智力水平如何？你有什么样的特殊能力？这些能力比较适合什么样的工作？

•你的气质属于哪种类型？这种类型又适合什么样的工作？

•你的性格属于哪种类型？是外向还是内向？这种性格适合什么样的工作？

•你的专业是什么？这个专业与哪些工作对口？

•家庭对你的职业生涯有怎样的影响？如何避免负面影响、利用正面的因素？

•你的人际关系如何？你在求职时能用上哪些？

（2）自我评估的方法。

①橱窗分析法。美国著名社会心理学家约瑟夫·勒夫特（Joseph Luft）和哈林顿·英格拉姆（Harrington Ingram）把对个人的了解比作橱窗（如图4-5所示）。坐标横轴正向表示别人知道的部分，负向表示别人不知道的部分；纵轴正向表示自己知道的部分，负向表示自己不知道的部分。这样，人对自我的认识就分为4个部分：

橱窗a：自己知道别人也知道的部分，即“公开我”。这部分属于个人外显的东西。

橱窗b：自己知道而别人不知道的部分，即“隐私我”。这部分属于个人内在的、隐藏的东西。

橱窗c：自己不知道别人也不知道的部分，即“潜在我”。这部分是有待开发的部分。人的潜能是巨大的，所以了解“潜在我”是自我认识的重点之一。

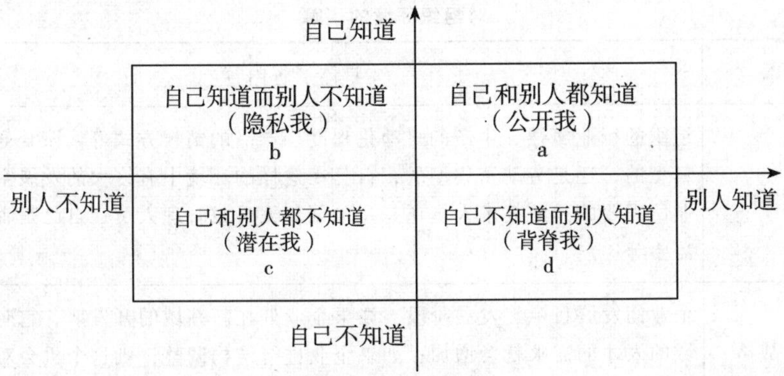

图4-5 橱窗图

橱窗d：自己不知道而别人知道的部分，即“背脊我”。这部分是自己应该向别人了解的部分。在向他人征询时，应该以开阔的胸怀接纳别人的意见和看法，有则改之，无则加勉，这样才能做到“海纳百川，有容乃大”。

②自我测试法。自我测试法是通过回答有关问题来认识自己、了解自己的一种方法。测试题目是由心理学家们经过精心研究设定的，只要如实回答，就能大概了解自己的有关情况。这是一种比较简便、经济的自我剖析方法。在回答问题时需要注意的是：不要为了寻找标准答案而去回答问题，应该是自己怎么想、怎么认识就怎么回答，这样的测试结果才有意义。常见的测试包括性格测试、人格测试、气质测试、记忆力测试、创造力测试、观察力测试、应变力测试、想象力测试、智能测试、技能测试、分析能力测试、行动能力测试、管理能力测试、情绪测试、人际关系测试等。

另外，由于计算机的普及，各种认识自我的测试软件纷纷出现，计算机测试法成为一种有效的现代自我测试手段和方法。比较常见的测试方法有：人格测试，如明尼苏达多项人格测验（MMPI）、卡特尔人格测验等；智力测验，如韦克斯勒智力量表和瑞文推理量表等；职业倾向测验，如职业兴趣问卷表等。

3.生涯机会评估

生涯机会评估主要是对内外环境进行分析，确定这些因素对自身职业生涯发展的影响。在制定个人的职业生涯规划时，要分析环境条件的特点、环境发展变化的情况、自己与环境的关系、自己在这个环境中的位置、环境对自身的要求、环境给自身带来的利弊等，以此来确定生涯机会的大小，使职业生涯规划更具有实际意义。

对生涯机会的评估，主要从组织环境和社会环境两方面进行考察。一般来说，短期的职业生涯规划更注重对组织环境的分析，长期的职业生涯规划更注重对社会环境的分析。

（1）对组织环境的了解。组织环境对个人的职业生涯有着很大的影响，当组织环境适合人的发展时，个人更易取得职业上的成功。对组织环境的了解主要包括5个方面，具体内容见表4-2。

表4-2 对组织环境的了解

组织环境	具体了解内容
组织特征	组织的行业属性、生产的自动化程度、产品的销售方式等。该企业是资本密集型的，还是劳动密集型的；自己在这样的环境中有多大的发展空间；该企业所需要的是纯技术人员还是技术创新人员或管理人员；自己是否符合这种需要等
组织发展战略	企业的发展目标、发展阶段：如果企业处在新领域的开发期，它对这个新领域的人才的需求就会增加；如果企业进行结构调整，则这个机会对某类人来说可能是一个难得的机遇
组织文化	企业的文化是否符合自身的价值观；自己经过调整能否适应
组织人力资源状况	组织中员工的年龄状况、晋升制度、绩效考核制度、薪酬制度、培训制度等
组织人力资源规划	大型企业的人力资源规划能使人预测到组织的人力资源需求总量和人力资源供给总量，从而能使求职者或在职员工知道自己在企业内是否有机会或有什么样的机会，从而制定合理的职业生涯规划

(2) 对社会环境的了解。社会环境对职业生涯规划有着重要的影响，要做好长期的职业生涯规划，就需要对社会环境做深入的分析。社会环境具有很大的变动性，其内容也纷繁复杂，人们通常把社会环境划分为五大类，即经济环境、人口环境、科技环境、政治与法律环境、社会文化环境等。

(3) SWOT分析方法。在充分认识自我、了解外界环境之后，应评估各种环境因素对自己职业生涯的影响；根据自己的兴趣、爱好与特长，考虑自己的性格、气质与能力等特征是否适合在这样的环境中发展。在评估生涯机会的工具中，SWOT分析是最基本的一种，通过它能知道自己的优点和弱点在哪里，并且可以详细地评估自己感兴趣的不同职业道路的机会和威胁所在。SWOT分析方法的具体运用参见本书7.4“职业生涯决策的方法”。当然，对自身和外界环境的分析是一个渐进的过程，不可能一蹴而就，只有不断思考和充分利用相关信息才能准确地把握，必要的时候还应该去咨询老师或者职业指导方面的专家。

4.确定职业生涯目标

确立目标是制定职业生涯规划的关键。有效的生涯设计需要切实可行的目标，以便排除不必要的干扰，全心致力于目标的实现。如果没有切实可行的目标作驱动力，人们很容易对现状妥协。

自我评估和生涯机会的评估为选择职业生涯目标提供了基础。在此基础上，个人能够根据自己的最佳才能、最优性格、最大兴趣、最有利的环境等信息，找出满意的方案，确定自己的职业生涯目标。关于如何确定职业生涯的目标，本书将有专门章节予以介绍。这里仅提供一个有助于设定职业生涯目标的简便、实用的“目标设计表”(见表4-3)，供大家参考。

表4-3 目标设计表

目标	内容（自填）	提示
人生目标		你想成为什么样的人 你想做哪件大事或哪几件大事 你想成为哪一领域的佼佼者 你想发挥自己哪些方面的优势和特长
十年计划		今后十年你想成为什么样子 事业上有什么成就 收入达到多少 你的家庭及健康水平如何 你的生活状态怎样、社会地位怎样
五年计划		将十年计划进一步具体化，把目标进一步分解
三年计划		使五年计划更具体，制定出自己的行动准则
明年计划		制定实现明年计划的步骤、方法和时间表，并确保这些是切实可行的
下月计划		包括下个月计划做的工作，应完成的任务，质和量方面的要求，财务上的收支，学习计划，结识新朋友的计划等
下周计划		在每周的周末提前制订好下周的行动计划，把下月计划中的一部分分解到下周执行
明日计划		明天要做哪几件事？分清轻重缓急，安排好执行的顺序和完成每件事情的时间

5.选择职业生涯路径

职业生涯路径即职业生涯道路，实质上是指一个人对不同职业发展方向的选择，如向专业技术方向发展还是向行政管理方向发展。从组织的角度看，发展路径不同，对个人的要求也就不同。即使同一个职业，也分为不同的岗位：有的人适合搞行政，可以向这个方向努力，从而成为一名优秀的管理者；有的人适合搞研究，专心钻研的话可以在技术或学术上实现重大突破；有的人适合搞经营，可以遨游商海。如果一个人错误地选择了与自身不相符的职业生涯路径，那么他在职业生涯中必将遭遇许多坎坷，能否成功也是一个很大的问题。

典型的职业生涯路径是“V”字形的，如图4-6所示。假定一个大学生22岁大学毕业，即V形图的起点为22岁，那么从这个起点开始，他有两条路径可以选择。V形图的两侧分别为行政管理道路和专业技术道路。每条道路都可以划分为许多等级，可以作为自己职业生涯的参考目标。当然，人的选择不可能“从一而终”，中间也许会有变动，但无论如何选择，均应朝向自己的职业生涯目标。例如，这个大学生可把他的职业生涯路径设计如下：在大学学习技术与管理知识——在政府部门锻炼自己的人际交往能力——到大公司担任中层管理者——到小公司担任高层管理者——成为大公司的高层管理者。

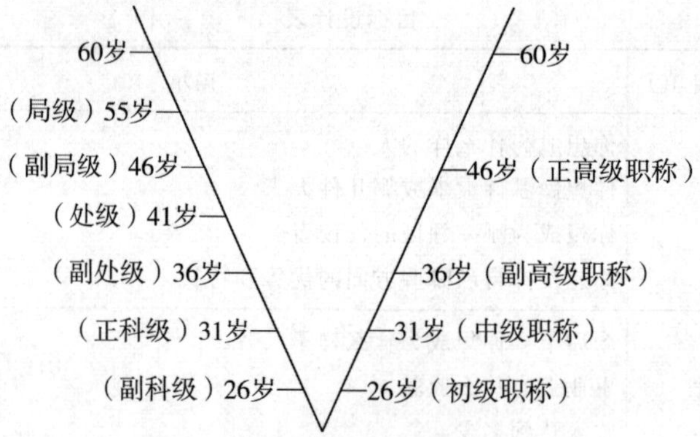

图4-6　职业生涯发展路径

具体来说，选择路径应把握4条原则：择己所爱，择己所能，择己所需，并在保证了前3个原则的基础上，追求就业收益最大化，即择己所利。在此基础上，考虑以下3个问题：我想往哪一路径发展？我能往哪一路径发展？我可以往哪一路径发展？

对以上3个问题进行综合分析，以此确定自己的最佳职业生涯路径。

6.选择职业

职业选择是人生事业的起点，直接关系到职业生涯的成功与失败。关于职业选择本书第8章有专门介绍，这里不再赘述。

7.制订行动计划与措施

在选择好职业后，行动就成了关键环节。没有行动，目标就难以实现，也就谈不上事业的成功。这里所指的行动主要指落实目标的具体措施，主要包括教育、培训、实践等方面的措施。例如，在职业素质方面，你计划学习哪些知识？掌握哪些技能？开发哪些潜能？你将采取怎样的措施？计划用多长时间实现目标？这些计划要特别具体、可行性强，以便于定时检查。一旦有了明确的计划和措施之后，就要按照各个阶段的目标，拟定执行步骤并付诸实施。

8.评估与反馈

由于社会环境的变化以及其他不确定因素的存在，原来的职业生涯规划与实际情况肯定会存在一定的偏差。"计划赶不上变化"，尤其在现代职业领域，只有变化才是永恒的主题。影响职业生涯规划的因素有很多。有的变化因素是可以预测的，而有些则是难以预料的。这就需要对职业生涯目标和规划进行必要的调整。评估与反馈过程是个人对自己不断加深认识的过程，也是对社会不断加深认识的过程，是使职业生涯更加有效的手段。对职业生涯规划的评估与反馈主要包括职业的重新选择、职业生涯路径的重新选择、人生目标的修正、实施措施与计划的变更等。这个过程可以分解为以下两个步骤：

(1)评估。职业生涯规划是个人生活与职业发展的蓝图。虽然规划者在制定职业生涯规划的过程中，对内在和外在、主观和客观的因素考虑了很多，但是随着时间的推移，这些因素会发生变化，因此，为了确保规划的可行性和有效性，必须定期对规划的内容和成效加以评估。此外，个人在实施规划的过程中，也会发现当初做规划时未曾想到的问题与执行时的困难。为保证职业生涯规划的效果，在每实施一段时间后，有必要对执行计划的方法进行评估。

（2）反馈与修订计划。实施职业生涯规划时，必须为日后修改计划预留余地，修订的依据是每次成效评估后反馈回来的信息。至于修订的时机，必须考虑下列4点：

第一，定期检测预定目标的达成进度。

第二，每一阶段目标达成之时，要依据实际效果修订未来阶段实现目标可采用的策略。

第三，客观环境的改变如何影响计划的执行。

第四，以能适应环境的改变并可以作为下一轮生涯规划参考的依据为原则，不断地反省生涯目标、策略方案是否恰当。

知识拓展：责任感——新员工培训的重要内容

本章小结

职业生涯规划对个人的职业发展具有重要意义。本章界定了职业生涯规划的内涵，按时间维度对其进行了分类，从明确目标、激发潜能等4个方面阐述了其重要意义；分析了职业生涯规划的5项基本内容（知己、知彼、抉择、目标和行动）和7条基本原则（清晰性原则、发展性原则、可行性原则、连续性原则、长期性原则、挑战性原则、可度量性原则）；介绍了7种便捷的职业生涯规划方法和1种理性的、有效的职业生涯规划方法——“5W”法；简单介绍了职业生涯规划的模式，详细介绍了包括确定志向、自我评估、生涯机会评估、确定职业生涯目标、选择职业生涯路径、选择职业、制订行动计划与措施、评估与反馈等8个环节在内的职业生涯规划步骤。

复习思考题

1. 简述职业生涯规划的含义及意义。
2. 简述职业生涯规划的基本要素及其关系。
3. 职业生涯规划“5W”法包括哪几个问题？
4. 如何理解斯温的职业生涯规划模式？
5. 制定职业生涯规划应遵循哪些原则？具体步骤有哪些？

案例分析题

调整职业　规划人生

黄先生出生在一个贫困山区，小时候个子比较矮，在同龄人中很不起眼。他的父亲是乡村小学教师，母亲在家务农，家里还有一个患有精神疾病的弟弟，日子过得十分艰难。高中时由于数理化成绩不太好，他便选择了在英语班学习，希望能够扬长避短，考上大学，跳出农门。经过努力，他终于以全县文科第一名的成绩考上了一所大学的外语系，成为20世纪80年代第一批英语专业的大学生。

进入大学，他制定的第一个职业生涯目标就是毕业留校。因为按照当时的政策，如果不留校，就意味着毕业后要回到家乡工作。为了实现这个目标，他刻苦学习，苦练英语口语。刚开始他找班上英语最好的同学互相对话练习口语，一个月以后，那位同学已经跟不上他了，他就自己对着墙练习。经过四年的刻苦学习，黄先生终于以全年级第一名的成绩留校任教，从事大学公共英语课程的教学工作，实现了他的第一个职业生涯目标。

工作了一段时间以后，他又给自己制定了第二个目标：自学一个新专业，考取硕士研究生。他认真分析了国家宏观环境和发展趋势，并进行了自我分析，决定自学法律专业。两年以后，他考取了中国政法大学民商法专业的硕士研究生。

毕业后，他又回到原单位工作。同年，他参加了全省组织的专业组英语竞赛，获得了第一名，并被当地一家劳务输出公司看中，聘请为随队翻译并被派往非洲。第一次签订合同时，只签了一年，到非洲后，公司发现他不仅懂英语，还懂法律，特别是由于他懂得劳务合同的有关条款，使公司避免了重大损失，公司又和他续约三年。在非洲工作期间，他结识了很多酋长的子女，这些人大多在英美国家接受过法律方面的良好教育，熟悉英美国家的法律理论和制度，黄先生逐渐与他们成了朋友，得到了很多他们赠送的英文原版的法律书籍，并经常与他们讨论有关的法律问题。渐渐地，黄先生发现自己具有处理涉外经济方面法律问题的能力，负责办理的几个案子都胜诉了。于是，他又制定了第三个职业目标：从事涉外法律工作，成为一名职业律师。

三年后，他做出了大胆决定，从高校辞职，到沿海城市做一名专职律师。又过了五年，他被一家猎头公司看中，去了一家外资企业做法律顾问，收入颇丰。随后不久，他又开办了一家自己的企业，在接近40岁时，达到了个人职业生涯的巅峰。他摆脱了贫困，并把父母接来同住，实现了个人和家庭的和谐发展。

资料来源　关冬梅．创业技能［M］．北京：清华大学出版社，2008.

讨论：

1.分析黄先生是如何制定职业生涯目标的？他综合考虑了哪些因素？

2.谈一谈黄先生的职业发展历程对我们有哪些启示。

第4章案例分析提示

职业测试

霍兰德职业适应性测试

一、人-职匹配测试说明

美国职业指导专家霍兰德创制的职业适应性量表（也称职业匹配量表、人-职匹配量表），是具有很高权威性和正确度的量表。本测验将帮助人们发现和确定自己的职业能力、特长和兴趣方向，从而更好地做出就业、升学、在职进修或职业转向的选择。

如果读者已经选择了或者考虑好了自己的职业，本测验将使这种选择或考虑具有理论基础，并可以为该项选择提供其他合适的职业；对于尚未确定职业方向者，本测验将帮助其根据自身的情况选择适当的职业方向。

本测验共分六个部分，第六部分是测试总得分。每部分测试都没有时间限制，但应当尽快做出回答。下面请按照说明逐条填写。请用铅笔，便于改填。

二、人-职匹配测试内容

第一部分　你心目中的理想职业（专业）

对于未来的职业（或升学进修的专业）你也许早有考虑，它可能很抽象、很朦胧，也可能很具体、很清晰。不管是哪种情况，现在都请你把你最想干的三种工作或最想读的三种专业，按顺序写下来：

1. ______________________________

2. ______________________________

3. ______________________________

第二部分　你感兴趣的活动

下面列举了一些十分具体的活动。这些活动无所谓好坏，如果你喜欢去参加（包括过去、现在或将来），就请在“是”一栏的方框内画“√”。

注意，这一部分测验主要想确定你“感兴趣”的某种活动，而不是你“要从事”的活动，即答题时不必考虑你过去是否干过和是否擅长这种活动，只根据你的兴趣直接做出判断。请务必做完每一道题目。

一、R型

你喜欢做下列事情吗？	是	否
1.装配修理电器	□	□
2.维修自行车、摩托车	□	□
3.开卡车或拖拉机	□	□

4.用木头做东西，如盒子、简易书架 □ □
5.开摩托车或汽车 □ □
6.学习五笔字型输入法 □ □
7.日常用品有小毛病自己修理，如手电、眼镜、收录机 □ □
8.制作家具或布置居室 □ □
9.选配制作家庭影院的音响系统 □ □
10.上工艺制作课 □ □
11.开机器，或使用家用工具、机械 □ □
"是"一栏打"√"的总数：________

二、I型

你喜欢做下列事情吗？ 是 否
1.阅读科技书报杂志 □ □
2.做实验 □ □
3.开展科学研究或自己设定一个问题进行研究 □ □
4.设计制作飞机、舰船模型 □ □
5.猜谜、做数字游戏或文字游戏 □ □
6.阅读某专业的论文 □ □
7.解数学难题 □ □
8.解一盘棋局 □ □
9.读侦探小说和悬念小说 □ □
10.上数学、几何课 □ □
11.上物理课 □ □
"是"一栏打"√"的总数：________

三、A型

你喜欢做下列事情吗？ 是 否
1.素描、制图或绘画 □ □
2.表演戏剧、小品、相声或音乐节目 □ □
3.设计家具或家庭居室装饰 □ □
4.经常唱卡拉OK、参加舞会 □ □
5.演奏乐器、参加合唱团 □ □
6.读流行小说、散文、诗歌 □ □
7.参加文艺、美术、音乐等培训班 □ □
8.从事摄影创作 □ □
9.读电影、电视剧本 □ □
10.做些小工艺品 □ □
11.练习书法 □ □
"是"一栏打"√"的总数：________

四、S型

你喜欢做下列事情吗？	是	否
1.给同学和亲友写信、发e-mail	□	□
2.参加学校或工作单位组织的正式活动	□	□
3.加入某个社团组织、俱乐部或组织自发成立的小组	□	□
4.帮助他人克服困难	□	□
5.照料儿童	□	□
6.参加他人的婚礼、生日宴会等活动	□	□
7.结识新朋友	□	□
8.参加讨论会或辩论会	□	□
9.看运动会或参加体育比赛	□	□
10.探亲访友、与人来往	□	□
11.阅读人际交往方面的书刊	□	□

"是"一栏打"√"的总数：________

五、E型

你喜欢做下列事情吗？	是	否
1.对他人做劝说工作	□	□
2.买东西砍价或推销产品	□	□
3.谈论政治、参与组织活动	□	□
4.从事个体或独立的经营活动	□	□
5.出席正式会议、发表个人意见	□	□
6.进行演说	□	□
7.在社会团体中担任一定职务	□	□
8.检查与评价别人的工作	□	□
9.进行谈判	□	□
10.带领若干人去完成某项任务	□	□
11.领导他人	□	□

"是"一栏打"√"的总数：________

六、C型

你喜欢做下列事情吗？	是	否
1.保持桌子和房间整洁	□	□
2.抄写文章或信件、校对稿件	□	□
3.为领导起草报告或写公务信函	□	□
4.用笔、计算器和计算机计算数据	□	□
5.核查班费的收支情况	□	□
6.整理文件、报告、记录并分类归档	□	□
7.记流水账或备忘录	□	□
8.上打字课或学速记法	□	□

9.参加文秘、财会等实用技能培训 □ □
10.使用复印机、传真机和打字机 □ □
11.写商业贸易信函 □ □
"是"一栏打"√"的总数：__________

第三部分 你擅长或胜任的活动

下面从六个方面分别列举若干项十分具体的活动，以确定你具备哪一方面的工作特长。回答时，只需考虑你过去或现在对所列活动是否擅长、胜任，不必考虑你是否喜欢这种活动。如果你认为你擅长从事某一活动，就请在"是"一栏的方框内画"√"。

注意，如果你从未从事过某一活动，那就请考虑你将来是否会擅长从事该项活动。请你务必做完每一道题目。

一、R型

你擅长做或胜任下列事情吗？	是	否
1.使用锯子、钳子、螺丝刀等工具	□	□
2.使用万用电表	□	□
3.给自行车或汽车加油使它们正常运转	□	□
4.使用食品研磨机、缝纫机等	□	□
5.修整木制家具表面	□	□
6.看机械图或建筑设计图	□	□
7.修理结构简单的家用电器	□	□
8.制作航模或编织小工艺品	□	□
9.绘制居室设计图纸	□	□
10.修理收录机的小毛病	□	□
11.修理自来水管或水龙头	□	□

"是"一栏打"√"的总数：__________

二、I型

你擅长做或胜任下列事情吗？	是	否
1.了解晶体管或集成电路的工作原理	□	□
2.知道三种以上蛋白质含量高的食物	□	□
3.知道一种放射性元素的"半衰期"	□	□
4.构思一项活动计划或工作方案	□	□
5.使用计算器、对数表或计算尺	□	□
6.使用显微镜	□	□
7.辨认夜空中的三个星座	□	□
8.说明白细胞的功能	□	□
9.解释简单的化学分子式	□	□
10.理解人造卫星不会落地的原理	□	□
11.参加学术讨论会或科技成果交流会	□	□

"是"一栏打"√"的总数：__________

三、A型

你擅长做或胜任下列事情吗？	是	否
1.演奏一种乐器	□	□
2.参加二重唱或四重唱表演	□	□
3.独奏或独唱表演	□	□
4.模仿和扮演舞台剧和影视剧中的角色	□	□
5.说书或讲故事	□	□
6.在舞会上以舞姿优美而出众	□	□
7.所照的照片中有具有一定艺术水平的	□	□
8.素描、画画或雕塑	□	□
9.制作陶器、捏泥塑或剪纸	□	□
10.设计学校、单位的海报和时装	□	□
11.写得一手漂亮的文章	□	□

"是"一栏打"√"的总数：__________

四、S型

你擅长做或胜任下列事情吗？	是	否
1.向别人解释问题	□	□
2.参加慰问、福利或救济活动	□	□
3.与人友好相处、配合工作	□	□
4.邀请客人和招待客人	□	□
5.深入浅出地教育儿童	□	□
6.为一次聚会安排娱乐活动	□	□
7.帮助他人克服困难	□	□
8.帮助护理病人或伤员	□	□
9.安排学校或社团组织的各种集体事务	□	□
10.体察人心或判断人的性格	□	□
11.与年长者相处	□	□

"是"一栏打"√"的总数：__________

五、E型

你擅长做或胜任下列事情吗？	是	否
1.在学校当过学生干部并且干得不错	□	□
2.督促他人工作	□	□
3.使他人按你的习惯做事	□	□
4.做事具有超常的精力和热情	□	□
5.能做一个称职的推销员	□	□
6.代表团体或他人向有关部门反映意见、提出建议	□	□
7.担任某种领导职务期间获过奖或受过表扬	□	□

8.说服别人加入你所在的团体（如俱乐部、运动队、活动小组等） □ □
9.创办一家商店或企业 □ □
10.知道如何做一位成功的领导者 □ □
11.察觉、判断问题和做决断的能力强 □ □
“是”一栏打“√”的总数：__________

六、C型

你擅长做或胜任下列事情吗？ 是 否
1.一天能誊抄近一万字 □ □
2.能熟练地使用计算器或算盘 □ □
3.能够熟练地打字录入 □ □
4.善于将书信、文件迅速归档 □ □
5.办公室文员工作干得不错 □ □
6.核对文章或数据时既快又准确 □ □
7.会使用复印机、传真机等办公设备 □ □
8.善于在短时间内分类和处理大量文件 □ □
9.记账、开发票、写收条时既快又准确 □ □
10.善于为自己或集体做财务预算 □ □
11.能迅速誊清贷方或借方的账目 □ □
“是”一栏打“√”的总数：__________

第四部分　你喜欢的职业

下面列举了许多种职业，对这些职业的基本情况你或多或少都已有所了解，并在此基础上形成了自己的评价态度。如果你喜欢某个职业的话，请在“是”一栏中打“√”，如果不喜欢，则请在“否”一栏中打“√”。这一部分测验也要求每题必做。

一、R型

你喜欢下列职业吗？ 是 否
1.飞机机械师 □ □
2.野生动物专家 □ □
3.自动化技师 □ □
4.精密仪器装配工 □ □
5.钳工 □ □
6.电工 □ □
7.园艺师 □ □
8.长途汽车司机 □ □
9.火车司机 □ □
10.机械、仪表工程师 □ □
11.测绘工程师 □ □
“是”一栏打“√”的总数：__________

二、I型

你喜欢下列职业吗？ 是 否

1.气象学研究人员 □ □
2.生理学、医学研究人员 □ □
3.天文学研究人员 □ □
4.药剂师 □ □
5.法医、侦探 □ □
6.发明家 □ □
7.科学杂志编辑 □ □
8.数学家 □ □
9.物理学研究人员 □ □
10.软件编程人员 □ □
11.哲学家 □ □

"是"一栏打"√"的总数：________

三、A型

你喜欢下列职业吗？ 是 否

1.诗人 □ □
2.文学艺术评论家 □ □
3.作家 □ □
4.时装设计师 □ □
5.歌唱家或歌手 □ □
6.作曲家 □ □
7.舞蹈教师 □ □
8.画家 □ □
9.相声、小品演员 □ □
10.乐团指挥 □ □
11.影视演员 □ □

"是"一栏打"√"的总数：________

四、S型

你喜欢下列职业吗？ 是 否

1.街道、工会或妇联负责人 □ □
2.中学班主任 □ □
3.青少年犯罪问题专家 □ □
4.慈善机构工作人员 □ □
5.心理咨询人员 □ □
6.精神病医生 □ □
7.职业介绍所工作人员 □ □
8.导游 □ □

	是	否
9.青年团干部	□	□
10.社会工作者	□	□
11.婚姻介绍所红娘	□	□

"是"一栏打"√"的总数：__________

五、E型

你喜欢下列职业吗？	是	否
1.厂长/总经理	□	□
2.推销员	□	□
3.公司驻外机构负责人	□	□
4.民办学校校长	□	□
5.部门经理	□	□
6.律师或法官	□	□
7.电视剧制片人	□	□
8.局长/主任	□	□
9.议员/人大代表	□	□
10.服装批发商、代理商	□	□
11.企业管理咨询人员	□	□

"是"一栏打"√"的总数：__________

六、C型

你喜欢下列职业吗？	是	否
1.水文、气象测量员	□	□
2.会计师	□	□
3.银行营业员	□	□
4.法庭书记员	□	□
5.人口普查登记员	□	□
6.成本核算员	□	□
7.化验员	□	□
8.出版社编辑、校对员	□	□
9.打字员	□	□
10.办公室秘书	□	□
11.产品质量检验员	□	□

"是"一栏打"√"的总数：__________

第五部分　能力类型的自我评定

下面的两张表是你对六种职业倾向的自我评分表。你可以先与同龄人比较一下自己在每一方面的能力，经斟酌以后对自己的能力做出评价。评分时请在表中适当的数字上画圈。数字越大表示你的能力越强。

注意：请勿全部圈画同样的数字，因为人的每项能力不可能完全一样。

等级	R型	I型	A型	S型	E型	C型
	机械操作能力	科学研究能力	艺术创作能力	解释表达能力	商业洽谈能力	事务执行能力
特高	7	7	7	7	7	7
高	6	6	6	6	6	6
较高	5	5	5	5	5	5
中等	4	4	4	4	4	4
较低	3	3	3	3	3	3
低	2	2	2	2	2	2
特低	1	1	1	1	1	1

等级	R型	I型	A型	S型	E型	C型
	体育技能	数学技能	音乐技能	交际技能	领导技能	办公技能
特高	7	7	7	7	7	7
高	6	6	6	6	6	6
较高	5	5	5	5	5	5
中等	4	4	4	4	4	4
较低	3	3	3	3	3	3
低	2	2	2	2	2	2
特低	1	1	1	1	1	1

第六部分　统计总分和确定你的职业倾向

请将第二部分至第五部分的全部测验分数按六种职业倾向（R型、I型、A型、S型、E型、C型）填入下表，并纵向累加。

测验项目	R型	I型	A型	S型	E型	C型
第二部分						
第三部分						
第四部分						
第五部分						
总　分						

做完上述内容后，请将上表中的六种职业倾向的总分按大小顺序依次从左到右重新排列：

________型、________型、________型、________型、________型、________型。

分数最高的是________型，分数排第二位的是________型，分数排第三位的是________型。将得分排前三位的类型排列在一起，就得出你的职业倾向是____________型。

霍兰德职业适应性测试结果

第5章 职业生涯发展的个人素质

学习目标

- ✓掌握职业素质范畴的内容；
- ✓了解影响职业生涯成功的素质条件；
- ✓了解达姆洛斯成功公式；
- ✓了解个人能力、个性人格、品德素质的构成因素；
- ✓掌握职业素质的测量方法和对三类人的测量内容。

引例 **小胡的成长**

小胡，女，33岁，初中毕业，23岁时到广州打工，进了一家地毯厂，厂长是她哥哥的朋友。初进厂时，她和一群小姐妹一样，在生产线上干又脏又累的活，非常辛苦。小姐妹们嫌苦怕累，还有别的原因，一个个离开了。老板看她能吃苦，就派给她一些其他的活，她都二话不说，扎扎实实地把事情做好。老板一碰到哪个岗位的人离职，总是第一个想到派小胡去顶。小胡勤学肯干，能力逐步提升，第4年她就升到了厂长的职位。老板只抓大事，厂里的日常事务都由小胡处理。目前，小胡的月工资已达1万元以上，加上年终奖，年收入超过20万元，超过了大多数和她同龄的大学毕业生。

是什么原因使小胡获得了成功呢？她有什么与众不同的素质？你认为要在职业上取得成功，最重要的素质是什么？

5.1 个人职业生涯素质总析

5.1.1 职业素质的概念

一个人的职业生涯发展与他的职业素质密不可分，职业的成功是个体因素和社会环境交互作用的结果。职业素质是在先天与后天因素的共同作用下形成的，是与职业发展相关的各种影响因素的综合，是包括内在素质（如认知能力、情感态度、意志、需要、动机、兴趣、性格、气质等智力和非智力因素）和外部因素（如社会、经济背景、机遇、努力程度、健康状况等）有机结合的复杂整体。

职业素质具有丰富的内涵和外延。就其内涵而言，职业素质反映的是人在某一时期内的职业能力、性格和气质发展水平，是人进一步获得职业发展和从事工作的条件和保证。就其外延而言，职业素质包括人们所有的工作活动过程和外部环境条件。

5.1.2 职业素质的分类

寻找人的职业生涯成功轨迹，要从人的素质因素中找答案。一个人的素质总体，又可以分为已经具备的竞争实力和尚待开发的发展潜力两部分。

1.已经具备的竞争实力

对于任何人来说，在特定时期都存在一定的素质，这往往有一定的客观材料予以证明。例如，具有化学专业的本科或者研究生学历，接受过MBA的专业训练，获得过国家技术进步二等奖，具有高级技师的资格，有发明专利等。这成为用人单位对某个个体予以招聘录用和培养提拔的依据。这也证明了一个人的竞争实力。这种竞争实力是个人获得职业生涯成功的重要条件。

2.尚待开发的发展潜力

人是可塑的，而且是有着很大潜力的。学者指出，人的潜力远远没有得到发挥甚至没有被发现。例如，人被野兽追击的时候产生应激状态，跑的速度、跳的距离、拼命搏斗的力量，都是一般情况下远远达不到的，甚至是不可思议的。

人的潜力要在一定的环境与条件下才能被发现和发挥，诸如充分的教育、适当的培训、对兴趣的引导、对动机的赋予、外部的支持环境、对经验的积累、实践的证明、外部的压力环境、紧急的形势、危险的来临等。现代管理学讲求对人的潜能的开发，大量采用角色扮演、评价中心、案例教学等各种方法，甚至运用极限训练、魔鬼训练等拓展训练方法，目的就是开发人的潜能。

5.1.3 成功职业生涯的素质条件

1.成功素质的多维性

影响人们生涯发展、事业成功的素质，有许多方面。过去，人们主要关注一个人是不是“聪明”，即把成功归因到智力方面。而后，人们强调职业的目标设计、努力和毅力、身体条件，以及思想品质等许多方面。这就是说，成功的素质有着广泛含义，有着多种内容。

联合国在《21世纪全球开发计划》中指出：“智力（intelligence）并非一个单向度概念，除了基本智商（IQ），它还包含了人的更多能力[①]：成就智商（AQ）、道德智商（MQ）、情感智商（EQ）、体能智商（PQ）……”

2.成功素质的结构

从整体性的角度来看，人的职业素质包括能力素质、个性人格素质、品德素质、健康素质四大要素，每一个要素之中又有若干子要素，这些要素的不同组合就形成五花八门、大相径庭的素质。成功的素质就在于关系着一个人特定的生涯发展、事业成功的各种要素齐备，并且科学、合理地组合。这种组合恰恰反映了成功素质的多维

① 此处的能力不是心理学角度的狭义的能力，而是包含了综合素质的内容。

性。从一般的角度来看，人的成功素质结构如图5-1所示。

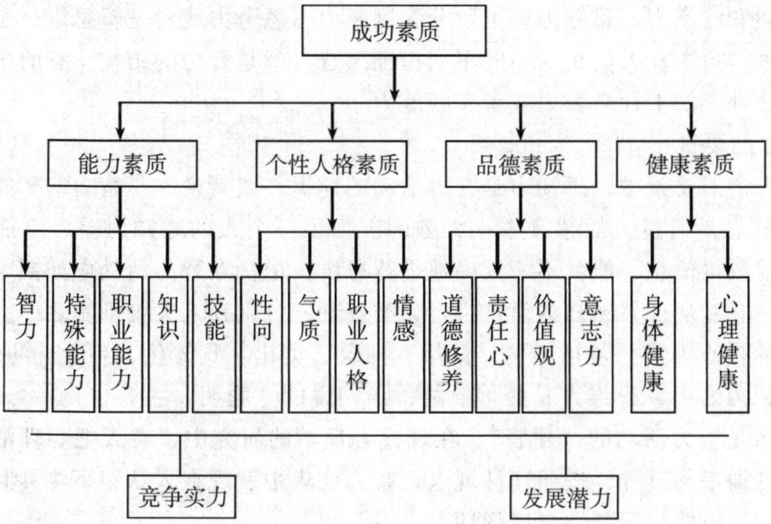

图5-1 成功素质结构

5.1.4 达姆洛斯的成功公式

美国学者达姆洛斯提出了人的职业生涯成功的公式：

成功= $[(EE+CT+SP)\times DD]^{b}$

式中：EE指教育和工作经验；CT指创造性思考；SP指推销自我的能力；DD指目标方向和驱动力；b指个人的机遇或机会。

可见，前面三个因素对人的成功有一定的作用，但并不是必需的，即某一个甚至两个因素缺少时（即数据为0），仍然能够使人成功。当然，在这样的条件下，成功的水平要大打折扣。“目标方向和驱动力”因素是不可或缺的，因为该因素为0时，整个公式的数值也就为0，绝无“成功”可言。最后一个因素——指数b——则可能大，可能小，也可能为0。显然，当该指数大于1时，说明外部提供的“机会”能够发挥较大的作用。

5.2 能力素质分析

5.2.1 一般能力因素——智力

能力包含“智力”（一般能力）、“特殊能力”两个基本方面，并进一步外化到“职业能力”。

1.智力的内容

所谓智力，是指人认识客观事物并运用知识解决实际问题的能力，也就是人的“聪明程度”。智力，作为人的基本能力，也被看作一般能力。心理学家在分析智力结构时，一般都认为它包括感知力、记忆力、思维力、想象力这四个基本方面。感知力包括观察力和注意力，思维力则可以分为判断力、思考力或者逻辑思维、逻辑推理能力。这四种“力”在人们头脑中的不同搭配组合，就是智力的结构。有的学者在这四种“力”之外还加上社会智力或者实践能力。

2.智力的要素

在智力的四要素中，感知力是智力活动的前提，或者说，是智力的初始环节。外界事物的信息是通过人的感官进入大脑的。如果一个人的感知力差，不能从外界及时、准确地取得信息，他就不能正确地进行思维。记忆在智力活动中如同电子计算机的存储器，它对从外界感知的信息进行分类整理，分别存入大脑细胞之中。思维力是智力活动的核心内容，包括归纳、概括、抽象、类比、具体化、判断、演绎推理等。显然，在智力之中，思维力是最重要的，人们说的“聪明”主要也是指思维能力强。想象力就像是智力活动的“翅膀”。在现代心理学的研究中，有人把心理活动过程看作一个信息加工的过程，按照这种观点，智力就集中表现在人认识事物并且做出反应的正确性、机敏性、深刻性、广阔性上。

3.创造力

进一步来说，创造力是某个人想别人未想、做别人未做，标新立异，制造出以往没有的新鲜事物，即能够进行创造性活动的能力。因此可以说，创造力也是智力的一项高级内容。

4.社会智力

一般来说，人们所从事的活动都是社会活动，也就是直接或间接地和人打交道的活动。因此，人们从事自身的活动时，往往要具备一定的涉及他人的能力，通过这种能力使该活动能够按照预定的方案进行，从而实现预期的目标。许多学者注意到“智力”范畴在社会应用中的局限性，因而提出了社会智力的范畴。有的学者把经典性的智力称为“智力Ⅰ”，把社会智力称为“智力Ⅱ”。

社会智力包括以下内容：(1) 计划能力或规划能力；(2) 决策能力；(3) 组织能力或协调能力；(4) 沟通能力；(5) 说服能力；(6) 管理能力。

5.2.2 特殊能力因素

人们从事的各种活动是千差万别的，人的能力，除了作为“一般能力”的智力以外，还有特殊能力。国际上具有权威地位的《加拿大职业分类词典》把特殊能力分为以下10个方面：

(1) 言语表达能力 (V)，指理解词语与相关思想的能力，以及有效地运用词语的能力。

(2) 数学计算能力 (N)，指迅速而准确地进行算术计算的能力。

(3) 空间判断能力 (S)，指凭思维想象三维空间物体形状的能力。

(4) 形体知觉能力 (P)，指觉察物体、图画中有关细节的能力。

(5) 文书事务办公能力 (Q)，指觉察词语或表格材料中有关细节及避免文字与数字计算错误的能力。

（6）动作协调能力（K），指眼、手和手指快速做出精确动作的能力。

（7）手指的灵活性（F），指迅速而准确地运用手指操作小物体的能力。

（8）手的灵巧性（M），指熟练自如地运用手的能力，进行手的翻转、放置、移动动作。

（9）眼-手-脚配合能力（E），指根据视力所见，而使手、脚彼此协调，完成动作的能力。

（10）辨色能力（C），指觉察和辨别不同色调和同一颜色的深浅程度的能力。

5.2.3　职业能力因素

我们知道，从事任何职业都需要智力这种一般的能力和若干种特殊能力，不同职业需要不同的能力，包括智力总水平及各要素的不同与各项特殊能力的水平及结构的不同。这就要求从事某一种职业的人具有特定的职业能力。

根据《加拿大职业分类词典》的口径，职业对从业者要求的一般项目（即从事职业的资格检测表）包括能向、普通教育程度（GED）、专门职业培训（SVP）、环境条件（EC）、体力活动（PA）、工作职能（DPT）诸项基本条件和兴趣、性格等参考条件。上述各项条件，按照各自程度和水平分别打分，区分为不同的等级。资格检测表中的能向，即人们能力的特性与方向。某种职业对从业者的能向要求包括智力（一般能力或一般学习能力）和上述“言语表达能力”“数学计算能力”等各项特殊能力。人要走好自己的职业生涯之路，必须要选择适合自身特点的职业，即要达到人的各项条件与职业的要求相互适应。对于这一问题的分析，详见第11章的内容。

5.2.4　知识因素

所谓知识，是指人们头脑中所记忆的经验和理论，或者说是头脑中储存的信息。知识分为“一般经验”和“理论”两种。当知识带有逻辑性、体系性、科学性时，就成为“理论”或者“学说”；一般经验则是形成理论知识之前的东西，其特征是零碎的、片段式的，正确度较低。心理学家指出，知识与能力（尤其是智力）有一定的相关性，两者是相辅相成的。

从社会职业劳动的角度来看，知识可以分为三个部分：

（1）一般知识或者说普通知识，它反映一个劳动者的一般文化水平；

（2）专业理论知识，它反映职业所必需的专业知识和技能；

（3）工作经验与操作知识，它反映劳动者在相关职业上的工作经历和经验积累。

人类社会存在系统传授一般知识和专业理论知识的教育部门与系统传授工作经验和操作技能的培训机构，它们的活动可以使工作者迅速增加知识储备，从而大大提高人的素质。因此，人的知识水平往往用受教育程度、培训状况来反映。受教育程度、培训状况不仅是一个人走上职业岗位的“通行证”，而且由于它们是从事各项职业活动的基础，也就成为个人成功素质不可缺少的一部分。

对知识的测试，一般是通过考试来进行的。例如，许多学科、课程实行标准化考试。此外，用人单位在招录、提拔员工或者更新技术工艺等情况下，也经常组织知识考试。

5.2.5 技能因素

技能，通俗地说，就是技术、技巧，其含义是人们从事活动的某种动作能力，是人经过长期的实践活动所形成的顺序化的、自动化的、完善化的动作系列。一个人具有某项技能的标志，是从事某项劳动的动作的准确性，包括动作的方向、距离、速度、力量的准确性。技能在劳动能力中极为重要，所谓“三百六十行，行行出状元”，各行各业的“状元”即是各种职业技能的出类拔萃者。

应当指出，对于技能这一范畴，不能理解为只是“简单的、操作性的蓝领工人的技术”。从不同劳动者的角度看，技能有不同的层次和类型，例如有开机器的工业操作技能和一分钟录入200字的计算机打字技能，工艺美术师有熟练地进行微雕的技能，生物学家有熟练使用电子显微镜的技能，神经外科医生有做开颅手术的技能。从不同内容的角度看，技能包括身体活动技能和心智活动技能，例如纺织工人有接纱头的技能，舞蹈演员有翻、转、跳等各类舞蹈技能，软件工程师有编程技能，营销经理有市场策划技能。

5.3 个性和人格素质分析

从心理学的角度看，人格是一个非常重要的领域。即使一个人具有非常高的智力水平，具有相当出色的能力，也不能保证职业生涯的顺利、事业的成功。因为除了智力、能力因素之外，还有很多其他影响因素，非智力因素也是很重要的内容。例如，“情商”就是受到普遍关注的因素，人们说，“智商是就业的条件，情商是晋升的前提”。实际上，情商包括人格特征（包括个性与情感）、人际关系能力和“意志”等心理品质这些非智力因素，是一个相当广泛的范畴。

心理学是研究人类心理差异的科学，个性则是心理学“永恒的主题”。个性，从总体上来说，是指人们比较稳定的基本心理特征。人们日常生活中所说的“脾气禀性”，正反映了个性的这种基本特征。人们谈到一个人的个性或者性格时，经常说“内向”或者“外向”，这就是人们心理特征的倾向性，也称为“向性”或“性向”。一个人心理活动倾向于内部世界，即为内向的个性；一个人心理活动倾向于外部世界，即为外向的个性。这种性向为心理学研究、测量及应用所高度关注。对于人的性向，除了上述“内向、外向”的划分外，还有按血型、体态、心理机能中的优势因素、文化（即价值观）类型进行分类的，本书不再赘述。

5.3.1 性向因素

1.性向的分类

（1）内向型。具有内向型特性的人，重视主观世界，内心世界丰富，经常沉浸在自我欣赏和幻想中。他们沉着，安静，处事谨慎，深思熟虑，计划性、规律性、安定性、逻辑性、周密性强，而应变能力差，不善于交际。他们在工作上、学习上善于思考，但视野狭窄，容易产生自卑感，爱抠小事。

（2）外向型。具有外向型特性的人，经常对外部世界表示关心。他们开朗，活泼，感情外露，自由奔放，做事当机立断，不拘小节，具有独立性、活动性、协调性、现实性、开放性、灵活性强的特点。他们在工作、学习上反应较快，但往往从兴趣、情感出发，缺乏计划性和连续性。

（3）中间型。从最基本的角度看，人的性向分为内向和外向两个类别，但是实际上有些人的内向或外向的特点并不明显，而是内向、外向的程度差不多，因而可以说还有一种中间型。中间型实际上是一种过渡形态。从内向型到中间型，再到外向型，这是一个连续的过程，见图5-2。

内向型——→中间型——→外向型

图5-2 从内向型到外向型

2.性向的细化

内向、外向是人的两种基本性向。实际上对于人的特点、人的心理过程，还可以进一步划分，见表5-1。

表5-1 **内向型和外向型的划分**

内向型划分	特 点	外向型划分	特 点
孤独型	沉默寡言、谨慎、消极、孤独	社交型	爽朗、积极、能言善辩、顺应
思考型	善于思考、深入钻研、提纲挈领	行动型	现实、说干就干、易变化、好动
丧失自信型	自卑、自责、有较强的罪责感	过于自信型	瞧不起别人、过高估计自己
不安型	规矩、清高、小心	乐天型	大方、不拘小节
冷静型	小心谨慎、沉着、稳重	感情型	敏感、喜怒哀乐变化无常

5.3.2 气质因素

在现代心理学中，气质是指表现在人的心理活动方面和行为动力方面的具有稳定性的个人特点。气质是一个人最基本的心理特征，它影响到个人活动的一切方面，真可谓“无处不在”。我们说它具有稳定性，就是说这种个人特点不因为所从事活动的目的、动机和内容而受到影响、有所改变。

人的生涯中，最主要的活动就是职业活动。从职业的角度把握气质，就产生了职业气质的范畴。职业心理学把人的职业气质分为变化型、重复型、服从型、独立型、协作型、劝服型、机智型、经验决策型、事实决策型、自我表现型、严谨型11种。这里不再赘述。

两千年前古希腊医生希波克拉特就提出人有血液、黏液、黄胆汁、黑胆汁四种体液，后人由此就建立了气质学说，将人的气质分为多血质、黏液质、胆汁质、抑郁质四种类型。巴甫洛夫根据中枢神经学说的研究，通过人量经典条件反射的实验，找到了这种学说的医学、生理学基础。他指出，人的高级神经活动的过程，有着兴奋性（兴奋与抑制）、平衡性和灵活性的特征，这三种特征的不同组合，就形成人的四种神经活动类型——兴奋型、活泼型、安静型、抑制型，它们正好对应着胆汁质、多血质、黏液质、抑郁质四种气质，见表5-2。

表5-2 **气质的类型比较**

气质类型	神经活动类型	兴奋强度	抑制强度	灵活性
胆汁质——兴奋型	强而不平衡型	正	负	负
多血质——活泼型	强、平衡、灵活型	正	正	正
黏液质——安静型	强、平衡、不灵活型	正	正	负
抑郁质——抑制型	弱型	负	负	负

1.气质的分类

（1）胆汁质。具有这种气质的人精力旺盛，行动迅速，性情直率，进取心强，大胆倔强，敏捷果断，但他们自制力差，性情急躁，主观任性，易于冲动，办事粗心，有时会刚愎自用。

（2）多血质。具有这种气质的人灵活机智，思想敏锐，善于交际，适应性强，活泼好动，情感外露，富于创造精神，但他们往往粗心大意，情绪多变，富于幻想，生活散漫，缺乏忍耐力和毅力。

（3）黏液质。具有这种气质的人坚定顽强，沉着踏实，耐心谨慎，自信心足，自制力强，善于克制忍让，生活有规律，心境平和，沉默少语，但他们往往不够灵活，固执拘谨，因循守旧。

（4）抑郁质。具有这种气质的人对事物敏感，做事谨慎细心，感受能力强，沉静含蓄，办事稳妥可靠，感情深沉持久，但他们遇事往往缺乏果断和信心，多疑、孤僻、拘谨、自卑。

2.气质的评价

应当指出，一个人或者是这种气质，或者是那种气质，当然就有着不同的特点。无疑，每一种气质有其长处，也有其短处，但是不能说哪一种气质就好，哪一种气质就坏。心理学家指出：气质本身不能决定一个人社会成就的高低，每一种职业领域都可以找出各种不同气质类型的代表；在同一个领域取得巨大成功的人中，各种气质的人都有；同一气质的人在不同的职业部门也能做出突出的贡献。据苏联心理学家的研究，俄国著名文学家普希金、赫尔岑、克雷洛夫、果戈理分别属于胆汁质、多血质、黏液质、抑郁质的气质类型，他们在文学领域都取得了杰出的成就。而达尔文和果戈理都属于抑郁质类型，他们在不同的领域取得了伟大成就。

在气质类型问题上，关键是认识自我的特点，在职业生涯规划中尽量发掘自己的长处，从而选择最有利于自身发展的方向。

3.气质的混合

还应当指出，许多人并不是只具有单一的气质，而是两三种气质兼而有之（当然在几种之中也会有一种最突出、最重要)。实际上，这种混合气质的人，对于社会环境的适应性更强，自身的可塑性更大，因而职业生涯发展的空间也更加广阔，也可以认为他们的成功概率更高。

5.3.3 情感因素

人的情感是一个非常复杂的范畴，一个人的喜怒哀乐、七情六欲，往往是让人难以捉摸、无法把握的。情商（emotional quotient，EQ）是人们在情感方面的心理测试指标。情商在“成功”方面的作用大大高于智商的作用。情商包含丰富的内容，但它是一个界限并不清楚的概念。在几十年前就有学者关心智力之外的成功因素。例如，美国学者小乔治·盖洛甫在20世纪80年代就提出成功的最主要因素是“知情达理”(这实际上就是情感的社会面)，而智力因素仅仅排在第四位。我国学者燕国材早在20世纪80年代初也提出非智力因素对人的成长有重大作用。从一般的角度看，情商范畴包括人们对自身情绪的体察和把握、对他人情绪的认识、对人际关系的把握以及对自身的要求和激励。这么复杂的内容，显然绝不仅仅是自身人格的问题，还有人的社会品格问题和人与外部世界的关系问题。

5.4 品德素质分析

5.4.1 基本价值观因素

价值观是人们对于社会事物的根本看法，由此还导致对社会事物的基本态度，并进一步导致人的行为方式。一个人的观念必然影响他的社会生活态度，进而会影响他的职业生涯道路与成功的程度。观念问题在任何社会都是非常重要的，而在处于巨大变革时代的中国，“观念现代化”已经被看作“第五个现代化”，可见其重要性。

人们对价值观有各种各样的分类方法，美国心理学家斯普兰格把人的价值观分为理论的、经济的、艺术的、社交的、权力的和宗教的六种基本类别，这是既简单又全面的分类方法。它也构成霍兰德职业个性的理论依据。

(1) 理论型。具有理论价值观的人，最大兴趣在于发现真理。为了达到这个标准，这种人经常寻找事物的共同点和不同点，尽量不考虑事物的美或效用。他们一生中的主要目标是把知识系统化和条理化。

(2) 经济型。具有经济价值观的人，总是对“有用”发生兴趣。这种人关心的是生产商品、提供服务和积累财富。他们是彻底的实用主义者，完全按照商人通行的条条框框办事，追求物质利益。

(3) 艺术型。具有艺术价值观的人，对事物的形式与和谐赋予很高的价值，并愿意表达自我，即使不是一位艺术家，他的主要兴趣也在于人生中的艺术性插曲。例如，他们常常喜欢象征华丽和权力的漂亮勋章，反对压制个人思想的政治活动。

(4) 社交型。具有社交价值观的人，最重视对人的爱。这种人总是给别人以高度评价。他们善良、富有同情心和大公无私。他们把爱本身看作人际关系的唯一合理的形式。他们爱帮助别人。这种人的兴趣与具有宗教价值观的人很接近。

（5）权力型。具有权力价值观的人感兴趣的主要是权力。这种人不一定是一个政治家。由于竞争和奋斗在他一生中起很大作用，因此他在任何需要有权力才能获得成功的职业或工作中，会做得很好。这种权力有时是施加于人，如当一名高级经理；有时则施加于环境，如工程师对如何制造一种产品做出最后的决策。

（6）宗教型。具有宗教价值观的人最看重整体性。这种人想方设法把他们自己与对宇宙整体的信仰联系起来。对有些人来说，他们企图与外部世界的现实生活脱离关系（如寺院里的和尚）；对另一些人来说，他们在当地参加教堂活动的人中间或在具有同一宗教信仰的人中间，进行自我克制和反省。宗教价值观者往往为了事业而奉献自己。

人的价值观在基本理念方面影响和决定着人的职业选择方向，决定着人进入哪个单位去就业，决定着人就业后的工作态度与劳动绩效水平，从而决定着人的职业生涯发展情况。

5.4.2 职业价值观因素

除了基本的价值观，人们在职业、就业、工作、劳动上还有具体的观念、想法和价值判断标准。哪个职业好？哪种岗位适合自己？从事劳动的目的是什么？这些问题就是人们具体的职业价值观。日本学者田崎仁把人的职业价值观分为以下9种类型：

（1）独立经营型。这种类型的人不愿受别人指挥，凭自己的能力拥有自己的工作和生活领地，如个体工商户、私人医生、私人律师等。

（2）经济型。这种类型的人认为“钱可通神”，金钱就是一切。他们认为人与人之间的关系是金钱关系，连父母与子女之间的爱也带有金钱的烙印。

（3）支配型，也称独断专行型。这种类型的人想当组织的领导，无视他人的想法，以“支配他人”获得心理上的满足。

（4）自尊型。这种类型的人受尊敬的欲望很强，渴望获得社会地位和名誉，希望常常受到众人尊敬。这种人在欲望得不到满足时，由于过于强烈的自我意识，有时反而很自卑。

（5）自我实现型。这种类型的人对世俗的观点、利益等并不关心，一心一意想发挥个性，追求真理，不考虑收入、地位及他人对自己的看法，尽力挖掘自己的潜力，施展自己的本领，并视其为有意义的生活。

（6）志愿型。这种类型的人富有同情心，把别人的痛苦视为自己的痛苦，在帮助别人的过程中获得个人心理的满足与快乐。他们不愿意干哗众取宠的事。

（7）家庭中心型。这种类型的人过着十分平凡、安定的生活。他们重视家庭，为人踏实，生活态度保守，不敢冒险，对待职业生涯也很慎重。

（8）才能型。这种类型的人单纯活泼，重视个人才能的表现与被承认。他们把深受周围人的欢迎看作乐趣，能以不凡的谈吐、新颖的服装博得众人的好感，也常把气氛搞活跃。

（9）自由型。这种类型的人开始工作时无目的、无计划，但能调整行为以适应职业环境。他们常被周围人认为无责任感，但能承担有限的责任，不麻烦他人，无拘无束，生活随意。

5.4.3 责任心因素

责任心是一种良好的心理品质，因为一个人认真地做事是有利于达到预期目标的。对自己负责固然为成功所必需，对他人负责，对自己所在的组织、群体负责，同样也有利于自己的发展。一个人如果有敬业精神、有对所承诺事务的负责态度，不仅能够完成自己目前的任务，而且凭借“泰山不让土壤”般的努力，往往还能够取得事业的成功。

5.4.4 意志力因素

人贵立志，更贵坚持。在竞争激烈的社会，虽然机会是有的，但是趋利之徒也是众多的，而任何事业的成功都是属于少数人的。一个人有执着的精神，有不怕失败、不计得失的努力，“咬定青山不放松”，用超人的毅力去追求、去做事，其成功的概率就比浅尝辄止者要大得多。

5.4.5 道德修养因素

道德修养是一个人得以成才、得以成功的重要条件之一。一个人具有较高的道德修养，往往与他有丰富的社会知识、职业生涯知识和人生阅历相关。如果他有了较高的道德修养，就能够较好地认识条件、机遇、命运和自己与他人的关系，也能够较好地把握自身的奋斗过程，还能够较好地得到旁人的支持、社会的扶助与承认。应当指出，“道德”是有阶级性、社会阶层性和时代性的。谈道德，绝不是让人们压抑人性、压抑创造性、压抑正当的利益追求。

5.5 职业素质的测试

5.5.1 职业素质测试的重要性

对于个人来说，正确了解自己的素质，包括已经具备的素质和可以发掘的素质，是非常必要的。这是正确地把握职业生涯，正确地塑造自己，正确地开拓事业和获得成功的前提。“知己知彼”，才能合理地把握自身与社会环境的互动关系，争得人生的自由。“知己”，无疑需要进行自身素质的科学测试。现代心理学的发展为我们评价人的素质提供了大量的手段和方法。

5.5.2 职业素质测试的原则

1.整体性

人是一种复杂的客体；人的素质也是一个内容非常丰富、结构相当复杂的客体。因此，对人的素质进行测试必须从全局出发，分析清楚素质的结构，把握好主要方面，不遗漏相对次要但在职业生涯的设计和调整中发挥一定影响的一些方面。

2.目标性

素质测试，也称素质测评，是对人的素质所进行的了解和把握。这种测试从属于一定的目的，基于个人或者用人单位的实际需要。对于个人而言，有选择所学习的专业、设计人生的道路、选择工作的岗位、考虑职业变动的需要；对于用人单位而言，有安排培训计划、选择提拔对象、招聘员工等需要。因此，素质测试要根据“目标”，即根据具体的测试需要，来确定测试的具体项目，再据此选择合适的测试工具和测试方法。

3.鉴别性

测试是要观测一个人的具体情况，因此必须达到较好的鉴别性。从心理测量学的角度看，鉴别性好，就是要达到比较高的信度与效度。信度高，是指测试结果真实、可信，即可靠性高，能够正确地反映被测试的客体；效度高，是指测试结果区分度高，准确性高，能够很好地反映出被测试的客体与一般客体、其他客体的差异。要达到令人满意的鉴别性，就要采用可靠的测试工具和科学的测试方法。

4.预测性

通过测试，除了正确地反映被测试者的现状外，还应当对其素质（总体和某些方面）的发展做出判断，从而为个人的职业生涯设计与调整、为用人单位的组织设计和人力资源管理活动服务。

5.易行性

科学不是越复杂越好，恰恰是越简单越明了越好。好的测试就是应用比较简便易行的工具和方法，得到正确、满意的测试结果。

5.5.3 职业素质测试的方法

1.职业素质测试的分类

素质测试的方法有很多，也有若干种不同的分类。

（1）从测试材料的角度分，可以分为文字测试和非文字测试。文字测试所使用的测试材料是文字，被测试者用文字、语言或者数字回答。文字测试主要采取测试表的形式，这是一种相对简便易行的测试方法。非文字测试所使用的测试材料是图片、实物、工具、模型、器械等。非文字测试在实施上往往受到测试材料尤其是专门工具、器械的限制。

（2）从测试对象范围的角度分，可以分为个别测试、团体测试和自我测试（即自测）。个别测试是一个主持人对一个被测者进行测试，其测试比较精细，但所花费的时间与成本均比较大。它适用于心理咨询、选聘人员、针对个别人的职业指导和心理治疗等领域。团体测试是一个主持人对一批被测者进行测试，其优点是测试的范围广，例如，一个班50个学生。它可以用于大面积的职业指导、人员筛选以及人文科学的研究。自我测试是个人使用现成的测试方法，对自己进行一定的心理测试。自测方法的优点是简便易行，测试者的目的明确、态度认真；其缺点是一般人的心理学知识不足，由于自我测试表质量参差不齐，测试者难以选择，且对测试结果难以进行准确的解释分析和更深入的把握。

（3）从被测试者特点的角度分，可以按年龄分为婴幼儿测试、青少年测试、成年人测试、老年人测试，也可以按人的身份分为在校学生测试、求职人员测试、从业人员测试。

（4）其他划分。测试方法还有谈话法、（活动）观察法、作品分析法、行为分析法等。

2.能力倾向测验

我们一般将能力看成一种现有的水平，而能力倾向是一种介乎智力（一般能力）与知识之间的心理特征，是一种未来的发展潜能。能力倾向对于职业选择和人员招聘有着非常重要的意义。关于能力倾向，国内外都有一些比较好的测试方法。在国内，著名的能力倾向测验有人力资源和社会保障部编制并运用于公务员录用考试中的《行政职业能力倾向测验》。行政职业能力倾向的高低将影响一个人未来从事行政工作的成败。在国外，比较著名的能力倾向测验有美国大学生入学考试用的SAT、研究生入学考试用的GRE、美国就业服务中心编制的《一般能力倾向测验》（GATB）等。

常用的智力测验工具为韦克斯勒成人智力量表。该量表适合16岁以上的人，由言语和操作两个分量表组成。言语分量表由常识、词汇、理解、类同、算术和数字广度等6个方面构成。操作分量表由图片排列、图片补缺、物体拼组、积木图案、译码和迷津6个方面组成。

3.人格测验

在选择符合岗位要求的人才的专业和业务方面的素质的同时，还应该测试其与工作绩效有关的合适的人格特征。在对一个人的人格进行描述的时候，有两大基本的理论体系。一个是人格的类型理论，它是以人的最突出的人格特点将人分类并加以描述的人格理论。例如，一个人最突出的个性特征是外向，那么我们就说这个人是一个外向型的人。另一个是人格的特质理论，它是把一个人划分为多种特质来描述人格特征的人格理论。

由于人格具有多维度、多层面的特点，因此人格的测试方法也是多种多样的，没有任何一种人格测验方法是完美的，只用一种测验方法全面地测试人格是不可能的。在实际的人力资源测评工作中，所用到的方法有测评量表、投射测验、情境测验等。

常用的测评量表是卡特尔16PF个性测验和艾森克人格问卷（EPQ）。卡特尔16PF个性测验主要测定人的16种人格特质，包括乐群性、聪慧性、稳定性、兴奋性、敏感性、忧虑性、世故性、独立性等。EPQ反映的是决定人格的3个基本因素——内外倾性、情绪性和精神质，后来又加入了测试被试掩饰或隐蔽程度的因素。

4.职业适应性测验

职业适应性测验主要从个体的需求、动机、兴趣等方面考查人与岗位工作之间的匹配关系。由于这一类测验能够反映个体的生活目的或追求和愿望，反映个体对工作的期望，因此在选拔人员、激励设计等方面很有参考价值。

（1）动机测评。动机是行为的内在原因，主要指发动一定的行为满足某种需要的意愿，它由需求而产生，为行为提供能量，具有目标指向性。个人不同的动机需求模式决定了他们对自己在组织中的责任、职权和利益三者的认识，对其相互关系的构造，特别是决定了对这三者的运用方式。使用动机测评工具可揭示个体的动机模式特征，评估动机与职业的匹配度，有助于个人了解自我，估计工作满意度，做出适当的自我设计和调整。对组织来说，动机测评有助于预测员工的行为表现、稳定性，为有效地监督管理人员和选拔合格应聘者提供重要的信息。

在团体层次上，使用动机测试工具可帮助管理者了解组织成员的动机结构、水平，并进行有效的激励，以提高组织绩效和员工满意度。

（2）需求测试。需求测试是测查应试者的生理需要、安全需要、归属和爱的需要、自尊的需要、自我实现的需要等各大类生活需要的程度，全面了解个体的需求状况和需求的主次形态。通过需求测试，组织可定性、定量分析员工总体需求分布模式以及各种需求的强弱程度。

需求是动机的基本来源，动机的产生原因就是需求的满足。需求是决定行为目标的根本原因。在团体层次上，通过对组织全体员工实施需求测试，可揭示各层次员工的需求结构，根据这个结构可了解团体中需要的分布、形态，这是安排组织激励、调动员工士气的基本环节。需求测试和价值取向评估相互对照使用，可为组织的人事工作、动机激励、企业文化建设提供依据。

（3）职业兴趣测评。兴趣是重要的心理特征之一，是个体力求认识某种事物或从事某种活动的心理倾向，表现为个体对某种事物、某项活动的选择性态度或积极的情绪反应。

兴趣是多种多样的。不同的人兴趣不同，同一个人也有多种不同的兴趣。其中，职业兴趣是职业的多样性、复杂性与就业人员自身个性的多样性共同反映出的一种特殊的心理特点。职业兴趣反映了职业（工作活动）特点和个体特点之间的匹配关系，是人们选择职业的重要依据和指南。职业兴趣测验正是用于了解这两方面特点之间的匹配关系，从而为实现“恰当的人从事恰当的工作”提供可靠的科学依据。职业兴趣测验不但对就业人员的择业有指导意义，而且对管理人员的选拔和安置也起着举足轻重的作用。

常用的测验量表有坎贝尔兴趣和技能调查表及库德职业兴趣调查表。

坎贝尔兴趣和技能调查表有定向量表、基础量表和职业量表3个部分。定向量表包括7个量表，分别描述了被测者的影响力、创造性、分析能力、生产能力和冒险性等7种职业取向；基础量表描述了一个职业类型的概况；职业量表包括同特定的职业匹配的60个量表。

5.5.4 不同人员职业素质测试的内容

人们要选准专业、完成学业、选对职业、适应岗位、寻求更好的出路，即要设计好自身的职业生涯、获得人生的成功，是需要进行科学决策的。对于组织来说，要进行正确的、有效的职业生涯规划，也是要以成功素质测试为依据的。

对于组织的各类员工来说，都应当接受智力水平、文化水平、职业适应性、人格、价值观、健康状况，以及道德修养、社会适应能力等方面的测试。对于尚处于学习阶段但已经确定了生涯发展方向的学生和已经开始从事某种工作、希望有目标地“稳扎稳打”工作的人来说，进行有针对性、有重点的测试，更加重要。

1.技术人员职业素质测试

对于技术人员来说，职业素质测试内容的重点是：

（1）智力水平，尤其是思维能力。

（2）创造力。

（3）与自己专业有关的特殊能力。例如，工程师要测试机械设计能力，教授、记者要测试言语表达能力。

（4）成就动机、意志、毅力等。

2.管理人员职业素质测试

对从事管理工作的人员来说，职业素质测试内容的重点是：

（1）智力水平。

（2）言语表达能力。

（3）职业气质。

（4）责任心、意志。

（5）人际交往能力。

（6）竞争素质。

（7）个人修养、包容力等。

3.在校学生职业素质倾向测试

对于在校学生的测试内容，可依大学、大（中）专、职校（技校）的不同而不同，依学生所读的专业不同而不同。在职业素质倾向测试中侧重的内容是：

（1）特殊才能方向。

（2）职业兴趣方向。

（3）职业适应性方向。

（4）价值观状况和成就动机。

（5）心理成熟度。

（6）社会关系、处事能力、人际交往能力。

（7）一般心理健康的内容，如自信心、情绪稳定性、情感、意志、抗压性和耐冲击的能力等。

知识拓展：兄弟姐妹哪个好

本章小结

职业素质决定着职业生涯的发展。职业素质有复杂的构成和关系。本章将它们归纳为能力素质、个性和人格素质、品德素质，并进行了具体分析。成功的职业发展离不开成功的职业素质。对这些素质的研究有助于正确认识自我、发展自我、实现自我，进而超越自我。职业素质的测试可以帮助人们正确了解自己的素质，不同职业的人员有不同的测试内容。本章进一步对职业素质测试进行了阐述。

复习思考题

1.简述个人素质与职业成功的关系。

2.谈谈你对“机会”的看法。

3.职业素质结构包括哪些内容?

4.请谈谈你对成功职业素质的特征的认识。

5.谈谈你对职业素质测试方法的看法。

案例分析题

花旗银行的人才战略

花旗集团是全球首屈一指的国际金融服务机构，它旗下的品牌公司——花旗银行——推行的人才发展战略的重要实施内容就是人才库盘点，即根据每个员工的绩效考核和潜能考核成绩，运用科学的人力资源管理工具，制定合理的人才管理战略和规划。

1.绩效考核

花旗银行的人力资源部根据员工三年内的关键要素，即对整体结果的贡献、对客户的效率、个人业务和技术熟练程度、执行程度、领导力、对内对外关系、全球效力和社会责任等对员工做出综合绩效评估。评估结果分为三个等级：优秀的绩效、完全达标的绩效和起贡献作用的绩效。优秀的绩效，表示工作的所有方面都已完全达标，甚至还有一些超标；完全达标的绩效，表示工作的所有方面都已完全达标；起贡献作用的绩效，表示有些工作达标了，有些工作没有达标。每一个绩效等级在操作、技术、专业、领导力、工作关系等方面都有不同的界定，不同绩效等级的员工在这些方面会有不同的表现。

结合绩效考核结果，花旗银行运用十字路口模型来确定员工的职业发展路径：员工刚进入企业时是管理自己，从管理自己到管理他人是他职业发展中的第一个“十字路口”；获得一定经验后，他可能会成为一名职能经理，管理一个部门，这是他遇到的第二个“十字路口”；从职能经理到业务经理，再到区域经理、大区经理、企业经理，员工可能会遇到很多“十字路口”。每个“十字路口”对应不同的绩效标准，对员工有不同的要求，公司针对不同的“十字路口”为员工设计内容各异的培训计划，安排不同的锻炼机会。十字路口模型实际上是花旗银行的员工职业发展模型，它被用来判断员工基于以往的绩效表现出来的潜能。

2.潜能考核

在考核绩效的同时，花旗银行也考核潜能。潜能考核结果也有三个级别：

（1）转变的潜能，即具有调动到十字路口模型中另外一个不同层级的工作岗位上工作的能力和意愿，如从部门经理到分行行长。具备转变潜能的员工通常具有广泛而深入的操作和专业技能，具有下一个高级别工作所需要的执行能力和领导技能，能活学活用新的技能和知识，渴望获得较大的挑战和更多的机会，具有超前的商业眼光，朝着整体业务目标努力，而不是只关心自己管理范围内的业务是否成功。

（2）成长的潜能，即具有调动到十字路口模型中同一层级更具复杂性的工作岗位上工作的能力和意愿，如从培训经理到人力资源经理。具备成长潜能的员工在操作、技术以及专业上的技能都高于现在的级别所需，执行和领导技能超出现在的级别所需，常常学习和运用新的技能和知识，渴望在同一级别上有更大的挑战，具有承担更多工作的愿望，具有超前的商业眼光，在关注整体业务目标的前提下关注自己业务的成功。

（3）熟练的潜能，即能够满足不断变化的工作要求，不断深化经验和专业知识，但是不会沿着该十字路口模型移动或者到一个更高的层次，也就是说长期在这个岗位上做下去。具备熟练潜能的员工具有现在级别所需的执行和领导技能，常常学习和运用新的技能，对目前工作中的成长感到满意，希望在目前的工作岗位上做得更出色，具有目前的工作岗位所需的商业眼光，在关注整体业务目标的前提下关注自己业务的成功。

总之，潜能被视为以下几点的结合：以往三年中表现出来的能力；具有成功达到新的“十字路口”所要求的绩效的驱动力；乐于追求其所期望的职业发展方向。

资料来源　陈艳敏．花旗银行的人才战略［N］．经济观察报，2004-01-08．

讨论：

1.花旗银行制定人才发展规划的根据是什么？

2.请谈谈花旗银行的人才发展战略与员工职业素质培养的关系。

3.你从花旗银行的潜能考核中学到了哪些思路与方法？

第5章案例分析提示

职业测试

职业气质测试

一、测试方法

1.阅读本测试的每个问题。如果所问的问题符合自己的情况，就在“是”一栏中打“√”；如果所问的问题不符合自己的情况，就在“否”一栏中打“√”。

2.按顺序回答完所有问题，把各组中回答“是”和“否”的次数相加，把结果填入统计括号中。

二、测试题

第一组	是	否
1.喜欢内容经常变化的活动或工作情境。	( )	( )
2.喜欢参加新颖的活动。	( )	( )
3.喜欢提出新的活动并付诸行动。	( )	( )
4.不喜欢预先对活动或工作做出明确而细致的计划。	( )	( )
5.能够很快地适应新的环境。	( )	( )
第一组总计次数	( )	( )

第二组	是	否
1.喜欢在一段时间内集中精力做一件事。	( )	( )
2.在做事情时，不喜欢受到出乎意料的干扰。	( )	( )
3.喜欢做完一件事情再开始做另一件事情。	( )	( )
4.按照一个设计好的工作模式来做事情。	( )	( )
5.喜欢做有条理的重复性的事情。	( )	( )
第二组总计次数	( )	( )

第三组	是	否
1.喜欢按别人的指示办事，自己不需要负责任。	( )	( )
2.在按别人的指示做事时，自己不考虑为什么要做此事。	( )	( )
3.喜欢别人来检查你的工作。	( )	( )
4.在工作上听从指挥，不喜欢自己做决定。	( )	( )
5.工作时喜欢有明确而细致的指导。	( )	( )
第三组总计次数	( )	( )

第四组	是	否
1.喜欢对自己的工作做出计划。	( )	( )
2.喜欢处理和安排突然发生的事情。	( )	( )
3.能对将要发生的事情负起责任。	( )	( )
4.喜欢在紧急情况下果断地做出决策。	( )	( )
5.认为自己是有信心的、不依赖别人的、能做出决断的人。	( )	( )
第四组总计次数	( )	( )

第五组	是	否
1.喜欢与新朋友相识和一起工作。	（ ）	（ ）
2.喜欢在几乎没有个人秘密的场所工作。	（ ）	（ ）
3.愿意与人坦诚相见、友好相处。	（ ）	（ ）
4.喜欢花大量的时间来帮助别人。	（ ）	（ ）
5.善于使别人按你的想法来做事情。	（ ）	（ ）
第五组总计次数	（ ）	（ ）

第六组	是	否
1.试图使别人接受你的观点。	（ ）	（ ）
2.试图让别人去做你安排的事情。	（ ）	（ ）
3.喜欢通过谈话或书信来说服别人。	（ ）	（ ）
4.喜欢让一些失去勇气和不幸的人振作起来。	（ ）	（ ）
5.试图在一场争论中获胜。	（ ）	（ ）
第六组总计次数	（ ）	（ ）

第七组	是	否
1.你能做到临危不惧吗？	（ ）	（ ）
2.你能做到临场不慌吗？	（ ）	（ ）
3.你能做到知难而进吗？	（ ）	（ ）
4.当你因情绪激动有可能将事情搞糟时，你能镇定你的情绪吗？	（ ）	（ ）
5.如果发生偶然事故并将摧毁机器或伤害别人，你能果断地采取措施而避免严重后果吗？	（ ）	（ ）
第七组总计次数	（ ）	（ ）

第八组	是	否
1.你喜欢在尽可能地搜集了大量信息后做出判断吗？	（ ）	（ ）
2.你能在解决问题的几种可能性中做出抉择吗？（每一种可能性都有积极的和消极的方面）。	（ ）	（ ）
3.你办事情只注重效果，不太注重其原因。	（ ）	（ ）
4.别人认为你是具有正确判断力的人。	（ ）	（ ）
5.你喜欢根据自己的经验来判断和解决问题。	（ ）	（ ）
第八组总计次数	（ ）	（ ）

第九组	是	否
1.你喜欢无论做什么事都具有逻辑性。	（ ）	（ ）
2.你只是相信那些被事实所证实的事情。	（ ）	（ ）
3.你喜欢按照规则或规律来做出决策。	（ ）	（ ）
4.你喜欢通过一定的测验或测量后再下结论。	（ ）	（ ）
5.你喜欢根据明确而有限制的计划来工作，以至工作没有任何差错。	（ ）	（ ）
第九组总计次数	（ ）	（ ）

第十组 是 否

1.你喜欢表达自己的感情。 ( ) ( )

2.你喜欢改进你的服装式样。 ( ) ( )

3.你喜欢表达或写下对一部戏剧或一本书的感想。 ( ) ( )

4.你相信自己的判断，而不喜欢盲从别人的意见。 ( ) ( )

5.你喜欢表达你在音乐、艺术和写作方面的情感。 ( ) ( )

第十组总计次数 ( ) ( )

第十一组 是 否

1.你试图将事情完成得尽善尽美。 ( ) ( )

2.你喜欢一丝不苟地按计划办事，直至得到一个圆满的结果。 ( ) ( )

3.你喜欢花很长的时间集中于一件事情的细小问题上。 ( ) ( )

4.你善于观察事物的细节。 ( ) ( )

5.你工作严谨、细致而努力。 ( ) ( )

第十一组总计次数 ( ) ( )

职业气质测试结果

第6章 职业生涯发展的社会条件

学习目标

✓重点掌握职业生涯发展的社会条件的各个要点；
✓了解社会宏观背景的时代内容；
✓掌握市场行业环境的发展信息；
✓了解职业发展组织环境的构成要点；
✓了解社会因素在职业发展中的重要作用，实现个体职业生涯与社会条件因素的和谐一致与持续发展。

引例

大学生村干部

在当上“村干部”前，2005年毕业于重庆工学院（现重庆理工大学）的杨晓是重庆一家单位的行政办公室副主任，同时负责计算机教学工作。得知重庆市人民政府大力推出“选聘高校毕业生到村任职计划”的消息后，她第一时间报了名，成为酉阳县泔溪镇大板村党支部书记助理。在一次会议上，杨晓得知世界银行将在酉阳县实施改善公共服务设施条件的扶贫项目，并将通过公开竞选、现场答题的方式挑选出试点村。为了让大板村争取到这个扶贫项目，“大板村的杨姑娘”开始了一系列举措：第一，通过当地政府了解该项目的实施发展情况。第二，邀请专家分析世界银行第五期扶贫项目要求。第三，组织村干部做信息调研，为竞选报告提供一线数据。比如，2006年重庆遭遇百年一遇的旱灾，二组的板路槽的村民们必须下山挑运每桶价格高达10元的饮用水上山，很多家庭要爬近3个小时的山，经过坡度达70度的山路才能回家等。第四，在村委会政务公开的组织程序之后，开展干部培训和村民宣传。经过种种努力之后，这名村干部带领参加现场答题的村干部和广大村民在竞选答辩中脱颖而出，使大板村成为世界银行第五期扶贫项目先导工程村之一——40万美元的扶贫资金将在未来3年里投入大板村，专门用于改造村主道、新建通组路、完善水利设施等基础及公共服务设施的建设。

资料来源 田文生．重庆大学生村官代表“三个小官三台大戏”[N]．中国青年报，2009-06-26.

这是一名女大学生村干部职业发展道路中的一个片段，从她毅然选择在中国乡村第一线发展职业空间，到为获得项目支持做种种努力，我们可以看到职业环境对职业发展的影响作用都有哪些方面。

6.1 职业生涯发展的宏观背景

社会是由人构成的，职业发展主体首先是职业人，其发展必然处在一定的社会环境之中。人的职业发展必须以社会的发展和需要为前提，在实施职业规划和职业选择时，必须充分认识到社会对职业生涯的影响，把社会条件的客观需要作为出发点和归宿，以社会对人才发展的需求与要求作为目标走向和发展准绳，在社会环境下科学完成职业规划，有效实施发展路径。

6.1.1 政治因素与职业发展

一个国家的政治制度和政治决策，是基于经济发展、文化发展、行业变化、民众需求等各方面的因素制定的，政治不仅影响该国的经济体制，而且影响企业的组织体制，从而直接影响个人的职业发展。此外，政治氛围还会潜移默化地影响个人的追求，从而对其职业发展产生影响。

1.国家的就业政策是人的职业发展的根本导向

就业政策是一个国家为实现一定时期的路线、方针而制定人力资源配置的行动准则，体现了一定时期社会发展的需要。不同历史阶段有着不同的政策内容，政策体现着一定的导向性、调控性和约束性。

我国实行社会主义市场经济条件下的就业制度，是在国家就业方针、政策指导下，求职群体和用人单位双向选择的制度。双向选择是选择与被选择的关系，是主客体的辩证统一，是双方在相互满足对方需要基础上达成的一种契约关系，是离不开社会需要的职业关系，因此离不开政策的导向、调控和约束。比如，单位的劳动用工政策、地方吸引人才的政策、发达地区和中心城市的进入控制政策，都将对个人的职业发展产生重要的制约作用。

党的二十大报告提出：“强化就业优先政策，健全就业促进机制，促进高质量充分就业。健全就业公共服务体系，完善重点群体就业支持体系，加强困难群体就业兜底帮扶。统筹城乡就业政策体系，破除妨碍劳动力、人才流动的体制和政策弊端，消除影响平等就业的不合理限制和就业歧视，使人人都有通过勤奋劳动实现自身发展的机会。”

2.促进人力资源优化配置的政策释放了人的职业发展活力

我国人才流动的实践和发展为人才市场的出现奠定了基础。按照国家的政策，我们采取了促进人才流动的措施，逐步消除城乡、区域、部门、行业、身份、所有制等的体制壁垒，建立了人才流动的渠道，进而在人才流动方面开展人事代理业务，改革户籍、人事档案管理制度，放宽户籍准入限制，推广以引进人才为主的工作居住管理制度，建立社会化的人才档案公共管理服务系统。这方面的国家政策还有：鼓励专业技术人才通过兼职、定期服务、技术开发、项目引进、科技咨询等方式进行流动；加大吸引留学生和海外高层次人才的工作力度；坚持以自我为主、按需引进、突出重点、讲求实效的方针，积极引进海外人才；继续贯彻“支持留学、鼓励回国、来去自由”的方针，鼓励留学人员以不同方式为祖国服务；建立符合留学人员特点的引才机制；重点吸引高层次人才和紧缺人才等。

人力资源的优化配置，尤其是人才流动政策，打破了传统体制下僵化的职业管理制度，释放了人们的职业发展活力，也给人们的职业发展提供了广阔的空间。求职者在择业时不再像以往那样完全把初次就业看作终身大事，打破了传统的“一次就业定终身”的模式，甚至有了“先就业后择业”的职业发展策略。

3.人才强国战略为人的职业高质量发展提供了契机

培养造就大批德才兼备的高素质人才，是国家和民族长远发展大计。党的二十大报告提出，“深入实施人才强国战略”。

人才强国战略的实施促进了社会对人才的关注与支持，重视人才的环境逐渐形成。国家采取有力措施加快人才培养的速度，提高人才培养质量，对吸引人才、合理使用人才、有效开发人才资源开展了大量有效的工作；地方出台引进人才和吸收毕业生的相关政策；企事业单位也积极创造发展环境，吸纳各种人才，创造更好的效益。

人才强国战略对人的职业发展的层次、重点、高度等都赋予了明晰的导向，个体职业发展是否与人才需求层次相匹配，是否能够在社会岗位上创造应有的人才价值，直接关系到职业获得的可能性与职业发展的可行性。

4.法治环境因素是确保职业有序发展的体制基础

法治环境因素是指国家法律、法规和地方政府的有关法规、规定，如政府有关人员招聘、工时制、最低工资的强制性规定，现行的户籍制度、住房制度、人事制度和社会保障制度等。这些因素都会对个人的职业选择和发展产生重要影响。

职业发展需要有序的环境作依托，良好的法治空间能给职业人更多公平的机会与权益，同时，也通过规范行为给社会岗位上的群体和个体一个有序的职业发展空间。

6.1.2 经济状况与职业发展

1.总体经济发展格局决定社会职业岗位数量的基本状况

经济形势的变化对职业的影响是最为明显和最为复杂的。当经济处于萧条时期时，企业的效益降低，对人力资源的需求减少，因而职业选择和职业发展的机会减少；当经济处于高速发展时期时，企业处于扩张阶段，对人力资源的需求增加，职业选择和职业发展的机会增多。

2.经济发展的时代与结构特征影响职业需求的类别走向

在工业经济向知识经济的转变过程中，传统产业部门经过改造后知识和科技含量大幅度提高，对从事产品生产的劳动力的需求减少，对从事知识生产与传播的职业人的需求越来越多，因此，传统的职业领域逐渐缩小，与新产品、新知识、新技能对应的职业领域迅速扩大。知识经济的发展使知识密集型职业空间不断扩大，与知识经济紧密联系的新行业、新产业、新职业，更是给人的职业发展提供了诸多契机。

经济全球化进程的加快推动了产业结构的调整。传统的劳动密集型产业，如纺织、服装、食品、建筑、建材等，进行了一定的改造。与此同时，信息产业、生物工程、新材料、新能源等获得了长足的发展。因此，与经济社会发展需求一致的职业将成为最有发展潜力的职业。

3.经济发展的区域特点影响职业发展的地域分布

不同地域因整体经济水平不同造成职业需求总量不同，直接影响到企业的数量、类别和职业岗位的数量、类别，而这些都是个人在职业发展中需要考虑的重要因素。在经济发达地区，企业相对集中，优秀企业也比较多，职业选择的机会就比较多；反之，在经济落后地区，职业选择的机会比较少。

不同职业在不同地域的发展程度不一，因而需求程度不一。电子行业的职业发展空间更多的在沿海工业园区，而纺织行业的发展空间更多的在内陆地区。随着经济的发展，中西部地区会有很多新的职业机会产生。个人在职业发展中，认真分析一个地方的经济结构和发展动态，将会获得很多新的信息。

6.1.3 社会文化与职业发展

社会文化是影响人们的行为、需求的基本因素之一。社会文化影响着个人的基本信念、价值观和行为习惯等。在良好的社会文化环境中，个人能受到良好的教育和熏陶，从而为职业发展打下更好的基础。

1.价值观念对职业发展的影响

一个人生活在社会环境中，必然会受到社会价值观念的影响，大多数人的价值取向都是为社会主体价值取向所左右的。社会价值观念正是通过影响个人价值观而影响个人的职业选择和职业发展的。

如果一个地区的人们崇尚职业的新奇性和变换性，那么这个地区的人在各企业之间的流动频率就高，例如美国公民普遍喜欢市场的契约制度；如果人们追求工作的安全感和稳定性，那么人力资源在各企业之间的流动就相对较少，例如日本公民大多喜欢终身雇佣制。中国社会文化的复杂性决定了个人的职业发展要受到所在地文化因素的影响。例如，我国沿海地区的公民可能喜欢企业与员工保持契约关系，而有些地区的公民可能喜欢传统的稳定的雇佣制度。

2.社会时尚对职业发展的影响

社会时尚就是在社会中流行一时的风气或风尚，它是一种非常规的集体行为模式。人们崇尚的行为取向往往表现为一种社会时尚，它对人的职业发展的影响是不可忽视的，如大学生择业中出现过的大城市热、外资企业热、“孔雀东南飞”，以及现在的公务员热、考研热等。时尚又与社会舆论有关。时尚对人们的正负面影响会造成不同的行为结果。健康的时尚会激发人们的责任感和使命感，形成正向行为导向，促进职业的健康发展；非健康或带有偏见的时尚会造成人们思想意识的褊狭和行为取向的偏差，从而导致职业发展中的种种不适行为。

6.1.4 技术状况与职业发展

随着科技的进步和社会生产力的发展，生产的技术水平不断提高，劳动力需求结构也相应变化，在数量上、质量上、类别上、方向上都对职业发展产生影响。

1.技术进步促进社会职业的更替

网约车司机、大数据分析师、酒店试睡员、无人机飞行员……如果10年前提起这些名词，听者一定会觉得你是在异想天开！职业种类的快速更替，正是时代飞速发展的一个真实写照。人力资源和社会保障部编制的2015版《职业分类大典》，相比1999年版，新增了347个职业，取消了894个职业。2021年4月27日，国家职业分类大典修订工作启动会在北京召开。会议宣布正式启动对2015年版《职业分类大典》的修订工作。职业的更替其实一直都在发生，近年来，在互联网领域表现得最为显著。

经济合作与发展组织的研究报告表明，依靠智能技术从事生产和传播的就业者逐渐占据有利地位，并取得80%以上的份额。尽管制造业中的失业状况持续恶化，但技术型劳动人口的就业情况并没有受到影响。

技术的发展使得劳动力从知识含量低的工业化时期的主导产业部门向知识含量高的高科技产业和以知识为基础的服务业大规模流动，采掘、钢铁、纺织等传统工业部门就业人数持续减少，信息技术、生物工程等高科技产业的就业率持续增长。依靠高科技实现职业发展成为主流，就业结构实现了升级换代。

2.技术进步创造就业岗位

2019年，我国169个国家高新区实现生产总值12.2万亿元，上缴税费1.9万亿元，分别占国内生产总值的12.3%、税收收入的11.8%。同时，人才在国家高新区高度集聚。国家高新区从业人员约为2 213万人，每万名从业人员中，研发人员折合全时当量约为822人/年，即1万人中有800多位研发人员，是全国平均水平的13.8倍。如果各种高科技产业全面发展，再加上高科技产业就业岗位对第三产业的巨大需求，则提供的就业机会将成倍增加。第三产业的繁荣提高了服务业中的岗位细分程度，增加了职业种类。企业合规师、公司金融顾问、易货师、调饮师……各式各样的服务型岗位不断得到发掘、设置。

3.技术进步改变职业结构

社会职业最大的变迁，莫过于生产力发展、产业结构调整带来的第一产业、第二产业人员大规模转向第三产业。随着技术的进步，还涌现出一大批新兴的高科技类职业，不仅带来一场新的技术革命，也激起一场深刻的职业变革。

随着技术的进步与广泛应用，多种职业都已被注入高科技成分，许多职业的内涵也因此被改写。例如，随着高铁的发展，动车组列车在交通运输中的作用日益凸显，因而产生了对动车组列车检测、维修人才的需求。于是，“动车组制修师”的职业应运而生。另外，风电的普及、太阳能光伏产业的发展，都需要相关的岗位提供支持，“光伏组件制造工”“风电机组制造工”等职业随之产生。

2021年3月，人力资源和社会保障部、国家市场监督管理总局、国家统计局联合发布新职业信息，包括集成电路工程技术人员、企业合规师、公司金融顾问、易货师、二手车经纪人、汽车救援员、调饮师、食品安全管理师、服务机器人应用技术员、电子数据取证分析师、职业培训师、密码技术应用员、建筑幕墙设计师、碳排放管理员、管廊运维员、酒体设计师、智能硬件装调员、工业视觉系统运维员等18个新职业。这是2015年版《职业分类大典》颁布以来发布的第四批新职业。所谓新职业，是指经济社会发展中已经存在一定规模的从业人员，具有相对独立、成熟的职业技能，但《职业分类大典》中未收录的职业。新职业的发布，对于增强从业人员的社会认同度、促进就业创业、引领职业教育培训改革、推动产业发展等，都具有重要意义。

小案例

我国卫星行业PEST分析：消费市场逐步由小众走向大众

随着近20年信息技术和网络技术的迅猛发展，卫星行业在国民经济和国防安全等各个方面发挥越来越重要的作用。卫星应用产业是国家战略性新兴产业，国家层面的持续推进促进了我国卫星产业链的快速发展。2011年，我国卫星应用市场规模为1 041.7亿元，2017年增至3 220亿元。下面是对我国卫星行业的PEST分析。

一、政策（political）环境

卫星行业对社会经济和国防建设各方面有巨大的影响力和渗透力，由于我国卫星应用发展起步晚、规模小，整体产业化发展水平还不高。近几年，我国发布了包括《国家民用空间基础设施中长期发展规划（2015—2025年）》《“十三五”国家战略性新兴产业发展规划》《关于加快推进“一带一路”空间信息走廊建设与应用的指导意见》在内的多项卫星应用领域相关的规划，国家不断出台相关政策性文件和实施细则，有力地促进了我国卫星产业快速发展。

二、经济（economic）环境

近20年来，中国经济及国民人均消费水平一直保持着良好的增长势头，这为中国卫星产业的发展奠定了良好的经济及消费基础。2019年，国内生产总值达990 865亿元，比上年增长6.1%；居民人均消费支出达21 559元，同比增长8.6%。

三、社会（social）环境

卫星应用产业规模逐渐由高技术试验向产业化推广和行业渗透，由小众逐步走向大众，从专用市场向消费市场转型过渡。近年来，随着移动互联网的普及、智能手机用户的增多，越来越多的人使用地理地图和基于地理位置相关的服务。我国手机地图用户规模由2012年的2.7亿增至2019年的7.5亿，在一定程度上促进了卫星应用产业的规模增长。

四、技术（technological）环境

近些年，我国不断加速对卫星行业相关技术的研发，随着北斗产业化的持续深入，中国卫星导航专利年度申请量大幅增长，2016—2018年专利申请势头尤为强劲。截至2018年，中国卫星导航专利申请累计总量已突破6万件，位于全球首位。

资料来源　观研网．我国卫星行业PEST分析：消费市场逐步由小众走向大众［EB/OL］.［2021-06-29］．http：//www.gyii.cn/yanjiu/moxingfenxi/2020/0618/261498.html.

6.2 职业生涯发展的行业环境

行业，是指从事国民经济中同性质的生产或其他经济社会活动的经营单位或者个

体的组织结构体系。行业是社会分工的大类，各行业都包含一定的主流职业，因此行业环境是职业发展的重要落脚点。

6.2.1 行业环境的基本要点

1.行业的具体分类

了解不同的行业分类有利于全方位了解行业。具体可以选择政府、协会的分类标准，以此为线索可以很好地掌握、理清行业发展脉络，这也是个人了解行业发展空间的重要依据。

行业发展受到社会综合因素的制约，个人一方面要关注科学技术的飞速发展带来的行业变化，看到夕阳行业逐渐萎缩、朝阳行业不断涌现；另一方面要关注国家对某一行业是支持、鼓励和引导，还是限制、控制和制约，从而尽量选择那些有前景、发展空间较大的行业发展自己的职业道路。

2.行业的人才需求

盘点行业的需求状况之后就可以加速自己的职业选择，也为个人的职业定位和职业发展路径做出可能的探索。另外，还要对行业的未来需求进行整理和分析，便于自己站在未来的角度进行选择。

6.2.2 行业环境分析方法

1.PLACE分析法

P：职位或职务（position），包括经常性任务、担负的责任、工作层次等。

L：工作地点（location），包括地理位置、环境状况、室内或户外、都市或乡村、工作地点的变化、安全性等。

A：升迁状况（advancement），包括升迁路径、升迁速度、稳定性、保障等。

C：雇用条件（condition of employment），包括薪水、福利、进修机会等。

E：雇用要求（cntry rcquircmcnts），包括所需的文化程度、专业认证、培训、经验、能力、人格特质、品德修养等。

小案例

某求职者对IT行业的PLACE分析

P：有明显的划分，职务获得与技术能力相匹配。

L：主要集中在两个三角洲和渤海沿岸地区，大多已经形成工业园区。随着技术职务的提升，工作地点有可能变化。安全性主要涉及电子辐射等。

A：升迁路径有严格程序，但更看重技术与素养。

C：薪水中等偏上，经常要加班。

E：如果希望有较好的发展，以本科学历为基础最好，有专业资格证书、工作经验和掌握新技术者有更大优势。

2.SWOT分析法

SWOT分析最早是由埃德蒙德·伦奈德（Edmund P. Learned）等人于1965年提出的，在战略管理领域中被广泛运用。SWOT分析即态势分析，是指将与研究对象相关的内部优势（strength）、劣势（weakness）、机会（opportunity）、威胁（threat），通过调查列举出来，并依照矩阵形式排列，然后运用系统分析的思想，把各种因素相互匹配起来加以分析，从中得出相应的带有决策性的结论。SWOT分析法的具体步骤参见7.4.1部分。

小案例

沃尔玛（Wal-Mart）企业发展信息技术的SWOT分析

优势——著名的零售业品牌，它以物美价廉、货物繁多和一站式购物而闻名。

劣势——虽拥有领先的信息技术，但是店铺分散会导致某些方面控制力不够强。

机会——采取收购、合并或者战略联盟的方式与其他国际零售商合作，专注于欧洲或者大中华区等特定市场。

威胁——是所有竞争对手的赶超目标。

6.2.3 锁定适宜的行业

什么是适宜的行业？这可以有多重理解。首先是达到人-职匹配、人-企匹配，进而可以考虑用己所长和发挥相对竞争优势。站在更高的角度来看，还应当寻求经济、社会、科技发展中的趋势性、成长性行业。

6.3 职业生涯发展的组织氛围

职业的组织环境对个人的职业发展有着重要影响。组织环境同社会环境一样，也在不断地变化，这些变化同样对职业提出了不同的要求。吉布森（James L. Gibson）、伊万切维奇（John M. Ivancevich）、唐纳利（James H. Donnelly）在《组织：行为、结构、过程》一书中写道："在设计职业生涯通路中，完全整合组织与个人的需要确实很难，但是，系统的职业生涯计划能做到这一点。"

6.3.1 组织环境的核心内容

职业发展的组织环境包括很多方面，例如组织的声誉和形象是否良好？组织的实力怎样？在本行业中的地位、现状和发展前景怎样？所面对的市场状况如何？产品和服务在市场上的发展前景怎样？能够提供哪些工作岗位？有无良好的培训机会？组织的领导人怎样？组织管理制度怎样？组织文化是否与自己吻合？福利待遇是否完善？

概括来说，组织环境的核心内容主要有四个方面：

1.组织特性

组织特性决定了该环境中职业人的发展空间，具体包括组织的行业属性、产品的组合结构、生产的自动化程度、产品的销售方式等。例如，传统产业部门的企业单位，生产技术和生产手段都接近规范化和程序化，对员工的要求主要是能掌握熟练生产技术，这样的组织环境对创新型的高科技人才的发展不利，而一些进行新产品开发的高科技企业，需要研究开发人员，对创新型人才来说发展空间比较大。同样，劳动密集型企业、资本密集型企业和知识密集型企业对员工有不同的要求。劳动密集型企业强调员工的体能，资本密集型企业强调员工的技术，知识密集型企业强调员工的研究开发能力。个人在规划时，应考虑未来职业组织环境中各个相关因素对自己职业生涯发展的影响，选择适合发展和有利发展的组织环境，确保职业发展的空间要求。

2.组织制度

制度体系是任何一个组织得以有序发展的基本保障，是职业人在组织内实现公平、稳定发展的重要保障，具体包括管理制度、用人制度、培训制度等。个人在职业发展中，要尽可能了解这些信息，了解职业发展环境中组织结构的特征与发展变化趋势，分析这种安排对自己的未来可能带来什么样的影响，从而调整规划、顺利发展。关于组织制度，应考虑的主要问题包括：

（1）用人制度如何？能否提供教育培训机会？提供的条件是什么？

（2）有没有可能担任更高级的职务或担负更大的责任？

（3）个人待遇提升的空间有多大？是基于能力还是工作年限？

（4）标准工作时间是多久？是固定的还是可以变通的？

（5）提供的薪酬和福利待遇与行业内其他公司相比如何？

3.组织文化

组织环境中的文化氛围是全体员工在长期的生产经营活动中形成并共同遵循的最高目标、价值标准、基本信念和行为规范。除了吸引人的薪酬和福利、舒适的工作环境和出色的管理之外，优秀的企业还会创造积极的企业文化，让员工感到快乐和受尊重，工作起来更有激情和创造性。员工与企业相互配合是否良好的关键在于文化凝聚力是否形成。因此，个人在职业发展中选择拥有令自己觉得舒服的文化氛围的单位，是非常重要的。

4.组织决策者

企事业单位的决策者的抱负及能力是影响该单位发展的决定性因素，这些都与员工今后的职业发展密切相关。主要可以参考以下方面：

（1）组织决策者的职业精神与职业态度；

（2）组织决策者的管理理念与管理方法；

（3）组织决策者的职业背景与能力水平；

（4）组织决策者的战略眼光和发展措施；

（5）组织决策者的人格特质和个人魅力；

（6）组织决策者的社会形象和公众评价。

6.3.2 对组织环境的认知

1.开展组织的信息调研

对具体单位的组织环境可以从10个方面去了解：发展历史和简介（何时成立、对外的介绍是什么）；产品服务（核心产品、产品线或服务是什么）；经营战略（发展战略、经营方针是什么）；组织结构（规模和部门设置是怎样的，都有哪些岗位）；企业文化；人力资源战略（招聘的途径和职位是什么）；薪酬福利（各级待遇是怎样的）；人物和员工（创始人、现任领导、现任高层、核心员工、目标部门主管和员工、企业以往员工）；活动图片；其他文件。

2.分析组织的发展阶段

组织从诞生、成长、成熟到衰退的整个过程就是组织的生命周期。在组织生命周期的不同阶段，发展战略、经营方针及人力资源制度等都有不同的特点，对个人的职业发展也有不同的影响，具体包括：

开发期——晋升的机会通常较多，短时间可能升到较高位置，但由于企业基础尚不稳固，势必要承受较大的经营风险。

成长前期——晋升机会较多，但速度略微缓慢。

成长后期——制度和体系稳定，短期内难以获得晋升或加薪（大企业多属于此阶段）。

成熟期——晋升的可能性较小，职业生涯可能很漫长。

衰退期——除非你具有超凡的能力，可以使濒临倒闭的企业起死回生，否则根本不需要考虑。

知识拓展：行业信息的来源

本章小结

本章对职业的宏观社会背景、中观行业环境和微观组织氛围三个层面进行介绍。社会条件是职业发展的重要环境因素，其中：政治、经济、文化、技术是不可忽视的背景条件；行业环境的结构、状况、趋势、要求是探索职业方向的核心要点；组织是职业发展的具体空间。在分析职业生涯发展的社会条件时，必须有效分析以上因素，树立客观的态度，掌握合理的方法，完成对发展环境的实效掌控，打造在社会中科学发展的职业人生。

复习思考题

1.简述职业发展的宏观背景。

2.针对职业目标进行行业信息的搜集与分析。

3.结合企业的组织结构简述探索组织环境时的要点。

4.分析某个新兴产业或新型职业给你的职业发展带来了什么契机。

案例分析题

李先生的书柜

李先生从某高校生物医学工程专业本科毕业后，在家庭成员的帮助下，应聘到了沿海城市的一家事业单位从事技术资料管理工作。因为很难适应工作环境，他随后辞职并到一家医药公司任职。在绿色药业的风潮下，他又选择到生物制药行业的新兴技术企业发展，在中原地区的一座中等城市任一家医药公司的销售主管，同时加入了专业学会，掌握了丰富的人脉资源……

这位进入不惑之年的成功职业人士的办公桌上和书柜中，除了有专业书籍外，还整整齐齐地放着不少关于劳动法规、就业政策、行业导航、职业指导等方面的资料。他颇有感触地说，每当有挪动的念头时，就广泛搜集“下一个”的信息，当然，不仅要搜集求职应聘的微观内容，还必须捕捉一些宏观的内容，这样才能做到心中有数。实践证明，所有的社会信息都与个人的发展息息相关。

资料来源　摘编自北森测评培训案例资料。

讨论：

1.李先生对绿色药业、中等城市、专业学会的选择，综合考虑了哪些社会因素？

2.从李先生的书柜中，你看到了哪些具体的职业探索内容？

3.分析李先生的职业发展经历，思考一下自己在做职业规划的时候应该怎样在社会环境下把握契机、和谐发展？

第6章案例分析提示

职业测试

交际能力测试

你善于结交朋友吗？有人向你求教或者求助吗？别人容易同你相处吗？请回答以下6个问题，每个问题有3种可供选择的答案，在一种与你的实际情况比较相符的答案前打“√”，然后根据你选择的答案，对照“计分标准”打分，就可以知道你的交际能力如何了。

1.有一位女性朋友邀请你参加她的生日聚会，可是任何一位来宾你都不认识。

A.你非常乐意地去认识他们。

B.你愿意早去一会儿帮助她筹备生日聚会。

C.你借故拒绝，告诉她说："那天已经有别的朋友邀请我了。"

2.在街上，一个陌生人向你询问去火车站的路，这是很难解释清楚的，况且，你还有急事。

A.你让他去向远处的一位警察打听。

B.你尽量简单地告诉他。

C.你把他引向火车站的方向。

3.你的好朋友到你家来，你已经有两个月没有见到他了。可是，这天晚上，电视上有一个非常精彩的节目。

A.你关上电视机，让这位朋友看你在假期中拍摄的照片。

B.说服朋友同你一道看电视。

C.你让电视开着，同朋友一起聊天。

4.你的亲戚给你寄来一些钱。

A.你把钱搁在一边。

B.你和你的朋友们小聚一顿。

C.你买一些东西，如一幅油画、一盏漂亮的灯、一卷墙纸等，装饰一下你的卧室。

5.你的邻居要去看电影，请你照看一下他们的孩子，孩子醒后哭了起来。

A.你关上卧室的门到餐厅去看书。

B.你把孩子抱在怀里，哼着歌曲想让他入睡。

C.你看看孩子是否需要什么东西。如果他无故哭闹，你就让他哭，终究他会停下来的。

6.如果你有闲暇，你喜欢干些什么？

A.与朋友一起看电影，并与他们一起讨论。

B.到商店里买东西。

C.待在卧室里听唱片。

交际能力测试结果

第三篇　职业生涯抉择

思政引领

思政目标

通过学习下面的材料，从个人职业方向决策与岗位选择的实践层面，了解国家和地区的经济发展形势、科技发展热点，认识我国社会主义市场经济制度的优越性和可持续发展的良好态势，从而正确认识就业市场、合理思考职业出路，形成正确的择业观。

学习材料

材料一：

到祖国最需要的地方去

“习近平总书记给我们回信了!”2020年7月8日下午，中国石油大学（北京）克拉玛依校区图书馆的阅览室突然响起一阵掌声，持续了好几分钟。此前，该校118名即将奔赴新疆基层工作的毕业生收到了来自习近平总书记的回信。“惊喜、激动!”资源勘查工程专业2020届毕业生李庚桐告诉记者，她逐字逐句读了好几遍回信，内心备受鼓舞。

习近平总书记在回信中说，“得知你们118名同学毕业后将奔赴新疆基层工作，立志同各族群众一起奋斗，努力成为可堪大用、能担重任的西部建设者，我支持你们作出的这个人生选择”。

2020年6月，中国石油大学（北京）克拉玛依校区送别了首批来自全国16个省份的435名应届毕业生，总体就业率接近85%。在已签约学生中，有123人选择疆内就业，93人在克拉玛依工作，分别占就业学生总数的54%和41%。给习近平总书记写信的是118名选择到新疆基层工作的毕业生。

资源勘查工程专业2020届毕业生丁贵阳是提出给习近平总书记写信的发起人之一。谈及写信的初衷，丁贵阳告诉记者，在校期间，1957年北京石油学院的首届钻井专业毕业生奔赴克拉玛依油田奉献青春的励志故事带给他很深的触动，让他萌生了将青春奉献给边疆的想法。

“近年来国家对大学生西部就业的政策支持以及今年出台的新时代推进西部大开发形成新格局的指导意见，都让我们对西部未来发展充满希望。当时我和七八位留疆工作的同学交流后，发现大家都有相同感受，于是就想给习近平总书记写封信。”丁贵阳说。

这封信的执笔人——石油工程专业2020届毕业生王怡凝——回忆起写信的过程：“我们当时和几位同学讨论后确定了信件的总体思路，主要汇报我们四年来的学习收获、首届毕业生的就业情况以及校区在各方支持下四年来的变化，最后表达了我们扎根边疆的决心，也呼吁越来越多的人能够参与到大西北的开发建设中。”写完信，王怡凝等人还组织118名毕业生在这封信上签下了名字。

在克拉玛依这座以石油命名的城市，奋斗注定要与石油结缘。作为首个进驻新疆的教育部直属重点高校，中国石油大学（北京）克拉玛依校区目前设有3个学院，首次招生的专业都和石油等能源领域密切相关，包括资源勘查工程、石油工程、化学工程与工艺、机械设计制造及自动化等。

“我们将红色文化融入人才培养目标，把石油精神渗透进立德树人全过程，倡导‘学石油、爱石油、献身石油’的择业观。”该校党群工作部相关负责人袁玫告诉记者。2019年11月6日，中国石油大学（北京）党委书记山红红以《不忘初心，坚定理想信念；牢记使命，矢志爱国奋斗》为题，为克拉玛依校区300多名学子上了一堂主题思政课，通过讲述吴仪、王启民、王德民等杰出校友的奋斗故事，带领同学们回顾了学校66年的发展历程，重温石大人为祖国献石油的奉献精神。

“像这样的大型思政课，我们每个学期都会开展4至5次。”袁玫说，除了注重以德育人外，学校还聘请来自新疆油田的劳模导师和独山子石化、塔河炼化等生产一线的专家担任学生导师，每年组织学生深入新疆石油生产一线实习，进行社会调查，接触石油、参与生产，逐步树立扎根基层、奉献青春的人生观和价值观。

丁贵阳至今还记得大学期间第一次前往龙脊谷参与地质勘探时的实习经历。“路途遥远、高温酷暑、自然条件恶劣。”他第一次感受到野外地质勘探的艰辛，尽管如此，他还是喜欢上了这个专业。毕业后，丁贵阳选择到中国石油塔里木油田分公司参加工作。

资料来源　侯颗．“习近平总书记给我们回信了！”［EB/OL］．［2021-07-20］．https：//www.ccdi.gov.cn/toutiao/202007/t20200710_221743.html.

材料二：

钟南山的职业选择与事业追求

84岁高龄的钟南山院士，临危受命登上了开往武汉的列车。他在拥挤的餐车一隅蹙眉阖目休息的照片，令人心疼又感动。《人民日报》官微评价他：“有院士的专业，有战士的勇猛，更有国士的担当。”而这样的故事，必须被记录、被书写。

钟南山曾说过：“在我的生活中，对我影响最大的是我的父亲钟世藩。”钟世藩先生是我国著名的儿科医学专家，他一心扑在治病救人的工作上。为了搞科研实验，他曾经自掏腰包；他始终坚持着实事求是和亲力亲为的原则，80多岁的高龄，仍旧严谨治学；在生命的最后关头，他仍旧满心琢磨着医学问题……他以身作则，为儿子上了人生中最重要的一课。

在中央电视台的《开学第一课》节目里，钟南山回忆了自己从医的原因。出生在医学世家的他，在面对职业道路选择时，他的父亲用最简单的话语讲出了医生这个岗位最伟大的意义：“还是学医吧，学医的话像我们一样，不单自己身体要好，而且要帮别人能够同样身体健康。”

钟南山的父母和妹妹给他创造了开明、讲理、充满爱的家庭环境。父亲严谨勤奋，对工作尽职尽责，回到家还带着钟南山一起做实验；母亲温柔善良，在家里并不宽裕的情况下，依旧资助钟南山的同学上大学。从他们身上，钟南山学到了医者的博爱与敬业精神。

1971年，钟南山从北京调回广州，成为广州第四人民医院的一名医生。一天，父亲忽然问："南山，你今年几岁了？"钟南山不假思索地答道："35岁。"

"35岁了，真可怕……"父亲当年说出了这句话，40多年后钟南山回忆，一生中对自己影响最大的一句话就是这句。这句话重新唤醒了他对医学事业的强烈追求。

一切得从零开始。从那以后，钟南山努力追求事业，虚心向同事学习，专业能力突飞猛进。他还接下了别人不愿接受的研究慢性支气管炎的任务，没想到这竟然成为他奋斗一生的事业。

43岁那年，钟南山入选公费出国人员名单，获得了赴英国爱丁堡大学深造的机会。

面对导师的轻视，他以一场精彩的公开演讲完美亮相；为了做研究，他从自己身上抽血检测仪器，把自己当作小白鼠做一氧化碳吸入实验……对于心爱的医学事业，他奉献了全部身心。学成归国后，父亲郑重其事地对他说："你终于用行动让外国人明白了，中国人不是一无是处。"那时，钟南山已经45岁了，这是他自记事起第一次获得父亲的表扬。

回忆父母亲的言传身教，钟南山感慨地说："治学严谨上，我受的是父亲的影响，但我对人的同情心是从妈妈那里学来的，我到现在还记得妈妈是怎么对待其他有困难的人的。"

钟南山多才多艺，他是打破全国纪录的运动健将，在文艺舞台游刃有余的歌者、舞者、黑管演奏者，是仁爱的医生、严格的导师、开明的领导人、学术权威……他的天赋与意志力赐予他生命发展的多种可能，但他最终专注于医学，执着探索，并将自己的才干发挥至极致。

一晃许多年后，钟南山就像他的父亲那样，成为顶天立地、救死扶伤的医生，守护了亿万人民群众的生命健康。

当"非典""新冠"两次疫情肆虐，给民众带来危难时，钟南山逆向而行，挺身而出，公开质疑非科学、不负责任的说法，坚持科学、追求真相、迅速做出科学结论。他张开双臂，为整个国家和民族挡住风雨冰霜；用凛然风骨诠释了"国士"风范。他是当之无愧的中国脊梁、中国国士。

面对病毒的肆虐，他掷地有声地说："病人的生命重于一切。医院是战场，作为战士，我们不冲上去，谁上去？"

钟南山说过这样一段话——"始终不安于现状，这好像是我生命的主轴……所以我一直在往前走。假如所有人都有这么一颗恒心，都有一个追求，然后努力朝前走，就会有很大的收获。每个人都能这样，不枉过这一生，这个社会就会进步很快，国家也会进步很快。"

资料来源　李秋沅．钟南山：生命的卫士［M］．北京：接力出版社，2020.

材料三：

妙手工匠，敬业奉献

学技术、做“工匠”，是人的一种职业选择；如何工作，更是影响人生的重要抉择。让我们看看出色的大国工匠。

用比头发丝还细的金线，将芯片与外部电路连通，这种工艺被称为金线键合。“大国工匠”、女工艺师顾春燕，用自己的一双巧手，串连起我国最尖端雷达的核心。1克黄金，拉出10微米直径、661米长的金线，这大概是一根头发丝的1/8粗细。这种对键合金线的极致要求来自最尖端的太赫兹雷达，而顾春燕要把组装的不可能变成可能。

2007年，刚到中国电科第十四研究所（简称十四所）上班的顾春燕，领到了一把编号1的小镊子，和9个同事装起了中国第一部星载相控阵雷达中的上千个组件。10多年过去了，镊子闪亮如新，而大块头组件变成了指尖般的小方格。

2014年春天，高分三号卫星研制到了关键阶段，每平方厘米的收发组件上，装配密度超过了一万个点，顾春燕创造性地将劈刀打薄并旋转90度安装，将芯片倾斜15度角顺利键合。然而大家在整机测试时发现，雷达讯号比预计的要微弱。改制芯片起码需要半年，会极大拖延研制进度，唯一可行的方法只有再次通过键合工序，将已经连好的几千根线条当中的一条割断，连接到另一枚器件上，但是一旦割错或者割伤别的线条，芯片就会立刻报废。这是一场雷达的“心脏搭桥手术”，顾春燕把现场15微米的硬质针头，用酸微腐蚀方法进一步变细、作为自己的“手术刀”。几分钟后，她站了起来——“心脏搭桥”成功了！

2016年8月，搭载着“超级透视眼”的高分三号卫星成功发射。作为十四所微组装首席技能专家，顾春燕担负起了所有研制性产品的首件全流程作业任务。从我们的航母和驱逐舰上的“海之星”，到新一代战机火控雷达，一枚枚中华神盾捍卫着祖国的国防安全，一双双战鹰之眼在顾春燕的手中被轻轻点亮。

宝剑锋从磨砺出。中央电视台播出了《大国工匠》系列节目，工匠们文化程度不同、年龄有别，但他们都拥有一个共同的闪光点——热爱本职、敬业奉献。他们技艺精湛，有人能在牛皮纸一样薄的钢板上焊接而不出现一丝漏点，有人能把密封精度控制在头发丝的1/50，还有人检测手感堪比X光般精准，令人叹服。他们之所以能够匠心筑梦，凭的是传承和钻研，靠的是专注与磨砺。

“问渠那得清如许，为有源头活水来。”人的心灵深处一旦有了源源流淌的“活水”，便有了创业创造、建功建树的不竭“源泉”。这个“成功之源”就是——爱岗精神、敬业自觉。有那么一些人，他们也希望能功成名就，却缺少必备的“成功之源”，这表现在：既不爱岗，更不敬业。有的挑肥拣瘦，这山望着那山高；有的不务正业，把主要精力放在“第二职业”上；有的粗枝大叶，不求“过得硬”但求“过得去”；有的滥竽充数，长年累月“占着茅坑不拉屎”。

爱岗敬业，是社会主义核心价值观中的内容之一。筑就人生美丽梦想也好，践行核心价值观也罢，既不是虚无缥缈的，也不是高不可攀的。“成功之源”就根植在你我他的职业道德里、情感良心中。表面上，爱岗敬业是利他的；实质上，爱岗敬业也是利己的。换言之，它是满足社会需求与实现个人价值的有机统一。

资料来源 佚名. 观看《大国工匠》有感［EB/OL］.［2021-07-20］. http: //m.cnrencai.com/guanhougan/192048.html? new=Math.random ( ) .

材料四：

多元职业拓宽人生舞台

2020年7月，人力资源和社会保障部联合市场监督管理总局、国家统计局正式向社会发布了“城市管理网格员”“互联网营销师”等9个新职业，这也是自《中华人民共和国职业分类大典（2015年版）》颁布以来，发布的第三批新职业。越来越多的新职业进入就业视野，拓宽求职者的人生舞台。

职业之变，折射出经济社会发展的轨迹，也反映着百姓生活的丰富多彩。从牛肉分级员到公共营养师，从农作物种子加工员到农业经理人，从网络编辑员到数字化管理师……近些年，新职业不断涌现的背后，是人们生活需求的升级，是互联网发展的提速，也是产业结构的优化。以公共营养师这一新职业为例，以前人们关注更多的可能是“吃得饱”的问题，现在则不仅要“吃得好”，而且要“吃得健康”，于是美食品鉴、营养搭配等需求应运而生。新职业正是伴随着美好生活的节奏而不断生长的。可以说，职业的多元多样反映着百姓生活的多姿多彩，小康生活的日新月异也在推动着就业领域不断拓宽。

新业态催生新职业，新职业呼唤新技能。新冠肺炎疫情防控期间，对居家生活的群众来说，日常就医用药、身体护理、医疗咨询等是基本需求之一，掌握相关知识和互联网技能的社区健康助理员“供不应求”。针对这些新的职业需求，近年来高校增设了相关专业。今天，有必要以此为契机，推动学校进行专业设置、课程内容的改革，更紧密地对接社会需求以及生产生活实际，提高人才培养培训的质量。尤其是受疫情影响，大学毕业生面临一定就业压力，新职业在促进就业、拓宽年轻人职业赛道方面有着更加重要的意义，迫切需要规范发展。

2020年是全面打赢脱贫攻坚战的收官之年，新职业为农民增收致富提供了新渠道。山东有一群农民“飞手”，用智能手机操控植保无人机，很快完成了农药喷洒。以前面朝黄土的农民成了仰望蓝天的“飞手”，提高了农业作业效率，也增加了不少收入。云南西双版纳一些农产品滞销，不少农户受损。一位主播为当地进行直播带货、公益助农，菠萝、芒果干、香蕉干等产品迅速销售一空，一场直播惠及西双版纳195个村庄的1 750户村民。如今，有了互联网营销师的新职业，这位助农主播就有了职业身份。多元发展的新职业，正在改变农民的传统增收方式，让更多人在融入新职业发展潮流中实现致富梦、小康梦。

新职业一头连着经济发展中的新业态，一头连着群众生活的新期待。而新职业不断发展壮大的契机，就蕴藏在人们对美好生活的向往中，体现在日常生活的细微处。比如，人们对城市市容环境的期待更高，对小区治理的诉求更具体，城市管理网格员可以发挥更重要的作用，通过数字化城市管理进行快速回应；又如，人们期待更加优质的教育资源，在线学习服务师应运而生，借助互联网进行在线辅导，让优质资源触手可及，知识共享更为便捷。这启示人们，把职业选择与未来趋势联系起来，把个人奋斗与国家发展融为一体，将开启无限宽广的职业空间和人生舞台。

正如一位新职业从业者所说，“干好这一行，我们是专业的”。用专业精神干好每一份工作，以饱满热情投入每一项事业，我们的小康生活必将更加美好，我们的人生舞台也必定越来越开阔。

资料来源　李洪兴. 多元职业拓宽人生舞台［N］. 人民日报，2020-07-17（5）.

思政格言

每个优秀的人都有一段沉默的时光，那段时光，是付出了很多努力，却得不到结果的日子，我们把它叫作扎根。

——习近平

人就像一粒种子。要做一粒好种子，身体、精神、情感都要健康。种子健康了，我们每个人的事业才能根深叶茂，枝粗果硕。

——袁隆平

如果你能成功地选择劳动，并把自己的全部精神灌注到它里面去，那么幸福本身就会找到你。

——乌申斯基

第7章 职业生涯决策

学习目标

✓掌握职业生涯目标设定的原理；
✓重点掌握SWOT分析法；
✓掌握职业生涯决策时需要考虑的几个因素；
✓理解职业生涯决策的过程——CASVE模型；
✓了解职业生涯决策的含义、特点和风格以及有效职业生涯决策的阻碍。

引例 **一种选择决定一种生活**

有这样一个故事：有三个人要被关进监狱三年，监狱长允许他们每人提一个要求：美国人爱抽雪茄，要了三箱雪茄；法国人最为浪漫，要了一个美丽的女子相伴；犹太人说，我要一部与外界沟通的电话。三年过后，第一个冲出来的是美国人，嘴里、鼻孔里塞满了雪茄，大喊："给我火，给我火！"原来他忘了要火。接着出来的是法国人，只见他手里抱着一个孩子，美丽的女子手里牵着一个孩子，肚子里还怀着第三个。最后出来的是犹太人，他紧紧地握住监狱长的手说："这三年来我每天与外界联系，我的生意不但没有停顿，反而增长了200%，为了表示感谢，我送你一辆劳斯莱斯！"

以上这个故事未必真实，但它揭示的道理不容置疑。这个道理就是，"我们的决定，决定了我们"，不同的选择通向不同的未来。今天的生活方式是由昨天的一些选择决定的，而今天的选择也将决定自己未来的生活。生活就是由一系列的选择所组成的，在做出选择之前有一个很重要的心理过程——决策。其中，职业生涯决策是一个人一生中必然要面临的重要决策，一个人在职业发展中所遇到的麻烦和不如意，往往是由他做出了不合适的职业生涯决策或未能做出职业生涯决策造成的。

资料来源　石永昌，等. 让理想成为现实　让未来更加理想［M］. 济南：山东大学出版社，2006.

那么，职业生涯决策过程是怎样的？做职业生涯决策时需要考虑哪些因素、克服哪些阻碍呢？如何做出理性的、有效的职业生涯决策呢？

7.1 职业生涯决策基本分析

7.1.1 职业生涯决策的含义

决策与人们的生活息息相关，是人类社会生活的一项重要内容。因此，决策研究一直受到经济学、管理学和心理学等多个学科的关注。研究的出发点不同，对决策的定义也有不同。我们认为，决策在狭义上是指决策者从若干可能的方案中，按某种标准选择其一，这种标准可以是最优、满意或合理等；在广义上是指决策者为了实现某个目标，从一些可能的方案或途径中进行选择的整个分析过程，是对影响决策的诸因素进行逻辑判断与权衡的过程，包括在做出选择之前的准备和选择后的评估等一切与选择有关的活动。

职业生涯决策（career decision-making），简称职业决策或职业决定，最早源于经济学中的决策理论在职业行为研究方面的应用。凯恩斯经济学（Keynesian Economics）理论认为，职业生涯决策是个人以收益最大及损失最低为标准，对职业生涯目标或职业进行的“理性选择”的过程，其中收益与损失不限于金钱，而是包含社会声望、人身安全、社会流动等任何对个人有价值的事物。

在职业指导领域，有的学者认为，职业决策是一个复杂的认知过程，通过此过程，决策者搜集有关自我和职业环境的信息，仔细考虑各种可供选择的职业的前景，做出职业行为的公开承诺（Jepsen，1984）。这种行为的发生涉及决策者、决策的情境（社会期望）及决策者个人的内在与外在资源三个方面（Jepsen & Gelatt，1974）。

有的学者从人-职匹配的角度出发，把职业决策看作个体了解自身与职业特点，并实现最佳组合的过程。

有的学者认为，职业决策是个体一生中必然要面临的重大决策，是指个体对自己将要从事的职业做出的选择（Singh & Greenhaus，2004）。

有的学者认为，职业决策是人们所经历的从搜索可能的职业选项到挑选一个可能选项的过程（Gati，2001）。

我国《教育大辞典》将职业决策定义为：人们根据自身特点和社会需要做出合理的职业方向抉择的过程，内容包括对个人价值的探讨和澄清，关于自我和环境资料的使用、谋划和决定过程。

从以上职业决策的不同界定可以看出，目前人们广泛认同的是：职业决策是一个过程，而不单单是一种结果，这个过程中涉及很多因素。我们认为，职业决策是一个决策者依据自身的特性，并参照外在环境的现状与发展趋势，通过合乎逻辑的分析，最终确定未来适当的教育或职业领域的过程，这一过程具有目的性、选择性、满意性、过程性、动态性的特点。

7.1.2 职业生涯决策的特点

1. 目的性

职业生涯决策是根据一定的目的做出的。目的就是组织或个人在未来特定时限内完成任务所预期要达到的目标。没有目标，人们就难以拟订未来的活动方案，评价和比较这些方案就没有了标准，对未来活动效果的检查更失去了依据。根据预先确定的目的来选择、调整组织或个人在未来一定时间内的活动方向、内容或方式，是一种理性的决策。

2. 选择性

职业生涯决策因“选择”而生，没有选择就没有决策，而要有所选择：一是必须提供可以相互替代的多种方案，使选择成为可能；二是要有选择的依据，提供选择的标准和准则。

3. 满意性

职业生涯决策依据的选择标准往往和经济领域的标准不同，它根据的是满意化标准，而不是最优化标准。所谓最优化标准，就是要求决策者了解与活动有关的全部信息，能正确地评估全部信息的有用性和可靠性，了解其价值，并据此制订出没有疏漏的行动方案，能够准确地计算每一个方案在未来的执行结果和风险。而我们所说的满意性只是一种相对的最优化标准，因为最优决策往往只是理论上的幻想。

4. 过程性

职业生涯决策是一系列决策的综合，包括前期的决策（即职业生涯规划）、中期的决策（即职业生涯规划的实践）和后期的决策（即现实的择业决策）。从决策目标的确定，到决策方案的拟订、评估和选择，再到决策方案执行结果的评价，诸多步骤和过程构成了一项完整的决策。

5. 动态性

职业决策是一个不断循环的、动态的过程。决策的主要目的之一是使决策者的活动适应外部环境的变化。外部环境在不断地发生变化，决策者就必须不断分析、研究这些变化，从中找到可以利用的机会，并在必要时做出新的决策，以及时调整自己的活动，从而更好地实现自身与环境的动态平衡。

7.1.3 职业生涯决策的分类

职业生涯决策是多种多样的。采用不同标准来对其进行分类，有助于我们更清楚地认识职业生涯决策的特点和意义，了解决策过程，提高决策的质量。

1. 群体决策与个人决策

按照决策的主体，可以将决策分为群体决策和个人决策。群体决策又称组织决策，是群体对未来一定时期的活动所做的选择或调整。选择职业时，征求、综合家长、亲友、老师和同学的意见再做出决策，就具有群体决策的特点。群体决策可以收集较为完整的信息，拟订更多的方案，但消耗时间多，效率低，责任不清。只有一个人的决策活动称为个人决策。个人决策受到决策者个人的经验、知识水平、决策能力、思想观点等因素的影响和限制，但个人决策有当机立断、迅速决策的优点。

2.程序化决策与非程序化决策

按照决策的重复程度，可以将决策划分为程序化决策与非程序化决策。程序化决策又称规范化决策或重复性决策，是指已经制定的、例行的、按照一定的时间间隔重复进行的决策，如大学生的职业生涯规划从大一就已经制定并实施。当事人只有事先较好地完成职业发展规划，才能在遇到问题时，及时做出有效的决策。非程序化决策又称一次性决策，主要解决的是非常规的、例外的问题。例如，在一个新的就业机会突然到来时，就应当进行非程序化决策。程序化决策与非程序化决策没有明确的界限，在特定的条件下，两者可以相互转化。在实际生活中，多数决策都是介于程序化决策和非程序化决策之间的。

3.确定型、风险型和不确定型决策

按照决策条件的可控程度，可以将决策划分为确定型决策、风险型决策和不确定型决策。确定型决策是指决策者面对的每个备选方案只有一个确定的结果，选择哪个方案取决于各个方案的比较结果。风险型决策是指决策者对未来的状况不能做出肯定的判断，选择任何一个方案都要面临一定的风险。不确定型决策是指决策的过程受到许多不确定因素的影响，当事人只能靠经验和直觉来确定一个主观的概率，进而做出相应的决策，并且当事人不能肯定每个方案的执行后果。

7.1.4 职业生涯决策的风格

风格是指不同的人在做事方式上所表现出来的习惯偏好。决策风格是个体在面对决策情境时表现出的习惯性的反应模式。决策风格对决策结果和效率有明显的影响，一些喜欢根据逻辑分析来进行决策的人，总是要在搜集大量信息的基础上，经过严密的推导来做出决定。如果时间充分，他们往往能够做出很有效的决策，但这样决策的效率不高；如果时间比较紧迫，他们就有可能失去良机。另外一些具有高度洞察力的决策者，往往能够在纷繁复杂的环境中，很快就抓住若干个主要因素，果断做出决策，效率很高，但有时会考虑不周而造成损失。

正是由于决策风格对决策的效果和效率有非常重要的影响，每个人都有必要对自己和其他人的决策风格有较清楚的了解。那么，决策风格可以分为哪些类型呢？不同的学者提出了不同的分法。

1.职业生涯决策风格“三分法”

根据学者赫伦（Harren，1979）的观察，大部分人的职业生涯决策风格可以归纳为以下三类：

（1）理性型。这种类型崇尚逻辑分析，往往是在系统搜集足够的自我和环境信息的基础上，权衡各个选项的利弊得失，按部就班地做出最佳的决定。

（2）直觉型。这种类型是以自己在特定情境中的感受或者情绪反应直接做出决定。这种类型的人做决定全凭感觉，较为冲动，很少能系统地搜集相关信息，但他们能为自己的抉择负责。

（3）依赖型。这种类型常常是等待或依赖他人为自己搜集信息、做出决定，比较被动和顺从，做选择时十分关注他人的意见和期望。社会赞许、社会评价、社会规范是他们做决定的标准，他们的口头禅多是："爸妈叫我去……""我的男朋友（或女朋友）希望……""他们认为我很适合……""他们认为我可以……"

这三种职业生涯决策的风格各有利弊。依赖型的决策最省时省力，且有时是"当局者迷，旁观者清"，长辈的意见有时确实是经验之谈，有借鉴意义，但不见得是最有效、最适合的策略。直觉型的决策是自发性的，在时间紧迫的情况下非常有用，缺点是容易受主观意见影响。理性型的决策往往建立在个人需求探索与环境条件分析的基础之上，在分析利弊得失后得出较为合理的结果，但需要花费较多的精力和时间，有错失良机的可能。当然，如果我们有充分的时间和精力的话，选择理性型决策风格是最好的，在理性地分析每项选择之后，考虑多方面的因素，做出让自己满意的决定。

2.职业生涯决策风格"八分法"

学者丁拉基（Dinklage，1968）将职业生涯决策风格分为八种类型（见表7-1）。

表7-1 **职业生涯决策类型比较**

决策类型	说　明	行为特征	好　处
冲动型	决策的过程基于冲动，遇到第一个选择方案立即反应	先做了再说，以后再想后果	不必花时间找资料
宿命型	决策者自己不愿做出决定，把做决定的权力交给命运或别人，因此认为做什么样的选择都是一样的	船到桥头自然直；天塌下来，有大个子打着	不必自己负责；减少冲突
顺从型	自己想做决定，但无法坚持己见，常常会屈从于权威者的决定	如果你说可以，我就可以	维持表面的和谐
延迟型	知道问题所在，但经常迟迟不做决定，或者到最后一刻才做决定	急什么？明天再说吧	延长做决定的时间
直觉型	根据感觉而非思考来做决定；只考虑自己想要的，不在乎外在的因素	嗯，感觉不错，就这么决定了	比较简单省事
麻痹型	害怕做决定，也不愿意负责，选择麻痹自己来逃避做决定	我知道该怎么做，可是我做不到	可以暂时不做决定
犹豫型	过度搜集信息，使用信息时又过度担心；选择的项目太多，无法从中做出取舍，经常处于挣扎的状态，下不了决心	我决不能轻易决定，万一选错了，那就惨了	搜集充分完整的信息资料
计划型	做决定时会倾听自己内在的声音，也考虑外在环境的要求，以做出适当且明智的抉择	一切操之在我；我的命运我主宰，我是自己的主人	积极主动面对问题、解决问题

不同的职业生涯决策风格没有绝对的优劣之分，各种风格都有一定的优点和缺点，都可能产生一定的决策偏差，各有其适用的范围和局限性。职业生涯决策风格既受个性的影响，又受到环境的塑造，并非绝对无法改变。对职业生涯决策风格可以通过自我分析、测评、咨询等方式来了解和认识。了解自己或别人的决策风格，将有利于克服、纠正可能出现的缺点和偏差，进一步提高决策的有效性和效率。

7.2 职业生涯目标的设定

职业生涯目标的设定，是关系着人生际遇的重大问题。但是，一个人发展的道路是什么？目标如何设定？不论是尚未就业的年轻人，还是已经有了一定职业经历的人，许多人对此感到茫然。合理地选择个人生涯成长的目标，要考虑以下因素：

7.2.1 职业生涯目标的存在状态

人的目标是有不同状态的。施恩把人的职业生涯分为“外生涯”和“内生涯”，由此，职业生涯目标也可以分为外职业生涯目标和内职业生涯目标两个层次。

外职业生涯目标一般是具体的，包括职位、工作内容、工作环境、收入、工作地点、声望等，它侧重于职业过程的外在标记，如图7-1所示。

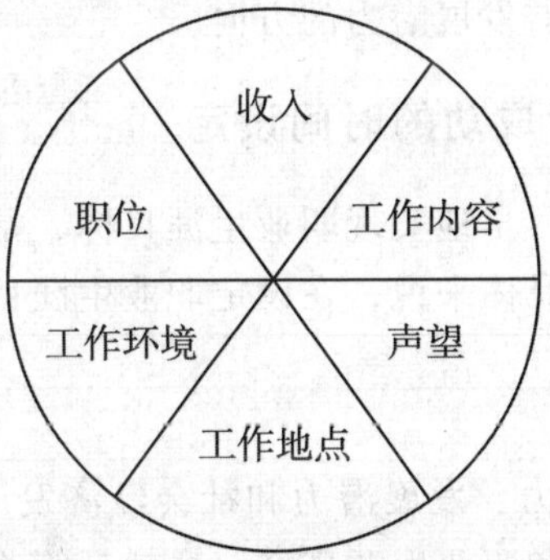

图7-1 外职业生涯目标的内容

内职业生涯目标则侧重于职业生涯中的内心感受，包括改变观念、掌握新知识、增强心理素质、提高工作能力、取得工作成果、处理与其他人生活动的关系等目标。[①]

内职业生涯目标与人的原动力和职业生涯系留点有一定的联系，也可以说是个人的愿景[②]。美国成功学家拿破仑·希尔指出，职业生涯的愿景包括明确的假定、详细的计划、令人振奋的目标、切合实际和坚定的原则五个基本要素。[③]

① 程社明. 你的职业——职业生涯开发与管理［M］. 北京：改革出版社，1999：154.
② “愿景”一词是现代管理学的用语，其含义是组织与成员所企盼的前景目标，英文原词为vision。
③ 希尔. 经营你的一生［M］. 李伟，译. 北京：台海出版社，2001：332-338.

7.2.2 职业生涯目标的热门程度

1.热门目标

个人在确定职业生涯目标时，要考虑社会上的人对这一目标的热衷、趋附程度，也就是说，要看这个目标是否“热门”。一般来说，当一个目标成为“热门”、吸引了众多的追求者时，社会对它的需求往往较大，社会环境也对它有利，但竞争者数量庞大，在众多的竞争者中真正取得成功、成为佼佼者，是较为困难的。例如，青年人大都爱好文学艺术，许多人都希望自己成为作家、演员、歌星，也为此做出了较大努力，但真正取得成功的人寥寥无几，绝大多数是被淘汰的。某种目标成为“热门”时，其成功的不利因素、需要付出的艰苦劳动方面，往往被人们忽视，这就使一些人在选择这种目标时，过高地估计了自己的才能，也过高地估计了成功的可能性。

2.冷门目标

在选择职业生涯目标时，着眼于社会急需的“冷门”，即目前暂时不为人们所重视但未来非常需要的职业，不失为一种明智的策略。选择冷门目标，可以避免与众多的人竞争，只要这一目标确有社会价值，自己又付出了相当大的努力，就能够取得成功。冷门目标的优势，是有利于人才崭露头角，职业生涯获得成功的可能性大大高于热门目标。因此，人们在选择生涯目标时，可以根据自己的爱好与条件，侧重于考虑和选择目前尚属于冷门但具有发展潜力的方向。

7.2.3 职业生涯目标成功的时间设定

尽快成才，尽快成功，尽早地实现职业生涯目标，是人们共同的意愿。在选择目标时，必须考虑时间因素。具体来说，在设定职业生涯目标时，要把短期目标与长期目标结合起来。

1.长期发展目标

首先，要基于自身的能力、发展潜力和社会经济发展的趋势，树雄心、立大志，勾画出未来的个人职业前景和职业生涯高峰。这就是职业生涯的长期目标，它具有未来预期、宏观综合、人生理想、发展方向、引导短期和自身可变的性质。长期目标一般为十年、二十年、三十年，是短期目标所追求的“目标”。

2.短期操作目标

职业生涯的短期目标是一种现实性的目标，是具有实际价值的目标，是以长期的人生大目标为发展方向的行动性、操作性目标。实现短期目标的活动，就是人们的职业活动实践。这种活动实践不仅意味着人要付出一定的努力、付出各种成本，而且意味着对人的职业道路的“试错法”式的检验以及矫正。

在选择短期职业目标的时候，要注意以下几点：

其一，要把短期目标作为实现长期目标的初始步骤，通过一个一个地攻克短期目标，逼近和最终实现长期目标。

其二，要讲求目标的有效性，目标应易于实现。

其三，目标要符合社会需要。个人经过努力取得的成果，若能满足社会需要，社会也就能承认个人的成果，即认可个人的职业生涯的局部成功。

7.2.4　职业生涯目标难度的层次分级

目标有短期、长期之分，也有高低、难易之分。设定职业生涯目标时，最忌好高骛远，企图一步登天。人才是多层次的，人的能力发展是有差异的，人的职业成长是由低向高步步递进的。在选择职业生涯目标时，应当区分阶段、合乎层次，从易到难循序渐进。很难想象，一个大学毕业生在两三年内就一鸣惊人，成为世界著名的专家。起点较低、基础较弱、市场竞争条件较差的人，更不宜把目标定得太高。层次较高、实现起来比较困难的目标，则应在具有一定基础的条件下再予以考虑。

在确定职业生涯目标时，只有综合考虑上述多种因素，才能选中最符合实际的即对社会有用的、成功可能性较大的正确目标。这样，不仅使自己的目标和社会需要紧密结合，而且使自己的长处得到发挥，不断取得成果，获得职业生涯的成功。

7.3　职业生涯决策的过程

日常生活中，我们常常看到有些人因为做出错误的职业选择而感到后悔，有些人因为不知道如何在多个职业发展方向中做出选择而痛苦，也有些人虽然掌握了“自我”和“职业”的大量信息，但不能利用这些信息做出有效的职业决策等。我们认为，以上诸多职业决策问题产生的原因，主要是缺乏制定决策的知识和技能。

当前，对职业生涯决策行为的研究主要沿着描述性和规范性两个方向进行。前者主要描述个体真实的决策历程——“决策是怎么发生的”，具有现象学的色彩；后者主要提供一个决策过程的规范——“决策应该是这样发生的”，具有逻辑实证论的倾向。两者的目的都是帮助人们做出有效的或适当的决策。以下关于职业生涯决策过程、方法等问题的讨论，都是基于后者，并主要围绕“什么是好的决策”和“如何做出好的决策”来进行的。

7.3.1　职业生涯决策CASVE模型

20世纪90年代初期，盖瑞·彼得森（Gary Peterson）、詹姆斯·桑普森（James Sampson）、罗伯特·里尔登（Robert Reardon）合著了《生涯发展和服务：一种认知的方法》（Career Development and Services: A Cognitive Approach）一书，提出了从信息加工角度看待和解决职业生涯问题的认知信息加工理论。该理论把职业生涯发展的过程视为学习信息加工能力的过程，并按照信息加工的特性构成了一个“信息加工金字塔”，如图7-2所示。

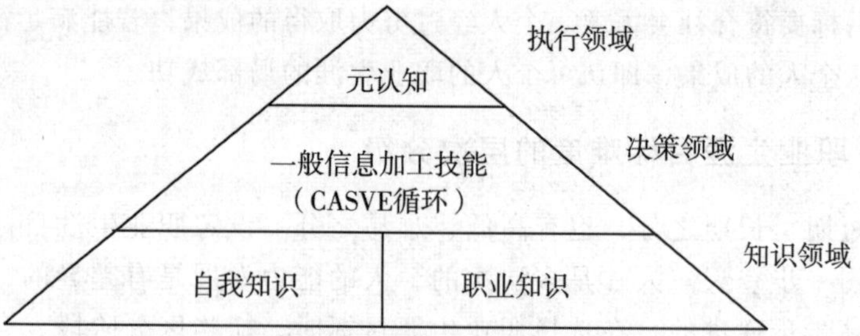

图7-2　信息加工金字塔

位于塔底的是知识领域，包括自我知识和职业知识。这是解决职业生涯问题、制定生涯决策的两块基石。中间领域是决策领域。顶层的领域是执行领域，也称元认知。该理论针对中间的决策领域还提出了CASVE模型，认为个体的决策过程是一个由沟通（communication）、分析（analysis）、综合（synthesis）、评估（valuation）和执行（execution）五个要素构成的循环过程。这一循环如图7-3所示。

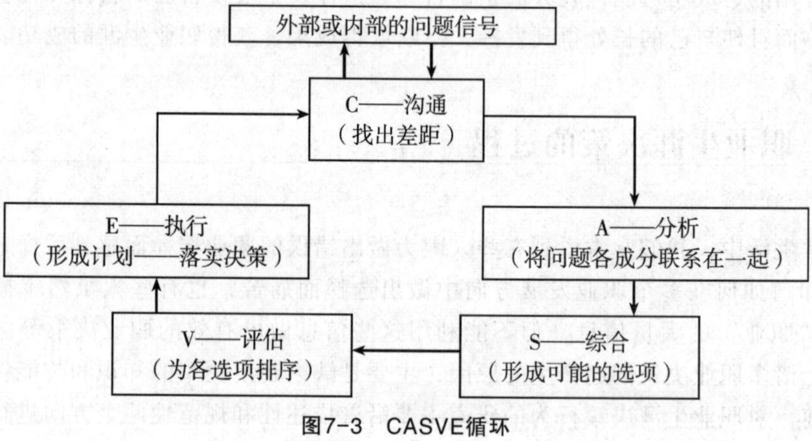

图7-3　CASVE循环

第一个阶段——沟通。在这个阶段，决策者收到了理想和现实之间存在差距的信息。这些信息主要通过决策者“内部”的自我感觉、思考或外部的信息交流途径来搜集。内部沟通包括不满、厌烦、焦虑和失望等情绪信号或者是昏昏欲睡、头痛等身体信号。外部沟通可以是父母对你的职业规划的询问，同事、朋友对你的职业的评价等。这是“意识到我需要做出一个选择”的阶段，决策者通过各种感官和思考充分接触问题，发觉某个问题或差距已不容忽视。

第二个阶段——分析。在这个阶段，决策者需要花时间去思考、观察、研究，从而更充分地了解差距，了解自己有效地做出反应的能力。他们要弄清楚需要了解自己的哪些方面、环境的哪些方面，需要做些什么才能解决问题，为什么我有这样的感受，家庭会怎样看待我的选择等问题。这是了解“我和我的各种选择”的阶段。在这一阶段，决策者通常会改善自我知识，尤其是要深入分析自己的兴趣、价值观和技能等，同时不断了解职业、行业、工作岗位、地理位置等各种选择信息。简单来说，在分析阶段，职业生涯决策者应尽可能了解造成在第一阶段发现的差距的原因，还需要把各种因素和相关知识联系起来，例如，把自我知识和职业选择联系起来，把家庭和个人生活的需要融入职业选择中。

第三个阶段——综合。在这个阶段，决策者将综合前一个阶段提供的信息，制订出消除差距和解决问题的行动方案。这个阶段的基本问题是“为了解决问题，我可以做些什么”。这是一个“扩大并缩小我的选择范围”的阶段。综合实际上发生在两个层面：首先是“综合细化”，即精心搜索各种可能性，以发现尽可能多的解决问题的方法，扩大选择的范围；其次是“综合具体”，即以分析阶段的成果为标准，缩小选择的范围。

第四个阶段——评估。这是一个“选择一个职业、工作或大学专业”的阶段。第一步是评估每一种选择对职业生涯决策者和他人的影响。例如，如果选择了某种方案，将会给自己、父母、伴侣等带来什么影响？每一种选择都要从对自己和对他人产生的弊端和益处两方面进行评价，并综合物质上和精神上的因素。第二步是对综合阶段得出的选项进行排序。将能够最好地消除差距和解决问题的选项排在第一位，次之的排在第二位，以此类推。此时，职业生涯决策者会选出一个最佳选项，并且做出承诺去实施这一选择。

第五个阶段——执行。这是一个“落实我的选择”的阶段。在这个阶段，决策者要制订一项计划，来实施某一选择，包括学习准备（如大学生有目的地学习或参加培训，为考研做准备）、实习实践（如做兼职、参加志愿工作等）与求职等。这是实施选择、把思考转换为行动的阶段。

CASVE循环是一个不断重复的过程，在执行阶段之后，职业生涯决策者又回到沟通阶段，以确定已经做出的选择是不是最好的——是否能最有效地消除理想与现实间的差距。由此，决策者又进入CASVE再循环的过程。

CASVE决策技术是解决个人职业规划问题的一个有用的工具。在职业生涯决策过程中，使用好这个工具对我们制定合理、科学的决策是有益的。

7.3.2 职业生涯决策需要考虑的因素

在职业生涯决策过程中，我们需要考虑多方面的因素，其中包括：

Who（人）：“我是谁”“我具备什么样的性格”“我喜欢的生活方式是什么”“我的专长何在”“我父母对我有何期望”……这些问题我们已在上文做了详细讨论。考虑这些之后，对自己有了充分的认识，再做决定。

What（事）：做决定时，要问自己“我有哪些选择”“我的问题在哪里”“我每个决定可能产生的影响是什么”。这些问题我们将在7.4探讨。

When（时）：考虑时间的长短与急迫性，如“我的计划允许我搜集资料的时间有多长”“我有多长的缓冲期”“我预计什么时候完成”等。

Where（地）：这是空间的因素，“在我的职业生涯目标中，我向往什么样的工作环境与生活空间？”“我希望居住的地点与工作场所之间的距离越近越好，还是喜欢住在郊区？”这些均与生活方式有关。

Why（为什么）：探讨自己的理由，思考“我为何偏好A而排斥B”“我的职业生涯困境产生的原因”等。

How（如何）：“做完决定，如何化技巧、概念、想法为行动”“如何取舍”“如何实现目标”“如何找到工作”“如何安排时间、运用时间”等。这些具体的实践问题将是本书下篇叙述的重点。

7.3.3 职业生涯决策中常见的阻碍

对于许多人来说，做出有效的职业生涯决策并不是一件轻而易举的事，决策过程中常常会受到一些因素的阻碍，认识这些阻碍因素有助于我们采取必要的措施，逐渐接近成功。

1.个人因素

（1）状态不良。有学者研究发现，在职业生涯决策中感觉很困难的人，通常都没有处于“良好的决策状态”。要做出有效决策，就必须保证身体、情绪和精神都处在较好的状态。如果在疲惫不堪、紧张焦虑、精力不集中的状态之下做决策，则往往会出现偏差或失误。

（2）特质不佳。决策者的个性特质影响决策的效果。积极、有主见等个性特质有利于职业决策，而缺乏主见或持有“船到桥头自然直”的态度等个性特质则不利于职业决策。

（3）意志薄弱。个人在做职业生涯决策时，有时会受到父母、亲人、朋友等他人意见的影响，而忽略自己真正的需要。即使是志向坚定的人，有时也难以持之以恒。这时决策者要想一想：我的理想是什么？我的职业生涯目标是否投射了他人的期待？真正适合我发展的方向在哪里？哪些因素影响我做适当的决定？我应该坚持哪些部分？然后朝自己掌握的方向去努力。

（4）发展困扰。有些人因为与他人的交流或交往出现问题而明显影响其个人状态，从而无法全心投入事业，以致陷入职业发展和个人状态的恶性循环，其结果可能使个人无法实现自己的职业发展目标。这是“受生涯发展困扰”的群体。这类决策者须寻找困扰的根源，进而调整修正，才能把握职业生涯决策的时机。

（5）行动犹豫。有些人虽有想法与目标，但害怕风险、缺乏信心，迟迟无法决定。这类决策者首先要建立信心，或利用一些策略进行自我督促，才能提高决策的效果。

（6）学习状况不佳。有些人所处的学习环境不佳，学习的积极性不高，学校态度不端正，学习能力不强，进而影响自己为未来的发展做准备。此时决策者需要从认识与行动上进行调整，积极投入到学习中去，提高职业能力。

（7）信息探索不足。有的人对社会发展趋势或相关职业前景等信息掌握不足，或不清楚取得信息的渠道。这部分决策者应强化信息的搜集与了解能力，因为有丰富的职业和个人信息才能有效地做职业生涯规划。

（8）方向选择未定。有的人对自己曾经做过的职业生涯决策产生怀疑，或是目前有多重选择不知如何着手。这部分决策者应多花些时间来探索自己的职业兴趣、能力、社会现状等，在此基础上确定职业发展方向，才不会做出错误的决策。

2.家庭因素

对于多数人来说，亲人、朋友等重要人物的价值观、行为模式都会在一定程度上影响其职业生涯决策。家庭教育方式会影响个人认知世界的方法。父母是孩子最早观察和模仿的对象，子女必然受到父母职业技能的熏陶；父母的价值观、态度、行为、人际关系等都会对子女的职业生涯决策产生直接或间接的影响。这种影响有时是正面的、积极的，有时是负面的、消极的。年轻人的职业生涯决策受家长的影响较大，年长者的职业生涯决策受配偶、孩子的影响较大。有的研究者提出，与家庭成员融合度越高、关系越密切，往往在决策中就越难保持自己情绪和心理上的独立。如果一个人不能区分出“他（如某个重要人物）认为我应该选择什么专业”和“我认为我应该选择什么专业”，那么在职业生涯决策时就容易出问题。

3.社会因素

从宏观上看，社会的、经济的、历史的和文化的力量都能够影响个人的决策。在社会经济发展日益市场化的背景下，个人职业生涯的发展必然要受到社会环境的极大影响和制约，其中包括政治环境、经济环境、文化环境、科技环境和教育环境等。社会环境中流行的职业价值观、政治经济形势、产业结构的调整与变动、用人政策和管理体制的变化、劳动力市场人才的需求与变化、对人的职业岗位的认同等因素，无疑都会在个人的职业生涯决策上留下深深的烙印。例如，一个国家或地区的法律、法规、方针、政策、经济管理体制、人才培养机制、人才流动有关规定等，会直接影响人才的成长，影响个人职业生涯规划的实施。不同的社会环境给予个人的职业信息也不同。人们在职业选择问题上受社会因素的影响较大，因此，应确立主体意识，培养科学的思维方式，对自身条件和社会需求做出明智的判断，树立自主、自立、自助地适应市场经济和社会大环境的职业规划观念。

总而言之，这三方面的因素都会使决策变得困难，但它们很可能是许多决策过程中的一部分。职业生涯决策者应该逐渐发展出一套策略，用以克服干扰决策的个人、家庭和社会因素。

7.4 职业生涯决策的方法

7.4.1 SWOT分析法

SWOT分析矩阵如图7-4所示。在职业生涯决策的过程中，运用SWOT分析法，有利于我们抓住时机，规避风险，发挥优势，克服劣势，制定可行策略。SWOT分析法的具体步骤如下：

优势	机会
1. 2. 3.	1. 2. 3.
劣势	**威胁**
1. 2. 3.	1. 2. 3.

图7-4 SWOT分析矩阵

第一步：调查分析

调查分析的主要内容包括：

(1) 外部环境分析。影响我们决策的外部因素有很多，包括政治、经济、社会、人口、市场、竞争对手等。我们将这些因素分为两类：机会因素、威胁因素。

①机会分析。

A.对社会大环境的认识和分析：当今世界和当代中国的社会政治、经济、科技、文化发展趋势是否有利于所选职业的发展，具体在哪些方面有利。

B.对所选地域、行业、单位、岗位等“小环境”进行分析：地域与行业发展状况、前景如何，国家政策是否支持；目标单位在本行业的地位、现状和发展前景以及单位的组织文化环境如何；所选地区政治、经济、文化、法律环境有哪些有利因素等。

C.对人际关系进行分析：哪些人对自己的职业发展能给予帮助，作用多大，会持续多久，如何与他们联系。

D.其他一切有利于自己求职择业的外部因素分析。

②威胁分析。参照对机会因素的分析方法，评估对自己不利的外部因素有哪些。

(2) 个人优劣势分析。

①优势分析。

A.你曾经做过什么，即已有的人生经历和体验，如在校期间担任的职务，曾经参与或组织的实践活动，获得过的奖励等。这些可以从侧面反映出一个人的素质状况。在自我分析时，要善于利用过去的经验推断未来的工作方向和机会。

B.你学习了什么。例如，在校期间，你从专业学习中获得了什么，接受过什么培训，自学过什么，有什么独到的见解和专长。

C.最成功的是什么。你可能做过很多事情，其中最成功的是什么，为何成功，是偶然还是必然。通过分析，可以发现自我性格优越的一面，如坚强、果断，以此作为个人深层次挖掘的动力之源和魅力闪光点。

D.与竞争对手相比你有哪些独特优势。

②劣势分析。

A.性格弱点，如不善交际、感情用事等。

B.经验或经历中所欠缺的方面。例如：学管理学专业，却没有当过学生干部，至今没有管理经验；学中文或新闻专业，没有到报社或杂志社实习过，缺乏实践经验；学市场营销专业，没有营销策划和实践体验等。

第二步：构造SWOT矩阵

根据轻重缓急或影响程度，将上述各种因素排列于SWOT矩阵中。在此过程中，要把那些对自己的职业发展有直接、重要、大量、迫切、久远影响的因素优先排列出来，把那些间接、次要、少量、和缓、短暂的影响因素排在后面或省略。

第三步：确定对策，制订计划

这一步骤的指导思想是：发挥优势因素，克服弱势因素；利用机会因素，化解威胁因素；立足当前，放眼未来。在这一思想指导下，运用系统的综合分析方法，将矩阵中的各种因素相互匹配，加以分析，得出一系列可供选择的对策，包括：

（1）SO对策。它着重考虑优势因素和机会因素，目的在于力求使两者的有利影响都趋于最大，所以又叫“最大与最大对策”。

（2）ST对策。它着重考虑优势因素和威胁因素，力求使前者的有利影响趋于最大而后者的不利影响趋于最小，所以又叫“最大与最小对策”。

（3）WO对策。它着重考虑劣势因素和机会因素，力求使前者的不利影响趋于最小而后者的有利影响趋于最大，所以又叫“最小与最大对策”。

（4）WT对策。它着重考虑劣势因素和威胁因素，力求使两者的不利影响都趋于最小，所以又叫“最小与最小对策”。

以上几种对策不应被机械地分割开来，而应综合运用，但在不同时期，可根据各种因素重要性的不同，着重应用某一种或某几种对策。

个人在职业生涯决策过程中，不妨借用这一工具，对自己进行一番从里到外的“体检”。SWOT分析是帮助我们检查自己的技能、能力、职业偏好和职业机会的有效工具。对自己做细致的SWOT分析，你会清楚地知道自己的优点和弱点在哪里，并且会正确评估自己感兴趣的不同职业道路的机会和威胁所在，在此基础上，尽可能发挥自己的优势，根据自己的专业、技能、综合能力和社会用人单位的要求，准确定位，避免盲从，科学谋划求职策略。

小案例

从被裁员到创业

T先生原来在联想集团人力资源部负责培训，后来在公司大裁员中没能幸免，拿了几个月的工资回家了。但这次被裁是他事业大飞跃的契机。以前天天得上班，迟到1分钟扣50元钱，有想法也无从实现，哪里有时间思考自己的未来？现在有时间想了。他用1个月时间，把所有的名片，有来往、有帮助的人梳理一遍，在反复和朋友的沟通中获得灵感，很快建立了自己的培训公司。他做的事和在联想时类似，只不过现在是为自己工作。经过几年奋斗，他的公司现已是业内著名品牌。

资料来源 汪漪. 职场路线图——人力资源总监手记［M］. 北京：语文出版社，2010.

7.4.2 职业生涯决策的要点

要做出有效的职业生涯决策，就要特别注意以下几个职业生涯决策的核心要素：

1.技能和要求

我们在初次选择自己的职业以及之后所做的职业选择中，都必须考虑自己的技能、特长、爱好和职业目标与所选职业的要求是否相适应；否则，做出的职业选择很容易导致不如意和失望，影响未来发展。

2.机会成本

在工作中，我们必须学习与本职工作相关的知识和技能，而这需要花费大量的时间和精力，势必会影响到个人生活，形成职业升迁或职业成功的机会成本。我们必须学会认真考虑这种成本，权衡为了私人或家庭生活，应该放弃哪些晋升的机会，或者为了职业上的发展，能够放弃哪些个人生活，这也反映出我们的职业价值观。“鱼与熊掌不可兼得”，这个问题如果不能很好地解决，那么你的职业选择可能会很不稳定，容易走向极端，顾此失彼，不能很好地协调家庭、朋友和同事之间的关系，使得职业本身成为自己的包袱，在工作和生活中都感到不愉快。

3.工作和家庭的协调

虽然许多人希望工作和家庭互不相干，但现实是工作和家庭总是难以分割的。有的职业管理专家提出可以通过四种方式减少家庭对工作的影响：①采取延期生育或者雇请保姆等方法来减少家庭对工作的影响。②夫妇之间恰当地分工，轮流将精力投入工作和家庭。③夫妇双方从事同样的职业或选择同一个单位，相互促进。④夫妇双方从事不相关的工作，各自追求自己的事业。无论采取哪种方式，人们都有必要根据情况认真思考工作和家庭之间的关系，并且随着工作挑战性的加强以及家庭结构的变化，探索更适宜的协调方式。

4.业绩和职业成功

工作业绩在职业成功中所起的作用是进行职业生涯规划时所要考虑的要素，评价职业成功与否需要考虑业绩等因素。在职业生涯规划中，我们必须思考“我怎样做才能提高我的工作业绩和工作技能”，而不仅是“我怎样才能升职”；否则会使自己偏离职业成功的轨道。

5.发展和稳定

目前，在就业压力较大的形势下，许多人的选择是不论条件如何，只要有份工作就可以了，对于这份工作是否适合自我发展考虑不多，也就是说更多考虑了工作而忽视了自我的发展。有时为了实现自我人生价值和服务于社会，我们还要思考究竟是选择继续发展还是保持现状。“明哲保身”的策略在短期可能会带来一定的满足，但长期来说，它不是一种有效的职业生涯决策方案。发展意味着竞争与压力，而且可能给个人和家庭生活带来波动，但保持现状并不容易。这是因为组织往往希望员工要么力争上游，要么离开。试图终生维持一种稳定的工作几乎是不可能的，特别在现代社会，要做到这一点更加困难。

6.机遇和职业

机遇在职业发展中起着重要的作用。机遇靠自己把握，我们可以创造机遇，也可以使机遇从身边溜走。扩大社会交往、积极地参与民间和行业组织能扩展一个人的社会关系网，带来潜在的机遇，而过于封闭会使一个人的社交圈越来越窄。积极地表达自己的愿望，努力地争取一些特别的工作任务，能使我们得到更多的机会，而消极等待和隐藏愿望与抱负则刚好相反。因此，如果说一些偶然的机遇给人带来了成功的机会，那么有计划地创造机遇则是我们自身的责任，也是我们能够做到的。

7.职业陷阱及规避

现实中，许多人陷入职业陷阱而丧失了升迁及成功的机会。比如，有些新人被组织误导，相信自己不适合变换工作、自己的能力不足以在别处找到好的工作，而组织采取这种策略并不一定出于恶意，也许是因为它们不想失去优秀的员工或者它们确实认为这些员工不能适应别的工作，但组织的这种误导确实能使人陷入一个不能变动职业的陷阱。另外，当人们面临两难抉择，如是否为更大的职业挑战而牺牲目前稳定的保障，是否为更多的升迁机会而牺牲目前更高的薪酬待遇时，往往会主观地自我暗示——目前的工作处于没有退路的状况，并用此自我安慰。然而，我们必须认识到，在组织中，个人需求和组织需求在很大程度上是互相冲突的，最终我们还得靠自己为所做出的职业选择负责，不管组织在职业开发上花费多少时间和金钱，组织为个人设计的职业规划和个人自己的追求总会有不一致的时候，这是我们应该具有的规避职业陷阱的基本认识。

知识拓展：影响职业生涯目标的因素

本章小结

职业生涯决策是职业生涯规划中最重要的内容之一。本章在梳理诸多学者对职业决策的定义基础上，明确了职业决策的概念，概括了职业决策的特点，并根据不同标准对其进行了分类；阐述了职业生涯目标的设定问题；概括了个人职业生涯决策风格的基本类型，分析了其特征及利弊；介绍了一种有助于我们制定科学决策的职业生涯决策模型——CASVE模型，对由沟通、分析、综合、评估和执行五个要素构成的循环过程进行了分析；对职业生涯决策过程中需要考虑的六个因素和需要克服的来自三方面的阻碍进行了分析；详细介绍了理性决策工具——SWOT分析法，分析了做出有效的职业生涯决策需要特别注意的七个要点。

复习思考题

1.什么是职业生涯决策？它有哪些特点？

2.举例说明决策风格影响决策的结果和效率，分析自己属于哪一种职业生涯决策风格，并分析利弊。

3.什么是职业生涯目标？其重要性是什么？

4.如何正确认定职业生涯目标？

5.结合CASVE模型和职业生涯决策的阻碍因素，分析“如何做出好的职业生涯决策”。

6. SWOT分析法的具体步骤有哪些？试运用SWOT分析法对自己或他人面临的一个难以做出选择的“事件”进行分析。

案例分析题

小李与小荆

一、两难选择　分析利弊

小李是某大学金融专业品学兼优的毕业生。父母都是普通的农民，没有可以利用的人脉资源。毕业求职时，她选择了中国农业银行总行和一家外国独资企业作为自己的应聘对象，积极地投递了自荐信和履历表。小李通过笔试、面试，一路过关斩将，最后在同一周收到了这两家单位的签约邀请。取谁舍谁？小李没有立刻决断，而是广泛征求父母、老师和同学们的意见。她得到的建设性意见基本分为两个方面：一方认为去外资企业工作利大于弊。其根据是，外资企业有利于个人的发展，工资待遇高，流动比较容易，出国留学比较方便；不利的是工作不努力的话，容易被“炒鱿鱼”。另一方认为去中国农业银行工作利大于弊。其根据是，女生适合从事比较稳定的工作，国有银行工作风险不大，劳动强度不高，待遇虽然没有外企高，但是内部福利并不少；不利的是工作合同年限较长，不方便出国留学和适时地流动。

小李结合各方面意见，分析自己的性格特点、两家单位用人的标准和自己将来的发展趋向，在两家用人单位的最后答复期限内，选择了中国农业银行总行，婉言谢绝了那家外资企业的邀请。

二、举棋不定　独守“闺房”

小荆是某大学汉语言文学专业的毕业生，家庭条件优越，从小备受父母的呵护。小荆生活了20多年，基本上没有自己拿过什么大主意，全是依赖别人替他安排各种事宜。他大学四年博览群书，是一位学识渊博的学生，同学们送给他一个绰号——“博士”，但是“金无足赤，人无完人”，小荆有一个致命的弱点，就是耳软心活，自己没有主心骨。小荆毕业那年，对自己的工作去向没有认真思考过，没有自己的目标和主见，基本上都是听从家长和同学们的指导意见。所以在择业过程中，只要是招聘自己所学专业的单位，小荆都积极前去应试。每和一个单位接触之后，他就和同学们讨论，请同学们提出意见。

由于同学们对就业岗位的认识有异，小荆就拿不定主意该听谁的，然后就给家里打电话，征求父母的意见。这样抉择的结果，或是由于抉择的周期过长，延误了用人单位的指定答复期限，没有被录用；或是由于众人评述用人单位好与不好的理由让小荆觉得都有一定道理，迟迟不能下定决心给用人单位回信，使时间在这种无效的消耗中流失。当同学们绝大多数奔赴新的工作岗位时，这位“博士”回到家中，成了毕业即失业的大学生。

资料来源　全国高等学校学生信息咨询与就业指导中心. 放飞的故事——大学生就业案例分析[M]. 北京：高等教育出版社，2003：97，105.

讨论：

1.小李能够成功决策、顺利就业的原因是什么？

2.小荆错失就业良机的根源是什么？

第7章案例分析提示

职业测试

决策能力测试

通过下面的测试题来看看你是不是决策高手吧。

1.你会在决策前发现并确定需要做出决定的问题吗？

A.是的

B.有时会

C.不会

2.做决策时，你会获取尽可能多的和尽可能真实的信息吗？

A.是的，这样有利于决策

B.经常关注，但很难确保取得足够的真实信息

C.从不在意信息积累

3.解决问题前你会拟上几个备选方案，以期找到更多的解决方式吗？

A.是的

B.不一定

C.我觉得这样太费时间

4.你会让熟悉有关业务的人员参与决策吗？

A.是的

B.有时这样

C.不会

5.你是否设置决策机制，以使决策尽量程序化？

A.是的，已经设置

B.正在为此努力

C.目前还没有

6.对于重大决策，你是否会让决策经过不同部门的论证？

A.是的，这样才会尽可能降低风险

B.偶尔会让人们去论证

C.还没有这样做

7.你会实施没有反对意见的决策吗？

A.大家一致赞同的意见肯定没问题

B.多数情况下会马上实施，但有时会想一想

C.不会马上实施，这里可能存在风险

8.你会执行只有一种解决方案的决策吗？
A.是的
B.有时会
C.不会
9.做决策时，你总是表现得决心很大，却忽视了具体情况的复杂性吗？
A.是的，为此犯过错误
B.有时是这样
C.不是，我会综合考虑
10.你会让参与决策者的能力与决策的难易程度相匹配吗？
A.很少如此
B.有时会这样安排
C.是的
11.对于个人决策，你会设置一定的制约机制使其慎重吗？
A.还没有想过这方面的问题
B.有这方面的想法，但未付诸实施
C.是的，我已经这样做
12.对于群体决策，你会对提出建设性意见者进行奖励吗？
A.没有这样做
B.偶尔会口头表扬
C.会在精神和物质方面同时奖励

决策能力测试结果

第8章 职业选择

学习目标

- 了解职业选择的含义和类型；
- 掌握职业能力的内容、形成条件与变化；
- 了解职业意向的影响因素与变化类型；
- 掌握职业岗位与职业选择的关系；
- 掌握职业选择的原则；
- 了解职业选择的决策过程；
- 掌握职业选择的决策方法。

引例 **判断人才的四个问题**

得到App CEO脱不花（本名李天田）曾经分享过自己的面试招聘心得：通过询问四个关键问题，可以判断这个人是否适合自己的团队。

1.如果你突然有半个月的带薪假，但是必须研究一个事儿，你会研究什么？

这个问题是用来判断一个人的内在驱动力的。一个人的驱动力是从哪里来的？是来自他的兴趣或者对自己的要求，还是来自外界什么人给他设定的标准？在我个人的经验中，当我在面试中向候选人提出这个问题时，有80%的人呈现出瞬间宕机的状态。很明显，对于我来说，这是一个很好用的万能问题。我们有的时候会拿到特别优秀的简历，比如在校成绩特别好、参加过很多大型活动等，按照测量技术去评价这些人，其实是测量不出他们的差别的，但是如果我们按照这个内驱力问题去问的话，就能瞬间分辨出他们的成绩是来自内驱力，还是来自外界对他的要求。

当然，这个问题的答案本身并不重要，核心是观察对方的瞬间反应和他回答这个问题的思路。比如，为什么是这个研究标的、怎么利用这些时间、达到什么目标等。

为什么我这么强调内驱力呢？因为了解一个人的内驱力高低，基本上就能判断出来这个人未来应对变化的能力。当环境对他提出新的要求时，他的抗压性强不强，能不能主动适应变化，就能从这个问题中反映出来了。

2.你所在的行业里最顶尖的人或者公司是谁，他们是怎么做的？

这个问题是用来判断人的自我期望值的，看他怎么对待自己还没有达到的目标，从中可以看出他的目标管理能力。特别是对于那些内驱力很强的人来说，他们能不能把内驱力转化为行动力，就可以用这个问题来检验。

这个问题可以帮助面试官获得好几重信息。首先，他的眼界怎么样？作为一名从业者，是不是对这个行业有足够开放的视野？他知不知道这个行业里有多少顶级高手？他定义这个“最顶尖高手”的标准是什么？这些问题都能反映出他对于这个领域的理解。

其次，当他提出了一个顶级的标准之后，他对于这个标杆的了解程度怎么样？他是通过什么方式来进行这些研究的？这能不能反映出他在圈子里的人际关系？这些人际关系能不能反向地说明他在业内的真实地位？更重要的是，他怎么看待自己与标杆之间的差距？这个差距是怎么形成的？他自己将会或者正在用什么方式缩短这个差距？

当然，你可能会遇到候选人本人就是业内顶尖的情况。在这种情况下，如果一个人真的是业内顶尖，他心中更会有另外一个顶尖高手。

3.你在之前的人生经历中，做过什么重要的取舍？

这个问题是用来判断人的关系偏好的，看他与身边人的关系如何。看一个人做取舍的方式，能够了解他的进退感和分寸感，进而了解他是不是一个有清晰边界意识的人。

在倾听他对这个问题的回答时，当然对面试官是有挑战的，就是你不能用自己的价值观对他人的经历进行评判，而是要把自己的注意力放在事实性的问题上，追问他一些事实问题：为什么做出这种选择？出发点是什么？为什么是这个时候做？你能不能清晰地界定选择的代价是什么？在你做出这些选择的前后都发生了什么，分别怎么解决的？这个问题很像是要去判断一个人的决策能力。

大部分候选人也是这么理解的，所以大家会努力重现当时的处境和场景，试图讲一番自己的道理。而事实上，问这一切都不是目的，目的是看他在回答这些问题的过程中，有没有提及其他相关人，怎么提及；特别是怎么描述其他人在这个选择和决策中的角色。

4.针对你刚才提到的这件事，如果你有机会能重新做一遍，会有哪些地方不一样？

这个问题是用来判断他的反思能力的，看他对自己经历过的事情是否有清醒的觉察，同时可以评估他对待机会的敏感度。每个人做事的颗粒度不一样，做事颗粒度越细，就越能做成一件事。所以这个问题的价值在于：你不仅能看到一个人的反思深度，还能根据他的答案看到他做事的颗粒度。很多成功往往是团队合作的结果，在面试中很难靠一面之词分清哪些是团队的努力，哪些是个人的贡献。但是，如果一个候选人当着你的面，在反思他的一项工作，这时候，你就可以根据他谈及这项工作的颗粒度判断他在那个项目中究竟起到了多大的作用。如果他只是蹭车的，那么他所提出的改善不是颗粒度很粗，就是只集中在个别方面。

资料来源　脱不花．我面试只问4个问题，就能判断你是不是人才［EB/OL］．［2021-07-13］．http：//k.sina.com.cn/article_6384531986_17c8c3a1201900v460.html.

个人应当如何对职业做出理性的选择？哪些职业是自己感兴趣的？哪类职业是自

己擅长的？如果你是初次就业的求职者或者已经确定了自己的职业发展方向，那么你如何能够轻松自如地应对上述面试题？你是否真正准备好了进入你将来的职业？

8.1 职业选择基本分析

8.1.1 职业选择的内涵

1.职业选择是人生的一种决策

职业选择是个人对于自己就业方向和职业岗位类别的比较、挑选和确定，是一种人生的决策。职业选择是人们职业生活的正式开始，是人生道路的关键环节，也是人成为社会活动的主体、实现其人生价值的开始。选择一个职业，走上新的岗位，也是人生命运的转折点。

2.职业选择是个人能力、意向与职业岗位的统一

人是复杂的，不同的人有不同的择业目标，用人单位也要按照职业岗位的要求对劳动者进行选拔。在这里，选择是双向的。

个人与用人单位是选择对方的主体，个人的条件与用人单位的空缺岗位又是被对方选择的客体。在这种双向的相互选择过程中，个人的能力、意愿与职业岗位结合在一起，即三者实现统一时，个人才真正解决了职业选择问题。

3.职业选择是一种现实化的过程

职业选择包括个人的主动选择与被动选择，它实际上是一种个人的现实化过程。进一步分析，这种现实化又包含两方面的内容：

（1）个人向客观现实妥协的过程。当个人的选择意向与实际情况不尽相符、存在矛盾的时候（这种不符是大量存在的，甚至可以说是对所有人都存在的），人的职业选择就是一个打破幻想、承认实际、降低要求的过程，也就是向客观现实妥协的过程。

（2）个人对“我与职业”关系的调适过程。向现实妥协，对于存在浪漫情调和幻想色彩的青年来说，可能是不情愿的、不甘心的，甚至是痛苦的，但又是非常必要的。它使得人能够真正地认识自我，真正认识个人在社会中的真实地位、状况与际遇，是一种自我反思后真正能够协调“我与职业”的关系，从而科学、合理地完成职业选择的调适过程。

8.1.2 职业选择的类型

从社会的角度看，人的职业选择可以分为以下几种类型：

1.标准型选择

标准型选择，即个人在的职业生涯历程中顺利完成职业准备、职业选择、职业适应期，比较成功地进入职业稳定期。

2.先期确定型选择

先期确定型选择，即个人在职业准备期接受方向明确的职业、专业教育，并在准备期确定了自己的职业方向，有时教育培训单位还协助介绍对口的职业。

3.反复型选择

反复型选择，即个人在选择职业、走上工作岗位后，不能顺利完成职业适应，或者自己的职业期望值又提高，导致二次选择以至三次、四次选择。

8.1.3 职业选择的成功

对于个人而言，得到某类职业的概率可以用公式表示为：

J=Q×C×A×O

即　职业概率=职业需求量×竞争系数×职业能力水平×其他因素

式中的O是其他因素，包括该类职业机会出现的时间、该类职业机会出现的地点、家庭对个人的帮助、个人寻求职业的努力，以及社会职业介绍机构的帮助等，用公式表示为：

O=f（t，p，f，I，g，…）

由于各类职业的需求数量（职业岗位数量）、各类职业的谋求人数、人们所具备的不同职业的能力水平以及其他因素各不相同，因此，对于不同的职业，得到的概率也各不相同。我们可以依据不同职业的期望值（即职业概率）大小，将它们按顺序排列，举例如下：

A职业（作家）=0.001

B职业（大学教师）=0.01

C职业（记者）=0.05

D职业（编辑）=0.10

E职业（银行职员）=0.20

F职业（秘书）=0.30

G职业（中小学教师）=0.50

H职业（技术工人）=0.70

I职业（一般工人）=1.00

J职业（服务员）=1.00

一般说来，期望值最小的职业，往往是人们理想中最好的职业；期望值最大的职业，则往往是正在从事但不太满意的职业。因此，个人在选择职业时调适程度的大小，体现为他在职业期望序列中所选职业对应的期望值的大小。

8.2 职业选择的要素

8.2.1 职业能力

1.职业能力的内容

（1）职业能力的含义。众所周知，要从事一个职业，必须具备该职业所需要的能力。能力是一个人择业的“筹码”。

从心理学的角度讲，能力是指完成一定活动的本领，它包括完成活动的具体方式，以及顺利完成活动所必需的心理特征。职业，作为一种重要而又复杂的社会活动，需要从业者具有一定的本领，具备必要的生理-心理条件，这就是职业能力。如第5章所述，职业能力是职业领域中的“能向”，每一种具体的职业都有不同的能力要求，这就要求从事某一种职业的人具有特定的职业能力。这正是职业选择最根本的条件。

（2）职业能力的构成要素。如前所述，根据《加拿大职业分类词典》的口径，职业对于从业者要求的一般项目（即从事职业的“资格检测表”），包括能向、其他因素等各项基本条件和兴趣、性格等参考条件。

“资格检测表”体系中的“能向水平”包括一般能力与特殊能力。一般能力，即智力要素，用G来表示。特殊能力的要素分别为：V——言语表达能力；N——数学计算能力；S——空间判断能力；P——形态知觉能力；Q——文书事务办公能力；K——动作协调能力；F——手指的灵活性；M——手的灵巧性；E——眼-手-脚配合的能力；C——辨色能力。“资格检测表”体系中的其他因素为：普通教育程度（GED）；专门职业培训（SVP）；环境条件（EC）；体力活动（PA）；工作职能（DPT）；兴趣；性格。

职业资格检测表的结构示例见表8-1、表8-2。

表8-1 **职业资格检测表一（能向水平）**

职业名称	G	V	N	S	P	Q	K	F	M	E	C
矿物地质学家	$\underline{1}$	$\underline{1}$	$\underline{1}$	$\underline{2}$	$\underline{2}$	3	3	3	3	4	$\underline{3}$
行政官员	$\underline{2}$	$\underline{2}$	$\underline{2}$	3	3	3	4	4	4	4	5
室内设计师	$\underline{2}$	$\underline{2}$	3	$\underline{2}$	$\underline{2}$	4	$\underline{2}$	$\underline{2}$	$\underline{3}$	5	2

注：表中数字下面画线的是强制标准。

表8-2 **职业资格检测表二（其他项目水平）**

职业名称	PA	EC	GED	SVP	兴趣	性格
矿物地质学家	L23467	B26	6	8	781	09Y41
行政官员	L47	16	6	8	781	0Y914
室内设计师	S-L4567	1	5	8	86	X9

2.职业能力形成的条件

职业能力的形成是一个长期的过程，通常要经过相当长时间的学习以及一定的实践活动才能完成。人的职业能力的形成需要具备以下条件：

（1）先天的条件。人的差异是非常大的。有的人“力可拔山”，有的人“手无缚鸡之力”；有的人身手矫健，有的人行动吃力；有的人机智伶俐，有的人反应迟钝。

实际上，我们所说的先天条件，是指人的职业劳动能力的自然生理基础。它不仅仅是父母遗传因素和出生前在母体内部发育所导致的先天素质，也包括出生后父母养育的营养水平、生活条件和其他早期成长环境等内容。

（2）后天的教育培训。教育培训包括文化基础教育、专业性教育、职业性教育、职业技能培训等。教育培训途径包括学校（正规学校和业余学校）、家庭、社区、工作单位等的教育以及自学，其中最重要的途径是正规教育。衡量一个人的职业能力水平时，往往最注重反映其受教育程度的学历水平、专业和职业教育门类。

人的主观能动性、自觉性在教育培训中有着重要的作用。一个人具有较强的自觉性，就有可能大大提高自身素质，从而成为某种职业的行家里手、出色人才。

（3）职业活动实践。职业活动可以使人的职业能力得到检验、提升和进一步积累。这也是影响人的职业能力的一项重要内容。在竞争激烈、技术进步迅速的情况下，许多用人单位在雇用员工的时候，非常重视实际能力，优先录用具有从业经验者。

（4）职业能力形成中先天与后天的关系。人的智力、能力究竟是先天决定的还是后天（尤其是教育）造就的？古往今来，许许多多的学者在这一问题上有着诸多的看法。现代科学认为，先天条件和后天影响都是人的职业能力形成、发展和提高的重要因素，都是不可或缺的。

对两者影响程度的比较，目前人们基本上已经取得共识，认为后天因素，尤其是教育培训，对一个人的素质和职业能力的影响更加重要。因此，搞好教育培训是提高人的能力、提高劳动者素质、推动经济社会发展的重要措施。

3.职业能力的变化

职业能力形成后，随着时间和内外部条件的变化，也会发生一定的变化，其变化的类型包括下述三个方面：

（1）强化。人们通过长期从事特定职业的劳动，会积累丰富的经验；通过各种形式的学习，会掌握广泛、深入的理论知识。这能够使职业能力大大增强。

（2）弱化。弱化又分为相对弱化、绝对弱化两种类型。相对弱化指在人的能力不变的条件下，由客观物质条件的变化——设备更新、工艺技术难度增加——导致的职业能力的相对下降；绝对弱化指由人们自身条件的变化所导致的职业能力的下降。

（3）转化。转化即职业能力方向发生转移。这种转移往往以原有的职业能力为基础，转移到与其相似、相关联、相交叉的职业方面。这种转化形成以后，原有职业能力可能减退，可能维持，也可能得到强化，形成“一专多能”的更高等级的职业能力。

8.2.2 职业意向

1.职业意向与选择

人是具有能动性的。在职业问题上，人们一般都具有一定的意愿与志向。所谓职业意向，是指个人对于社会职业的评价和选择偏好。一个人可以对社会上各种各样的职业做出评判：哪个最好，哪个差些，哪个最适合自己，哪个自己不愿从事，哪个自己难以胜任等。这些都体现了他的职业意向，使他自动趋向于从事某种职业。

在人们的思想观念中，众多的职业可以按照一定的“好”“坏”标准进行排列，从而成为一个职业系列。决定其好、坏的标准，主要有职业的社会地位、劳动报酬、个人兴趣与才能的发挥、职业劳动强度与环境、职业的社会意义及贡献等因素，也就是说，人们通常是按照上述因素对职业进行评价和选择的。有了意向，才有选择，把握人的职业意向是促进人的职业选择合理化的途径。

2.影响职业意向的因素

人的职业意向一般要经过萌芽期、空想期、现实期，在面临就业时才比较清晰地确定下来。

（1）影响职业意向确立与成长的因素。

①个人的生理条件与心理特征；

②教育状况，包括各个时期接受教育的内容，以及最后达到的教育水平和专业、职业类别；

③家庭影响，尤其是父辈及兄长所从事职业的范例作用；

④社会习俗、风尚、传统及多种环境；

⑤个人的年龄、阅历（特别是其职业经历）及个人对经济的考虑；

⑥社会的人力需求状况，以及职业信息的传播；

⑦社会政策对于职业方向的导向作用；

⑧职业知识教育和社会的职业指导。

（2）职业知识与职业信息的来源。

职业知识与职业信息对人的职业意向的形成和变化，都有重大影响。对职业知识的广泛了解和对职业信息的及时把握，有助于职业意向的合理确立。这里对取得职业知识与职业信息的一般途径进行阐述：

①一般的职业科学知识教育，以及具体的职业、专业教育；

②家庭教育与影响；

③一般的学校教育；

④亲戚朋友；

⑤广播、电视、报纸、杂志等大众传播途径；

⑥个人所见所闻和亲身体验；

⑦学校与社会的职业指导、职业介绍机构等。

3.职业意向的变化

（1）影响职业意向变化的原因。由于各种条件的作用，人的职业意向确立以后，还会发生一定的变化。造成职业意向变化的原因主要有：

①最新职业信息的获得；

②个人所面对的各类现实职业机会；

③职业适应状况（适应或挫折）；

④对于某一职业岗位内容的深入了解（一般在从事该职业较长时间后）；

⑤接受较高等级的教育培训；

⑥个人阅历的增长；

⑦用人单位的培训和职业生涯指导等。

（2）职业意向变化的类型。职业意向的变化包括以下几种类型：

①现实化。一般来说，青年人在就业前，往往对未来职业充满天真烂漫、不切实际的幻想。他们进入职业选择阶段，特别是走上工作岗位以后，面对现实，能够比较客观地看待问题，承认现实，并可能在一定程度上降低原有的意向水平，打消不切实际的想法。

②调整方向。人们在职业适应期以及职业准备期接受教育时，可能发现自己不能适应某一职业，从而转变职业方向；也可能发现自己虽然胜任这一职业，但其他一些职业更适合自己，或者更加喜欢其他职业，这时也可能调整职业方向。

③意向水平提高。当一个人能力有较大的发展，所在的工作岗位不遂心意时，就可能提高意向水平，倾向于从事更高级别的职业。

职业意向的变化说明人们对自身和岗位有了更深的了解，从而更现实地对待职业。

8.2.3 职业岗位

1.职业岗位——职业选择的前提

上述职业能力与职业意向是一个人进行职业选择的重要条件。岗位是人们进行职业选择的对象和前提，在社会总劳动体系中，各种职能的劳动体现为各种不同的职业岗位，它们构成人们选择的对象。

除去走创业道路者，一个人能选择某种职业并在该岗位就业，前提是这种职业岗位有空缺、需要招收人员。这就是说，个人的职业选择是以一定的职业岗位为前提的，个人进行职业选择的同时也被用人单位选择。

2.职业岗位对择业行为的影响

虽然职业岗位是人们选择的对象，但在个人选择职业的同时，职业也在选择适合的个人。人的就业，即人的职业实现，正是在这两种选择共同作用下形成的。社会职业岗位的状况，从以下几个方面影响甚至决定人们的选择：

（1）社会上存在某种职业岗位，人们才可能选择之；

（2）社会空闲岗位能否作为一个人的选择对象，还要受择业者能力与意向、就业体制、职业信息传播等主客观条件的制约和影响；

（3）不同的职业岗位具有不同的劳动特点，它们要对择业者的能力及其他条件进行评价和选择。

8.3 职业选择的原则

8.3.1 客观原则

从客观实际出发，是个人进行职业选择的首要原则。具体来说，客观原则包括以下三个方面：

1.个人素质条件

要做到正确选择职业，首先要做到正确地了解自己、把握自己，即要把个人的职业意愿和自身素质联系起来，给予充分的考虑，估计自己能否胜任某项职业的要求，评价个人职业意愿的可行性。

俗话说，人贵有自知之明。一个人只有正确地了解自己、认识自己，才可能根据自身的条件和外界的环境处事办事，选择合适的目标、合适的道路与合适的方法。在职业问题上，应当首先对自己的条件和发展潜力做出综合评价，然后考虑自己的人生志向、学习条件和其他因素，做出自己的职业生涯规划。为了达到自己的职业生涯目标，必须做出长期的学习规划，获得必要的专业知识和技能条件，具备个人发展的良好素质。

为了正确地了解自己、把握自己，需要运用素质测量等方法。

2.社会需求的可能性

对现实社会职业岗位需求的可能性，也要做出客观的估计。就当前来看，一般应考虑以下几个方面：

第一，我国就业形势面临严峻挑战，一是我国的人口老龄化在不断加剧，同时新生儿也在逐年减少，二是新型信息技术的出现和人工智能的不断发展导致大量低技术含量的工作被替代，一些传统的就业部门和产业在逐年消失。

第二，随着我国经济体制机制改革的深入，在新旧动能转换的大背景下，以高新技术行业、服务行业等为主的新动能产业带来的新就业岗位在不断增加。在高质量要求下，劳动力人群需要加大对新技能学习的投资，实现技能的创新提高。

第三，结构性失业人口规模在扩大，一方面，部分高校毕业生、大龄低技能劳动者因与市场需求不匹配，造成供求错位，成为就业难的主要群体；另一方面，化解过剩产能、出清“僵尸企业”、机器换人等结构调整对中低端产业的就业人员产生“挤出”效应。

总之，选择职业时，必须考虑当前社会上实际存在的职业岗位需求，而不能只考虑自己的主观意愿。

3.基于现实的选择

当一个人原来的就业意愿暂时不能得到满足时，要根据社会需要做出别的选择：

其一，根据社会需要做出新的选择，走另一条职业道路。

其二，选择一种与自己的“理想职业”相接近的职业，继续接受教育培训，创造就业条件。

其三，先到社会上容易就业的职业岗位上去工作，再根据自己在这一职业的工作情况，决定是否进行职业流动。

8.3.2 主动原则

择业者不应消极地待业，而应积极准备就业条件，主动寻求就业门路，或者独立地创业。积极的生活态度对于人的生涯发展和取得成就都大有益处。

1.积极准备就业条件

积极地准备就业条件，就是要参加就业培训，争取在就业前掌握一定的职业技能，为自己的顺利就业创造良好的条件。只有具备了一定的专业技术知识和良好的职业素质，才有可能在就业竞争中获得成功，得到自己所喜爱的职业。

“积极准备”包括以下方面：

其一，留心搜集各种职业知识和用人信息。平时要做“有心人”，大量积累有关的职业知识和供求信息，以便未来做职业选择时使用。

其二，到职业介绍机构进行咨询，了解就业情况，寻找合适的就业机会。

其三，参加各种职业技能培训，为就业创造专业、职业素质条件。

其四，准备好求职信，做好应聘、面试等方面的准备。

小案例

让人眼前一亮的“优秀简历”

多年招聘，我常常见到优秀的人，却极少见到优秀的简历。也许，优秀的人不重视写出优秀的简历，而菜鸟们则没有足够的内容或不好意思把自己写得那么优秀吧。

简历不分高低贵贱，不唯年龄、资历、学历、地位和贡献论，只要把你的个人特点完全、充分、准确、传神地传递出来，让一个不认识、不了解你的人无任何歧义地在第一时间把你安排到最适合你的特长、你最喜欢的岗位上，这就是优秀简历的功效。

一个企业的人力资源部每天收到的简历数量可能在300～1 000份。面对海量简历，经验丰富、熟悉业务的招聘主管应对起来并不轻松。在简历挑选、面试、试用期考核这三个求职的关键节点上，凭陌生简历入围的机会最小，也是求职中难度最大的一关。人力资源部收到的简历总量中的5%～10%的应聘者可以进入笔试和面试环节，关键在于你自己，因为简历的创作者正是求职者本人！

从我的个人职业经验来看，大量的简历在内容、格式、写法技巧方面需要提高和改善。

优秀简历的标准是：陈述和自评完全符合事实；同时，表述意境高于事实，充分展示出自己的价值，令阅者强烈震撼、印象深刻。

资料来源　汪漪．职场路线图——人力资源总监手记［M］．北京：语文出版社，2010.

2.主动就业

主动就业是市场经济体制下就业的重要原则，包括以下方面：

其一，主动与可能招聘人员的单位进行联系，毛遂自荐。

其二，主动求得父母兄长、老师同学、同事朋友的各种帮助。要在市场经济中找到自己的位置，就要广开门路。

其三，主动开拓就业岗位，自谋职业，自主创业，成就自己的事业。这既能够按照自己的意愿解决自己的职业生活道路问题，也能为社会做出一定的贡献。

8.3.3 匹配原则

每个职业岗位都有特定的工作内容、岗位规范和对从业者的素质要求，每个求职者也都有自己的从业条件和个人意愿。一个人的择业意愿，决定了其所看中的职业类别，但是个人的从业条件与职业岗位要求是否相适应，是至关重要的。

对比图8-1中的项目可以判断个人条件与社会职业岗位的要求是否相适应。

职业岗位的要求		个人条件
文化素质要求	←→	学历等级水平
职业种类	←→	所学专业
工作强度	←→	身体素质
工作内容	←→	心理特点
技能经验	←→	培训和经历

图8-1 职业岗位要求与个人条件对应

8.3.4 比较原则

比较原则包括两个方面：

1.个人和岗位的比较

职业选择是岗位和人双方相互的选择，因此必须把人和岗位结合起来相互比较，看岗位对人的要求和人对岗位的适应能力是否协调一致。只有做出这种比较，才能保证个人做出最优的职业选择。

2.几个职业间的比较

在职业选择初期，人们的职业兴趣往往比较广泛，而不是局限于某个职业。此外，社会提供的职业岗位也不会局限在一两种职业上。这就使得谋业者面临如何从几个可以从事的职业中选取适合自己的职业的问题。

这里需要注意的是，个人对不同职业进行比较时，要有自己的人生设计和人生大目标，也要考虑职业目标的阶段性、时期性和可行性，把前期的某一次职业选择作为实现自己最大价值的手段。

通过上述两个方面的比较，就能较好地从诸多职业中选择出一个最适合自己、各方面条件都相对优越、自己又能得到的职业。

8.3.5 主次原则

人们选择职业，一般有多种标准和条件，其中：有现实的内容，也有幻想的因素；有合理的意愿，也有过分的要求。

当一个人面对几个可能被录用的职业岗位时，如何处理？甲职业有这种优点、那种缺点，乙职业又有那种优点、这种缺点。如何进行评价、比较和选择呢？应当知道，选择职业时要有主有次、有取有舍。在个人做职业选择的各项标准中，有的是合理的期望，有的是“非分之想”；有的是现实、客观的因素，有的是虚幻、主观的考虑；有的确实非常重要、缺之不可，有的则是不必要的和可以舍弃的。须知，要想事事周全、样样满意是不可能的，而必须抓住主要之处，有舍才能有得。因此，必须分析哪些是主要条件、哪些是次要条件，哪些是现实的、哪些是幻想的，哪些合理、哪些过分，从而抓住主要的、现实的、合理的条件，抛弃次要的、幻想的、过分要求的因素。如果在选择职业时死抱着一些次要的、不切实际的条件不放，非面面俱到不可，那只会丧失很多就业机会而难于实现就业，甚至错过真正的好职业。

8.4 职业选择的决策

8.4.1 职业选择的性质

一个人的职业选择恰当与否，关系到其职业意愿、兴趣能否得到满足，关系到其才能能否得到发挥，关系到其在岗位上的工作状况，也关系到其一生的生活道路。职业能力、职业意向和职业岗位三要素相互协调、匹配，职业选择才能较好地完成。但是，三者的协调一致往往是比较困难的。

在现实的职业选择中，人们虽然面对诸多的职业，但往往难于得到自己理想中的最好的职业。有时即使遇到“好职业”的空缺，但自己不具备必要的能力，或者在求职竞争中败给他人，也使得自己的职业选择不能实现。

因此，职业选择往往是一个人降低自己的职业意向水平、适应社会职业岗位状况的活动。社会学把这一现实化行为称为个人职业理想与社会职业现实之间的“调和”或“调适”。

8.4.2 职业选择的决策过程

美国学者蒂德曼（Tiedman）在金兹伯格职业发展理论的基础上，提出了“职业决策阶段”的学说。蒂德曼认为，金兹伯格所说的职业选择是一种“鉴别”和“综合”的决策过程。这种决策过程，是人在整个职业生涯中重复进行的一系列步骤，每当人们遇到一定问题或者具有一种需要、完成一种体验时，这种决策过程就会被激发起来。

蒂德曼把职业选择的决策过程分为两个阶段：

1.期望与预后阶段

这一阶段包括四个步骤：

第一步，探索。考虑与自己的经验和能力有关的职业生涯目标。

第二步，成形。在上述基础上准备进行具体的定向。这时要考虑个人确定职业生涯新方向的价值、目的和能够获得什么报偿。

第三步，选择。在职业生涯目标成形后做出决策，找到和确定自己所期望的具体职业。

第四步，澄清。进一步分析和考虑上述选择，解答相关疑问。

2.完成和调整阶段

这一阶段包括三个步骤：

第一步，就职。将职业选择付诸行动，得到一个新职位，即就职或入职。人们在这个时候开始对自己的职业生涯目标和走上的职业岗位寻求认可。

第二步，重新形成。个人在开始工作后，对所从事的职业及其环境有了现实的了解和把握，从而产生职业的自我感受。这时，个人与团体也存在互动和相互影响。这会导致职业生涯目标在现实化意义上的再次形成，或者现实化的调整。

第三步，综合。个人达到了解自我的状态，在职业岗位上也被他人看作成功者，达到平衡。这就是职业选择决策的完全实现。

8.4.3 职业选择的决策方法

在几个可能得到的、比较满意的职业岗位中，如何进行比较、选择呢？其方法是进行量化，给这几个职业打分，然后比较、择优。但是，一个人究竟满意这些职业的哪些方面呢？这就需要对个人的职业评价和择业标准排队打分。本教材推荐使用职业选择表（见表8-3），来对个人可能选择的职业进行权衡。

表8-3 **职业选择表**

择业标准	系数值	A：		B：		C：	
		基本分	职系分	基本分	职系分	基本分	职系分
（1）	（2）	（3-A）	（4-A）	（3-B）	（4-B）	（3-C）	（4-C）
1.______	6分						
2.______	5分						
3.______	4分						
4.______	3分						
5.______	2分						
6.______	1分						
某职业总分							

表8-3的具体用法是：

1.对择业标准排序

首先，根据个人择业的价值观和意愿，把下面给出的12个项目按重视程度由高到低排序，在各个项目之前标明“1、2、3”等的顺序。

注意，在填写时，如果所给项目中有自己不加以考虑的，就不选择、不排序。

如果所给的项目未包括个人的选择意愿，例如，有的人愿意选择“外资企业”，有的人想选择“有发展前途的单位与工作”等，就请在最后的两个空白栏目中自行填写内容。自行填写的项目，也参加排序。

常见的择业标准有以下12个项目：

第____：发挥个人才能　　第____：为社会做贡献

第____：体现和实现个人价值　　第____：有权力、能获得资源

第____：收入高、待遇好　　第____：职业的名声好

第____：工作有自主权　　第____：合乎自己的兴趣爱好

第____：工作轻松、条件好　　第____：工作有挑战性、创造性

第____：工作稳定、不失业　　第____：有培训的机会

第____：其他（自填）________　　第____：其他（自填）________

2.挑选排在前六位的项目

从上面12个给出的项目以及自己增加的项目中，挑选出排在前六位的项目，然后把它们分别填写到“择业标准”栏目中。例如，求职者李小海的前六项择业标准，顺序分别为“工作有挑战性、创造性”“收入高、待遇好”“有培训的机会”“有权力、能获得资源”“工作有自主权”“发挥个人才能”，把它们分别填入表8-4第（1）栏的横线处。然后，按照其排列顺序在表8-4的第（2）栏给出六项择业标准的系数值，分别为6分、5分、4分、3分、2分、1分。这些系数值将用于后面步骤的计算。

表8-4　**李小海的职业选择表**

择业标准	系数值	A：工程师		B：公务员		C：记者	
		基本分	职系分	基本分	职系分	基本分	职系分
（1）	（2）	（3-A）	（4-A）	（3-B）	（4-B）	（3-C）	（4-C）
1.工作有挑战性、创造性	6分	3	18	2	12	3	18
2.收入高、待遇好	5分	3	15	1	5	2	10
3.有培训的机会	4分	3	12	2	8	1	4
4.有权力、能获得资源	3分	1	3	3	9	1	3
5.工作有自主权	2分	2	4	2	4	3	6
6.发挥个人才能	1分	3	3	2	2	3	3
某职业总分		55分		40分		44分	

3.确定备选职业

首先，根据自己的考虑，把最倾向选择的三种职业A、B、C填写在表8-4的第一行中。这里假定李小海考虑选择的三种职业为工程师、公务员和记者。

4.计算基本分

分别对自己考虑选择的职业与六项择业标准的符合程度打分，填入“基本分”一栏中。当自己所考虑的某种职业的具体情况与自己的择业标准非常符合时，得3分；当某职业的情况与择业标准完全不符合时，得1分；当某职业的情况与择业标准有些

符合或者自己判断不准是否符合时，得2分。例如，李小海选择记者职业时，择业标准4的基本分为1，择业标准5的基本分为3；选择公务员时，择业标准4的基本分为3，择业标准5的基本分为2；选择工程师职业时，择业标准4的基本分为1，择业标准5的基本分为2。

5.计算各职业职系分

按照表8-4中择业标准第1项至第6项对应的系数值，分别计算职系分。例如，第2项标准的系数值为5分，A职业（工程师）的第2项择业标准基本分为3分，则其职系分为15分（5×3）。将这一计算结果填入该项择业标准对应的“职系分”一栏（4-A）中。

6.得出选择结果

把依据A、B、C三种职业的各项择业标准所计算的“职系分”分别汇总，填入各职业的“总分”栏中。通过比较，就得到“当个人有多种热衷的职业时，其中的最优选择是哪一种”的结论。

在上例中，工程师、公务员和记者的分数分别为55分、40分和44分，显然选择工程师这一职业比公务员、记者合适得多。因此，李小海应当从事工程师职业，这才是他正确与合理的职业选择。

知识拓展：需要理论

本章小结

本章对职业选择的概念与含义进行了说明，阐述了职业选择的作用和类型。接着，本章对职业选择组成的要素进行了论述，指出职业选择要素包括职业能力、职业意向和职业岗位。职业能力的形成，需要具有先天的条件、后天的教育训练和职业活动实践，职业能力会发生强化、弱化和转化。本章还对个人职业选择的原则与决策方法进行了阐述。

复习思考题

1.你如何看待职业能力形成中先天条件与后天因素的关系？

2.职业知识与职业信息的来源有哪些渠道？

3.在职业选择过程中应该把握哪些原则？

4.职业选择的要素有哪些？

5.职业选择的决策过程包括哪几个阶段？

案例分析题

选择从适合自己的工作开始

“你想要做什么？你想要什么？你为什么做？你现在做些什么？你又为什么这样做？”这些是管理大师彼得·德鲁克提出的问题。这些问题对即将踏入职场的新人来说是其在选择职业过程中必须弄清楚的问题。唯有在彻底了解了自己的人格特质、职业倾向、能力、工作价值观与工作适应性后，才能理清职业选择的思路，才会避免职业选择的盲目性。从事适合自己的工作，才能让自己扬长避短，尽快获得职业成功；从事自己喜欢、符合自己职业兴趣的工作才会提高工作的满意度，提高对工作的承诺，也才能更胜任工作。

职业生涯大师霍兰德将人的性格分成六类：

（1）调查型：喜欢观察、调查、分析、评估及解决问题。

（2）艺术型：具有艺术气质与创新能力，喜欢创造，不受拘束。

（3）社会型：喜欢与人一起工作，从事通知与沟通的工作，善于取悦和协助别人，以及言辞表达。

（4）企业家型：喜欢与人一起工作，但所担任的是影响、说服、领导、管理等角色。

（5）传统型：喜欢处理资料，具有文书或数字能力，能够接受上级指示从事细节工作。

（6）实际型：具有运动或机械天分，喜欢操作实际物品、机械，喜欢植物或动物，乐于户外工作。

一般人具备的性格可能是上述两者以上的混合体。

影响人们职业选择的另一因素是工作价值观，它主要有11种：

（1）物质报酬：每个人都需要基本的收入以维生，但重视物质报酬的人在达到最低标准后，依然愿意继续投入，赚取更高的收入，以获得个人想要的东西。

（2）名望：通常是跟随职业、职位而来，因个人从事某种职业而容易获得别人的尊敬。

（3）权力：拥有控制、教导、指引或影响他人的能力。

（4）安定性：工作权力、经济收入、心理需要或社交关系的不变性。

（5）自主性：个人能依自己的意愿及方式工作，不受别人的控制、监督。

（6）专精：是特定领域中的专家，成为他人的顾问或咨询师。

（7）亲和：重视建立良好的人际关系，是非正式组织中的核心人物。

（8）多样性：希望在工作时有机会接触不同的人、地、问题和活动。

（9）创意：在自己最感兴趣的领域工作，并能运用创造力改变现有的程序、产品和做事方法。

（10）休闲：希望工作时间缩短、假期延长，工作不致影响休闲生活。

（11）追寻意义：知道自己为什么要做某件事，以及这件事对他人的贡献和影响。

在确定个人所抱持的工作价值观及追求的工作目标之后，可以此作为追求更美好、更充实人生的动力。从事适性的工作，通常能让人发挥专长，且较乐意投入工作，对工作有高度的承诺，因此更能胜任工作，获得更大的快乐和成就。日本讲谈社经营总合研究所所长伊藤友八郎拥有多年研究职业适性的背景，他指出，适职=能力×性格，性格比能力重要。如果性格与工作不合，再好的能力也无法发挥。

一般职业按性质分为两大类：

(1) 贝壳型：如会计、秘书、操作员、事务员等工作，具有事务性、片断经验、重视细节、琐碎、刻板、繁杂等特点。从事这类工作者多具有个性保守、被动、注重细节、我行我素、对人际沟通较不关心等特质。

(2) 孔雀型：如营销、公关、销售、广告、门市、柜台等工作，具有开放、多变、主动、工时长、奖惩分明、薪水视工作能力调整、靠口才吃饭等特点。从事这类工作者具有重视外表及形象、口才佳、善于说服人、性格开朗积极、运作及协调能力佳等特质。

除考虑个人性格与职业特性的配合度外，别忘了了解工作环境的文化与特性。例如，传统型组织是由最高领导进行集权式管理，部属要听命行事，所以拥有传统性格的人较能胜任组织内的工作。有的组织由中层主管掌权，形成各个独立的事业部或利润中心、责任中心；有的组织授权给基层单位；有些组织重视部门间相互沟通、协调，由参谋人员决定组织内的大事。在专业的机构内，工程师、技术人员扮演决策者的角色，以其专业知识引导组织的走向。

除了考虑工作适应性之外，环境适应性也很重要。

新人踏入社会工作，适才适所的第一步，便是了解自己要什么、具备哪些优势及劣势，以及所投入行业、工作与环境的特性为何。在充分衡量内外条件之后，选择适性的工作与环境，开启工作新篇章，建构个人理想的生涯蓝图！

资料来源　佚名. 性格比能力重要：学会认识自我　物色“适性”工作 [EB/OL]. [2021-06-06]. https://www.sohu.com/a/231406370_443862.

讨论：

1.你怎么看“性格决定命运”这句话?

2.你认为性格与职业成功之间存在怎样的联系?

3.你觉得你了解自己吗?

第8章案例分析提示

职业测试

成功雄心测试

一、测试方法

（1）本测试包括25道测试题。请你认真阅读每道题目，比照自己的情况，判定这些题目与自己的相符程度。从每一题的五个可能答案中选择一个，填入题目前面的方框中：

1——完全不像我

2——不太像我

3——很难说像不像我

4——比较像我

5——完全像我

（2）当你把25道题目都完成后，按照测试结果中的提示计算你所得的总分，并把总分填入“总分”栏。

（3）用所得的分数对照最后的“说明”，来评价和认识自己。

二、测试题

□1.尽可能有效地把每一分钟用在工作上。

□2.很少把工作带回家。

□3.每天要做的事情太多了，24小时不够用。

□4.尽可能减少工作时间。

□5.经常利用零碎时间工作，例如在等电影开场时记账。

□6.把工作交给别人时，总是担心别人不能胜任。

□7.如果熬夜有助于按时完成工作，可以彻夜不眠。

□8.对你而言，工作只是生活中的极小部分。

□9.喜欢同时做很多份工作。

□10.觉得“多做无益”，很多人怨恨你，因为你多做事让他们显得差劲。

□11.经常周末加班。

□12.如果可能，根本不想工作。

□13.你的职位可以更上一层楼，但你不想卷入职位竞赛中。

□14.你比任何同职位的人做更多的工作。

□15.朋友说你工作太拼命了。

□16.如果打打零工就可糊口，是最好不过了。

□17.你觉得休假很轻松，你喜欢尽情享受，什么事也不做。

□18.碰到好天气，偶尔你会放下工作，到郊外玩玩。

□19.总是有一些事务和约会等待处理。

□20.一刻不工作，就令你忧心如焚。

□21.相信“爬得越高，跌得越重”。

□22.经常设定超出能力所及的工作。

□23.相信“懂得花钱，就可以不必辛苦工作”。

□24.认真工作时，与工作无关的一切都抛诸脑后——即使是重要的私事。

□25.认为成天工作的人令人觉得乏味；不把工作看得太重的人，则大都较有趣。

成功雄心测试结果

第9章 求职方略

学习目标

- 掌握职业信息的主要内容；
- 了解职业信息的来源；
- 了解求职的基本方略；
- 理解求职目标灵活的含义，并思考如何做到；
- 了解求职实施的基本方略；
- 学会正确应对求职挫折的方法。

引例 **简历很重要**

小黄，大学英语专业应届毕业生。她不算漂亮，穿着打扮也很一般，大学期间的考试成绩中等，但她热爱教师工作，想应聘到中学当老师。为了找到心仪的工作，她开始“包装”自己，制作了漂亮的求职简历，到处投递、到处面试，但结果是处处碰壁。聘她担任家教的学生家长询问她找工作的详情，她郁闷地以实相告。学生的家长说：“我孩子这么顽皮，你都能管教他，而且学习效果很好，你是一个好老师！想想你的优点，也想想用人单位需要什么样的老师，然后在求职简历中介绍你的成功教学方法和效果，让学校的招聘者知道你的优点。”

于是，小黄修改了简历，把她兼职做家教的事例和心得描述出来，再一次向几个目标单位投了出去。不久，她就得到一所心仪学校的面试机会。面试老师详细与她沟通，了解她的一些教学实践感悟，询问了她当老师的志愿、条件和各方面的想法后，当场决定录用她。

你认为，小黄是如何修改她的简历的，又如何很快地得到了招聘单位的认可？如果你是求职的大学生，想想你如何寻找目标单位，有什么拿得出手的成功经历能帮助你求职成功。

9.1 职业信息的把握方略

9.1.1 需要掌握的职业信息内容

对于信息的接受者来说，信息的意义主要在于“事先不知道”，具有这种特点的信息才是有用的。职业是一个庞大的社会领域，人们往往知之不多。随着社会职业的发展，职业信息的内涵大大增加，因此求职者对于职业信息的了解应当“多多益善”。对某一职位而言，较完整的职业需求信息，应该包括以下几个方面的内容：

1.招聘单位的基本情况

求职者首先要了解招聘单位的基本情况。从招聘单位的名称中，往往就能够获得多种信息。如“中国人寿保险公司云南分公司营销部”，能反映出这个营销部所属的行业、管理系统、业务范围和内容、企业级别、所在地区、产权性质等。此外，还应当从其他渠道了解其有关情况，如广告、宣传资料、媒体、家人朋友等。

招聘单位的发展前景如何，对每一个求职者来说都是至关重要的。一般来说，一个单位的固定资产、流动资产、行业前景、产权性质、利税情况、科技含量、人才构成、管理水平、地理位置以及交通条件等因素，均与其发展前景密切相关。从个人的角度看，有无进修的机会和晋升的可能，也应当包括在“发展前景”内，加以了解和判断。

2.岗位的工作内容和工作环境

岗位的工作内容一般包括“做什么、为什么做、怎么做”。例如一家商场招聘，有售货、收款、仓库保管、会计、出纳、保安、保洁、运输、采购以及各级管理人员等多种岗位，还需要照明、电梯、空调、水暖等维修人员，每个岗位在商场中都有特定的地位和作用。同样当电工，在电力安装部门是一线人员，在商场、医院就是二线人员。工作环境包括工作时间（如有无夜班等）、室内还是户外、流动还是固定，以及工作场所的温度、湿度、噪声等。

3.招聘单位的工资待遇

工资待遇包括工资、奖金、津贴、福利，以及医疗、养老保险等。有些用人单位在发布的招聘广告中，说明了所招聘职位的工资待遇，但大多数的招聘是没有明示工资水平的。这些信息可以通过向自己熟识的人及该单位有关的人员询问而获得，并与当地人才市场的工资待遇水平相比较。

4.招聘条件

招聘条件即招聘单位对求职者的具体要求，一般有学历、专业、年龄、性别、职业资格、技术等级、身高、相貌、健康状况等方面。有些用人单位和岗位，还对心理素质、能否经常出差等方面有特殊要求。

5.招聘数量和报名办法

求职者还应当掌握招聘数量和报名方法方面的详细情况，包括用人单位招聘哪些岗位的从业者，每种岗位招聘人员的数量，报名的时间、地点、方式，应准备哪些证件和材料（如简历、学历证书、职业资格证书、身份证、户口本和其他证明等）。

小案例

上海百联集团股份有限公司公开招聘启事

上海百联集团股份有限公司，简称“百联股份”（A股600827，B股900923），是百联集团有限公司辖下的核心企业。百联股份是国内一流的大型综合性商业股份制上市公司，资产规模、销售规模等关键性指标始终名列A股商业类上市公司前列，拥有总商业建筑面积超过380万平方米，年营业收入超过480亿元，经营网点遍布全国多个省（自治区、直辖市）。旗下拥有40余家知名门店，如第一八佰伴、永安百货、东方商厦等百货商店；第一百货商业中心、百联西郊、百联中环、百联又一城等购物中心；上海青浦、武汉盘龙、南京汤山等奥特莱斯广场。

根据公司战略发展的需要，现面向集团内部公开招聘相关岗位专业人才。

招聘程序：包括报名、资格审查、专业面试、组织考察、选聘录用等程序，地点另行通知。

报名时间：3月25日至3月31日。

工作地点：上海市黄浦区六合路58号新一百大厦。

报名事项：有意应聘者，请点击下载《集团系统内职位申请表》，填妥后与身份证、学历证书、专业技术等级等相关证书发送至：

联系人：

联系方式：

1.岗位名称：营运管理部平台运营经理（1名）

岗位说明：

（1）监管门店日常运营并推进改善，协调多部门推进合作，跟进门店业务执行情况（包括指标完成情况、每日巡检资源位及电商文描、财务结算、物流合同签订等内容）；

（2）落实开设账号，配置角色、人员权限，做好平台基础配置、商户数据等平台维护工作；

（3）牵头技术及大数据部门，做好业务数据的统计工作，并对相关数据进行分析；

（4）对接事业部，跟进商户入驻情况，完善品牌库建设；

（5）做好上级交办的其他工作。

资格条件：

（1）学历要求：本科及以上。

（2）专业不限，有产品运营项目经验或相关工作背景者优先考虑。

（3）工作年限：3年以上。

（4）具备知识和技能：对数据敏感度高，有较强的运营数据采集、分析能力，能够根据数据进行策略分析和优化，能够熟练操作全渠道OSP中台系统。

（5）工作责任心强，认真仔细，有优秀的自我驱动力和执行力，抗压能力强，对云店项目有一定了解。

2.岗位名称：营运管理部活动及内容运营经理（1名）

岗位说明：

（1）组织策划并跟进平台级营促活动全流程，包括平台及活动的策划及推进、活动配置的检查、活动测试的落实、费用结算等；

（2）落实云店常规展示内容维护，包括门店首页模板配置、聚合页内容收集与维护、单品抢购商品收集与维护、云店常规资源位维护等；

（3）落实i百联主站资源位申请及内容策划；

（4）对接门店、事业部和全渠道的各类活动方案，跟踪活动的落实情况，并做好门店直播的支持工作；

（5）关注行业创新营销手段，探索适合公司的创新营销方式；

（6）做好上级交办的其他工作。

资格条件：

（1）学历要求：本科及以上。

（2）专业不限，有相关工作背景者优先考虑。

（3）工作年限：5年以上。

（4）具备知识和技能：具有活动策划经验，有很强的策划、创意能力，能基于会员营销、精准营销独立完成营销活动的策划，精通活动策划的形式，能够熟练操作全渠道OSP中台系统。

（5）能够主动推进工作，善于团队合作，有较强的沟通能力、统筹能力和精细化运营能力，对云店项目有一定了解。

资料来源 百联集团官方网站.

9.1.2 职业信息的获取来源

职业信息有多种来源，各种来源的信息可能是互补的。上述职业信息的多方面内容，很难从单一渠道获得，需要求职者从多种渠道去搜集。在搜集信息的过程中，要注意“投入和产出”的关系，不同类型和不同层次的求职者应当尽量选择适合自己的渠道，降低求职成本。

搜集职业信息的渠道主要包括以下方面：

1.职业介绍机构

职业介绍所和人才交流中心等机构是专职从事职业介绍业务的机构，各级、各类职业介绍机构都有大量的职业需求信息。这是比较可靠的能获得大量职业信息的来源。

2.招聘洽谈会

招聘洽谈会是最常见的求职渠道，也是非常有效的搜集职业信息的渠道。各种招聘洽谈会的规模、层次相差很远，大的招聘洽谈会有数百个招聘单位参加，小的招聘洽谈会只有几十家甚至十几家用人单位参加。有些招聘洽谈会是专场性质的，专门面向某一类求职者或专门由某一行业的招聘单位参加。

从取得求职信息的角度看，招聘洽谈会的优点是供需双方直接见面，信息量可能很大，专项招聘时信息集中，个人的经济投入不大，仅需花费门票和打印个人简历的费用；缺点是招聘洽谈会时间和地理位置等方面的限制，可能导致搜集时间增加，信息虽多但难筛选，从而遗漏有用甚至是非常重要的信息。求职者应在参加招聘洽谈会前，了解主办单位的情况，选择有一定规模、服务好的招聘洽谈会，有效地取得所需要的信息。

3.传统新闻媒介

报纸、杂志、电视、广播电台都是刊登、播发招聘广告的渠道。从这些媒体的广告中寻求职业信息，是一种很好的方法，不仅节省费用、时间，而且信息量大、覆盖面广、所提供的选择机会很多。该渠道的缺点是广告篇幅有限，不少登广告的用人单位谢绝来访，只是要求求职者寄个人简历和各种证明复印件，使求职者对招聘单位了解较少。求职者可以向多个登广告的招聘单位发出简历，到回函的单位参加面试，并借机深入了解这些单位的情况，再做出自己的择业决定。

4.网络

网络求职以现代科技手段为依托，是一种非常方便的信息搜集渠道。对于求职者来说，这是成本低、成功率高，可以与用人单位建立联系、沟通互动的方式，而且可以查阅到大量国家和地方的就业政策信息，求职者的唯一投入就是上网费。目前上网的方式有两种：一种是到职业介绍中介机构的网站登记查询，也可先将个人材料和求职意向提交给网站，等待用人单位查询后通知面试。这是一种具有局限性但方向性较强的信息取得方式。另一种是通过前程无忧网（http：//www.51job.com）、智联招聘网（http：//www.zhaopin.com）、Boss直聘等职业网站或者App搜寻合适的职位招聘信息。这些网站为求职者提供了一种效率高、成本低、内容多、速度快的现代信息搜集渠道。任何人在任何地方，只要上网，就可以随时查阅各类用人单位发布的招聘信息，在网上与用人单位建立联系，也可以将自己的应聘求职信息发布上网，等待用人单位在网上查阅后与求职者建立联系。

5.电话

电话是搜集职业信息的一种现代技术手段。一些城市开辟了求职专线，使用人工应答或自动应答手段提供服务，既可让个人查询招聘单位的信息，也可让招聘单位查询求职者信息，是为求职者和用人单位提供双向查询服务的便捷方式。此类专线还向使用者提供有关劳动力流动的政策以及招聘洽谈会举办的时间、地点、内容等方面的信息。

此外，有些用人单位在刊登的招聘启事里标明了电话号码，这向求职者表明“欢迎直接打电话了解情况”，为求职者进一步了解用人单位提供了方便，这也是通过电话搜集职业信息的辅助手段。

6.亲自观察

亲自观察是全面了解用人单位情况的重要手段，特别是在求职者已初步选中某个单位但对此单位所知甚少的情况下，访问这个单位是十分必要的。除了“参加实习”

这种切实了解职业信息和体验职业岗位的方法外，求职者也可以直接到用人单位请求拜访人事、业务部门负责人，或写信、打电话给用人单位的人事部门。这种访问，既可以是正式拜访，也可以是非正式访问，还可以在门口等下班出来的员工，礼貌地向他们求教，并观察此单位的内外环境等。这种方式的缺点是盲目性大，可能被回绝。

7.通过他人了解

通过亲友、邻居、校友了解到的信息，既准确、迅速，又真实可靠，可以作为上述途径的补充，但也不排除因提供者个人眼界狭窄、理解错误和存有偏见而使信息产生误差的可能。

8.学校就业指导部门

许多用人单位直接到各院校招聘毕业生，不少学校也与用人单位建立固定的联系。因此，通过这条渠道得到的职业信息，既十分准确可靠，又比较具体全面。一些就业的政策信息也能从此渠道获得。

9.1.3 职业信息库的建立

1.职业信息分类

职业信息与其他信息一样，越全面、越丰富，利用价值就越高；数量少、内容简单，利用价值则比较低。求职者在整理职业信息时，可将它们分为两类：

(1) 宏观职业信息。宏观职业信息包括国家有关经济发展的规划，与自己的求职方向相关的产业发展状况，本地区劳动力、人才供求的情况和变动趋势，有关就业和人才流动的政策、法规等。

(2) 具体的职业信息。具体的职业信息是求职者直接关注的。它包括哪些用人单位正在招聘，这些单位招聘的专业种类、职位数量、招聘条件、招聘方式如何，以及招聘单位的具体情况等。

将一定数量的职业信息按宏观、具体两个层次分类，对做出正确而有效的选择是十分有利的。只掌握具体的职业信息，不了解就业的宏观情况，很可能做出目光短浅的错误选择；只掌握宏观的职业信息，不了解就业的具体情况，信息就没有实用价值。

2.职业信息整理

搜集信息只是使用信息的基础，无论什么信息，不进行加工处理，使用价值就大大受到限制。信息处理工作所要达到的目的有三个：其一是把原始信息转换成便于观察、传输、分析的形式；其二是对原始信息进行筛选，去粗取精，并加以分类、整理、编辑、浓缩、提炼以及做必要的统计；其三是把某些信息集中并存储起来。信息处理力求及时、准确、适用和经济。

这里以报纸上刊登的招聘广告和有关报道为例，说明职业信息整理的方法和步骤：

第一步，搜集。购买刊登招聘广告和就业政策的报纸或向他人索取，以积累原始信息。

第二步，筛选。将有关的广告和报道用笔圈出或剪下来，去粗取精。

第三步，分类。将剪报、材料分为具体的职业信息和宏观的职业信息两大类，并将具体的职业信息整理、编辑为用人单位直接招聘的广告、招聘洽谈会的举办信息和中介机构的广告三种。

第四步，提炼加工。用红笔在广告和报道上，将与自己关系密切的句子或段落勾画出来，进行浓缩、提炼加工。

第五步，存档。把经过加工的剪报分门别类地粘贴或装订，存好备查。在此基础上，还可以将后搜集来的信息补充进去，这就等于建立了自己的“信息库”。

9.2 求职单位的筛选方略

个人建立职业信息库，目的是使用，即通过处理信息寻求合适的职业目标。运用职业信息库求职，可通过“广撒网”“精挑选”两步进行。

9.2.1 单位方向的广撒网

广撒网是指从职业信息库中找出所有适合自己求职方向的招聘单位，开始逐个进行联系。求职者可以按照招聘信息所提供的联系方式直接与这些单位联系，在有条件的情况下，请人推荐效果会更好。

在实际求职过程中，搜集信息和确定目标单位往往可以同步进行。例如，参加招聘会搜集职业信息时，供需双方能够直接见面，在接触时如果双方都有意向，即可“投石问路”，进行实质性的约见。如果求职者对某一招聘单位相当热衷，就可以积极进行自我推销。

9.2.2 目标单位的精挑选

精挑选是在广撒网基础上，在若干用人单位有了招聘意向以后，通过面试等途径进一步与各个可能就业的单位进行接触，再经过比较、筛选，把其中几家单位作为自己最后决策的对象。

如果一个人能够得到几家招聘单位“可以录用”的答复，就能在最后决策时，充分使用自己的选择权利。

9.3 求职活动的实施方略

策略是实现目标的捷径。为了从事自己理想的职业，个人在着手设计职业生涯时和开始选择职业时，都要仔细考虑、认真分析，讲求策略，根据个人对客观实际情况的判断，采用合理的方法，寻求有效的途径，从而做出正确的选择。

9.3.1 求职实施的基本方略

具体来看，在求职活动中，个人应当采取的方略有：

1.广开门路

个人的求职是在广阔的职业市场中进行的。获取尽量充分的职业信息和有较多可靠之人的推荐，对求职成功具有重要作用。为此，求职者应当广泛搜集社会上各种职业岗位的用人信息，广开眼界，在选定求职目标单位时，宁宽勿严。在信息众多的社会，开拓求职渠道至关重要。

从一般意义上来看，人的求职关系网包括三个层次：第一层是核心关系，包括父母、最好的朋友等，他们能够全力以赴地为求职者提供帮助。第二层是较近的关系，如亲属、同学等，他们能够提供较为广泛、真实的职业信息，能够提出中肯的择业建议，也可能给予一定的直接或间接帮助。第三层是一般关系，他们可能提供一些职业信息和建议（见图9-1)。求职者应当将自己的职业关系网络绘出，作为开始求职的线索。

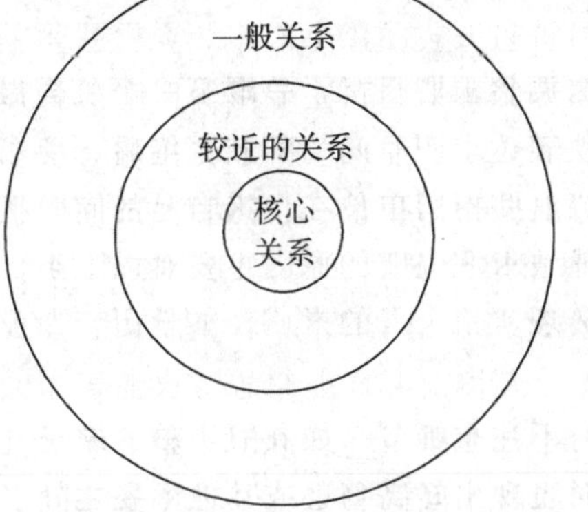

图9-1 职业关系网络

求职者在初步确定若干个求职单位以后，要考虑到社会上竞争者众多。求职者有可能在初选时被这些单位选中，但最终未被录用。因此，求职者应当和初选同意的单位保持密切的联系，而不要轻易否决某一个可能的就业单位。

2.重点集中

求职者要在广阔的职业市场中选择一个职业，开始往往会考虑许多用人单位，与许多单位联系。这里的一个必要原则是：重点集中。为此，求职者要仔细比较，认真思考，然后确定求职的重点目标单位。这样的重点目标最好有三至五个。

确定重点求职目标单位以后，求职者应当对自己相中的招聘单位多下功夫，主动打电话询问或者上门毛遂自荐，向熟悉该单位的人了解情况，并根据该单位的需求情况和招聘条件等进行必要的准备。

3.目标灵活

尽管求职者有职业选择标准，有自己的职业理想，有很具体的职业目标和用人单位目标，到职业介绍所去找工作或者参加招聘会时，他还是会发现现实的职业岗位情况、工作单位要求与个人的想法和要求差距很大。这时，求职者应当在具体、深入了解社会职业岗位实际情况的基础上，迅速调整职业目标，修正自己的职业生涯规划。

4.方法机动

不同的职业岗位有不同的考核内容与招聘方法。不同的招聘单位、不同的考官，也有不同的招聘风格。因此，求职者也要有不同的应聘对策，在应聘尤其是面试时要随机应变，充分展示自己的条件、特长和优势，抓住考官，打动考官，以取得较好的应聘效果。

9.3.2 求职挫折的应对方略

1.正确认识挫折

择业是双向的，求职存在竞争，用人单位为了得到优秀的员工，往往要“百里挑一”。这样，个人在求职过程中遇到挫折，就是难免的了。

对待求职挫折，首先要调整心态，坦然面对，切不可因此而自卑。要知道，生活中的挫折恰恰是锻炼意志、增强能力的好机会，是造就强者的必经之路。

2.寻找失败原因

寻找失败的原因，为调整求职目标、争取下一个机会做准备。

求职者向三四个单位表达求职意向，都被拒绝后，应当暂停求职，冷静地思考一下失败的原因。特别是当这些招聘单位在拒绝自己的同时接纳了别的求职者时，更应从自己身上寻找原因。导致求职失败的原因主要有以下4个方面：

其一，职业理想脱离现实，个人的素质，如学历、专业、能力、专长等不符合招聘单位的要求。

其二，在求职面试时不注重细节，如衣冠不整、缺乏礼貌、谈吐不当。

其三，在求职面试时表现出好高骛远或其他不妥之处。

其四，表达能力欠佳，没有把自己的长处恰当地展示出来。

旁观者清，当局者迷。求职者在遇到求职挫折时，可以请朋友、同学、家长、老师帮助分析求职过程，把自己求职时的言行和对方的态度、表情、语言等回顾一遍，寻找答案。

3.调整职业道路

找到求职失败的原因之后，应当调整目标，制订新的有效方案，重新踏上求职之路。

求职失败后对目标与道路的选择有以下几种情况：

其一，当机立断，降低求职标准，根据社会需要做出新的职业选择，走另一条职业道路。

其二，暂不就业，找机会接受专业培训，提高自己的专业素质和就业竞争力。

其三，选择一个与原来的理想职业接近的方向，并接受职业、专业培训，创造在新方向、新岗位上工作的条件。

其四，先在社会上容易就业的岗位上工作一段时间，再根据自己在这个岗位上的情况和以后的社会职业需求情况，进行职业的再选择，或者“骑马找马”，有机会时另求发展。

其五，找一个容易得到并与自己既定的目标有一定联系的职业岗位，先在该职业岗位上工作，积累必要的信息、经验、关系等，在适当的时机再“金蝉脱壳”，走上目标职业岗位。

知识拓展：“互联网+”时代的网络招聘模式

本章小结

职业信息的内容包括招聘单位的基本情况、职业岗位的工作内容、招聘单位的工资待遇、招聘条件、招聘数量和报名办法。职业信息的来源渠道主要有职业介绍机构、招聘洽谈会、传统新闻媒介、网络、电话、亲自观察、通过他人了解和学校职业指导部门。求职的策略是广开门路、重点集中、目标灵活、方法机动。

复习思考题

1.你是如何判断某个职业岗位是否符合自己的求职要求的？

2.你认为哪种搜集职业信息的渠道最有效？

3.你身边的朋友都用哪些求职途径？你比较喜欢哪种途径？

4.你遇到过求职挫折吗？你是如何看待的？

5.有些人给自己定了较高的求职目标，并表示“宁缺毋滥”，结果求职困难，你如何看待他们的策略？

案例分析题

形象魅力与求职

美国总统林肯的一位朋友，有一次向林肯推荐某人为阁员，但林肯没有任用他。推荐人不解，林肯回答说：“我不喜欢他的举止，太没有风度了。”推荐人问林肯：“一个人的风度和其能力有必然的关系吗？”林肯答道：“人到了一定的年龄，就应该对自己的举止负责。我很难想象一个不能吸引别人的人会胜任公职工作。”

日本许多大企业在招聘人员时，除了考查其能力和背景外，还要对其风度或魅力进行验证。当在两个具有同等条件的应聘者中进行选择而又无法决定时，老板会向自己的女秘书提出这样一个问题：“假如你必须在这两个中选择一个做丈夫，你会选择谁呢？”被女秘书选中的人，就被老板录用了。老板的逻辑是：一个人如果在异性眼中形象不佳，则在同性中也不会太好，因而也不会更好地胜任工作。由此可见，魅力对求职就业者具有重要意义。

演员是非常有吸引力的职业。北京电影学院表演系曾在北方一座城市招收学员，报名者纷至沓来。漂亮的姑娘们一个个花枝招展、涂脂抹粉、穿金戴银，都想在屈指可数的几个名额中夺得一个，实现令人羡慕的明星梦。面试结果出人意料：一个没有化妆打扮、毫无时髦可言的姑娘一举中的，荣幸地被录取了。

原来，招生的考官是一位德高望重的老太太。由于年龄和学识的差异，她对这些刻意修饰的姑娘很是反感，认为她们为当明星而来报考演员的动机不正确。当这个一身素白连衣裙，没有任何首饰、装扮的姑娘款款走来时，她眼前一亮，对这位姑娘产生了极好的第一印象。在随后的面试、表演等一系列考核中，老太太频频点头，于是，这位姑娘一路过关斩将，最后被录取了。其实，幸运之神在老太太看见她第一眼时就已经向她招手了。这就是心理学讲的“首因效应”。

资料来源 佚名. 面试指南 成功推销你自己［EB/OL］.［2021-06-06］. http：//www.docin.com/p-437467375.html.

讨论：

1.什么是形象魅力？它在求职中有哪些作用？

2.林肯不录用没有风度的人，你对此有何见解？

3.从本案例中，你得到什么启示？你认为应当如何增强自己的就业竞争力？

第9章案例分析提示

职业测试

你的性格需要改变什么

每个人的性格都不同，有的内向、腼腆，有的外向、活泼。正如没有完美的人一样，也没有完美的性格，每个人的性格总是存在这样那样的缺陷，想想看，你自己的性格最需要改变什么呢？

测试题目：

你到一家百货公司买衣服。在众多衣服中选好了一件并付完账后，你又有些后悔买了这件衣服，想去退换。请想一想，你最有可能为了什么理由而后悔？请从下面的选项中选择最符合你的一项：

A.品牌不具知名度，或品质不够好

B.价钱太贵

C.样式或颜色不喜欢

D.尺寸大小不合适

E.不够流行，款式已经落伍

“你的性格需要改变什么”测试结果

第10章 应试方法

学习目标

✓重点掌握求职过程中笔试、面试及职业技能考试的考核目标、流程设计和应试方法；

✓掌握笔试、面试、职业技能考试的内容与特点；

✓了解招聘单位及求职应试者应当进行的考前准备和应试注意事项等。

引例

面试要讲求技巧

L同学在求职之初，屡试屡败。一天下午，他走进就业指导中心寻求帮助。指导老师让他回忆前几次面试中自我感觉有何失误。回想之后，他说在中国农业银行的面试中过于紧张，说话没有条理；在光大集团的面试中没有说好为什么要加盟光大；在信息产业部的面试中没有回答好业余爱好是什么（他回答的是喜欢和朋友们喝酒、聊天）。

在反思以前面试中的不当之处后，指导老师让他在准备下一个面试时，除了专业知识外，还要做到：事前自己以正常说话口吻简短地进行两分钟的自我介绍；对简历中每一方面的内容都心中有数；对所应聘的公司要做到大致了解，并且一定要思考“我为什么要来，我来了能做什么”这样的问题；面试时注意说话的语速和音调，以保证让面试官听清楚。一个星期后，他满脸欢喜地对指导老师说，他参加了中国人民保险公司的面试，在11位主考官面前，他神态自若，回答流利，有理有据，得到了面试官的一致好评。又一个星期后，他打电话告诉指导老师，他被中国人民保险公司录取了。

对求职者来讲，每一次经历都是一个成长的好机会。及时总结经验，在实力不断增强的基础上不断增强自信心，才能不断增加成功的砝码，到达成功的彼岸。

资料来源 佚名. 人才大集又开张 求需心理对对碰 [N]. 石家庄日报，2012-02-08.

本案例中，用人单位通过何种方式了解应聘者的基本情况？L同学在前几次面试中为什么会失败？在就业指导老师的帮助下他在哪些方面得到了改进？

10.1 笔试

10.1.1 笔试概述

笔试作为公开选拔的一种考核方式，在考查应聘者知识掌握程度和知识运用能力方面发挥不可替代的作用，利于用人单位择优录取。因此，大单位大批量用人，如国家机关选聘公务员等，常采用此种考核形式。

1. 笔试的特点

(1) 客观性。笔试的试题一般都是具有明确答案的客观试题，在不出现舞弊的情况下，得分能够客观地反映应试者的知识水平。即使有一些用来考查知识运用能力的主观性试题，如公文写作等，考试组织者往往也会事先设定一定的评判标准。

(2) 公平性。同样的试题、同样的标准，由考试成绩来决定胜败。对竞争者来说，笔试是一种相对公平的竞争方式。

(3) 权威性。考试的科目和试题都直接体现用人单位的意图，而且不同单位的考查重点可能相差很大，对参加用人单位招聘的竞争者来说，用人单位的试卷设定了考核标准，就在一定范围内具有权威性。

(4) 筛选性。笔试主要适用于应试人数较多、需要考核的知识面较广或需要重点考核文字能力的情况，一些对录用人员专业技术和素质要求很高的单位经常采用这种方式，对众多的应试者进行必要的筛选，选拔一部分优秀者进入后面的考查环节。例如，国家和地方公务员招录、教师招考等都把笔试作为首要的环节。

2. 笔试的优点和缺点

笔试的优点在于花费时间少、效率高、成本低，对应试者的知识、技术、能力的考查信度和效度较高，成绩评价比较客观。但是，笔试也有缺点，主要表现在不能全面、直接地考查应试者的工作态度、品德修养以及其他一些隐性能力，因此笔试往往只作为人员甄选方式的补充或初步筛选方法。

10.1.2 笔试的分类

1. 专业能力考试

这种考试主要是检验应聘者担任某一职务时，能否达到所要求的专业知识水平和相关的实际能力。例如，用人单位常常通过大学生的成绩单了解其在学校的学习情况。一些专业性要求比较高的用人单位，通过笔试对求职者进行专业知识水平的考核。比如，公检法机关录用干部要考法律常识，银行等金融机构要考会计、金融及相关政策法规等综合知识等。

2. 心理测试

心理测试是事先编制好标准化量表或问卷要求应试者完成，根据完成的数量和质量来判定其心理水平或个性差异的方法。一些特殊的用人单位常用这种方式来测试应试者的智力、态度、动机、兴趣、个性等心理素质。

3.智商测试

智商测试主要为一些著名跨国公司所采用，他们对应试者所学专业一般没有特殊要求，但对其综合素质要求较高。他们认为，专业能力可以通过公司的培训获得，因此有没有专业训练背景无关紧要，但是否具有不断接收新知识的能力至关重要。智商测试主要有两种：一类是图形识别，比如一组有四种图形，让应试者指出其相似点和不同点；另一类是算术题，主要测试应试者对数字的敏感程度以及基本的计算能力。

4.命题写作

这是用人单位考查求职者文字表达能力以及分析问题和逻辑思维能力的一种很好的方式。例如，用人单位要求应试者在规定的时间内写出一份请示报告、会议通知、工作总结，或提出一个论点，让应试者予以论证或批驳。

5.综合能力测试

综合能力测试兼有智商测试的要求，但比智商测试的要求更高。比如，应试者要在规定的时间内对一组数据或文字资料进行分析，找出其合理的地方和存在的问题，并设计出解决问题的方案。这可以对应试者的阅读理解能力，发现、分析和解决问题的能力等综合素质进行全方位测试，相对来说难度更大。

6.国家公务员录用考试

公务员录用考试是指中央和地方国家公务员管理机关根据统一标准，按照公开考试、择优录用的程序任用国家公务员的形式，主要考查应试者的知识水平、理论水平、写作能力和思维能力。一般用人单位采用笔试时，可能只进行单一的专业考试，而公务员录用考试则是专业考试、心理素质和智商测试、命题写作测试等的综合应用。笔试是首要的一环。近年来，国家公务员考试招录人数增减趋势并不完全一致。2015—2018年，招录人数和招录岗位基本呈现上升趋势，2019年则呈现断崖式下跌。其中，2018年为招录人数及招录岗位最多的年份，共招录人数28 533人，招录岗位16 144个，2019年为招录人数及招录岗位最少的年份，共招录人数14 537人，招录岗位9 657个。2020年国家公务员考试，共有550个部门提供13 849个职位，总共招录24 128人，比2019增加了近万人。

10.1.3 笔试的准备

笔试具有筛选性的特点，因此有相当高的淘汰率。想通过短期内突击提高笔试能力的想法并不现实，不可依赖“临时抱佛脚”，猜题押宝。无论是逻辑思维能力、分析问题能力的提高，还是对基础知识的了解和掌握，都需要经过长期的实践和积累，并非一蹴而就。笔试准备主要包括：

1.技术性笔试的准备

这类笔试主要针对研发型和技术类职位。这类职位的特点是，对相关专业知识的掌握要求比较高，因此笔试题目主要是与工作有关的技术性问题，专业性比较强。对于这类技术性笔试，应试者要有扎实的专业基础，考前应该结合具体职位学习相关资料，认真梳理与职位相关的各方面知识，以便全面了解笔试内容，做到心中有数。

2.非技术性笔试的准备

这类笔试比较常见，对应试者的专业背景的要求也相对宽松。非技术性笔试的考查内容相当广泛，除了常见的阅读和写作能力、逻辑思维能力、数理分析能力外，有时还会涉及时事政治、生活常识、情景演绎，甚至智商测试等。对于这类考试，应试者平时不仅要注重各方面知识的学习与积累，要更注意从多方面了解社会信息，扩大知识面，不断地充实自己。另外，非技术性笔试往往题量较大，平时要加强训练，以提高自己的阅读速度。

3.心理状态的准备

笔试是用人单位甄选人才的重要方式，应试者保持一个良好的心理状态是很有必要的，考前应减轻思想负担，调整好心理状态，力争以最佳的状态应试。

10.1.4 笔试的方法

笔试的方法有很多，根据一些招聘单位的经验和做法，常见的有知识测试法、素质测试法、能力测试法和综合测试法等。

1.知识测试法

知识测试法主要是通过笔试的形式了解应试者对用人单位要求的某些方面知识的掌握程度，如银行业对应试者的金融、会计、保险等知识的测试，IT业对应试者的计算机软硬件、语言、编程等知识的测试，司法机关对应试者的法律知识及实务方面的测试。

知识测试经常使用的方法包括：

（1）填空法，即在相关知识点表述中空缺一些内容，要求应试者补充。

（2）判断法，即要求应试者对知识点表述判断正误。

（3）选择法，即对知识点进行若干容易混淆的表述，要求应试者做出正确的选择，可以有单选题，也可以有多选题。

（4）问答法，即要求考生对提出的问题做出回答。

用人单位使用这些方法对应试者进行测试时，出于了解应试者知识掌握程度的需要，题目设计往往表现出问题明确、出题量大、涉及面广、知识点多、难度适当等特点。

2.素质测试法

素质测试法主要是通过笔试的方式了解应试者的心理、智商、生理等方面的状况。招聘单位往往借助事先编制好的标准化量表或问卷要求应试者在规定的时间内完成，根据完成的数量和质量来判断应试者的智力、态度、动机、兴趣及个性差异等。内容一般包括人格测试、心理健康状况测试、气质测试、智力测试、兴趣测试、人际关系测试、专业素质测试，以及心理适应测试等。

3.能力测试法

能力测试法主要通过笔试的方式反映应试者在某些方面所具备的相应能力。如果说知识测试法是封闭型考试或识别型考试方法的话，那么能力测试法则是开放型考试或知识运用型考试方法。

作文法、论文法和上机操作等是能力测试经常使用的方法。作文法包括公文写作、命题作文、素材作文、情景作文等，从内容方面考查立意和取材，从形式方面考查段落结构、词句、文字、书写、标点符号等，能够客观地反映应试者的文字表达能力、逻辑思维能力等。论文法主要包括调研报告、事故分析报告、学术研究报告等。这种测试远比简单的知识和素质测验更能判断一个人的能力和水平。随着计算机技术的进步，上机操作也成为一种笔试的方法和进行其他测试的手段，它能够反映应试者的计算机知识水平和操作能力及其他相关能力。

由于应试者个体的差异性，能力测试法存在一定的缺点，表现为对测试结果难以给出切实的评价标准，容易掺入主观因素。

4.综合测试法

综合测试法是对上面几种笔试方法的综合运用，由于其对应试者知识水平、综合素质和能力进行全面的考查，因而运用比较广泛。下文的行政职业能力测验和申论都属于这种笔试方法。

10.1.5 行政职业能力测验

行政职业能力测验（administrative aptitude test，AAT）是专门用于测查与行政职业上的成功有关的一系列心理潜能的一种标准化考试，由国家公务员局考试录用司组织有关专家命题，主要用于国家行政机关招考非行政领导职务工作人员。它既不同于一般的智力测验，也不同于行政职业通用基础知识或具体专业知识技能的测验，其功能主要是通过测量一系列心理潜能，预测考生在行政职业领域内的多种职位上取得成功的可能性。

在近几年的国家公务员录用考试中，行政职业能力测验占有越来越大的比重，其成绩优劣已直接关系到考生能否顺利通过公务员录用考试。由于具有测试内容的基础性、测试方法的标准化、测试结果的准确性和使用范围的广泛性等特点，行政职业能力测验不仅被国家和地方的机关和事业单位使用，而且是许多大企业，包括许多世界500强企业所使用的方法。

1.行政职业能力测验的内容

行政职业能力测验所要考核的是与行政管理工作密切相关的潜在的基本能力，这些能力决定了行政职业能力测验的内容。

根据国外公务员录用考试100多年的经验和我国有关专家进行的多年研究，在职业能力方面，我国对机关行政工作人员确定了数量关系、判断推理、言语理解与表达等最基础的素质能力要求。只有当这些基本能力达到一定程度并得到一定知识经验的支持后，才能形成综合判断能力、组织与人际协调能力以及资料分析能力等较高层次的职业能力。对这些较高层次的职业能力，除了一部分判断能力和资料分析能力外，通常很难通过客观性的笔试来考查（有些可以通过面谈来考查）。此外，在设计考试内容时还要充分考虑到适应大规模选拔性考试的操作要求。

基于这些认识，我国选择了上述能力要素中最基本、最主要和便于实际测查的方面，作为行政职业能力测验的内容，即常识判断、言语理解与表达、数量关系、判断推理、资料分析等五大部分。这五种能力只体现了对国家公务员的最低限度的要求，并不代表行政机关职业能力的所有方面，因此，能通过测验只是说明应试者具备了做好行政工作的必要条件，而不是充分条件。

表10–1概括了2020年国家公务员考试行政职业能力测验（地市级）的试卷构成、各部分分配的题目数量，以及各部分测试的目标与题型。

表10–1 行政职业能力测验（地市级）的内容结构

部分	内容	题量（道）	测试目标与题型
一	常识判断	20	主要测查的内容涵盖法律、政治、经济、管理、历史、自然、科技等方面，侧重考查应试者的基本知识运用能力 题型均为词或句子的四选一
二	言语理解与表达	40	主要测查应试者运用语言文字进行交流和思考，迅速而又准确地理解文字材料内涵的能力。它包括：根据材料查找主要信息及重要细节；正确理解阅读材料中指定词语、语句的含义；概括归纳阅读材料的中心、主旨；判断新组成的语句与阅读材料原意是否一致；根据上下文合理推断阅读材料中的隐含信息；判断作者的态度、意图、倾向、目的；准确、得体地遣词用字等 题型有阅读理解、语句表达、逻辑填空等
三	数量关系	10	主要测查应试者理解、把握事物间量化关系和解决数量关系问题的技能，主要涉及数字和数据关系的分析、推理、判断、运算等 题型为数字推理、数学运算（包括数字题与文字应用题）
四	判断推理	40	主要测查应试者对各种事物关系的分析推理能力，涉及对图形、语词概念、事物关系和文字材料的理解、比较、组合、演绎和归纳等 题型包括图形推理、定义判断、类比推理和逻辑判断4种类型
五	资料分析	20	主要测查应试者对各种形式的文字、图形、表格等资料的综合理解与分析加工的能力，这部分内容通常由统计性的图表、数字及文字材料构成 题型为数据题、统计图表题、文字材料题和混合题
	合计	130	

从内容结构来看，行政职业能力测验有测验面宽、题量大、题型稳定的特点。经过改进与完善，目前该测验被划分为5个相对独立的分测验，即常识判断、言语理解与表达、数量关系、判断推理、资料分析，共130道题。测试内容以文字、图形、数表三种形式出现，一律采用四选一的客观性试题。

从作答要求上来看，行政职业能力测验与现行标准化考试的方式相似，但是，作为对公务员最低要求的考试，为了保证选拔到合适的人才，它也有其严格的要求。首先，行政职业能力测验有严格的时限要求，应试者在120分钟内不仅要阅读大量的材料，还需要回答130道试题，每一道题的平均阅读加作答的时间不到1分钟。应试者在规定时间内回答不完卷子的全部试题是常有的现象，也是正常的现象。其次，行政职业能力测验要求应试者思维反应敏捷，读完题目内容就能准确领会题意，并立即做出选择判断。

2.行政职业能力测验的实际运用

1988年，人事部考试录用司开始组织一批心理学家研究开发行政职业能力测验，并于1989年在公务员制度试点的国家统计局等六部门的录用考试中尝试使用。1990年，在两次共14个部门的联合招考中，行政职业能力测验占公共科目权重的1/5；1991年，在部门联合招考中，行政职业能力测验占公共科目权重的1/4；在1992年13个部门联合招考和1994年9月首届中央国家机关录用公务员考试中，行政职业能力测验占到公共科目2/5的权重。[①]2001年11月，人事部和中组部研究决定，将中央、国家机关公务员录用考试公共科目笔试确定为只考行政职业能力测验和申论两个科目，即报考A类职位的考生考行政职业能力测验（A）和申论，报考B类职位的考生只考行政职业能力测验（B）。从2006年开始，A、B类都要考一样的科目，就是行政职业能力测验和申论，只不过行政职业能力测验分别命题。而各个地方的考试科目都是地方自定的，一般都有笔试和面试。笔试科目各有不同，就公务员考试改革的趋势来看，倾向于向考行政职业能力测验和申论两科靠拢。

一些部门和单位，如外交部、水利部、生态环境部、国家知识产权局、中国人民银行总行、国家市场监督管理总局等，在自行组织的录用考试中，也常将行政职业能力测验作为一个重要科目。一些自行组织录用考试的部门更将行政职业能力测验作为笔试阶段的唯一测试内容。另外，某些企事业单位在其“白领”员工的招聘考试和在职员工的素质测评中也曾借用经过了变通处理的行政职业能力测验，并取得了较好的效果。可以说，行政职业能力测验的意义已为越来越多的人事部门所认识。

随着研究的深入和应用水平的提高并考虑到录用人员层次和拟任岗位的不同，相继有近10种行政职业能力测验版本被开发出来并投入使用。

概括起来，行政职业能力测验的作用包括以下几个方面：

（1）在某些特殊情况下，通过用测量学和统计学方法建立一定的行政职业能力测验成绩和一定的学历水平之间的对应关系，可以将该测验成绩作为同等学力的认定标准来使用。

（2）对用人部门来说，行政职业能力测验适合作为早期筛选测验的方法。行政职业能力测验是一种适用于团体施测的纸笔测验，全部采用客观化试题，可使用机器阅卷。经行政职业能力测验初选以后，不具备基本能力素质的人不能进入后面更复杂的评价程序，从而大大节省人力、物力和财力。

（3）使用行政职业能力测验有利于提高录用考试的严肃性和权威性。该测验是由我国有关专家精心研制的，它具有原理科学、材料精致、施测严密、结果客观的特点，因而有利于提高人员录用考试的严肃性与权威性。

（4）应考人员通过行政职业能力测验则说明其具备了进入国家机关工作的最基本的“门槛”条件，但从逻辑上来说这只是录用的必要条件而并非充分条件。行政职业能力测验在一定程度上只体现了对公务员的最低要求，因此它通常与其他考试和测评

① 高桥．大学生就业指导［M］．北京：清华大学出版社，2006：120-121.

手段一起使用，相互补充。一般，招考单位会对行政职业能力测验规定一个合格分数线，得分高于此分数线者，可结合其他方面的评价结果予以综合考虑，低于此分数线者，则不能被录用。

（5）行政职业能力测验有利于人事部门了解考生从事行政工作的潜能与差异，避免选人过程中可能出现的“高分低能”现象，提高选人、用人的准确率，从而达到“人适其职，职得其人”的目的。

3.行政职业能力测验应试准备与方法

（1）行政职业能力测验应试准备。可能有人认为参加行政职业能力测验之前不需要做复习和准备工作，可以完全靠自身的潜力和素质，但实际情况并非如此。首先，行政职业能力测验考试题量大、时间短，如果在考试中不善于运用解题技巧和规律，则很难在规定的时间内完成试卷。其次，对于一些技巧和规律，需要花一些时间来掌握并熟练运用，如果仅仅知道而未能熟练运用，在应试中也不能发挥其功效。另外，行政职业能力测验试题覆盖面广，考前进行细致充分的准备，是提高考试成绩的关键。

考生进行复习和准备时，首先要认真阅读和理解考试大纲。国家主管部门颁布的考试大纲是命题和考试的依据，也是考生进行复习备考的参照系。国家公务员录用考试的具体内容和形式每年都有不同程度的变化，考试大纲会对考试进行全面、细致的说明。通过考试大纲，考生可以了解考试的方向和内容，增强对考试的整体理解和宏观把握。其次是结合大纲梳理平时积累的知识和技巧。行政职业能力测验的考题覆盖面很广，涉及政治、经济、文化、人文、社会、法律、科技和管理等领域，平日的积累很重要。不管考生报考哪一类职位，关键要熟悉行政职业能力测验的考试方法和解题思路。再次是平时要关注社会热点、重点问题。一些考题往往是结合时政形势、热点问题来出的，关注这些内容能够使考试事半功倍。最后是要保持良好的心态，拿得起、放得下，正确对待考试。

（2）行政职业能力测验应试方法。考生在答题过程中需要注意几个方面：审清题目，先易后难，忠于题目，联系实际，把握时间。另外，掌握一些客观题的常用答题方法，有助于提高答题效率，主要包括：

①淘汰法，也称排除法，在四选一的题型中应用非常广泛。当确定一个选项不符合题意时，便将自己的注意力迅速转移到下一个选项，依次加以否定。

②去同存异法。在阅读完试题内容和所有选项后，先把内容或特征大致相同的选项去掉，而保留差别较大的选项，再将剩余的选项进行比较，最后确定一个符合题意的正确答案。

③印象认定法，即根据印象的深刻程度来选择答案。重视第一感觉，熟悉的东西在人的直观反应中比不熟悉的东西更为强烈些。

④比较法。此方法应用范围较广。在解答单项选择题时，将各选项同题目要求进行纵向比较，根据其差异的大小来确定最符合题意的答案。

10.1.6 申论考试

1.申论的含义及考查目的

申论，取自孔子的“申而论之”，即申述、申辩、论述、论证之意。它既有别于古代科举考试中要求就给定题目论证某项政策或对策、撰写论文的策论形式，也有别于以往公务员考试中的作文形式。

申论考试主要侧重考查应试者对给定资料的阅读理解能力、分析归纳能力、提出和解决问题能力以及文字表达能力。考试形式既严格又灵活，要求考生摒弃套话、闲话，分析、论证和解决问题透彻、全面、清晰，同时充分发挥自己的潜力，施展自己的真才实学。

2.申论考试的特点

首先，申论考试的背景资料具有普遍性。公务员录用考试比较注重对应试者实际能力的考查，而且内容并不局限于某一方面，对政治、经济、法律、文化等均有涉及。试题一般较为规范，不会出现偏差。这主要表现在试题的表述明确，涉及的内容和观点都不偏颇，没有争议，每个考生应该都能有论而发。一些难以定论的问题，尤其是争论激烈的前沿问题，一般是不会考的。

其次，申论的题目有很强的针对性。虽然申论考试的背景资料涉及面广，内容复杂，但是重点突出。针对性和可行性是申论考试的两个基本要求，只有认识和抓住了这两点，才算真正领会了申论考试的精髓，找准了答题的突破口，从而能够高屋建瓴、鞭辟入里地建构思路和完成论证。因此，考生应认真仔细地阅读给定资料，不要匆忙提笔作答和写作，在把握资料本质内容的基础上，抓住重点，条分缕析，使回答和论证更富有表现力和说服力，否则，只能是四处出击，尽管洋洋洒洒，长篇大论，却不得要领，事倍功半。

3.申论的考试内容

申论考试的内容比较规范，清晰明确，首先给定一篇（或一组）2 000~10 000字的资料，要求应试者在认真阅读给定资料的基础上，理解给定资料所反映的事件（或案例或社会现象）的性质和本质，然后按要求做题。其答题形式具体言之，就是经过对资料的整理、分析、归纳后，用简明扼要的文字概括出给定资料所反映的主要问题，然后针对主要问题提出解决问题的对策和可行性方案，也就是，紧紧扣住给定资料及其反映的主要问题，申明、阐述、论证对问题的基本看法和解决问题的方法。

“申论要求”之一是“概括出给定资料所反映的主要问题”，所要应用的文体是“缩写”和“综述”。

“申论要求”之二是“提出给定资料反映问题的解决方案”，其目的是考查考生运用现有的知识和社会经验，从全局角度分析问题、解决问题的能力，并能够将自己的观点、建议条理清晰地表述出来。

“申论要求”之三是“就给定资料所反映的主要问题，自拟标题进行论述”，实际上是要求在较短的时间内写出一篇自拟题目的议论文。

因而，只要会写说明文、议论文或总结之类的文章，就能写申论，但是要想写出好的申论文章，并非易事，需要下较大的功夫去学习和准备。

4.申论考试的解题环节和方法

申论考试的全部过程可以归纳为阅读资料、概括主题、提出对策、进行论述四个主要环节。

阅读并理解所给定的资料是申论考试最基础的环节。这个环节虽然不能用文字直接在答卷上反映出来，却是完成其他三个环节的前提条件，而且在时序上居于首要地位，不容滞后。申论考试的时间应该说是比较充足的，考生应该也完全有必要拿出一定的时间（一般需要40分钟左右）来仔细阅读给定资料，以求真正理解和掌握资料的叙述思路和内容实质。只有读懂读通全部给定资料，才能把握资料所反映的事件的性质，也才能准确地概括出给定资料所反映的主要问题，完成第二环节的要求，切不可匆匆忙忙浏览一遍，不求甚解。

概括主题是一个重要的承上启下的环节。一方面，它是对前面阅读资料环节的一个小结；另一方面，它又使提出的对策或可行性方案以及论证过程更具有针对性，是其据以立论和展开的基础。若是主题概括不准确或是不够全面，下面的程序也就很难进行了。

提出对策是申论考试的关键环节，重点考查考生的思维开阔程度、探索创新意识、应变和解决问题的能力。它给考生提供了充分发挥的自由空间，考生可以根据各自的知识、阅历，对同一问题各抒己见，见仁见智。需要注意的是，在这一环节必须结合给定资料所涉及的范围和条件，才可能提出切实可行的对策和方案。

进行论述是最后一个环节，在一定意义上，它才算是申论的真正开始。它要求考生充分利用给定资料，切中主要问题，全面阐明、论证自己对给定资料所反映的主要问题的基本看法以及解决问题的方案。尽管前面的三个环节非常重要，不可或缺，不能有任何懈怠，但总的来说，这些都只是积极有益的铺垫，此处的论证过程则需要浓墨重彩、淋漓尽致地书写。这不仅因为它的字数要求多，分值高于其他部分，更重要的是，论证才是申论考试的核心，能全面考查和衡量一个人的分析归纳能力、提出和解决问题的能力以及逻辑说理能力。

论证部分的写作应该在深入思考、运筹帷幄的基础上进行，最好事先列一个扼要的提纲，做到胸有成竹、行文流畅，并要注意论题鲜明、重点突出、线索清晰、详略得当这些写作的基本要求和规范。

10.2 面试

10.2.1 面试概述

1.面试的含义

面试是用人单位通过当面交谈的形式对应聘者进行考核的一种方式。通过面试能直接观察应试者的仪表、气质、举止、口才和应变能力，便于了解应试者的综合素质和各方面的能力，因此面试基本上是所有用人单位必用的一种方式。和笔试相比，面试具有较大的灵活性和主观性，对应试者来说是一种不小的挑战。

2.面试的内容

面试的内容主要包括：（1）仪表修养；（2）专业水平；（3）兴趣爱好；（4）求职动机；（5）口头表达能力；（6）逻辑思维能力；（7）反应能力；（8）心理素质；（9）沟通能力；（10）进取心；（11）情绪控制能力。[1]

3.面试官的类型[2]

（1）伙伴型。这种类型的面试官，往往拥有多年的招聘面试经验，有着不一般的洞察力，能够非常熟练地运用招聘面试技巧。在面试过程中，面试官习惯身姿前倾、保持微笑，用鼓励或赞同的方式营造一种轻松的氛围，让应聘者毫无心理戒备从而显露最真实的一面，这样可以从应试者那里得到许多在其他情况下可能不会得到的信息，如收入水平。应试者应保持友好，但不要完全放松警惕，不要因为面试官的美言去迎合他们的喜好，更不要因为面试官的谦虚而妄自尊大。

（2）冷漠型。这类面试官外表冷峻，不喜形于色，不善言谈，几乎没有任何肢体语言。面试官可能对应试者的出现没有任何反应，甚至不会很客气地跟他打招呼、寒暄。也许面试官是在考验应试者，因此应试者要争取主动，找到一些话题的切入点。在整个面试中，应试者必须积极主动一点，否则面试官也许会认为应试者不善于沟通。

（3）自以为是型。这类面试官比较高傲，有点看不起别人，一般会提一些很专业的问题。他们喜欢把人“逼”到死角，施加压力，并以他们的标准来衡量应试者的回答。应试者应保持冷静和自信，展示尊重，不要被面试官的气势吓倒或激怒，他们冷冰冰的态度并不意味着应试者得不到那份工作，这只是他们的一种手段罢了。

（4）态度散漫型。这类面试官往往装出一副漫不经心的样子，似乎对这次面试不太重视，但其实他们的目的是看应试者是否易受别人的干扰。应试者不要以为自己可以一样轻率，随便谈天说地，而应该以认真的态度回答那些看似无关紧要的问题。请记住：面试官都很忙，绝对不会拿别人开玩笑。

（5）观察型。这类面试官比较幽默，好奇心强，思维活跃，他们喜欢用游戏或一些看似简单却容易因紧张而忽视的小测试来考查候选人。应试者要热烈响应他们的任何提议，对他们的测试要表现出很高的积极性，同时要克服紧张的情绪，尤其是那些性格内向、生性胆小的应试者，因为过度紧张可能会导致思维停滞，以致完成不了一些简单的小测试。

（6）演讲家型。这些面试官无心问及应试者的情况，只求淋漓尽致地表现自己。应试者会因为担心自己没有表现的机会而紧张，但最好不要打断他，不随便插话，安安心心地做个好的聆听者，采取“以静制动”的应对方法，让他能处于自我兴奋状态，表现出对他的“演讲”怀有浓厚的兴趣，同时不断用表情语言或肢体语言，促使他把话讲下去。

---

① 高桥．大学生就业指导［M］．北京：清华大学出版社，2006：120-121.
② 周宏岩，苏文平．大学生职业生涯规划指导［M］．北京：化学工业出版社，2008.

（7）缺乏经验型。这类面试官在面试方面几乎未受过专业培训或者经验相当少，面试技术一塌糊涂，行为举止变化多样，而且往往自我掩饰性比较差：说话没有层次，东拉西扯，做事迟缓，给人感觉工作效率低。如果应试者不符合标准，他们会很快结束面谈，有时可能只有短短的几分钟。应试者不要忽视他们的重要性，在与他们交谈时，要从容不迫，强调自己的优势，以个人技能适用于所应聘职务为话题展开讨论，从而大大方方地控制局势。

4.面试分类

（1）个体面试，即一对一面试和多对一面试。一对一面试一般是将应试者按某一标准排序，而后考官与他们进行一对一的面试，通常用于第一次面试。多对一面试是指众多考官同时对一个应试者进行面试的形式。采用这种方式的目的在于保证综合评价的客观性以及集体做出最后的决策。

（2）小组面试。面试官同时对多个应试者进行面试，一般是由一个主考官提问，其他主考官负责观察和记录应试者的回答、反应、态度及表现等，以对应试者进行现场综合评定。现在越来越多的用人单位乐于采用小组面试，“面试官多人，应试者多人”的现象司空见惯。面试方式不再是千篇一律的“一问一答”的问答式，而是由用人单位提出一个需要解决的问题，应试者以小组的方式进行讨论，相互协作，最后得出最佳解决方案或者让应试者轮流担任领导主持会议、发表演说等。这种方式主要用于考查应试者的逻辑思维能力、解决实际问题的能力、人际交往能力、洞察与把握环境的能力、领导能力等。小组面试的优点：一是可以横向比较应试者，统观全局，大致地了解每个人的特点；二是考查小组成员的团队合作精神；三是节省时间，效率高，同时可以缓解应试者的紧张心情，让应试者在相对放松的环境中较为自如地发挥，从而全面考查应试者的语言能力、思维能力和在团队中适合扮演的角色。

（3）标准程序面试。它一般用于最初几轮的筛选面试中，基本上都是先过一遍简历，再根据预先准备好的询问题目对应试者逐一发问，如询问应试者一些业务知识以及对一些问题的看法，最后让应试者提几个问题。其目的在于获得有关应试者全面、真实的资料，观察应试者的仪表、谈吐和行为等。

（4）非标准程序面试。非标准程序面试即开放性面试，随意性很强，面试官想问什么就问什么，应试者对这类问题常常无从准备，不好把握。这类面试官往往级别较高、面试经验丰富，他们会问一些比较轻松的话题，尽量活跃谈话气氛，在闲聊中观察应试者的能力、知识、谈吐和风度，并发觉应试者的潜质。

（5）压力型面试。这对应试者不仅是知识层面的考验，更是一种心理承受能力和应变能力的考验。面试官一般会营造出一种严肃的氛围，常用苛刻的言语给应试者施压，不断追问应试者，直至无所回答，以观察应试者的反应。中了“圈套”的应试者可能会惊慌失措、愤怒、焦虑甚至说话语无伦次，这个时候一定要不断地提醒自己要克制、冷静，要不失态地把这种场面应付过去。

（6）情景型面试。这是指面试时给应试者创设一个情景，这种情景可以是与工作内容相关的，也可以是毫无关联的。这种面试突破了面试官和应试者那种一问一答的常规模式，引入了无领导小组讨论、公文处理、角色扮演、演讲、答辩、案例分析等情景模拟方法。情景型面试的具体方法灵活多样，面试的模拟性、逼真性强，应试者的才华能得到更充分、更全面的展现，面试官对应试者的素质也能做出更全面、更深入、更准确的评价。

5.面试的特点[①]

面试的特点主要表现在：（1）面试以谈话和交流为主要手段；（2）面试交流具有直接互动性；（3）面试内容具有灵活多样性；（4）面试是一个双向沟通的过程；（5）面试时间具有持续性。

6.面试的作用[②]

面试能够起到的作用为：（1）可以考查到笔试难以考查到的内容；（2）可以综合考查应试者的知识、能力、工作经验及其他素质特征；（3）可以弥补笔试的不足，并有效地排除高分低能者和冒名顶替者；（4）可以测评应试者多方面的素质。

10.2.2 应试者的面试准备

1.信息资料准备

（1）搜集招聘单位的信息。在面试前要尽可能多地了解招聘单位的基本情况，对招聘单位的性质、背景、业务范围、企业文化、发展情况等要了然于心，对招聘单位的内部组织、员工福利、一般起薪、工作地点等也要尽可能地了解清楚，做到心中有数，这样当被问及这类问题的时候才会有的放矢，令主考官对你另眼相看，产生你是单位一分子的感觉，并对你渴望加入该单位的诚意无可置疑。应试者还应清楚自己应聘的是什么职位、该职位的要求是什么、该职位在招聘单位中处于什么位置，以及该单位的一般起薪，这样在谈及薪酬这个敏感话题时，就不会因没把握好度而将自己置于尴尬的境地，影响面试结果。

（2）尽量了解主考官。如果条件允许，还要对主考官的个人信息、兴趣爱好等进行搜集。主考官直接决定着你的面试结果，要想让他对你满意，你就要学会针对主考官的特点选择回答问题的方式。

（3）准备个人资料。除了携带求职信、简历、毕业文凭、推荐信外，还要准备其他一些书面资料，如能证明你工作能力的职业资格证书、技能证书、作品、成果，它们能提高你的身价，但要根据应征职位的需要选用合适的资料。张冠李戴、一股脑把全部资料都交出去，效果只会适得其反。求职者要搜集的是个人资料库中与应征职位相关的资料，绝不是多多益善、包罗万象。

（4）其他信息。求职面试最忌讳的就是迟到。为了避免仓促上阵、手忙脚乱，接到面试通知后，应仔细阅读通知，了解清楚面试时间和地点、交通路线；要考虑到可能出现的一些意外情况，最好提前出发，给自己留出充足的时间。有条件的话最好提前去一趟面试地点，既可以熟悉环境，又便于掌握路途往返时间。如果迟到了，肯定会给招聘者留下不好的印象，甚至会丧失面试的机会。

---

① 段玉强．大学生就业指导［M］．北京：中国经济出版社，2005：89.
② 段玉强．大学生就业指导［M］．北京：中国经济出版社，2005：89.

2.模拟训练

这类训练包括聆听、应答、语言表达、礼仪等方面的训练。这对于没有求职经验的人来说至关重要。可以尝试一次“模拟面试”，请人对自己的表现进行评价，包括回答是否令面试官满意，给面试官留下了什么印象等。通过模拟训练，应试者不仅可以体验面试的氛围，大致熟悉面试的流程，了解面试的问题及回答问题的方法，还可以找出自己应对时的缺点和不足，不断改进和完善。多进行几次模拟训练，就会增强自信心，面试时才不会那么紧张。

3.心理准备

（1）克服焦虑。部分应试者由于心理承受能力不强，难以承受即将参加面试所产生的心理压力，而陷入过度焦虑之中。过度的焦虑和紧张是面试的大忌。对应试者尤其是那些没有参加过或很少参加面试的大学生来说，心理强化极为重要。为了避免上述情况的发生，应试者必须进行一些心理训练，如积极自我暗示，充分认识自我和详尽了解面试过程，树立自信心。

（2）调节情绪。面试之前，调节情绪，保持一个良好的精神状态是非常重要的。首先要保证充足的睡眠和休息，要适当放松，让自己精神饱满地面对面试官。不可睡眼惺忪、萎靡不振地去参加面试。

（3）保持平常心。面试前，以平常心待之，保持平常的习惯，正常作息，避免吃平时不吃的食物等。

4.形象准备①

面试的形象准备是准备环节很重要的一个方面，第一印象对面试成功的贡献率可以达到15%甚至更高。良好的形象可以让你感觉良好，信心十足，增加面试成功的砝码。

（1）穿着得体。服饰是一个人的外包装，能传达出一个人的修养、气质和文化水平。在衣着上，要做到整洁、大方、得体、搭配协调、符合职业形象，展示出良好的精神风貌和审美素养。面试官对应试者产生第一印象往往只需要30秒。应试者还没有开口说话，他的着装、形象和气质就会影响到面试官的情绪和主观判断。应试者的穿着还要与招聘企业的文化相符合。

（2）举止得体。个人的素质主要通过言行表现出来。举止是否得体，是面试官判断应试者素质和能力的重要方面。通过得体的举止展示良好的形象，在面试中至关重要。

求职技巧

大学生在面试中赢得好感的三个关键点

面试环节是大学生和企业深度沟通交流的关键切入点，面试官不仅要考核评估应试者是否有专业的知识储备，还要衡量他是否有必备的礼仪素养，以判断其综合素质

① 张成山．大学生面试应注意的职业礼仪［J］．科技信息，2007（6）．

和能力。

一、7秒赢得好感——简洁、简单、素色的着装原则

美国社会学家梅拉宾在1971年提出了梅拉宾法则（The Rule of Mehrabian）：一个人对他人的印象，约有7%取决于谈话的内容；说话的语调、语气等则占了38%；着装、表情、肢体动作所占的比例则高达55%。这个法则也是我们通常说的55387法则。由此，我们可以看到仪表和体态语言是获得良好第一印象的关键点之一。

面试时可遵循简洁、简单、素色的着装原则，尤其当你对企业的文化还不太了解时，按此原则选择服装是非常安全的。衣服无污垢、油渍、异味和褶皱，你可以获得形象上50%的肯定，加上款式简单大方，无多余装饰，你就可以得到80%的认可。剩下的，你只需要选择好色彩就可以了。对色彩的选择要格外谨慎，注意全身的色彩不要超过3种，与大红、大绿等饱和度高的艳丽色彩保持距离，否则会给人留下浮夸和不专业的印象。

具体到款式上，女生可选择连衣裙+小西装或者西装+及膝铅笔裙+衬衫的搭配，足以应对四个季节的面试。小西装、铅笔裙、衬衫这些单品表达了你已准备好迎接职场的挑战，也体现了你的活力与自信。无袖、无领的衬衫，太花哨的服装，太短的裙子，露脚趾的鞋都是面试衣着的禁忌。

西装革履是现代男士标准的职场着装，西服套装+白衬衫是男生通行天下的经典无敌组合，藏蓝色是男性西装和套装的最佳用色。如果应聘的是美国公司或IT行业的职位，或者觉得西裤过于正式，可以用休闲西裤来代替。

二、让形体语言成为赢得信任的工具

形体语言是一种非文字语言的交际手段，包括人的体态、表情、动作、姿势等，是人们在交往中运用面部表情、眼神以及身体动作和姿势来传递信息、表达情感的一种非语言信号。面试中，善于运用这些非语言信号也能给面试官留下好印象。

1.动人的微笑更容易找到工作

戴尔·卡耐基曾经说："一个人脸上的表情比他身上的穿着更重要。"微笑是表现良好精神状态的必备表情，从踏进应聘的公司起，脸上就应带着微笑，就算在面试中被面试官问倒，也要保持镇定报以歉意的微笑。当然，想让面试官感到愉悦，还是要表现得自然，一直保持笑脸也可能被看成紧张和缺乏自信的表现。

2.自信的眼神容易获得尊重

我们常说"眼睛是心灵的窗户"，面试官通常会通过你的肢体语言和不经意的小动作来觉察你的内心。所以，无论是在面试中，还是日常交往中，我们要在谈话时看着对方面部的鼻眼三角区域，让彼此之间有眼神的交流，更好地表达我们的观点和自信。

如果是多对一面试，应试者还要注意运用眼神关注到在场的所有人，以示尊重，避免厚此薄彼。

当然，面试时手势的使用也要恰到好处，既不要因手势过多而显得张牙舞爪，也不要因为过于紧张而表现得手足无措。说错话用手掩口，在思考过程中抓耳挠腮、咬指甲都是不成熟、不自信的表现。

三、面试后加分的一个举动

面试结束并不是终点，面试最后一步不是等待而是主动出击：在面试结束后尝试给人力资源部门写一封感谢信。

建议感谢信包含以下要素：言简意赅地介绍个人情况；感谢对方为你提供面试的机会；总结面试官提出的问题，重申自己的优势；列出自己与岗位要求相符的经历；表达愿意长久为公司做贡献的决心。这样在你的印象还没有在面试官脑海中完全消失时，在面试官犹豫不决该让哪几位应聘者晋级时，一封投递到他邮箱的感谢信或许就成为决定面试走向成功的关键。

当然，大学期间知识的学习和储备永远是第一位的，只有先做到内修于心，然后结合面试应对的技巧和方法才能真正做到外显于形，提高面试成功的概率。

资料来源　施蓉. 大学生求职面试礼仪赢得好感的三个关键点［J］. 才智，2019（9）.

10.2.3　面试过程

1. 面试前

招聘单位在面试前应当做好面试的准备工作，如明确告知候选人面试的时间、地点和具体要求等，为面试的顺利进行创造条件。应试者到达指定地点后，可以到附近熟悉环境，了解情况或者在指定地点休息。有时候真正的面试并不是从进入面试室开始的，也许从应试者进入招聘单位大门的那一刻起，考查就开始了。

2. 面试具体过程

（1）进入并就座。应试者进面试室前要先敲门，得到许可后再推门进去。如果是几个人一起进去，第一个开门的人应将门把住，让别人先进。在面试官未说“请坐”之前，千万不要坐下，以免让人觉得你过于随便。等面试官说“请坐”后，先道谢，再遵照指示坐到相应的座位上。由于面试可能在专用会客室或会议室进行，也可能在主考官的办公室进行，因此可能会碰到主考官未指定座位或故意不指定座位的情况，这个时候可选择主考官对面的座位，或者询问主考官后坐到合适的位置上。应试者落座时要显得落落大方，尽量放松自己，表情自然，面带微笑，给人以真诚、亲切的印象。

（2）开个好头。好的开头可以营造一种和谐的气氛，迅速与主考官沟通思想，尽快进入正题。大多数有经验的主考官宣称，他们在见到应试者5分钟内，就能知道对方是否适合应聘的。所以，设计一个好的开头至关重要，这是每个应试者都应精心准备的内容。应试者要在有限的时间内用最佳方式把自己的特点、优势推销出去，即便简历上已经有了，只要被问及，再提也无妨。

（3）举止得体大方。[①]面试过程中，一定要保持正确的姿态，态度诚恳、说话谦和大方、面带笑容、精神饱满。目光大胆，敢于对视，但不要只盯着提问题的主考官，冷落了其他考官。要与室内的每个人进行目光交流，并保持微笑，目光停留时间在两秒以上。目光停留期间，切勿上下打量，以示尊重。一个态度诚恳、落落大方的谦谦君子，会给人留下亲切、可靠的印象，而一个恃才傲物、虚情假意的人，会让人

---

① 郭永秀. 大学生求职面试的策略与技巧［J］. 河北农业大学学报，2001（1）.

在无形中产生一种排斥心理。另外，部分应试者由于习惯或紧张会出现一些不由自主、令人生厌的小动作，如挠头、挠耳朵、抹鼻子、清喉咙等，这些是面试时要注意的。

(4) 注意倾听。倾听是一种学问，是面试的一种技巧。注意倾听对方的谈话不仅表示彼此的尊重，还可以表示自己对交谈很感兴趣，使说话者获得心理上的满足。聪明的应试者会留意面试官的反应，尽量站在面试官的立场上理解他要表达的内容，给他足够的时间插话、评论、记录，以及表达他的需求。不要轻易地打断面试官的提问或抢问抢答，否则会给人留下急躁、鲁莽、不礼貌的印象。面试的目的在于让面试官接受你、了解你，而不是与面试官一决高下，所以即使遇到一个你知之甚多的普通话题，也要尽量让面试官把话讲完，不要不顾他的想法而任意发挥。

(5) 注意语言表达。[①]语言表达标志着你的成熟程度和综合素质。在语言的表达上要做到口齿清晰、语言流利、文雅大方、语气平和、语调恰当、语速适中。根据思想表达的需要尽量使语言变得生动、幽默、含蓄，注意把握语调的高低高化，做到抑扬顿挫。像念稿子似的回答问题，会使语言失去吸引力，也会让面试官对你失去兴趣。

(6) 把握好结束时间。面试都是有时间限制的，不宜太长，也不宜太短，最好控制在30分钟到45分钟之间，要根据这个时间及谈话的内容准确把握好最佳离场时间。一般来说，面试双方了解完对方的基本情况，再对待遇问题做一些沟通后，开始闲聊或出现重复话题时往往就到了面试结束的时间。一般情况下，面试的结束由面试官提出，他会有一些暗示的动作或语言，如“谢谢你对我们招聘工作的关心，我们一旦做出决定会立即通知你的”。当然你也可以主动告辞，不要盲目拖延时间。

面试过程如图10-1所示。

3.面试过程的禁忌

(1) 忌过多重复。除了重要的事情可以重复外，谈话时最好不要重复。有些应聘者唯恐对方听不清楚，或者为了推销自己，抑或一时不知道该说什么，就不断地对自己的文凭、经验、某方面的能力等优势进行重复，这样面试官听了半天还是同样的东西，往往会觉得很厌烦。

(2) 忌答非所问。如果真的对面试官提出的问题没听清楚或一时摸不着边际，不知该如何回答或从何说起，可请求面试官重复一遍或先谈自己的理解，请对方确认内容。这样才能针对提出的问题做出相应的回答，做到有的放矢，否则会让面试官听得一头雾水，找不到答案的关键点，甚至怀疑应试者的理解能力。

(3) 忌反客为主。一般情况下，是由面试官对应试者进行提问，并主导整个面试过程，而有些应试者却反客为主，没等考官开口就不断向面试官发问，如果提问有水平、有深度、有技巧，可能会给面试官留下很深的印象，否则很容易引起面试官的反感，因此应试者应当注意。

---

① 尚慧敏. 谈大学生求职应聘中的面试技巧 [J]. 安阳工学院学报，2005 (2).

（1）提前到达 （2）耐心等候 （3）敲门进入 （4）呈送材料

（5）感谢让座 （6）坐姿端正 （7）环视评委 （8）自信作答

（9）表示感谢 （10）随手关门

图10-1 面试过程

（4）忌冷场。面试时常见的冷场有两种情况：一种是应试者木讷寡言，不愿主动说话，而是消极等待面试官打开话匣，问一句，答一句，不问的话就会出现冷场。另一种是面试官为了考查应试者的心理素质和应变能力，在面试的过程中突然停下来，沉默不语，然后微笑看着他，看他如何处理。这是面试官常用的“撒手锏”，有的应试者一心慌就乱了阵脚，不知道该说什么，只好红着脸很尴尬地沉默下去，有的即使勉强打破沉默，也是语调生硬、吞吞吐吐，很难给面试官留下好的印象。

（5）忌套近乎。套近乎这种做法是具备一定专业素质的面试官最忌讳的。一方面，面试中双方关系过于随便或过于紧张都会影响面试官的评判；另一方面，过分套近乎在客观上会占用应试者短暂而宝贵的面试时间，影响其在其他方面的发挥。因而，在面试现场，应试者不宜和面试官套近乎。

（6）忌过分谦虚或夸大。[①]过分谦虚，不能将自己的优势表现出来，给人一种不自信的感觉，或者会让面试官觉得应试者工作能力差，不能胜任所应聘的工作。过分夸大，则会让人感觉不诚实。因此，应试者要学会扬长避短，这既不是文过饰非，也不是弄虚作假，而是一种机智与掩饰性技巧的体现。

① 张培德．就业与职业［M］．上海：上海中医药大学出版社，2006：398.

4.面试后的注意事项

面试结束并不意味着应试者束手等待面试结果就可以了，在没有接到正式的录用通知之前，应试者都是值得和应该继续努力的。

（1）答谢礼仪。作为一个必要的礼节性的回馈，应试者应该在面试结束后的两三天内，向给予自己面试机会并接待自己的面试官表示诚挚的谢意，这样可以加深招聘人员的印象，增加求职成功的可能性。目前，表达感谢的方式一般有书信、电话、电子邮件等。感谢信或电话致谢的内容应包括：告诉对方，面谈使你加深了对所应聘职位的了解和兴趣；再次强调你的目标和你的相关资质，并注意把个人目标同你在面谈中了解到的公司的目标紧密地连接起来，重申你能给对方带来的好处；补充说明或澄清在面谈中忽略或没有讲明的问题以及感谢对方给你面谈的机会。感谢信应简明扼要，字数不宜过多，最好在面试结束后24小时内发出。

（2）询问面试结果。一般来说，面试官在面试结束后要进行讨论和投票，然后将结果送往人事部门汇总，最后确定录用人选。这个过程可能需要3~5天。这段时间求职者应耐心等待，不要过早地打听消息。询问面试结果时要把握好询问的时机与方式，不要在面试结束现场直接询问面试官，也尽量不要在感谢信中询问面试官。如果在面试两周后或面试官许诺的时间到来时还未收到对方答复，则可以主动向面试单位询问自己的面试结果。

小案例

面试时要勇于争取机会，变不可能为可能

Mike，几年间就由普通销售员升为销售总监，追溯他当初进入公司的表现，这个结果和他自己的努力争取分不开。当初，人力资源部为产品部安排了产品工程师的面试，应聘人之一是Mike。产品部面试官直白地告诉他：你的沟通能力很强，也许适合做销售，但不是我们要的人。Mike立刻跟上话："那请你为我引荐吧。"没等对方答话，他把自己的成功案例介绍了一番。产品部总经理为其诚心所动，请来人力资源部的同事安排面试。缠着几个大忙人神侃两个小时也不简单，但是他服务过的公司太小、本身没有运营商资源，这些都不符合招聘条件，我们让他回去等消息。不几天，Mike策划了一次卓有成效的会见，成功地推动了招聘进程，并诠释了他自称"有省里运营商资源，突破力强"的特长。那时，我和营销总部总经理正在重庆出差，在我们临回京的那天，Mike凌晨出发，驱车6个小时从成都家里赶到重庆，安排了一位重要客户和营销总经理见面。他在这个过程中的优秀表现征服了我们。

资料来源　汪漪. 职场路线图：人力资源总监手记［M］. 北京：语文出版社，2010.

10.2.4　常见面试问题①

以下是面试中最常见的问题，以及回答的内容与技巧：

1.谈谈你自己

这个问题是面试中最常遇到的问题，相信也是每个应试者必须准备的问题。大多数应试者会觉得回答这个问题很容易，但真正能抓住重点的应试者并不多。这个问题的言外之意是“谈谈你想让我知道的你”“谈谈你与别人的不同之处”“谈谈你认为最精彩的你”。一段精彩的自我介绍会让人眼前一亮、耳目一新。应试者不要将简历从头到尾背诵一遍，那样很难引人入胜。推销自己时一定要将用人单位需要的素质与自己的优势结合起来，说别人想要的答案，否则即使再卖力，也很难引起对方的共鸣。

2.你最大的优点和缺点是什么

对这类问题，要抓住机会，大大方方地讲出自己的优点，巧妙地将自己的长处与工作性质结合起来，可适当放大优点，但不可过分夸大。至于缺点，只要不是致命的或所应聘的职位无法容忍的，都可以用一种略带反省的语气说出来，只有态度诚恳才能赢得对方的好感。另外，应试者还可以自曝一些在别人看来是优点的“缺点”，比如“我这个人有工作狂的特征，一工作起来就很少顾及家人了”。

3.你为什么要来我们公司工作

这个问题的意思是：你对我们公司和你应聘的职位了解多少？你有什么我们需要的技能？这时应试者要围绕自己的兴趣、实践经历、公司提供的职位来说，最好罗列出详细的资料，以表示自己对公司及对这份工作的关注程度。比如，公司最近的成果，公司的生产线、财务状况，公司的知名度、信誉、工作条件、企业文化等。当然，不要说太多的奉承话，否则容易引起对方的反感，你可以将自己的前途与公司的前途结合起来，说明自己对这份工作的期待，以及公司会有利于自己的事业发展和进步等。

4.你对加班有什么看法

如果实在不喜欢加班，就尽量诚实，你可以坦率地说：“我不太喜欢，但加班是工作中不可少的一部分，又与公司的效益挂钩，只有公司效益好了，我们员工的收入才能提高，所以适当的加班我是可以接受的。”这样回答比较委婉。

5.你怎样对待批评

这个问题的言外之意是：如果你的上司批评你，你会有多大反应？从心里来说，大部分年轻人都不喜欢被批评，但若直截了当地表现出来就犯大忌了。应试者可以说“我对建设性的批评从来都很欢迎”。

6.你性格太内向恐怕不适合我们的职位

应试者可以回答：内向的人往往具有专心致志、锲而不舍的品质，而且我善于倾听，因为我认为应把发言的机会多多地留给别人。

7.你还有什么问题要问吗

很多求职者都会说没有，这就白白浪费了机会，用人单位提这个要求其实是想考

---

① 宋立达．大学生求职攻略宝典［M］．北京：金城出版社，2005.

查应试者对这份工作的关注程度和关心的方面，所以应试者提出的问题要显得有水平，能够引起对方的注意。比如："如果我被录用了，我将怎样与其他部门协调和沟通，渠道都有哪些？""如果我被贵公司聘用了，公司能否为使我尽快进入角色提供些帮助呢？"

8.你希望得到的薪水[①]

这是求职过程中终究会问到的问题，最好等到公司表示出合作诚意时，再商量薪水的多寡。对薪水问题，要有心理准备，以免突然被问及而不知所措、尴尬万分。应试者要根据自身实际拟定目标薪水，最好打听一下公司里该职位的薪水一般为多少，期望值不要过高。一般的做法是给定一个范围，即从自己所能接受的最低待遇到希望获得的最高待遇，这样方便雇主确定工资水平。

名企招聘

国内某知名公司管理类、营销类人员面试题目

一、组织协调能力

1.你曾组织过大型活动吗？（进行追问）具体介绍一下你以前组织大型活动的经验。你有何特长？有何不足？再有这样的机会你会怎么办？

2.班级中会有一些"小圈子"，假如你是班长，要组织新年活动，你该怎样对待这些小团体？

3.你是否在某些活动中领导过一些难缠的人？你是怎样处理的？

4.如果你被提拔为某单位的领导，而有些下属因为资历比你深而不听从你的指挥，你该怎么办？

5.与上级意见相左而你认为自己是对的时，你会用什么方式说服他？

6.你的上司在开会时错误地批评了你，你该怎么办？

二、沟通能力

1.描述到目前为止你所认识的最难相处的人。如果以后再遇到这样的人，你怎么办？

2.你以前有无人际冲突（或交往障碍）？你是如何解决的？

3.你上一次吵架是什么时候？什么原因？你现在如何看待？如果类似事情再次发生，你会怎么办？

三、责任心

1.领导交代给你一项任务之后，你最先做的是什么？分配的任务完成不了怎么办？

2.你是否曾经为了某一目标付出了很多努力？（加以追问）具体介绍一下你是怎么做。

四、应变能力

在和经销商商谈的时候，经销商提出了一个你不能解决的问题，比如，你们的电

① 厉守卫. 毕业生面试的技巧［M］. 教育与职业，2004（23）.

视机比某品牌的价格高，你该如何应对？

五、综合分析能力

1.若想在激烈的市场竞争中取胜，必须要有良好的服务与优惠的价格，但良好的服务同时也意味着成本及价格的上升，这一矛盾如何解决？

2.假如你现在是一个领导，面对两名员工，一名有能力但对企业忠诚度不高，另一名对企业忠诚度很高但缺乏能力，你会重用哪一位？为什么？

3.你认为自我创业更成功，还是在一个企业里工作更成功？

资料来源 TCL多媒体事业本部。

求职技巧

英语面试时的“甜言蜜语”

1.What is important to you in a job?

一份工作对你来说最重要的是什么？

Challenge, the feeling of accomplishment, and knowing that you have made a contribution.

它带来的挑战、成就感以及为之做出贡献的满足感。

2.Why do you want to work for this organization?

你为什么想到这里来工作？

Its reputation, the opportunities it offers, and the working conditions.

它的名气、所提供的机会以及工作环境（都吸引我）。

3. Why should we employ you?

我们为什么要雇用你？

My academic preparation, job skills, and enthusiasm about working for the firm.

我的专业背景、工作技能以及为贵公司工作的热情。

4.If we hire you, how long will you stay with us?

你打算在我们这里工作多久？

As long as my position here allows me to learn and to advance at a pace consistent with my abilities.

只要职务随能力增长而相应提高（就不会走）。

5.What is your greatest strength?

你最大的优点是什么？

I can see what needs to be done and do it.

我做事当机立断。

I work well with others.

我和他人容易共事。

I can organize my time efficiently.

我能有效地利用时间。

6. What are your greatest weaknesses?

你最大的缺点是什么？

I tend to drive myself too hard.

我有时对自己要求过于严格。

I expect others to perform beyond their capacities.

我对别人的能力期望过高。

I like to see a job done quickly.

我喜欢速战速决。

资料来源　佚名. 求职面试时的“甜言蜜语”[EB/OL]. [2021-06-06]. http://www.tingclass.net/show-8404-309267-1.html.

10.3 职业资格考试

10.3.1 职业资格考试概述

1.职业资格的含义

所谓职业资格，就是对从业人员从事某一职业所必备的学识、技术和能力的基本要求，它反映了劳动者为适应职业劳动需要而运用特定知识和技术的能力，一般是通过教育和培训获得的。职业资格包括从业资格和执业资格。从业资格是指从事某一专业（职业）的学识、技术和能力的起点标准。政府对某些责任较大、社会通用性强、关系公共利益的专业（职业）实行准入制度，执业资格是从事某一特定专业（职业）在学识、技术和能力上的必备标准。职业资格不同于学历文凭，学历文凭考查的是文化理论知识，而职业资格往往与职业劳动的具体要求联系更为紧密，反映的是特定职业的操作标准和工作规范。

在党的十四届三中全会上通过的《关于建立社会主义市场经济体制若干问题的决定》首次提出，要在我国实行学历文凭和职业资格两种证书并重的制度。当时的国家劳动部根据中央精神也明确提出，把推行职业资格证书制度作为劳动部门的一项主要工作，并对推行职业资格证书制度、开展职业技能鉴定做了总体部署。职业技能鉴定和职业资格证书正是我国对人力资源开发政策进行重大战略变革和对社会劳动领域的管理工作进行重大调整的产物。

2.职业资格考试简述

职业资格考试属于标准参照型考试，是对劳动者完成某项工作所必须具备的学识、技术和能力水平的测量与认证。这就是大家常说的“考证”。在我国，职业资格考试开始于20世纪50年代，其前身是工人技术等级考试，到20世纪80年代后期，逐渐发展为职业技能鉴定、执业资格考试、国家公务员录用考试、专业技术资格考试等职业资格考试，其范围覆盖了社会各类从业人员。职业资格考试工作由政府统筹安排与审查。

自2000年7月1日起，国家劳动和社会保障部就在全国范围内对90个职业实行就业准入制度。在此之前，某些职业（专业）由于其技术性、专业性强，早就实行了职业资格证书制度，如律师、注册会计师、电工、锅炉工等。

我国曾经存在政府管理缺位、越位，培训和认证不规范，职业资格认证泛滥，境外低劣和虚假认证机构涌入等问题。[①]在《中华人民共和国就业促进法》草案面向社会公开征求意见的过程中，很大一部分基层民众认为，当时职业资格考试过多过滥，成为阻碍就业、滋生腐败的环节，建议取消各种非必要的职业资格考试。针对这种情况，2007年底，国务院办公厅下发《关于清理规范各类职业资格相关活动的通知》（国办发〔2007〕73号），要求于2008年4月30日前完成职业资格相关活动的清理规范工作。通过依法对职业资格考试认证活动进行分类管理和规范，我国的职业资格考试迈入良性发展的轨道。

党中央、国务院高度重视减少职业资格许可和认定事项工作，将其作为推进"放管服"改革的重要内容。李克强总理强调指出，要坚决砍掉各种不合理的职业资格许可和认定事项，转变管理理念，加强合理监管，通过建立科学的国家职业资格体系，促进各类人才脱颖而出，提升更多产业、岗位的劳动和工作品质，推动大众创业、万众创新。2013年以来，国务院分7批审议通过取消的职业资格许可和认定事项共434项，其中专业技术人员职业资格154项，技能职业资格280项。为让企业和群众更全面了解取消的职业资格许可和认定事项，中国政府网制作了供查询的数据库[②]。

人力资源和社会保障部在《水平评价类技能人员职业资格退出职业资格目录有关政策的解读》中指出，推动水平评价类技能人员职业资格退出国家职业资格目录，不是取消相应职业和职业标准，更不是取消技能人才评价，而是由资格评价改为技能等级认定，改变了评价发证主体和管理服务方式，主要实行"谁用人、谁评价、谁发证、谁负责"，政府主要做好开发职业标准等公共服务，对评价主体进行监管和服务工作。

取消部分职业资格许可和认定，有利于建立更加符合市场经济体制需要的、政府与市场关系更科学的技能人才评价制度，真正发挥用人主体作用和社会组织作用，充分发挥市场评价指挥棒作用，更好地支持技能人才队伍建设，为技能人才成长成才提供更加广阔的天地。

3.国家职业技能标准

国家职业技能标准是在职业分类的基础上，根据职业活动内容，对从业人员的理论知识和技能要求提出的综合性水平规定。它是开展职业教育培训和人才技能鉴定评价的基本依据。

国家职业技能标准是以职业活动为导向，以职业能力为核心的职业标准体系，对国家职业资格证书的建立，职业教育、职业培训、职业技能鉴定、职业技能竞赛等职业技能开发工作具有权威的导向作用。随着社会经济发展和技术进步，新职业层出不

---

① 李震．关于清理规范职业资格考试认证活动的几点建议［J］．中国人力资源开发，2008（7）．
② 查询网址为：http：//spcx.www.gov.cn/zyzg/index.html。

穷，国家职业技能标准体系也在不断地补充、修改和完善。

截至2015年底，人力资源和社会保障部先后颁布了946个国家职业技能标准。2018年12月，人力资源和社会保障部办公厅颁布了中式烹调师等26个国家职业技能标准。2021年2月，连锁经营管理师等13个国家职业技能标准颁布。

知识链接

职业分类

2015年7月29日，国家职业分类大典修订工作委员会召开全体会议审议、表决通过并颁布了新修订的2015版《中华人民共和国职业分类大典》。2015版的职业分类结构为8个大类、75个中类、434个小类、1 481个职业。与1999年版相比，维持8个大类、增加9个中类和21个小类，减少547个职业。其中，质检行业共24个职业列入大典，质检工作重要性进一步凸现。

8个大类分别是：

第一大类：党的机关、国家机关、群众团体和社会组织、企事业单位负责人，其中包括6个中类、15个小类、23个职业。

第二大类：专业技术人员，其中包括11个中类、120个小类、451个职业。

第三大类：办事人员和有关人员，其中包括3个中类、9个小类、25个职业。

第四大类：社会生产服务和生活服务人员，其中包括15个中类、93个小类、278个职业。

第五大类：农、林、牧、渔、水利业生产及辅助人员，其中包括6个中类、24个小类、52个职业。

第六大类：生产制造及有关人员，其中包括32个中类、171个小类、650个职业。

第七大类：军人，其中包括1个中类、1个小类、1个职业。

第八大类：不便分类的其他从业人员，其中包括1个中类、1个小类、1个职业。

2021年2月26日，人力资源和社会保障部副部长李忠在国务院新闻办公室举行的发布会上表示，2021年我国将启动修订《中华人民共和国职业分类大典》。这几年随着经济社会发展、科技进步，产生了很多新职业，这些新产生的职业将被纳入这个分类大典里面，进一步健全完善符合中国国情的现代职业分类。

资料来源 佚名. 中华人民共和国职业分类大典［EB/OL］.［2021-06-13］. https://baike.baidu.com/item/中华人民共和国职业分类大典/9020254? fr=aladdin.

10.3.2 职业资格证书制度

1.职业资格证书

职业资格证书是通过政府认定的考核鉴定机构，按照国家规定的职业技能标准或任职资格条件，对劳动者的技能水平或职业资格进行客观公正、科学规范的评价和鉴定的结果，是劳动者具备某种职业所需要的专门知识和技能的证明。与学历文凭不同，职业资格证书与某一职业能力的具体要求密切结合，反映特定职业的实际工作标准和规范，以及劳动者从事这种职业所达到的实际能力水平。我国技术性职业（工种）的职业资格证书分为五个等级，即初级（国家职业资格五级）、中级（国家职业资格四级）、高级（国家职业资格三级）、技师（国家职业资格二级）、高级技师（国家职业资格一级），由人力资源和社会保障部统一印制，各级人力资源和社会保障部门或国务院有关部门按规定办理和核发。职业资格证书是劳动者求职、任职、开业和用人单位录用劳动者的主要依据，也是境外就业、对外劳务合作人员办理技能水平公证的有效证件。

2.国家职业资格目录

2019年1月，经国务院同意，人力资源和社会保障部公布国家职业资格目录。国家职业资格目录共计139项职业资格，其中专业技术人员职业资格58项（准入类35项、水平评价类23项）、技能人员职业资格81项（准入类5项、水平评价类76项）。这些职业资格基本涵盖了经济、教育、卫生、司法、环保、建设、交通等国家重要的行业领域，符合国家职业资格设置的条件和要求。准入类职业资格关系公共利益或涉及国家安全、公共安全、人身健康、生命财产安全，均有法律法规或国务院决定作为依据；水平评价类职业资格具有较强的专业性和社会通用性，技术技能要求较高，行业管理和人才队伍建设确实需要。目录之外一律不得许可和认定职业资格。

58项专业技术人员职业资格名单如下：

（1）准入类，35项：教师资格；注册消防工程师；法律职业资格；中国委托公证人资格（香港、澳门）；注册会计师；民用核安全设备无损检验人员资格；民用核设施操纵人员资格；注册核安全工程师；注册建筑师；监理工程师；房地产估价师；造价工程师；注册城乡规划师；建造师；勘察设计注册工程师（包括注册结构工程师、注册土木工程师、注册化工工程师、注册电气工程师、注册公用设备工程师、注册环保工程师、注册石油天然气工程师、注册冶金工程师、注册采矿/矿物工程师、注册机械工程师）；注册验船师；船员资格（含船员、渔业船员）；兽医资格（包括执业兽医、乡村兽医）；拍卖师；演出经纪人员资格；医生资格（包括医师、乡村医生、人体器官移植医师）；护士执业资格；母婴保健技术服务人员资格；出入境检疫处理人员资格；注册设备监理师；注册计量师；广播电视播音员、主持人资格；新闻记者职业资格；注册安全工程师；执业药师；专利代理人；导游资格；注册测绘师；航空人员资格（包括空勤人员、地面人员，民用航空器外国驾驶员、领航员、飞行机械员、飞行通信员，航空安全员，民用航空电信人员、航行情报人员、气象人员）；特种设备检验、检测人员资格认定。

（2）水平评价类，23项：工程咨询（投资）专业技术人员职业资格；通信专业技术人员职业资格；计算机技术与软件专业技术资格；社会工作者职业资格；会计专业技术资格；资产评估师；经济专业技术资格；土地登记代理专业人员职业资格；环境影响评价工程师；房地产经纪专业人员职业资格；机动车检测维修专业技术人员职业资格；公路水运工程试验检测专业技术人员职业资格；水利工程质量检测员资格；卫生专业技术资格；审计专业技术资格；税务师；认证人员职业资格；出版专业技术人员职业资格；统计专业技术资格；银行业专业人员职业资格；证券期货业从业人员资格；文物保护工程从业资格；翻译专业资格。

2021年，为贯彻落实国务院"放管服"改革要求，结合近年来国务院有关部门职责调整、行政审批事项改革等情况，国务院拟对2017年公布的《国家职业资格目录》专业技术人员职业资格部分进行调整。调整后，拟列入专业技术人员职业资格58项，其中，准入类31项，水平评价类27项。

10.3.3 职业技能鉴定

1.职业技能鉴定的含义与内容

开展职业技能鉴定，推行职业资格证书制度，是提高劳动者素质、促进就业的重要措施。职业技能鉴定是由职业技能考核机构依据国家职业技能标准、职业技能鉴定规范、技术等级标准等，对劳动者从事某种职业的技能进行客观、公平、公正的评价与认证的活动。这种职业技能包括劳动者的知识技术理论和操作能力。

国家实施职业技能鉴定的主要内容包括职业知识、操作技能和职业道德三个方面。这些内容是依据国家职业技能标准、职业技能鉴定规范（即考试大纲）和相应教材来确定的，并通过编制试卷来进行鉴定考核。

在我国，职业技能鉴定是在人力资源和社会保障部门的领导下，由职业技能鉴定所（站）对劳动者技能水平实施鉴定。鉴定的内容包括两个方面：一是对劳动者对特定职业所掌握的基本知识水平和劳动技能水平的考查；二是对劳动者的实际操作能力及运用知识和技能去分析问题、解决问题、完成工作任务的能力的考查。目前，我国将劳动者的技能分为五个等级：初级（国家职业资格五级）、中级（国家职业资格四级）、高级（国家职业资格三级）、技师（国家职业资格二级）、高级技师（国家职业资格一级）。

2.职业技能鉴定的对象和条件

职业技能鉴定是国家职业资格证书制度的重要组成部分，参加不同级别鉴定的人员其申报条件不尽相同，考生要根据鉴定公告的要求，确定申报的级别。

（1）国家职业资格五级（初级）。具备以下条件之一者：①经本职业五级正规培训达规定标准学时数，并取得结业证书；②连续从事本职业工作1年及以上。

（2）国家职业资格四级（中级）。具备以下条件之一者：①取得本职业五级职业资格证书后，连续从事本职业工作2年及以上，经本职业四级正规培训达规定标准学时数，并取得结业证书；②取得本职业五级职业资格证书后，连续从事本职业工作3年及以上；③连续从事本职业工作5年及以上；④取得技工学校本专业或相关专业毕业证书，或取得经人力资源和社会保障行政部门审核认定的、以中级技能为培养目标的中等及以上职业学校本专业毕业证书（含以中级技能为培养目标的职业学校和技工学校本专业或相关专业应届毕业班前一学期学生，以高级技能为培养目标的高等职业学校、高级技工学校和技师学院本专业或相关专业应届毕业班前一学年学生）。

（3）国家职业资格三级（高级）。具备以下条件之一者：①取得本职业四级职业资格证书后（以三级为起点的职业须取得相关职业的四级职业资格证书，下同），连续从事本职业工作1年及以上，经本职业三级正规培训达规定标准学时数，并取得结业证书；②取得本职业四级职业资格证书后，连续从事本职业工作2年及以上；③取得本职业四级职业资格证书，并具有高级技工学校、技师学院本专业或相关专业毕业证书，或取得本职业四级职业资格证书，并具有经人力资源和社会保障行政部门审核认定、以高级技能为培养目标的高等及以上职业学校本专业或相关专业毕业证书（含以高级技能为培养目标的高等职业学校、技工院校本专业或相关专业应届毕业班前一学期学生）；④取得本职业四级技能职业资格证书，并具有大专及以上本专业或相关专业毕业证书（含大专及以上本专业或相关专业应届毕业班前一学期学生）。

（4）国家职业资格二级（技师）。具备以下条件之一者：①取得本职业三级职业资格证书后，连续从事本职业工作2年及以上；②高级技工学校或高等职业院校本职业（专业）毕业生，取得本职业三级职业资格证书，连续从事本职业工作满2年以上的；③持有本职业四级职业资格证书、从事生产一线本职业工作1年及以上入读技师学院或高等职业学院（学制三年）的毕业生；④连续从事本职业工作8年及以上，取得本职业三级职业资格证书，经本职业二级正规培训达规定标准学时数，并取得毕（结）业证书；⑤取得本专业或相关专业助理级专业技术职称资格，从事本职业2年及以上；⑥取得本专业中级专业技术职称资格，现从事本职业工作的人员；⑦参加以高级职业标准设置的国际级技能竞赛前五名获奖者，国家级一类技能竞赛前二十名、二类技能竞赛前十名获奖者，省级一类技能竞赛前八名、二类技能竞赛前五名获奖者，地级市技能竞赛前三名获奖者；⑧有本专业（职业）发明、创造并获得国家专利者；⑨技术革新项目年创经济效益10万元以上，并获省级技术革新三等奖、地级以上市技术革新二等奖以上者。

（5）国家职业资格一级（高级技师）。具备以下条件之一者：①取得本职业二级职业资格证书后，连续从事本职业工作2年及以上；②取得本专业或相关专业中级专业技术职称资格，从事本职业1年及以上且经本职业一级正规培训达规定标准学时数，并取得结业证书；③取得本专业高级专业技术职称资格，现从事本职业工作的人员。

目前全国开展技能鉴定的职业有生产、运输设备操作人员（驾驶员、焊工、车工、电工、维修工等），农林牧渔水利业生产人员（园艺工、采收工、家畜饲养工、冷藏工等），商业、服务业人员（美容师、烹饪师、面包师、调酒师、保洁员、导游等），专业技术人员和其他人员（线务员、机务员、呼叫服务员等），全国全省统一鉴定职业（秘书、营销师、心理咨询师、理财规划师、公共营养师、电子商务师）等。由以上可看出，职业技能鉴定的对象主要是在产业的生产、服务一线直接从事生产劳动的人员，一般不包括从事行政管理、金融管理和技术管理的人员。

职业技能鉴定的申报人员主要来源于：

（1）中专、大专和本科等毕业生及自学成才人员需要认定职业资格者。

（2）技师学院、技工学校、职业学校、就业训练中心和各类职业技术培训实体的毕（结）业生。

（3）部队培养军地两用人才，需要认定职业资格等级者。

（4）国家机关、企事业单位需要认定职业资格的人员。

（5）重新就业、转业的人员以及其他各类需要认定职业资格的人员。

（6）培训期满需要转正定级的学徒工和培训生。

（7）需要办理职业资格等级公证的出国人员。

（8）自愿申请进行职业技能鉴定的其他人员。

3.职业技能鉴定的方式和实施步骤

职业技能鉴定的方式分为知识要求考试和操作技能考核两部分。知识要求考试一般采用笔试，操作技能考核一般采用现场操作加工典型工件、生产作业项目、模拟操作等方式进行。计分一般采用百分制，两部分成绩都在60分（含）以上、80分以下为合格，80分（含）以上、95分以下为良好，95分（含）以上为优秀。

职业技能鉴定的实施步骤主要包括鉴定前的组织准备、鉴定前的技术准备、鉴定实测、鉴定后的结果处理等。

4.基本操作技能考试

基本操作技能是指劳动者按照国家职业技能标准在相应行业获取职业资格时，为在该行业执业所应达到的基本技术水平。近年来，东南沿海地区出现“技工荒”，技术工人的工资水平高于硕士、博士等高学历人员。随着素质教育的推广和经济社会的发展，对职业技能型人才的需求增长，在职业资格考试中，基本操作技能考试的权重会不断加大。

根据加涅和奥苏伯尔的学习理论，操作技能的学习属于动作技能的学习类型，它是一种习得的能力，而且操作技能的形成又具有阶段性。根据实验技能形成过程的特点，任何一项操作技能的形成都须经历动作的认知和定向阶段、动作的联系阶段、动作的协调和完善阶段三个过程。事实证明，如果在较短的时间内进行强化练习，则不易形成持久的技能。因此，劳动者参加职业基本操作技能考试时如果仅仅满足于考试过关是远远不够的。

由于不同的职业资格考试对基本操作技能考试的要求不同，因此考生应当共同注意以下几个方面：

（1）了解大纲要求，做到心中有数。每一种基本操作技能考试，对它的从业人员都有一个基本的执业业务素质要求。考试大纲的作用显而易见：通过了解大纲，掌握测试要求。

（2）结合教材内容，掌握基本要领。认真学习教材，掌握它的精髓，是掌握基本要领的最重要手段，也是实践操作不走弯路的最有效途径。

（3）参加正规培训，接受名师指导。如果能参加一个正规的培训班，将会大有收获。通过培训老师的指点答疑，让复杂的问题简单化，借鉴别人的经验去掌握一些操作技巧。

（4）强化实际操作，功夫下到平时。正如前文所言，基本操作技能是靠平日积累形成的。每个考生都应注意平时多下功夫，强化实际操作能力。

知识链接

出版专业职业资格考试备考要诀

一、熟

所谓“熟”，是指备考中坚持以教材为本，在理解教材各章节关系的基础上，熟读、熟背教材。吃透教材非常重要。

如何做到“熟”呢？复习备考、吃透教材应该包含以下三个过程：

1.熟悉教材，把教材“由厚读薄”的过程

在拿到教材后，先不要匆忙细读教材，而应先研读教材目次，快速把握教材架构，了解教材大纲、教材“骨架”，了解并熟悉教材各个章节间的先后顺序，对各个章节间的联系有初步的了解。这样做有利于把握考试大纲。

2.熟记教材，把教材“由薄读厚”的过程

众多知识点、考点犹如珍珠分布在教材的各个章节之中，考生在复习的时候，一定要熟背这些知识点、考点。教材中涉及的具体数字、具体概念、具体公式、法律规定等知识是必须记住的。

3.吃透教材，把教材再“由厚读薄”的过程

考生应该总结并梳理复习过的知识，把握教材的主线，将熟记的教材知识点串联起来，形成完整的知识体系。这样不容易混淆凌乱的知识点。

二、广

所谓“广”，是指掌握的知识要广，要有广阔的知识面。出版工作是一项综合性的工作，政治性、科学性、专业性和实践性都很强，其工作对象涵盖了人类的整个知识体系，涉及的知识和能力的范围非常宽。教材中不仅有关于出版的专业知识，而且有中文、经济学、法学、时事政治等众多知识。因此，在日常工作中，考生要多积累、勤思考，做个有心人，以应对考试。

如何做到“广”呢？考生在备考中应从以下三个方面积累知识：

1.关注时政

时事政治属于全国出版专业技术人员资格考试的考试范围，占有一定分值。考生只要平常关注时事政治，勤于收集，答对大部分的时政题并不难。

2.关注法律

近年来出版法律法规成为考试内容的重中之重，考生一定要熟记相关法律法规条文，并适当地了解一些典型案例。

3.拓宽知识面

处处留心皆学问。

三、巧

所谓“巧”，就是通过练习，精心总结答题技巧，摒弃题海战。在备考过程中，一定要留出一段时间做一些精选习题，通过做这些习题检验复习的效果，掌握各种考试题型的答题技巧。例如客观题，主要就是单项选择题和多项选择题。只要熟读教材，特别是熟记重要概念、重要数据（如第一、最早等），单项选择题难度基本不大。多项选择题中，多数题目来自教材，包括名词概念、种类、特征、内容、构成要素等。在做多项选择题时，一定要选择确定正确的，自己把握不准的选项最好不要选，因为在选项中有2个或2个以上符合题意，并至少有1个错误选项，错选不得分，少选得0.5分，宁缺勿错。

资料来源　刘允杰．出版专业职业资格考试备考要诀［J］．考试周刊，2009（25）．

行政职业能力测验（副省级）　　申论（副省级）

行政职业能力测验（地市级）　　申论（地市级）

知识拓展：2021年国家录用公务员考试真题及答案解析

本章小结

求职应试是求职者走向工作岗位的一个必不可少的环节。本章主要阐述了三种求职应试的形式，即笔试、面试、职业资格考试，重点分析了笔试与面试的流程和内容，对参加各种求职应试的准备工作和需要注意的细节进行了介绍。

复习思考题

1.阐述笔试与面试的种类和特点。

2.招聘单位如何设计笔试和面试？

3.参加笔试和面试前应试者应做哪些具体的准备？

4.职业技能鉴定的对象和要求是什么？

案例分析题

三位大学生的面试表现

张同学大学毕业后的求职意向首选国际四大会计师事务所。经过层层筛选，他如愿进入普华永道和安永这两大会计师事务所的最后一轮面试，也就是要去见事务所的合伙人。能在数千大军中杀到见合伙人这一环节实属不易。然而，在见合伙人的时候，他特别紧张。在见普华永道的合伙人时，他叫错了合伙人的名字，并且临走时把包忘在了合伙人的办公室里；在见安永的合伙人时，由于是英文面试，他重复一个英文单词数遍，唯恐对方听不清楚，直至那位合伙人亲自打断并说明他已经明白了张同学的意思，他才明白该适可而止。结果是，两家国际一流的会计师事务所都在最后一关将他拒之门外。

李同学到中信集团总部参加面试时，面试官问他对中信集团了解多少。他想了半分钟，然后说道：“我接到面试时还没来得及查看中信的资料，所以不太了解。”面试官对他说：“我们招人自然希望他能了解中信。你还是回去再多了解了解吧。”

赵同学在中国人民银行总行参加面试时，面试官问他为什么想来中国人民银行工作。赵同学心里想：还不是因为这里权力大。但是，碍于不方便直白地说这样的话，他一时没了主意，在语无伦次中和中国人民银行说了再见。

资料来源　李瘰．求职面试案例解析［J］．职业技术教育，2003（20）．

讨论：

1.三位大学生在面试中的表现如何？

2.三位大学生面试失败的原因有哪些？

3.应对面试的方法和技巧有哪些？

4.如何进行面试前的准备工作？

第10章案例分析提示

职业测试

你该怎么办

一、事件背景

从2017年5月12日开始，一款名为“想解密”（又称“想哭”）的勒索病毒在全球范围内疯狂传播，导致上百个国家和地区的数十万台电脑被感染，而被攻击的用户需要支付高额比特币赎金，才能解锁计算机中被感染的文件。我国部分政府机关、高校和大型企业的内网也被病毒波及。

二、面试题目

近日，一款名为“想哭”的勒索病毒肆虐全球。不幸的是，你所在的单位——一家政府所属的事业单位——的网站也遭此凶恶的病毒攻击，所有的后台文件都被病毒加了密，并且攻击者发来了勒索信：“限时三天内支付300比特币解密文件，逾期赎金将翻倍！”现在，你单位的网站已经完全瘫痪，很多市民打电话咨询情况并表达不满，同事们也都乱作一团。作为该单位网站的管理人员，你该怎么办？

“你该怎么办”测试结果

第四篇　职业生涯发展

思政助力

思政目标

通过学习下面的材料，从个人发展角度和组织管理层面进一步认识职业，思考我国经济、社会、科技发展的良好格局与未来的宏伟前景，理解微观组织（企业等用人单位）和社会大局与个人发展的关系，了解优秀企业等用人单位的用人之道，思考社会发展、组织发展中的个人机会和应有的素质与责任，形成正确的价值观、人生观、职业观和提升综合素质。

学习材料

材料一：

在大海中游弋的鱼

美的制冷高层团队中的很多人经历都很复杂，有人称自己为“在美的大海中到处游弋的鱼”。

美的冰箱公司总经理李东来是一条“快鱼”。对自己游弋江湖的经历，李东来胸中别有丘壑。美的空调事业部成立之初，李东来参与了营销管理变革，担任营销管理科科长；随后他在美的空调事业部进一步规范管理体系，这使他成为美的国内营销公司的管理部部长；在美的空调事业部加强战略和文化管理，以价值观牵引组织和个人的时候，李东来则成为空调事业部营运发展部部长；再后来，他成了美的冰箱公司总经理。

对于自己的“步步高升”与美的发展历程的惊人巧合，李东来常问自己：“这是因为自己特别优秀吗？”李东来告诉我，在他认识的人中，其实有很多人比他能力更强，但是，由于他们没有获得机会，所以不会有大的成就，而自己很幸运，能够在这个高速发展的企业中，获得一般人难以得到的机遇。

美的制冷高层的其他人员，其职业生涯的发展，大都受惠于集团公司的不断变革。在美的制冷中层，也就是各部门经理、各地分公司经理中，绝大部分都是在当年的市场变革过程中历练而成的，而美的的战略调整也为更多的人提供进一步发展的机会。

企业的变革使未来充满变数，而正是这些变数为经理人创造了无数的机会。在美的集团公司，这一规则得到了恰如其分的诠释。

资料来源　罗建法．美的制冷团队是这样锻造的［J］．经理人，2003（9）．

材料二：

从最基层干起的孟晚舟

孟晚舟任华为副董事长、首席财务官，主要负责华为的财务运营及管理，包括财务策略、风险管理、融资筹划、税务遵从等业务。不要光看到孟晚舟坐到了这么高的位置，她是从底层做起，通过自己的努力，一步一步升上来的。

孟晚舟大学毕业后，就想像普通家庭的孩子一般，选择一份稳定的工作开始干，于是她在中国建设银行干了一年。不过，银行撤销网点导致她工作突然中断，于是她就来到了父亲创办的公司——华为。

值得一提的是，孟晚舟并没有依靠父亲的位置而去干一些清闲的活，而是从最基层开始做事，例如接电话、打印文件、整理资料等，枯燥且琐碎。她的父亲并没有觉得这有什么不妥，反而觉得这是锻炼她的好机会。事实也是如此，这样的工作内容，让孟晚舟对华为基层的工作情况了如指掌，为她以后的职业生涯奠定了很好的基础。

为了华为的发展，孟晚舟一直在努力提升，她后来去了华中理工大学攻读会计专业的硕士学位，拿到学位后，就回到了华为财务部门。从那以后孟晚舟可以说从根本上掌握了华为财务方面的相关管理工作，做了大量的重要工作。

孟晚舟在岗这么多年，华为的业绩蒸蒸日上，除了大伙儿的付出，其实她的管理与创新是不容忽视的，她为华为的创新管理做出了很大贡献，在华为的威望相当高。

2003年，孟晚舟负责建立全球统一的华为财务组织，这一系列的改革包括组织架构、业务流程、财务制度和IT平台，使得华为在全球的财务组织以更高的效率和更低的成本运作。

2005—2009年，在华为全球财务系统的统一化和标准化建设中，孟晚舟主导建立了5个财务共享中心，覆盖和支撑全球的会计核算工作，并推动华为全球集中支付中心在深圳落成。

2007年开始，孟晚舟负责实施华为集成财经服务的变革项目。该项目能为各级经营组织提供更完善、更准确、更有价值的财务数据，促使华为持续为客户提供高品质的综合解决方案。

这种集成财经服务的变革项目体现的精神和达到的效果是：打开作业边界，责任在哪里，我们就在哪里；打开管理边界，机会在哪里，我们就在哪里；打开思想边界，方法在哪里，我们就在哪里。如她所说："传统的财务服务，早已不再是我们孜孜以求的目标。那个驼着背、弯着腰、端着水杯、戴着老花眼镜的账房先生，绝不再是我们的形象代言。"

孔子问志，颜渊答曰："愿无伐善，无施劳。"孟晚舟说："虽然我们的文化是低调的，但财经团队的持续努力和点滴成就，还是相当令我们自豪，如今，我们的财经专业能力普遍处于行业较佳水平，个别领域已处于行业最佳水平。"

到2011年，在华为工作18年的孟晚舟成为华为的CFO。最让人惊讶的是，华为内部员工到2013年才知道孟晚舟是任正非的女儿，可见她有多低调。

孟晚舟的勇敢和信念在多年前就有显露。

2011年3月11日，日本发生了9.0级的大地震。地震之后，海啸接踵而至，还有不间断的余震。当时受地震影响的福岛核电站发生核泄漏，隔离区已经检测到了7级核辐射。其他企业的员工几乎全部快速撤离，而孟晚舟却从美国紧急赶往日本。

她到达日本后连夜讨论抢修预案，穿着防护服活跃在隔离区。孟晚舟带着华为员工，成了逆行者。就算内心恐惧，但她仍然义无反顾，因为她肩上扛着的是华为。

孟晚舟的“虎”与“勇”跟任正非绝对是一脉相承，所以她才会说“事关尊严，不会让华为和中国蒙羞”。利刃出鞘，勇往直前，这样的勇敢和风骨，才是中华儿女啊。

资料来源 黄卫伟. 价值为纲：华为公司财经管理纲要［M］. 北京：中信出版社，2017：代序.

材料三：

“家文化”营造幸福氛围

“企业的利润来自员工的幸福和客户的满意”，这几个苍劲有力的大字悬挂在苏州固锝公司总部接待室的墙壁上，格外引人注意。苏州固锝公司董事长吴念博认为：“幸福企业，是充分考虑企业员工需要什么，考虑如何才能让员工幸福的企业，这就要求公司关心在前、爱护在前，将员工视为最亲爱的人、最需要关爱的人，使员工有温暖如家的感觉，并努力把每个人的攀比心、欲望都调整到适当位置。”为了切实推进幸福企业建设，公司专门成立了企业幸福工作部，从人文关怀、人文教育、绿色企业、人文真善美、志工拓展、慈善公益、健康促进等七大模块，传递“大爱人文”思想，为员工营造家的温馨。

走进苏州固锝，映入眼帘的便是“敦伦尽分”“弟子规”“百善孝为先”“不学礼，无以立”等各种条幅。这种俯首皆是的触及灵魂的警示格言，为企业营造了浓郁的文化氛围，促使员工每一天的小小改变最终汇集成所有员工日复一日的持续进步。每天清晨与傍晚，在苏州固锝还能看到一道亮丽的风景线——公司高层列队向上下班的员工问好，一句简简单单的“早上好”“辛苦啦”，承载的是沉甸甸的尊重。

每次新员工入职的日子，苏州固锝的董事长都会亲自到幸福学堂与新员工见面并为其讲述公司的基本情况，耐心地解答新员工的疑问，并询问大家的生活家庭状况、入职状况，随后与幸福企业工作部一起完善新员工入职体系，才会离去。从新员工成为苏州固锝大家庭一员的第一天起，公司就让他们参加入职导览式培训、贴心式座谈，帮助他们尽快融入大家庭；之后还有每月一次的座谈分享会，每个家人在生日时都会有别具一格的生日聚会。此外，作为苏州固锝大家庭中的一员，员工上班不用打卡，“回家还需要打卡吗？”公司还设立了棋社、影视社、运动社，开展各项环保游、健身等娱乐活动，丰富员工业余生活。公司为此定期举行健康讲座，提高员工的健康意识，并对特殊岗位和特殊人群定期开展健康检查，以确保他们的身体健康状态；设立专门的医务室，让员工随时享受健康护理。对“准妈妈”员工更是给予无微不至的关怀：赠送育儿书籍资料，设立就餐绿色通道和专用就餐区，配置软座，提供营养菜单和点菜式服务，可以自行调节上下班时间（一个小时）。公司鼓励员工通过再教育取得学历和专业知识上的进一步提升，并为符合条件的员工提供教育费用资助；设计和规划了管理和专业技术两个发展通道，让员工在发展上不受局限；设立内部招聘的通道，使具备相应能力的员工可以获得更好的职业发展。

公司专门创办爱心园，提供学习场地，让职工子女放学后在公司得到专人照顾，公司员工的子女全面享受从小学到大学的学费补贴；对于父母在80岁以上的员工，公司每月给予额外的补贴。在中秋节，董事长亲自为员工奉上节日慰问金，并给全体员工的父母写了一封言辞恳切的书信。公司还实现了制造业罕见的由“上六休一”到“上五休二”制度的转变，让员工有更多的时间陪陪父母。

苏州固锝公司在成立之初，也曾顺应主流，推行“六西格玛”，然而员工很难在组织中找到归属感，只能被动地接受指挥，完成分内任务。如今，倡导“家文化”，就是要让每一位员工在公司感受到家的温馨，不再为了绩效痛苦工作，而是带着主人翁的心态，悉心打造共同的“家”，让“家”和“家人”更加幸福。

资料来源 张文礼，冯峰. 苏州固锝：率先构建幸福企业的典范［J］. 中国机电工业，2012（5）.

材料四：

中国建材集团的“组织人才会议”

中国建材集团是世界500强企业。该集团的领导力测评中心对220名关键岗位人员实施测评，各级单位和专业序列召开“组织人才会议”数十场，对170多名各级经理人进行了综合评价，并为其中50余名绩优高潜人员制订了个性化发展计划。“组织人才会议”机制已基本建立，人才培养初见成效。

1.在全公司建立起公正透明的选人用人文化

“组织人才会议”要求各级领导班子集体评议员工年度业绩和能力表现，员工的领导需向上一级的人才发展委员会汇报对员工的评价建议，经人才发展委员会集体讨论才能确定评价结果，而且评价结果需员工本人确认。这种机制很好地规避了直接领导“一言堂”的情况。

“组织人才会议”是按照岗位层级和专业线两方面召开的，一名员工既要跟同单位本级别的员工进行比对排序，又要在专业线上和其他单位本岗位层级的员工进行比对排序，两方面成果综合形成员工年度综合评价。员工的业绩得分由所在单位的上级和专业线的上级按照一定比例计算得出，在岗位层级评价上重点运用360度评价的方式考量能力认可度，在专业线评价上重点考查专业能力。这既保证了评价的公正性，又保证了评价的专业性。

同时，由于各层级领导力模型的延伸应用和专业线能力素质模型的建立，全公司使用统一的评价标准对各层级、各专业线管理者及员工实施能力评价，使用统一的语言、统一的流程、统一的模式召开“组织人才会议”，其评价结果可对照、可比较。

2.一把手关注团队发展，有效提升团队建设能力

在“组织人才会议”实施过程中，公司始终坚持“经理人是员工成长的第一责任人”的理念。公司的迅速扩张要求每一个团队的领军人物关注和加速对下属的培养，

为新业务、新团队输送成熟的管理者和员工。"组织人才会议"的形式要求员工的直接上级向人才发展委员会陈述员工表现，提出发展建议，引导各级团队领导者关注本单位员工个人表现和未来发展，人才发展委员会通过这种方式，也可以有效地评价团队领导者在团队建设方面的投入力度和专业性。

在员工个人发展计划中，由各级管理者或行业专家担任其导师，直接指导员工提升能力。导师需要投入更多的时间和精力手把手教员工，不仅在工作上进行指导，还要在生活和思想方面答疑解惑，传授经验。员工有机会跟随导师旁听各种重要会议，一起出差调研。这种模式保证了优秀管理者和专家多年的工作积累获得传承。

3.员工明确个人发展方向和发展路径，有效保留优秀员工

在中国建材集团，每个员工都有属于自己的"职业屋"，上面清晰地记录了员工个人基本情况，历次"组织人才会议"的评价结果，员工本人发展意愿和"组织人才会议"审议确定的发展方向，员工个人职业发展路径，更高层级管理及专业岗位对任职经历、专业资质、工作年限、学历学位等方面的任职要求和工作职责，以及员工年度发展计划和具体措施等内容。员工要根据"职业屋"的规划，主动学习，积极提升，选修公司提供的专项培训课程或参加轮岗交流项目，按时完成公司要求的各项能力提升举措。公司记录员工完成情况，在下一年度"组织人才会议"上呈现。如果员工未能完成，则会影响其本人和上级的年度评价结果。

中国建材集团按照专业线构建职业发展双通道，在原有的职务序列基础上设立专家序列，一方面突破了职业发展瓶颈，为员工提供了更大的成长空间，降低了员工流失率，稳定了员工队伍；另一方面，公司也通过赋予专家内部授课、担任员工导师等职责，有效地促进了专业体系内部的最佳实践交流，带动了专业队伍能力的整体提升。

4.建立后备人才库，保证战略所需人才的涌现和成长

通过盘点和评价，中国建材集团各级管理层都确立了后备名单。这些人当中有成熟的接班人，也有仍需培育的高潜人员。一个接班人的成长要经历新人培育期、能力拓展期、后备培养期这样3个周期。公司结合员工成长特点，在每个周期匹配专业发展计划，形成了"FLY计划"。其中，F（first）计划在新人进入公司的第一年提供5类标准化课程，通过团队拓展、文化融入、系统实践、职业培训等方式促使新人成长。L（leadership）计划面对各级管理者，通过各级领导力提升项目（LDP）和各专业系统培训，全面提升人员综合能力。Y（young）计划重点关注进入后备名单的青年人才，通过导师辅导、轮岗交流、挂职锻炼、集中培训、游学考察等培养形式，加速青年后备人才成长。

公司旗下各业务板块高度重视人才培养工作，他们结合自身业务特点和发展阶段，推出丰富多彩的后备培养计划。其中，"火炬计划"积极倡导"学校、军队、家庭"的管理理念，对不同专业、不同层级的优秀人才进行系统培养；"管培生培养计划"通过制定个性化成长路径，确保核心人才队伍的稳定；"博辩讲堂"为员工提供了理论提升、经验交流和专业成长的平台；"种子计划"加速了后备年轻经理人的培

养；“白鹭计划”建立了从新员工培训到领导力提升的全面培养体系。

思政格言

大河有水小河满，小河有水大河满。

——习近平在2015年3月28日于博鳌亚洲论坛中提出

不积跬步，无以至千里；不积小流，无以成江海。

——《荀子》

人生是一个永不停息的工厂，那里没有懒人的位置。工作吧！创造吧！

——罗曼·罗兰

第11章 个人职业适应

学习目标

- ✓重点掌握职业适应过程中心理适应、生理适应、岗位适应、环境适应等内容；
- ✓掌握职场和职业人的主要特征；
- ✓理解职业适应中可能出现的问题；
- ✓了解职业适应中人际关系适应和需要处理好的细节等；
- ✓了解职业挫折的含义、产生的原因，掌握遇到职业挫折时的克服方法。

引例

从象牙塔走向就业

A在学校里是非常优秀的学生，从中学顺利地考上名牌大学，在大学由于成绩优异，成为系里保送的研究生。无论是做学问还是参与学校组织的活动，A都得心应手、应付自如。多年在象牙塔里生活和学习，A充分享受着这种展示才能、张扬个性所带来的快乐，而且他如同一个演员，学校这个舞台提供给他的一切，也在不断地塑造他作为学生的那种气质，这种气质无形中深深地印在他身上。随着硕士研究生的顺利毕业，A放弃了继续读博或留校任教的机会，一心想从政“干大事”的他，不愿意在象牙塔里待一辈子，选择了去国家机关工作，做一名国家公务员。

然而，社会这个大熔炉很快就粉碎了A的宏伟抱负和理想之梦，他觉得总是在干一些琐碎而简单、重复的工作，当他抓住有限的机会施展自己才华的时候，又不被领导和周围同事所认可，甚至认为他过于冒进和狂傲。在工作中，A还依照大学的习惯喜欢对同事的工作加以指导，喜欢指出同事工作中一眼就能看出的毛病，但这样反而使他和同事关系更疏远了，因为同事认为他爱逞能、书生气十足。

A觉得自己在单位是一个无足轻重的角色，以前在学校春风得意的样子一去不复返了，时常感到失望、沮丧，后悔当初的选择，情绪很低落。

资料来源　张莉娟. 职业适应：成长中的“格式化”[J]. 心理与健康，2006（3）.

本案例中，A在校时是一个非常优秀的学生，进入向往的工作岗位之后，他的状况却不尽如人意。他的不适应主要表现在哪些方面呢？为什么会出现这些不适应的情况？初入职场的人怎样才能尽快适应职业生活呢？

11.1 职场与职业人

对每个人来说，进入职场，是人生道路上一个关键性的转折。实践表明，适应职场比较快的人，则容易更早地获得单位的认可、更快地寻找到人生新的起点，更容易享受到事业成功和生活幸福的喜悦，也更容易找到自己的“职业锚”。因此，为了尽快适应新环境，完成角色转变，求职者对职场和职业人要有一个理性的认识。

11.1.1 职场的特征

美国佛罗里达大学的管理学教授丹尼尔·费尔德曼（Daniel Feldman）曾将“大学”的环境和一般“职场”的工作环境做过详细的比较，归纳出职场的主要特点：

（1）时间安排更固定；

（2）不能无故缺勤；

（3）反馈较少且没有规律；

（4）没有寒暑假，节假休息日很少；

（5）很少有问题的正确答案；

（6）任务模糊、不清晰；

（7）按团队业绩进行考评；

（8）持续数月、数年甚至更长时间的工作循环；

（9）更多的以主观性标准和个人判断为基础。[①]

这就意味着，一个人入职之后，他所处的环境会发生很大的变化。他的生活规律会因职业的需要而改变，逐步形成新的职业生活规律。他面对的人和需要处理的事务可能是全新的，并由此给他带来更多的压力。他的学习方式会不由自主地发生变化。最终，他的思想观念和价值标准也会发生变化。

11.1.2 学校和职场的差别

现在的大学生都是一直在学校这个相对单纯的环境里生活，已经习惯了校园生活。在大学生的心中，学校是一个安定的场所、是一个大家庭，对其依赖感很强，甚至有些大学生毕业之后，也不愿意离开校园，甘当“校漂族”。

但是，学校只能是一个过渡，是人生的一个转折点。了解学校与职场之间的差别，也许能够避免踏入职场时陷入忙乱与困境。学校与职场的不同体现在许多方面，主要有以下几点：

1.文化氛围不同

在校园里，大学生过的是“寝室—教室—图书馆—食堂”四点一线的简单而安静的生活方式，校园文化气氛既活泼又单纯。在职场上，人们面临的社会环境是：快速的生活节奏、紧张的工作和加班；没有了寒暑假，自由支配的时间少；还要适应不同

① 孙权，高桥. 大学生就业指导［M］. 北京：清华大学出版社，2006：199.

地域的生活环境和习惯。初入职场，这种生活节奏的突然转变让很多刚刚毕业的大学生，尤其是那些没有家人在身边的大学生，因为不适应而疲于应对。

2.人际关系不同

职场是各种为了特定目标集合在一起的组织的聚合体，职场以利益往来和利益交换为存在基础。学校中人际关系则比职场中的要纯粹得多，学生之间彼此没有直接的利益关系，是一个互助互利的短期结合体。初出茅庐的同学们人际交往比较单纯，职场上的人际关系相对于学校中的同学关系来说要复杂得多，因而会感觉不适应。

3.管理模式不同

学校里管理比较松散。大学的管理模式是：学生可弹性安排学习时间，少许逃课没人管束，节假休息日较多，学习任务清晰；学术上多鼓励师生讨论甚至争论；教师会布置作业或工作，要求在规定时间内完成；教师公平对待学生；以知识为导向；学习内容以抽象性与理论性为主要原则等。作为职业人，职场的管理模式是：规定上下班时间，不能迟到早退，经常加班加点，节假日很少，工作任务经常又急又重；老板通常对讨论不感兴趣，多数老板比较独断；对待员工不一定很公平；以完成任务实现经济效益为导向；要完成上级或老板交给的一件件具体的、实实在在的工作任务等。

4.存在目的不同

学校的存在是为了向学生传授知识，为社会输送人才，而职场的存在则是为了给社会、企业或老板创造更大的价值。

11.1.3 职业人的特点

2005年，联合国教科文组织国际教育和价值观教育亚太地区网络在联合国教科文组织职业技术教育和培训国际中心的支持下出版了著名的《学会做事》（Learning To Do）一书，提出以“学会做事”为内涵的职业教育与培训理念。我们能够从中体会到一个人成长为职业人所应实现的目标和具有的特点。主要包括：不仅应掌握技能和技术，而且要具备良好的职业价值观和态度，具有对自我价值、自我尊重和尊严的认识，具备独立工作和团队工作能力；诚实正直，守时负责；能适应变化的形势，知晓和理解困难与问题，创造性地拿出解决方案，和平解决争端，很好地掌握世界、自己和他人的现实情况；既有全面的综合知识，又有某个领域的专门知识，具备在学习型社会继续学习的能力等。

曾担任人力资源和社会保障部全国人才流动中心副主任的陈军认为，一个成功的职业经理人必须具备7个特点：清晰和坚定的职业目标、丰富的职业含金量、良好的教育背景、较强的实战能力、高度的专业化、较高的个人素养、较强的沟通能力和管理能力等。

被称为“中国执行力第一人”的周永亮博士在《我是职业人》一书中阐述了职业化的关键点，即绩效导向、责任心态、解决问题、重视细节、团队协作、时间观念、沟通能力、尊敬他人等10个职业化标准新概念，描述了一个职场人如何成为一个职业人的操作手段。有人提出“责任心是职业人第一素质”[①]。有学者指出，纵观各行

---

① 苗向东. 责任心是职业人第一素质［J］. 秘书工作，2006（1）.

各业后发现成功的职业人都拥有3个核心特质，即高尚的职业道德、专业的职业技能、正确的职业价值观。①对职业人的总结，业界有很多不同的说法，比较有代表性的是把职业人总结为“1个中心”和“3个基本点”。“1个中心”是指：提供客户满意的服务。这里的“客户”是指广义上的概念，包括上司、同事、家人、下属和常规意义上的客户。“3个基本点”是指：①为高标准的产出负责——为客户考虑；②团队协作——互相信赖；③为自己的职业生涯负责——不断学习。

概括上述内容，职业人的特点主要体现在：一个人有正确的职业价值观和负责任的态度，过硬的专业技能和较强的工作能力，和谐的人际关系和较强的团队意识，积极的创新精神和较强的学习能力。

名企招聘

联想公司招聘大学生的要求

联想在招聘应届大学毕业生时，主要从五个方面考虑：

一是客户意识。这种客户意识并不仅仅针对客户而言，对同事、上级、下级，以及合作的部门都要有非常好的客户意识。这种意识已经成为每个联想员工的DNA。要加入联想，就要具备或者认可这种意识和精神。

二是学习能力。联想要求应聘者一定要有强烈的学习精神和进取心。联想面临来自全球的竞争，信息技术又处在剧烈的变革和发展中。在联想工作，必须时刻学习，有强烈的危机感。员工必须非常积极地吸收前人、身边人的先进工作方法和经验，能够虚心地借鉴其他公司的先进经验，做到每天都在进步，才会跟上公司的步伐。

三是创新精神。创新是联想的生命，作为其中的一员，要不断地超越自己，为客户和合作伙伴创造新的价值。

四是团队合作意识。联想是一家组织严密、运作灵活的公司，在这里所有工作都需要其他同事和团队的紧密配合才能完成，个人英雄在这里也一定是基于团队的英雄。联想希望应聘者能快速融入团队，善于协作、共享，有团队意识和大局观。

五要善于沟通。公司是一个大团队，部门是一个小团队，身在集体中就要学会与人沟通。因此，要树立强烈的沟通意识，掌握有效的沟通方法。

此外，在招聘中，对于不同的岗位，联想会有不同的要求。比如，招聘销售人员时，会重视他的换位思考能力，而招聘人力资源管理人员时，则会重视其与人的沟通能力。同时，联想还要考查应聘者的个人能力、个人素质和英语水平，考查其是否有较强的归属感和责任心，是否可以快速融入联想的企业文化。一个国际化的企业必须有国际型人才，因此，国际型人才是联想招聘工作的重要方向。具体而言，就是要求求职者有海外学习、工作的背景，或者在国内跨国公司工作过，经历过多元文化的环境。

资料来源　周矩．职业人与职业发展 [J]．辽宁行政学院学报，2007（11）．

---

① 周矩．职业人与职业发展 [J]．辽宁行政学院学报，2007（11）．

11.1.4 大学生与职业人

大学毕业生是新增劳动者的重要组成部分。每一年都会有大量的大学毕业生圆满完成学业，走向职场中的某个岗位。2021年，我国高校毕业生数量达909万，再创新高。对于大多数毕业生来说，大学时代的结束就意味着从学生角色向职业人角色的转变。大学生应该了解这两个角色之间的区别，做好转变的准备。大学生和职业人的不同主要表现在以下5个方面：

1.社会责任不同

学生的主要社会责任是学好科学文化知识，掌握为人民服务的本领，使自己德、智、体全面发展。整个过程是一个受教育、储备知识、锻炼能力的过程。大学生以学习、探索为主要任务，在校园里不怕犯错误，什么事情都可以去尝试，即使做错了也不用承担过多的社会责任。此外，大学生有依靠，没有过多的社会负担：学习方面可以请教老师和同学；生活上有什么困难可以依靠父母。职业人的责任，是以特定的身份去履行自己的职责，依靠自己的本领或技能去为社会和他人服务，完成某项工作，它是通过对工作对象的履行情况来体现的。成为一个职业人以后，必须学会服从领导和管理，迅速适应上级的管理风格。职业人如果在工作中犯了错误，要承担相应的责任。例如一名医生，若能认真履行自己的责任，不仅可以救死扶伤，而且会为医院赢得荣誉，为医生们树立典范；反之，如果玩忽职守，则既会威胁病人的健康、断送个人的前程，也会影响医院甚至医疗队伍的形象。

2.社会权利不同

大学生的权利主要是依法接受教育，并取得经济生活的保证或资助。职业人则是依法实施个人行为，开展工作，并在履行义务的同时取得报酬。

3.文化环境不同

在大学里，大学生的时间比较充裕和自由，可以弹性地安排自己的学习和娱乐，生活节奏比较慢，竞争不太激烈。同学间彼此没有直接利益冲突，人际关系简单纯粹，互助互利。而职业人，要按时上下班，不能迟到早退，要在规定的时间内完成自己的工作任务，工作效率要高，生活节奏比较快，压力大。同事间竞争激烈，往往会有直接的利益冲突，人际关系复杂。处理好复杂的人际关系是每一个大学毕业生走上社会成为职业人后必须面对的问题。

4.社会规范不同

社会赋予角色的规范，就是社会提供的行为模式。职业角色与学生角色不仅在规范内容上不同，而且规范所产生的约束力也不一样。社会对学生角色的规范内容，主要反映在国家制定的《大学生行为准则》和各学校制定的《大学生手册》之中等。因为学生是受教育者，在违反角色规范时，对他们主要还是以教育帮助为主。学生规范多是从培养、教育的角度出发，引导其以后能顺利成长为合格的人才，如怎样遵守学校的规章制度，怎样待人接物，怎样做人等。从事工作后，他们就变成了职业人，社会对职业角色的规范因职业的不同而不同，但肯定是更严格，违反角色规范就要承担一定的责任，甚至法律责任。比如国家工作人员，必须严于律己、克己奉公，渎职、玩忽职守、收受贿赂就要受到纪律甚至法律的处罚。

5.主体地位不同

对学校而言，学生享有主体地位，学校是为学生服务的。对职场而言，职业人则是客体，职业人都是为职场服务的。因此，必须明确不同的立场，以便于角色的转换。[①]

总之，学生与职业人的不同点在于：一个是受教育，掌握本领，接受经济供给和资助，逐步完善自己；一个是用自己已掌握的本领，通过具体工作为社会付出，独立作业，具有一定的权利和义务，为自己的行为承担责任。

11.2 职业适应问题分析

一个人一旦选择了某一职业，首先面临的是如何尽快适应这一职业的要求，完成社会角色的转换。这一转换的成功与否直接关系到职业发展的成败。一个人在职业适应中可能会遇到以下几个方面的问题：

11.2.1 心理适应问题[②]

从本章的引例可以看到，心理适应是一个人在职业适应中首先遇到的问题。根据社会调查的结果，职业适应中出现的心理问题主要表现为怀旧、依赖、自傲、自卑、浮躁、孤独等。

1.怀旧

踏入职场之初，环境的改变会引起短暂的不适应，因此个人易出现怀旧心态，怀念原来的生活，常常会自觉或不自觉地置身于原有角色来要求自己和对待工作，以习惯方式观察事物、分析事物，面对与同事、领导等较为复杂的人际关系及职业责任的压力，不禁会留恋原来的生活状态。

2.依赖

一个人刚踏入职场担任职业角色，工作的自觉性和独立性还没养成，对自己的工作性质、范围、程度、相互关系还没有足够的认识，但单位和领导往往以能独立承担职业义务的标准来要求他，因此二者在履行角色义务、掌握支配角色权力的尺度、遵守角色规范方面还存在一定的差距。

3.自傲

对于大学生求职者来说，这个问题比较明显。他们拥有最新的理论知识，掌握最新的信息和动态，是求职者中的佼佼者，颇有点“天之骄子”的感觉。有些毕业生常以名校高材生自居，自以为接受了正规教育，已经学到了不少知识，因此轻视实践，放不下架子，只想做高层次的工作，看不起基层工作和基层工作人员，甚至认为一个堂堂的大学毕业生干一些不起眼的事是大材小用，有失身份，实际上是眼高手低，大

① 高桥．大学生职业发展与就业指导教学指南［M］．北京：清华大学出版社，2006：497.
② 周春开．论高校毕业生的职业适应［J］．教育与职业，2003（5）．

事做不了，小事又不做。

4.自卑

一个人面对新的工作环境和生疏的人际关系，面对突如其来的挑战，缺乏应有的自信心，在工作中放不开手脚。特别是在大公司，看到别人工作经验丰富，驾轻就熟，相比之下觉得自己这也不行，那也不行，胆小、畏缩，不思进取，甘居人后，产生不求有功但求无过的消极心理。这既不利于个人聪明才智的正常发挥，也不利于自己快速适应职场。

5.浮躁

一些人，特别是年轻的高学历人员，在角色转换过程中往往表现出不踏实、不稳定的特征，在职业适应中没有耐心，缺乏敬业精神，一段时间想干这项工作，干了一阵觉得太难适应不了，又想干那项工作，导致对本职工作坚持不下去，不能深入地了解本职工作的性质、职责范围和工作技巧。

6.孤独

进入职场，脱离开了原有的交际圈子，而新的交际圈子还没建立。身处一个新的环境，面对新的挑战、新的压力，面对陌生的面孔，在友情上处于真空阶段。新环境的压力、适应时的挑战、工作中的不顺心，容易使人感到压抑、苦闷、孤独。

11.2.2 生理适应问题

一个人进入职业生活后，面对环境的改变和角色的转换，在生理上也需要一个适应的过程。有专家指出，环境改变、角色转换会使人产生短暂的生理上的不适应，主要是对工作时间、劳动强度以及紧张程度等的不适应。[①]

对于刚刚迈入职场的毕业生而言，由于他们长时间在校园生活，习惯了“寝室—教室—图书馆—食堂”四点一线的生活方式和生活节奏，进入职场以后，会很快感觉到岗位任务、工作时间、劳动强度、心理压力等都和校园生活状态差别很大。这种改变可能会使一些毕业生生理方面也出现问题，如失眠、头晕、头痛、精神恍惚等。因此，每个人都需要努力调整自己的生理状态，以适应职业生活。

知识链接

身体协调性测试

一位就业指导专家在讲座中设计了一个测试项目：请所有与会者挺直坐好，上身与腿成90度，双手置于两腿上，一只手握拳，一只手成掌，随着他的口令做动作。测试开始后，所有人在腿上用拳上下轻捶，用掌来回轻搓，并按照口令两手的手形和动作交替进行，看谁做得准确。测试的结果显示，很多人感到自己的身体并不是很容易为自己所控制，往往经过多次的训练之后才能达到口令的要求。这说明一个人在进入职场之后，他的生理机能同样需要一个调整和适应的过程。

① 郭平．当代青年的职业适应［J］．中国青年研究，2006（7）．

11.2.3 岗位适应问题

岗位适应即对职业岗位的性质、特点的适应，对岗位要求包括对劳动制度、岗位规范等的适应。

对岗位不适应主要是由于缺乏工作经验，不熟悉工作程序，不了解工作方法，对自己的工作没有一个明确的认识。有人指出，一些大学毕业生刚走上工作岗位时，由于动手能力、实践能力差无法把系统的理论知识转换为多方位的实际应用。①

对岗位不适应还表现为一些人不能很好地处理复杂的人际关系。在职场里，有些问题不是靠单纯的方法就可以直接处理的，这里面牵扯着复杂的人际关系。一个人初入职场，崭新的生活方式、陌生的社会环境、复杂的人际关系都会让他感到不习惯。如果不能很好地适应，就会难以应对，四处碰壁。

11.3 职业适应的途径

职业适应是指从业者进入职业角色，履行职业角色义务，享受职业角色权利，遵守职业角色规范的发展过程。每个人进入职场都要度过一段长短不一的职业适应期。尽快适应工作环境，成功进行角色转换，得到上司和同事的认可，将为今后的职业发展打下良好的基础。

11.3.1 如何尽快实现职业适应

基于对职业人的调查了解、对职场状况的综合分析，入职者要尽快实现职业适应，需要做好以下几个方面的准备工作：

1. 调整心理状态，适应职业发展

职业适应的首要问题是调整心理状态，适应职业发展的需要。诸多心理方面的问题会影响到职业适应期的长短。从职业发展的角度来看，心理状态的调整主要包括：

（1）保持良好的心态。在职业适应期，会遇到许多挫折，会产生孤独、失落、自卑、挫败等心理，此时要调整好心态，要以积极的态度去面对挑战和挫折。风雨总会过去，困难总会解决，要保持一个良好的心态去积极地调整自己，使自己更好、更快地度过职业适应期，成功地迈出职业生涯的第一步。

（2）尽快摆脱依赖心理。踏入职场后，每个人都要承担一定的社会责任，要在工作中独当一面，需要尽力克服依赖他人的心理。面对困难，首先依靠自己，不需要协作的工作就尽量独立去完成。

（3）树立充分的自信。相信“天生我材必有用”。刚刚进入职场，经验较少，环境不熟悉，在实际工作中难免会出现一些小错误，感到力不从心，这是每一个初入职场的新手都会遇到的问题。要树立自信心，虚心请教，多听多看，学习他人的经验，在同事的教导下、在摸索和实践中不断成熟起来。

---

① 谢伟．职场新人必备的五种能力［J］．职业，2006（9）．

（4）学会适当的忍耐。初入职场，新手上路，被轻视、受冷落、做错事等都在所难免，此时要有耐心，在一个行业准备好从底层做起，不断积累经验、提升能力，就能为今后的职业发展打下一个良好的基础，形成一个有延续性的职业发展历程。

（5）让自己更加理性。一些年轻人容易把事情看得简单而理想化，对未来充满憧憬，但是一些“理想”可能并不符合职场的客观实际。在职业适应期，要能够根据现实的环境调整自己的期望值和目标，更加理性地看待自己，明确在职场中自己该扮演什么角色，真正了解自己能做什么，该往哪方面发展。

2.调整生理状态，适应工作环境

就个人而言，职业适应的另一个重要任务就是调整自己的生理状态，以与工作环境相适应。通过锻炼和调整，让自己的生理机能逐步适应紧张的职业生活。

（1）调整生理规律。比如，每个人都有自己的生物钟，一些人可能已经习惯了午睡到13：30，或者15：00点再开始学习或工作，但在实行朝九晚五工作制的城市或区域，中午只有一个小时的午餐时间，入职者就要调整原来午睡的习惯。

（2）学会照顾自己。进入职场，紧张忙碌的生活对身体造成了不小负担。在家里，有父母精心照顾，而工作后，自己就要独立起来，要学会照顾自己。“身体是革命的本钱”，摆脱对他人的依赖，学会照顾自己，才能以良好的生理状态去迎接职场中的挑战。

3.调整生活状态，适应岗位需要

（1）让生活紧张起来。一个人步入职场，要融入职业生活，原来的许多生活习惯都得改变。如果把日常生活中养成的诸如懒惰、娇气、拖拉等毛病带入工作之中，就可能给自己的职业发展带来非常严重的后果。一定要严格要求自己，爱睡懒觉的，应该提早上床休息，养成早睡早起的习惯；体质弱、爱生病的，不妨平时多多锻炼身体；爱吃零食的，一定要分清场合；爱抽烟的，也许得戒烟。有时候，职场那些不成文的规定更需要你遵守。要注意把平时散漫的生活状态转变为紧张的工作状态。

（2）建立和谐的关系。单位是一个整体，许多工作项目需要很多员工协作完成，只有融入了集体，才能更好地完成自己的工作、施展自己的才华。来到一个新的集体时，应主动置身其中，从心理上认同周围的每个人，以主人翁的姿态对待集体的每件事，加强与同事的交流和协作，尽快在这个集体中找到自己的位置，更顺心地开展工作。建立和谐的人际关系对职业发展至关重要。关于这一点，下一节进行专门讨论。

4.完善智能结构，适应技能需求

无论入职者的学历、职称、资格情况如何，在职场上，用人单位更看重的还是一个人发现问题、分析问题和解决问题的能力与水平。因此，职业适应还是一个不断完善知识和智力结构，努力提升能力素质的过程。

（1）学会在工作中学习。竞争在加剧，学习不仅是一种心态，更应该成为一种生活方式，正所谓干到老、学到老。谁会学习，谁就能使适合自己职位的智能结构更加完善；谁会学习，谁就更有可能在激烈竞争的职场上获得成功。

（2）树立创新意识。创新是未来社会的一种趋势，知识经济时代的特征是以创新的速度、方向来决定经济的成功与失败。一个人从踏入职场的第一天开始，就应该具有强烈的创新愿望，努力掌握最新的信息与动态，使不断创新成为自身发展的一种优势。具备了这个优势，就能保证在职场中处于不败之地。

（3）善于从小事和基层做起。新入职场，应从小事做起。提水、扫地、整理文件等事情可能并不起眼，但它是职业生活的第一课。如果这门课都“不及格”，也就无以说明一个人能干好更大的事情。职场新人应该有从基层工作做起的意识，踏踏实实地从小事、实事、琐事做起，一步一个脚印、一丝不苟地努力完成这些事情，这样不仅有助于迅速融入同事圈中，获得人们的认可，还可以使自己的知识得到应用，能力得到锻炼，经验得到丰富，为以后的职业发展奠定基础。[①]

11.3.2 职业适应的注意细节[②]

如果说心理、生理等方面的适应是职业适应期的关键和重点，那么一些需要注意的细节也具有很重要的作用。“细节决定成败”，注重了细节才能成功转换角色，尽快适应新的环境。在职业适应中，需要注意的细节有很多，概括起来主要表现在以下几个方面：

1.讲究职场礼仪

刚参加工作的人要特别注意使自己的行为符合职场礼仪。这是基本要求。

（1）对人有礼貌。常言道，“礼多人不怪”。在工作场合和工作交往中，一定要使用礼貌用语。

（2）保持微笑。有人说：“如果长相不好，就让自己有才气；如果才气也没有，那就总是微笑。”微笑不仅能够展示自己的自信，也能够向领导和同事传递积极的态度，善于微笑的人在职场上获取的机会总是比别人多。

（3）尊重别人。抛开傲气，学会尊重身边每一个人。尊重别人就是尊重自己。

（4）注意职场礼仪。职场礼仪包括很多方面，如着装礼仪、电话礼仪、见面礼仪等，这些都需要学习并加以运用。

2.加强交流与沟通

（1）学会与人沟通。要想尽快融入组织，就必须善于沟通。沟通得越好，获得的帮助就会越多。

（2）主动展现热情的个性。这是获得领导和同事好感的重要方面。

（3）抱着学习的态度。[③]对于职场新人来说，工作内容以及环境都是陌生的，对诸多事情都不知如何办理，因此多向同事请教才是进步最快的一种方式。要有一种从零做起的心态，充分尊重同事的意见，不论对方的年龄是大是小，只要比自己先来单位，都应该虚心地拜其为师。

（4）肯吃苦和吃亏。对于职场新人来说，最重要的不是一个月拿多少薪水，而是获得经验，所以不要太在意自己的得失，不要太计较自己的待遇，踏踏实实地做事，这会让自己在职场上少走很多弯路。平时要多看、多听、多干，在各种利益冲突中超脱一点，肯让、能让、善让。

---

① 李琳．职场新人走好第一步［J］．中国大学生就业，2008（5）．
② 本小节主要参考高桥．大学生职业发展与就业指导教学指南［M］．北京：现代教育出版社，2008．
③ 卞文哲．职场新人如何站稳脚跟［J］．人才开发，2008（10）．

3.从小事做起

（1）做好每一件小事。“小事不愿干，大事干不了”，是刚参加工作的新人最容易犯的毛病。如果不注意纠正，很可能成为志大才疏式的人。要注意从大处着眼、小处着手，一丝不苟地做好每一件小事。小事中见大精神，可为以后做大事积累资源。另外，踏踏实实做好每件小事，给领导和同事留下踏实肯干的印象，一旦有机会，他们会放心让你做大事。

（2）独立做好分内工作。许多新人在工作前或多或少在一些单位实习过，但毕竟是在别人的指点下干活，即使碰到一些困难，也不用担心，会有人来解决。正式参加工作以后，很多事情要靠自己独立完成，很多困难要靠自己想办法解决，没有人可依赖，没有责任可推卸。因此，新人要调整好心态，摆脱依赖心理，尽快熟悉工作流程，并勇于负责、独当一面，赢得领导和同事的信任。

4.遵守单位的规定

（1）不越雷池半步。每个单位都有严格的规章制度，职场新人必须绝对遵守。多翻阅一些关于单位内部规章制度的材料，多注意观察，尽量使自己少犯错误、少出纰漏。

（2）不妄加评论单位的制度和规定。单位的制度和规定也许会有不合理的地方，但是作为新人，不要动不动就对制度提出怀疑，这会对自己造成不利影响。

（3）了解单位的“潜规则”。每个单位除了成文的规则外，通常还有一些不成文的规则，一般来说，这些规则都是不言而喻的，虽然没做硬性规定，但也需要大家自觉遵守。

5.注意生活细节

（1）避免太书生气。在工作单位要表现得成熟一点，不要将喜怒全部摆在脸上。平时在工作中也应该尽量避免露出过度的锋芒，多考虑其他同事的感受。处理问题时要灵活，不要太固执己见，更不要事事自以为是。

（2）不要轻易向同事借钱。初入职场，交往不深，提出诸如借钱这样的要求会让双方都很难堪。

11.4 建立良好的人际关系

戴尔·卡耐基在他的《成功之路》一书中论及：“一个人在事业上的成功，只有15%是靠他的专业技能，另外85%要靠他的人际关系和处世技巧。”吉米·道南和约翰·麦克斯韦尔在他们的《成功的策略》一书中也论及：“无论你干哪一行，或者从事何种职业或专业，学会处理人际关系，你就在成功的路上走了85%的路程。”

人际关系是职业生涯中一个非常重要的课题，特别是对大企业的职业人士来说，良好的人际关系是舒心工作、安心生活的必要条件。职业适应的重要内容之一是在人际关系中调整好自己的坐标。

11.4.1 对上级——先尊重后磨合

任何一个上级，干到这个职位上，至少有某些过人之处。他们丰富的工作经验和待人处世方略，都是值得我们借鉴的，他们精彩的过去和骄人的业绩也是值得我们尊重的。同时，每一个上级都不是完美的，所以在工作中，虽然没有必要对上级唯命是从，但也应记住，给上级提意见只是本职工作中的一小部分，尽力完善、改进、迈向新的台阶才是最终目的。要让上级心悦诚服地接纳你的观点，应在尊重的氛围里，有礼有节有分寸地磨合。同时，在提出疑问和意见前，一定要拿出详细的足以说服对方的资料。

11.4.2 对同事——多理解慎盲从

在工作中，与同事相处久了，对彼此之间的兴趣爱好、生活状态都有了一定的了解。作为同事，我们没有理由苛求人家为自己尽忠效力。在发生误解和争执的时候，一定要换个角度，站在对方的立场为人家想想，理解人家的处境，千万别情绪化，把人家的隐私抖出来。任何背后议论和指桑骂槐的行为，最终都会在贬低对方的过程中破坏自己的形象，而受到旁人的抵触。同时，对工作要有高度的热情，对同事则必须慎重支持。支持意味着接纳人家的观点和思想，而一味地支持只能导致盲从，也会有拉帮结派之嫌，影响公司决策层的信任。

11.4.3 对朋友——善交际勤联络

俗话说得好，“树挪死，人挪活”。在竞争激烈的社会中，铁饭碗不复存在，很少有人在同一个单位终其一生。所以，多交一些朋友很有必要，所谓朋友多了路好走。因此，空闲的时候给朋友打个电话、写封邮件、发条信息，哪怕只是只言片语，朋友也会心存感激，这比邀上大家“撮一顿”更有意义。

11.4.4 对下属——多帮助细聆听

在工作中，人和人之间只有职位上的差异，人格上都是平等的。在员工及下属面前，领导者只是一个领头人而已，没有什么值得炫耀和得意之处。帮助下属，其实是帮助自己，因为员工们的积极性发挥得愈好，工作就会愈出色，领导者自己也会获得更多的尊重，树立开明的形象。

11.4.5 对对手——露齿一笑①

我们在工作中，处处都有竞争对手。许多人对竞争者四处设防，更有甚者，还会在背后冷不防地“插上一刀、踩上一脚”。这种极端行为，只会加大彼此间的隔阂，制造紧张气氛，对工作无疑是不利的。其实，在一个整体里，每个人的工作都很重要，任何人都有闪光之处。当你超越对手时，没必要蔑视人家，别人也在寻求上进；当人家在你前面时，你也不必存心添乱找碴儿，因为工作是大家团结一致努力的结

---

① 刁云湘．要重视建立宽松和谐的人际关系［J］．企业家天地：理论版，2008（8）．

果。无论对手如何使你难堪，千万别跟他较劲，轻轻地露齿微笑，先静下心干好手中的工作，说不定他仍在原地发怨气，而你已出色地完成了任务。

11.5 认识和克服职业挫折

11.5.1 职业挫折初析

挫折问题是心理学研究的重要课题。所谓挫折，是指人们在从事活动方面，由于遇到了障碍而导致需求不能满足、行动不能开展、目标不能实现的失落性情绪状态。近年来，随着心理学和管理学的发展，挫折问题受到人们的重视。按照挫折产生的原因，挫折可以分为需求挫折、行动挫折和目标挫折。需求挫折是由人的心理需求不能满足所引起的挫折；行动挫折是由人想要采取的行动不能进行所引起的挫折；目标挫折是由个体虽然已经采取了行动但仍然达不到既定目标所引起的挫折。

职业挫折是人们从事职业活动和个人职业生涯发展方面的需求不能满足、行动受到阻碍、目标未能达到的失落性情绪状态。例如，一个人想要晋升部门经理却一直不能如愿；想要发挥才能却没有条件、无人识才；经过大量努力，做了大量工作，却由于主客观的原因不能达到目的而陷于失败。

职业挫折是职业生涯中相当常见的一种社会现象，甚至是无法难免的。挫折本身当然不是好事，但生涯走向成功、人生走向辉煌过程中的“好事多磨”恰恰就“磨”在这些挫折上。我们分析职业挫折，是要使人们理性地认识挫折，正确地应对挫折，减少挫折发生的频率，降低挫折这种“磨难”对人的伤害程度。实际上，挫折也会磨炼人、造就人，激励人缔造职业生涯的辉煌。须知：“西伯拘而演《周易》；仲尼厄而作《春秋》；屈原放逐，乃赋《离骚》；左丘失明，厥有《国语》；孙子膑脚，《兵法》修列；不韦迁蜀，世传《吕览》；韩非囚秦，《说难》《孤愤》；《诗》三百篇，大抵圣贤发愤之所为作也。”（司马迁《报任安书》）

11.5.2 职业挫折产生的原因

职业挫折产生的原因主要有以下几种：

1.人职不匹配

如果职业岗位对人的素质要求与从业者个人的能力和人格不相匹配，工作不能干好，自然会使人产生职业的挫折感。如果一个人处在工作难度很大、自己无法完成任务、与别人对比相形见绌的情况下，很容易产生“自己无能”的挫折感。

2.不能发挥才能

如果一个组织在安排工作时大材小用、浪费人才，员工个人觉得不能发挥专长，就会产生“被埋没”的挫折感。如果比自己能力差的人职位比自己高，特别是领导者用人不公正，自己的能力不能得到发挥，这种基于价值判断的挫折感不仅会大大加强，而且会进一步使受挫者个人与组织离心离德。

3.组织本身的问题

在组织结构的设置及运行中，不可避免地存在一定的问题。其中有的问题会影响人的工作和职业，甚至影响人的职业生涯。在一个组织中可能存在下述问题：上级领导的作风不民主，监督和控制过分严厉以致对员工进行惩罚；在组织中个人没有发表意见的机会，员工失去主人翁的感觉；组织运行机制不健全和领导者不公正，导致劳动报酬不合理，提薪、晋级、升职不公平，员工的辛劳和贡献得不到承认；员工被当作简单的劳动力，在工作中无法获得信任和尊重，发挥自身的才能与潜能方面的需要不能得到满足。这些组织方面的问题都会使成员产生挫折感。

4.人际关系不佳

组织是由人构成的，在组织中会存在一定的人际关系问题，诸如：上下级之间缺乏有效沟通；上级对下级不信任、不尊重；组织成员间关系紧张，互相猜疑、嫉妒，人与人之间不能做到心理相容等。这会使组织成员的友爱、互助、合作需要得不到满足，从而使人产生职业生活的挫折感。

5.其他因素

工作的非人性化（如工作过于单调）、单位的工作时间安排不当、工作量过大等非正常压力，以及职业的社会评价不佳等，都可能造成人的工作不顺利和工作成果得不到承认，进而导致职业挫折感。

11.5.3　职业挫折的克服

对于职业挫折，应当从以下几方面加以克服：

1.正确认识挫折

人们从事工作、学习、研究、创造活动，都是在一定的自然环境、社会环境、人文环境和组织环境中进行的。使这些活动顺利进行，当然是人们的共同愿望，但维持职业生涯永远一帆风顺而不出现挫折，只是脱离实际的幻想。要知道，职业生涯目标的实现受到种种条件的限制，不可能毫无阻碍。因此，应当对挫折有充分的心理准备，以达观、坦然的态度对待挫折，这样，在遇到挫折时就不至于过分激动和苦恼，而是保持冷静的态度，比较理智地分析造成挫折的原因，根据自身职业发展的各种条件，做出相应的对策。

2.采取针对性措施

造成挫折的原因多种多样，因此，对具体问题一定要具体分析，寻找原因，找到适合自己的解决办法。在此，列举一些主要措施：

（1）提升个人的素质和能力。一个人感觉到从事工作力不从心甚至有很大困难，而同事在相同的情境下却很轻松时，说明自己存在专业素质、技能水平低于职业岗位要求的问题。有这种问题的人为数不少，甚至有些高文凭者也存在。这时，就不得不重新“充电”、接受培训，以使自己扭转颓势，不致被单位排斥出来和落在社会的后面。在学习内容的选择方面，可根据实际需要和客观条件，参加一些培训班；如果这样做困难较大、难于兼顾，也可以考虑放弃现在的岗位，脱产学习，集中精力完成学业后再图发展。显然，后者需要付出很大的时间成本。

（2）多加锻炼，积累经验。与上述情况有所区别的是，有的人具有能够胜任职业岗位的基本素质，只是在实际工作中不能很好地应用理论知识，尚需一个“磨合期”。这种挫折显然是比较小的挫折，是人的职业生涯中很正常的挫折。当一个人处在“不熟悉工作”的情况时，需要在职业岗位上多加锻炼，从实践中学习，要多听、多看、多问其他人是怎么做的，从中吸取宝贵的职业技能经验以及职业生涯发展的经验。

（3）更换工作环境。如果一个人不适应组织的文化、与同事不能和谐相处，或者有能力而在单位中被压制，特别是领导对自己有成见从而对自己的发展设置障碍，就需要考虑“树挪死、人挪活”的道理，在适当的时候考虑去一个更能发挥自己特长或者自己更加喜欢的工作环境。

（4）重新选择职业。如果一个人在职业生涯一开始时就选择失误，在工作实践中发现这个职业根本不可能做好，就应该马上了断，重新选择职业，以找到适合自己的岗位，让自己轻松愉快地工作。但是，如果一个人的职业生涯道路已经走了很长的一段，重新选择职业就不那么容易了。这时是在做着一种“非零决策”，即已有一定基础和负担而不是完全自由的决策。在再次选择职业的时候，应当根据个人的条件、组织与自己的相容性和社会能够给予自己的机会，进行“维持”和“离开”两种方向的成本-收益分析，做出决策。如果选择“离开”，则要经过慎重和严密的考虑，进行类似“可行性研究”的分析以后再做出决策。

3.舒散挫折情绪

挫折在所难免。一个人既然在职业生涯中已经遇到挫折，要回避是不可能的，这时正确对待挫折就非常重要。达观、乐观是对待挫折的心理准则，改善外部环境、舒散挫折情绪非常重要。

舒散挫折情绪的方法有：暂时脱离受挫折的情境，避免“触景生情”，缓解受挫折后的不快心情；为受挫折者提供良好的人际环境，提供关怀，使其感到温暖，尽快从郁闷、痛苦的情绪中解脱出来；避免对受挫者采取冷淡、疏远和训斥的态度；变换活动内容，转移心理关注方向，忘却挫折之事等。有时受挫折者自己就可以舒散情绪，有时则需要亲人、朋友、同事、领导等人的帮助。

4.适当进行宣泄

宣泄，是通过某种渠道，采取一定的方法使自己把受挫折后的压抑情感表达出来，以减轻心理压力，逐步回到正常的精神状态。例如，向亲人和知心朋友倾诉自己的不快和愤懑；在空旷之处大喊几声；写一封给导致挫折者的信（不必发出）来发泄自己的不满等。这虽然不是解决挫折问题的根本办法，但也不失为一种缓解痛苦情绪的有效方法。

5.提高挫折商

塑造高挫折商是应对挫折的根本措施，是职业生涯获得成功的重要条件。思想成熟、有修养的人往往具有很高的挫折商，他们无论遇到什么样的挫折，都能保持乐观向上的态度。提高挫折商，要求人陶冶情操、开阔胸怀、加强修养、增强意志力。据有关专家研究，挫折商的水平主要是人在早年活动中遭遇挫折时受到权威人物（父母、老师等）反复评价的作用下形成的，如果权威人物以体谅或鼓励为主，挫折商就高，如果权威人物一味叱责或打击，挫折商就低。当然，在人们成年以后，挫折商仍然可能通过教育、训练等途径加以改善。

人的职业生涯际遇和挫折商之间也有一定的互动关系。要努力通过各种办法提高挫折商，由此在职业生涯遭遇挫折时就会更加坚强，这又会进一步提高挫折商，从而改善自己的职业生涯。这应当成为一种良性循环。

知识拓展：职业挫折的反应与影响

本章小结

每个人进入职场之初都要度过一段时间的职业适应期。职业适应是一个人职业生涯中至关重要的一步。本章从介绍职场和职业人的特点入手，比较了包括高校等相关场所与职场及包括大学生在内的求职者与职业人的不同；提出刚入职者在职业适应过程中可能存在的心理适应问题、生理适应问题和岗位适应问题等相关问题；重点分析了入职者如何实现从不适应到适应的四个方面的要求，即调整心理状态、适应职业发展，调整生理状态、适应工作环境，调整生活状态、适应岗位需要，完善智能结构、适应技能需求，提醒入职者在职业适应过程中需要注意的细节；介绍和评述了职业适应中人际关系的处理技巧；最后介绍了职业挫折产生的原因和克服的方法。

复习思考题

1.职场和职业人的特点有哪些?

2.职业不适应主要表现在哪些方面?

3.如何实现从职业不适应到职业适应的转变?

4.怎样在职业适应期内建立良好的人际关系?

5.职业挫折的内涵是什么？受挫折后会有什么表现?

6.如何克服职业挫折?

案例分析题

小邓的故事

小邓是四川人，因为男朋友在烟台工作，所以也跟着过来“打工”。学会计的她在烟台找了一家货运代理公司做财务工作。成绩优秀的她一进公司就受到了器重，试用期不到一个月就开始负责烟台分公司的财务工作。

“工作还好，就是语言不通让我感觉跟同事有点隔阂。”小邓对工作压力很看得开，她认为工作量越大越辛苦，那是因为领导看得起你才会放手让你做。“会计这门工作，实际操作内容跟书本上的差距太大了，虽然工作快一个月了，但我现在还是有很多问题不懂。”小邓现在每天几乎都是公司最后一个下班的。“工作后英语千万不能放弃。”小邓谈起她试用期的一点体会，公司总部虽然在深圳，但是大部分业务在香港，而且做的是出口贸易，所以对英文要求比较高，平时同事之间交流都是发英文邮件。

被问起试用期最需要注意的是什么，小邓的答案是不能出错，不懂一定要问清楚。记得她刚来时教她业务的一位前辈告诉她，不懂要问，做财务如果出了错后果可不是她能承担的。这句话她一直铭记在心。

资料来源　佚名．如何度过试用期这道槛［EB/OL］．［2021-07-06］．http：//www.575rc.com/news/news-hwwof0ee.html.

讨论：

1.初入职场，小邓是否感到了职业不适应？

2.小邓的压力主要来自哪些方面？

3.小邓是如何度过职业适应期的？

4.学校和职场的主要区别是什么？

第11章案例分析提示

职业测试

社会适应能力测试

一、测试方法

1.本测试有16个题目，每个题目的回答备选项数量不同。请你对每个问题选择一个合适的答案，圈上其字母。

2.做测试时，要尽量仔细地阅读题目，但不要过分地推敲。

3.做完测试后，按照测试题后面的“计分方法”计算总分，然后进行分析评价。

二、测试题

1.老师和家里人对你——

A.整天挑我的不是，使我生活得很没意思

B.一出什么事，准说是我不对

C.只要我没干出什么事来，就不会关心我

D.无论什么时候都给我帮助

E.经常帮助我、夸奖我

F.我做错事时责骂我，做好事时表扬我
2.别人对你——
A.要么对我非常好，要么非常讨厌我
B.虽然有人与我要好，但都不能说是真的朋友
C.初次见面时，都对我不错
D.只有真正理解我的人才对我好
E.谁对我都不好
F.很多人对我挺好的
G.全都不理解我
H.如果做了有益的事，会得到别人的好感
I.只是一开始对我不错，后来就都不行了
3.谈论自己的失败或无能时，你——
A.只要别人有兴趣听，我任何时候都可以说出来
B.谈到关于这方面的事情时，我顺便说出来
C.我不想寻求同情，因此很少说出来
D.怕被别人抓住弱点，从来不会说出来
4.在游戏或比赛中找对手时，你——
A.认为这是锻炼自己的机会，我要找技术熟练的人
B.为了激励自己，我要找比自己强的对手
C.找双方实力相当的人
D.不想输，所以找比自己弱的对手
E.不管自己技术如何，都要找优秀运动员当对手
5.对于与朋友讨论问题，你——
A.常常使讨论达到激烈辩论的程度
B.如果是感兴趣的问题，总要参加讨论
C.与谁都很少讨论，乐于自我思考
D.我讨厌讨论，尽量回避讨论
E.非常讨厌讨论
F.别人讨论问题时，我喜欢中间插话
G.讨论可以获取对方的知识，我喜欢讨论
6.受到别人批评时，你——
A.要找出受批评的原因
B.要直接听听批评的理由
C.什么也不说，忘掉它
D.找机会进行反批评
E.如果自己是正确的，则将批评当作对方对自己的误解
F.虽然对于批评有反感，但我什么也不说
7.为了给别人留下好印象，你——

A.想各种各样的办法，花一定时间准备和练习
B.虽然不特意努力，但如果有机会也不放过
C.拿出少部分时间去努力
D.不想在别人面前博得好印象，讨厌干这种事
8.遇到困难的问题时，你——
A.毫不犹豫去请教专家
B.我总是向亲近的人求教
C.我很少给别人添麻烦
D.如果我认为他能给我智慧就向他求助
E.向别人请教之前，我尽量先想办法自己解决
9.受到家里人训斥或抱怨时，你——
A.虽然觉得没意思，但我什么也不说
B.说些顺着家里人意思的话，以保持家庭和睦
C.当时沉默，但总想以后报复
D.遇到这种场合我要予以反驳，保持自尊心
E.考虑为什么会受训斥或抱怨，尽量找原因
F.大发雷霆，进行争辩
10.对于自己的容貌和修饰，你——
A.我非常重视，即使花上一些时间也要弄得像个样子
B.我只是花较少时间适当地加以注意
C.我认为无关紧要，只要与他人相比，不大差劲就行
D.我对此一点兴趣也没有
E.我比较重视，但不花太多时间
11.对于外国的事情，你——
A.一点兴趣也没有
B.自己身边的事就够忙的了，根本顾不上那些事
C.我经常收集有关外国的信息
D.我对外国的事情比对本国的事更有兴趣
E.我认为没有比到国外考察更有意思的事了
F.为了加深对本国的理解，我很想学习外国的东西
12.必须在众多人面前说话时，你——
A.非常怯场，我感到不知所措，结结巴巴
B.有点为难，但还能完成任务
C.这是在与自尊心斗争，我不退缩
D.我不需要特别努力
E.我很高兴讲话有听众
F.如果听众不友好，我讲起来非常困难
13.看到自己被新闻报道，你——

A.我很高兴，想让朋友们也看到

B.我很高兴，但并不认为是什么特别重要的事

C.我对此一点兴趣也没有

D.我要么特别高兴，要么非常讨厌

E.如果这个报道不损害名誉，我想让大家都看到，以此为荣

F.看到自己的名字被铅印，我很讨厌

14.对于预言这种特异功能，你——

A.很相信，那是生活中经常能遇到的事

B.这种预言大部分都能成功

C.是预言成功还是偶然猜中，我不了解

D.我认为这种预言完全没有根据

E.虽然知道这是在乱说，可还是有点半信半疑

15.在集体或社会组织举行的聚会上，你——

A.我总是希望作为讨论问题的主角

B.只有在明确讨论的主题时，我才参加讨论

C.除非我认为讨论的问题有价值，否则我不参加

D.我讨厌在团体中发言，因此不参加讨论

E.为了讨论问题而参加，但决不当主角

16.对于算命占卦，你——

A.由于某件事而陷入进退两难的境地，靠自己又不能解决时，我就去找算命先生

B.如果曾经找算命先生占过卦的朋友邀请我一同去，我就去

C.只是想了解算命使用什么方法时，我才去

D.那种事绝对不可信，所以我从来就不去

E.可以得到暂时的安慰，因此我想去

社会适应能力测试结果

第12章　个人职业成长

学习目标

- ✓了解人在职场成长中的“三道坎儿”；
- ✓了解个人职业成长的五条路径；
- ✓认识立足本职工作发展的意义；
- ✓掌握自学成才道路的目标设定；
- ✓掌握成为行家里手的要点；
- ✓掌握职业流动决策的方法；
- ✓理解创业目标选择与创业成功要诀；
- ✓掌握创业初期操作的方法。

引例　**干出自己的事业**

1998年，32岁的鲁高莲和丈夫丢下国企的“铁饭碗”，带着4岁的孩子，到深圳去淘金。第二年，一个朋友对她说，家政公司好，因为报纸上任何公司都有转让信息，唯独家政公司没有转让的。这句话让鲁高莲动了心，她和丈夫商量，决定试办一家家政公司。于是。两只“菜鸟”从此便经常装扮成客户或者员工，到几家比较好的家政公司去摸底，“窃取情报”、积累经验。

20天后，她和朋友凑了近3万元，开办了“天天家政”。3天后，第一单生意进门了。创业初期的生意很不理想，1年后，合作伙伴离开了“天天家政”，鲁高莲开始“单飞”。她知道，如果自己的公司关了门，这个事业黄了，能否再走新路还是个谜，从老家请来的一些女工也会失去工作。就是这份追求和责任心让她坚持着。

当年，“天天家政”推出了“安徽下岗女工当阿姨”的“招牌”。因为她们在城市的工厂里工作过，有文化、有技能、善于沟通，跟一般的农村大姐相比有很大优势。这个“安徽下岗女工当阿姨”的亮点在深圳着实“火”了一把。那时深圳保姆的平均月收入只有300元，而这些做保姆的下岗女工往往能拿到1 000元。这年，鲁高莲又想出了另一个妙招：邀请广西桂林一所中等职业学校幼儿师范专业的10多名毕业生来公司实习。他们既做家教又做保姆的模式，吸引了很多高端客户的眼球，出现了供不应求的状况。

到2001年底，鲁高莲终于收获了创业的“第一桶金”。由于一直坚持规范化服务和人性化管理，公司的规模越来越大，客户也越来越多。鲁高莲的事业获得了成功。

资料来源　张功. 立足高端　掘金家政业 [J]. 财富智慧，2007（9）.

人一生中的职业道路可能有哪些条？自己应当怎么走？个人与就业单位、与职场的关系是什么？大学生在结束校园生活、走上工作岗位后，应当怎样看待既定的职业，怎样考虑职业生涯的发展？怎样为自己未来的成功做准备？这是需要深入思考、未雨绸缪的。

12.1 职场三道坎儿

职场，是人们在一生中长期面对的、不可或缺的社会环境，也是个人职业发展、成功道路上的重要条件与资源。一般来说，人在职场上要经过适应积累、塑造锁定和开拓发展这三个时期的历练才能成长、成熟与成功。

12.1.1 适应积累

1.放平心态，学会适应

90后、00后的职场新人具有全新的职业观念，追求自我价值的实现，抛弃传统的成功标准，善于利用有效的职业竞争来实现自己的价值（包括商业价值和更根本、更大的人生价值），绝对的事业成功对他们而言不再是最大的吸引力。但是，对社会、对未来充满太多的幻想，认为自己的能力超群，应该在跨国公司上班……凡此种种让他们形成了过于急功近利的个性，不愿意从基层做起，更不愿意被别人“使唤”。然而，对用人单位而言，“最好的工作肯定轮不到新人来做”。无形中落差就产生了，冷漠的同事、咆哮的上司、乏味的工作，这些都让职场新人感到难以接受。俗语道，“多年的媳妇才能熬成婆”，一代新人换旧人，职业老手们也都是一步一个脚印走过来的，开始的茫然困惑是变化突破的前站。

因此，职场新人要把心态放平，摆脱学生角色，体察职场潜规则，以微笑面对接踵而至的各种挫折和不适应，走过职场中的“一年之痒”，才能“慢慢长大”。“心态决定一切”，保持良好的心态将是事业成功的保证。

要记住：好的开始是成功的一半。

2.少走弯路，累积经验

不少拥有高学历的职业白领，在跨出大学校门之前，都对未来充满憧憬，可是许多“现实所迫”让他们在初入职场时就走了弯路，成为典型的“职场打杂工”，频繁更换工作，整天忙碌，因而忽视了自身职业能力的提升，不在一个专业领域里持续发展，其结果就是在青春逝去的同时，自己的身价也在不断下跌，最终必然陷入职业危机。

对企业来说，好职位、高薪水都是留给有经验的行家里手的。而对个人来说，每进入一个领域工作，从一片空白到熟练掌握，需要两至三年甚至更长的时间。如果求职者每份工作的经历都只有一年左右，用人单位必然会对他的能力产生怀疑，甚至还会对他的品德有看法。

因此，职场新人要踏实做好当前的工作，不断更新专业知识，提高自己的职业含金量。经验是岁月打磨出来的，虚心、耐心、热心、诚心是职场新人必须具备的基本素质。

要记住：经验往往比学历重要。

12.1.2 塑造锁定

1.把握机会，塑造自我

工作3~5年后，职场新人逐渐成长为后起之秀，熟悉了企业文化，了解了企业内情，有了一定的人际关系网。经受了一定的磨炼，有了一定的工作经验，发挥才干的机会也就有了。因而，在这个时期进行自我塑造就显得非常必要。人有所好，人有所能，清楚了自己的优势和特长，能更好地把握自己的职业方向并取得成就。要及时把握换岗的机会，适时地开拓视野，既为工作增添新鲜感，又能测试出自己的职业性格特点，更清楚地了解自己“是干某样工作的料”。

要记住：机会靠自己把握！

2.积极思考，锁定目标

随着对自身优劣势的日渐明了，加上不断积累的实践经验，一般人都会不自觉地开始认定自己是干哪一行的了，也就是说开始锁定自己的职业目标了。到此阶段，有的人积累了比较丰富的经验，承担起了工作的责任，发挥并努力提升自己的能力，为进入更高的职业领域打基础；也有的人，由于在相似的某个领域工作时间太久，逐渐有了职业倦怠和职业危机感，发现上升无望、求职面越来越窄。

不管如何，首先要端正态度，决不能整天愤世嫉俗、怨天尤人，而应该以饱满的热情投入工作，在工作中快速磨炼和积极探索，不断修正下一步的工作流程和发展方向。即使已经暂时“锁定”了职业种类，也不能得过且过地混日子，而要更加勤奋地寻求自我突破，不断跨越新的高度。

要记住：心态将决定一切！

12.1.3 开拓发展

1.认准方向，开拓进取

工作10年者可说是年富力强了。人近中年，不管是思想上还是心智上，都更加成熟，开始理解人生有限的真正意义，为人处世也就多了几分稳重和谨慎，生涯也开始由“职业”转向思考“事业”的阶段。前期所积累的技能、经验及资金，势必将人推上开拓事业的起跑线。

如果在该时期还不能确定终生要为之奋斗的事业，仍处于日复一日为生存式的“职业”而奔忙的状态，或者不思进取、浑浑噩噩，到头来只有一个结果：“少壮不努力，老大徒伤悲”。

要记住：今日若有付出，他日必得回报！

2.稳步发展，持续上升

又经过数年的职场历练，走过“职业阶段”和“事业开拓阶段”后，人生便进入“不惑之年”，也有了积淀。有了前期的努力拼搏，梦想已成现实，事业达到了巅峰。

在这期间，有人开始沉迷于享受现有的成果而使事业慢慢走向低谷；也有人在稳步发展中继续保持上升的势头而不敢有丝毫的松懈。因而，这一时期也许还会感觉很累、很辛苦，但经过了前面的历练，对压力的承受能力大大提高，不会再感到手足无措，而是能游刃有余。

要记住：有追求就一定会有属于自己的成功！

12.2 职业成长的路径

12.2.1 立足本职发展

1.路就在脚下

人在职业成长的初期，一般已经有既定的“首选”，这时应当把本职发展道路作为主要道路和首选道路。“立足本职发展”是人生发展的基点和未来职业变化的良好积累。社会和职场是发展的，个人的职业能力、素质也是具有可塑性的，立足本职发展，有利于随着职场的发展而获得职业素质提升和晋升的机会。

2.岗位就是资源

职业岗位本身可以为人的成才和成功提供一定的客观条件。通过职业实践，个人积累了知识，提高了技能，增长了才干，这正是成才的必经之路。本职工作可以为人的实践活动提供经常性、专门、固定的场所，这更有利于成才。在职业岗位上做出一定成绩后，也更容易得到工作单位以至社会的承认。

3.做职场的有心人

一个人要在平凡的工作岗位上做出不平凡的业绩，就要努力，就要“有心”。这包括：制定恰当的目标；勤于观察，善于钻研，把业余学习和本职工作联系起来；多请教，多积累，不断增长知识、提高技能；进行创造性的劳动，努力做出更大的贡献。

事实也证明，立足本职发展往往更容易取得成就。

12.2.2 自学也能成才

1.自学成才的必要性

立足本职发展的道路虽然是成功的基本道路，但并不是唯一的道路。在历史上，许多赫赫有名的文学家、艺术家乃至科学家，都是通过长期自学到达成功彼岸的。比如，奥地利帝国生物学家孟德尔是一个职业牧师，但他对遗传学怀有浓厚的兴趣，通过对豌豆的多年培养和观察，发现了遗传基因的分离规律和自由组合规律，成为遗传学的奠基人。我国数学家华罗庚曾经当过杂货铺店员，国画大师齐白石当过木匠，但他们锲而不舍、刻苦钻研，终于自学成才，取得了专业方面的巨大成功。历史上有大量事业成功、生涯辉煌的企业家都是在实践中成长和成功的。我国当今涌现出来的诸多出色企业家也没有读过MBA，而是“自学成才”，在实践中磨炼成功的。

可见，自学也是生涯发展的一条现实途径。只要充分发挥主观能动性，选准主攻方向，抓紧时间认真自学、刻苦钻研，也能登上事业的高峰。

自学成长道路最突出的特点，就是自学目标和生涯发展目标不受现行职业岗位的限制。自学者可以依据个人的兴趣、爱好和特长来确定目标，只要兴趣所致、能力所及、条件允许，不管什么层次、什么类型的目标都可以选择。尤其是当个人的兴趣、爱好、人格特点和价值观与当前所在的职业不协调时，选择自学的道路更为必要。

2.自学成才的目标设定

自学成才，关键是要选择好目标。需要说明的是，这里所说的“才”是指本职工作之外的“才”，即与本职岗位无关，但从逻辑的角度来说，自学与现有岗位、工作单位并不是互斥的。也就是说，自学有时可以与本职、本单位的行业内容相结合。

设定自学成才的目标时，除了立足于社会需要外，一定要从自身的条件出发。

（1）与兴趣爱好结合。成才的欲望和对目标强烈的追求，是驱动人们业余自学的直接推动力。如果没有强烈的兴趣、爱好及成才的欲望支持，很难想象人在8小时紧张的工作之后还能再从事艰苦的自学与研究，更何况是长期坚持。

（2）与能力优势结合。自学的目标还要与个人的能力优势结合起来。每个人都会在某一方面或几方面表现出一定的优势。人们应该根据自己的能力优势来选择目标，尽可能让这些优势在自学过程中得到充分的发挥。

（3）与条件环境结合。自学的目标要与个人条件和社会环境结合起来。一个人如果能够充分利用自己的长处和优势条件，辅之以坚韧不拔的精神，就有可能比较顺利地走上成才之路，并取得成功。

3.自学道路困难的克服

对大多数走自学成才之路者来说，他们要面临很多困难：第一，时间少，只能在8小时本职工作以外利用有限的时间学习和钻研。第二，自学的内容和工作内容难于结合，需要付出更多的精力。第三，难于找到既有专业水平和指导能力、又有充裕时间的老师。这给业余自学者带来诸多不便。自学道路上的困难和不利因素，恰恰是走本职发展道路所能避免的，因此选择自学道路时应该考虑周全。

一个人经过认真的考虑和分析，选择了自学道路，就应当下定决心、百折不挠，即使遇到再大的困难也要坚持下去。同时，还要想办法拜师学艺，向专家请教，并勤于实践，例如反复做试验。这样，有了正确的目标，再加上刻苦努力和正确的方法，才可能取得成功。

12.2.3 成为行家里手

1.寻找工作的乐趣

子曰：“知之者不如好之者，好之者不如乐之者。”一个人，如果不能从感情上认同自己的工作，即使工作业绩再优秀，也得不到快乐，也就达不到真正意义上的职业成功。

美国企业家M.德普雷说：“人们之所以需要工作是希望得到自由发展的机会。”戴维·麦克利兰指出，具有强烈成就需要的人，渴望将事情做得更加完美，他们会因此提高效率，为获得更大成功而不懈努力。他们追求的是在工作过程中克服困难、解决问题带来的乐趣，以及成功后个人的成就感。

一个人如果把工作作为一件快乐的事来做，那他对职业的理解就达到了较高的境界。而这一境界将成为奠定一个人职业成功的基础和原始动力，这也正是目前一些用人单位大力提倡“快乐工作，享受工作的组织文化”的深层次原因。

2.培养职业的忠诚度

如果说智慧与勤奋像金子一样珍贵的话，比金子更珍贵的就是忠诚。当今社会忠诚成为一种稀缺资源。对企业来说，忠诚能带来效益，增强凝聚力，提升竞争力，降低管理成本；对员工来说，忠诚能带来安全感。

当前，我们所讲的忠诚，不是对单位的忠诚，更不是对老板的忠诚，而是一种职业忠诚。一个人职业忠诚度高，无论在哪个单位都能为所属行业或职业做出贡献。人们可以自由选择工作单位，也有权利选择职业，但随着社会的发展和职业成熟度的提高，人们对单位的忠诚必将转向对职业的忠诚。职业忠诚度反映一个人对职业生涯的理解程度和对事业目标的坚定程度。

3.勤奋谦逊助力

一个人一旦选择了一个适合自己的职业，再加上勤奋谦逊的品质，就一定能成为职业或岗位上的行家里手。子曰：“三人行，必有我师焉。”要谦逊地从同事、前辈身上学习，那些与岗位相适应的具体技能与方法，往往从书本上是学不到的。

除此之外，还要不断充实和完善相关的理论知识。在知识经济时代，知识更新的速度日益加快，在工作中必须不断地学习，并且把与工作相关的理论知识很好地应用到实际工作中，从理论的高度把握实践技能，从实际工作中发现问题、解决问题，创造性地开展工作，增强职业发展的实力，努力成为一个真正的行家里手。

12.2.4 转换职业，寻找新机

当一个人在原岗位上得不到发展时，也可以另辟蹊径，及时转换职业，寻求新的目标和走上新的职业生涯发展道路。转换职业包括更换就业单位、部门、专业、岗位或工种。职业转换是市场经济发展的必然趋势，经济发达国家从业人员的职业流动性比较大。

人在某个岗位上得不到发展，可能有多种原因：可能是组织文化与自己的个性心理品质有严重的冲突；可能是自己大材小用，不能施展才能；可能是自己才疏学浅，不能胜任工作；可能在本岗位上能力差，但具有从事别的职业的优异才能；可能与周围的人发生矛盾，尤其是与上级领导发生矛盾，等等。不论是何原因，在这时就需要转换职业，调整职业生涯发展道路，在山穷水尽之处，找到柳暗花明的“又一村”。人，正是在对环境的积极适应、主动寻求和改造中，使自身变得越来越强大的。

一定条件下的职业转换，有利于用人单位和社会经济效益的提高，也能真正做到人尽其能、人尽其用，还能够增加从业人员的收入。因此，转换途径、走上新的职业岗位，并不意味着一个人过去的失败，而是人的主观能动性的发挥，是一种对职业生涯的积极的、自觉的调整行为。“前途是光明的，道路是曲折的”，光明的前途正是靠

人们在曲折的道路中奋争得到的。

转换职业时，应当慎重决策，后面有专节进行讲述。

12.2.5 创业实现自我

人，有如社会场中的一个“自由粒子”，在职业生涯发展道路上，还有一条自我设计、自行创业、自主工作、自由发展的道路。自我创业，即不从社会现有人才市场的职业需求中找职业和寻契机，而是在把握市场（包括产品市场与服务市场）中寻找机会，运用自己的能力及各种资源创办企业，开拓自己的事业。小到一家自站柜台的小卖部、雇用两三个人的打字社，大到融资上亿元的公司，都可以成为自我创业的选择。

21世纪是“创业时代”，国与国之间的竞争聚焦在创新与创业水平上，创业活动已经成为中国经济发展的重要引擎和推动力量。鼓励创业和创新活动成为包括我国在内的许多国家的政策取向，创业已成为彰显个人风采、实现自我价值、推动社会发展的新平台。

总之，自我创业是一条领域辽阔、前景美好、诸多困苦、自我设计、激昂拼搏、未来可能走向辉煌的自由而艰辛的职业生涯之路。

12.3 职业流动之路

12.3.1 职业流动的本质

职业流动是从事一定职业劳动的人改变工作单位、改换职业的行为。“人往高处走，水往低处流”，追求自身的发展、寻求自己的价值，是人之常情，更是人才资源得到有效配置的科学要求，也是用人单位合理用人的客观要求。

人们进行职业流动，一般有多种主客观原因。有时，只是岗位与个人条件不匹配，并不是个人能力差的问题。我国著名的数学家陈景润，大学毕业后曾在一所中学教数学，他大智若愚，却教不好简简单单的中学数学课。陈景润的母校——厦门大学——的校长王亚南闻此消息，把他接回学校任教，后来由于华罗庚教授的重视，被调入中国科学院专门从事数学理论研究，并取得了世界瞩目的重大科研成果。

因此，一个人的职业处境不好，不能说一定是个人的责任，有时是因为其特有的才能、专长、潜力在这个岗位上未能发挥而且也不可能发挥，这种能力或者潜能的问题必须靠调换职业才能解决。离开对自己来说处境不佳、没有前途的职业，到广阔的职业世界中去寻觅、开拓，才能找到适合自己的新天地。

有时，人在某个单位、某个岗位上处境不好，难于发展，是条“虫”，换个单位或岗位，反而能大大发挥自己的才能，成为“龙”。

一个人在某个职业岗位上不顺心、不成功、不尽如人意，一般来说反映的是他不适合这个岗位而更适合那个岗位；或者虽然适合这一类的职业，但所在单位存在种种问题，致使个人的职业生涯没有出路。因此，改变职业环境，寻找到合适的职业，就可能使一个不成器的人成器，使“窝”在某处的“庸才”成为出色的人才！

因此，职业的流动就是人们基于现有职业的实践寻求更好的、更合适的职业岗位的活动。“人往高处走”的本质，是“人往‘适处’走”，再一次进行人职优化匹配的努力，一般都是有经济效益和社会效益的好事。

12.3.2 新机会的寻求

那么，外界合适的职业岗位多不多呢？能不能供职业流动者选择呢？一个人能不能恰巧遇到合适的职业岗位呢？放弃了旧岗位，找到合适的新职业的“机会”或“机遇”多不多呢？这样是不是有很大的风险？

实际上，能抓住新机会往往是进行流动的前提。因此，能否拥有新的职业机会就成为一个人职业流动决策的先决条件。

人是具有主体能动性的，新职业的“机会”或者“机遇”在一定意义上等于自己的努力：职业的新天地要靠自己寻找；被新单位接纳要靠自我推荐；新的岗位甚至要靠自己创造。例如，一个人有经营管理才能，但屈就于某工厂操作机器而没被重用，他可以自己创业，施展自己的才能。这是完全独立自主地塑造自身职业生涯、寻求新机遇的道路，是一条把自己的职业风险和社会经营风险由个人一体承担的道路。

12.3.3 职业流动的决策

要调换职业，必须要对新的职业目标有所选择，并对新的职业岗位有深入的了解，从而慎重而果断地做出决策。正所谓“良禽择木而栖，贤臣择主而事”，有了正确的理想与合适的目标，才能做出明智的流动决策。

人的职业流动决策过程可以分为以下几个步骤：

1.明确流动目标

职业流动决策的首要问题是确定“我选择新职业所追求的是什么”。这就是职业流动的目标。一个人选择去某个工作单位，他看重的是这个单位能给自己提供的优于原单位的某些条件，如薪酬福利、职位职称、发展机会、才能发挥等。这些就是人们进行职业流动的倾向性目标。一个人的职业目标状况如何，从根本上取决于自己的职业价值观。

2.选取合适的单位

职业流动者按照自己的条件，衡量可供自己考虑的工作单位，看其符不符合自己的要求。与此同时，这些单位也要选择流动者，看流动者的条件是否符合本单位的要求（如专业、年龄、性别、工作阅历、专长等）。这个选取单位的阶段，与一般职业选择中的双向选择过程是相同的，不同的是，流动者在这一阶段可能要花费较多的时间、精力和心思，才能顺利完成人职优化匹配的过程。

3. 分析新单位

一个人初步确定职业流动的单位后，还要详细了解和分析这个单位有无发展前途、组织文化如何、是否符合自己的职业价值观、是否有利于发挥自己的专长、是否涉及竞业禁止、入职手续（如编制、户口）有无问题等方面。

4. 比较流出与维持

当一个人准备流动，并且具备新单位能接收、本单位能调出的条件时，还要对“流动到新单位”和“在原单位维持”两种情况进行比较，分析各自的利弊，判断流动以后对个人职业生涯的发展究竟有什么益处、有多大益处，对“自己在原单位究竟有何转机、有无新的机遇”等进行深思甚至付出努力，最后做出流动与否的决策。

这不是职业生涯选择中过度谨慎的行为，恰恰相反，这正是积极改善职业生涯并有效而迅速地达到目标的聪明之举。例如，一名优秀的大学生毕业后在一家国企兢兢业业工作了不少年头，并有一定成绩，但他看不到职业发展的机会。于是，他就找领导谈话，介绍自己的情况、思想、意见、建议，并告诉领导“若不用我，我就准备调走”的流动意向。这使重视人才的上级领导认真考虑了他的情况，很快提拔他为科长，他的才能得以发挥，而后又晋升为厂长、书记。

5. 正式流动

经过慎重分析，在“流动”明显好于“维持”的情况下，正式向原单位提出申请，然后办理一应手续。在实现流动后，一般就走上了“柳暗花明又一村”的生涯新路。

人的职业流动决策的五个阶段如图12-1所示。

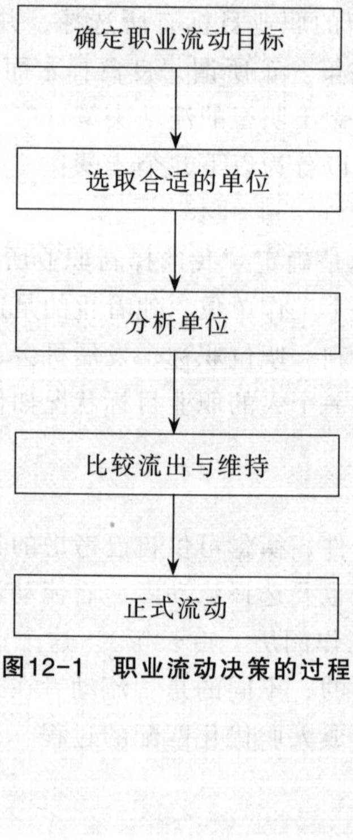

图12-1 职业流动决策的过程

12.4 自我创业之路

12.4.1 自我创业的环境

创业的环境包括政治制度、经济发展水平、政策导向和社会文化氛围等因素。

中国的改革开放，促进了政治上的开明、经济上的发展和市场的巨大拓展，这为中小企业的创立和进一步成长提供了良好的机会与环境。国家大力支持创新创业，有着成体系的扶持制度与政策，还有财政无偿拨款、天使投资、风险创投、产业资本等多路资金投入，这些都使得个人的创业“不是一个人在战斗”，而有着多方面的社会资源。

但是，随着经济的发展和市场机制作用的加强，竞争也在加剧。特别是近年经济竞争加剧，我国面临巨大的经济压力，加之受新冠肺炎疫情的影响等因素，部分企业开工不足、经营困难，创业成功的难度自然就加大了很多。

总之，自我创业与到现成的工作单位去求职、在已工作的岗位上维持就业相比，需要具备多方面的条件，也要付出巨大的努力，同时面临多种风险。

12.4.2 自我创业的初始操作

1.市场预测与谋略

“凡事预则立，不预则废。”当一个人准备走自我创业道路的时候，要在广泛了解信息的基础上，把握市场状况，预测热点方向。要根据自己所关心的领域和要从事的事业的内容、性质和规模，进行市场细分、调查和预测，开阔思路，分析比较，从而确定事业的领域和方向。有了正确的谋略，才有事业的成功；否则，不仅浪费时间与金钱，耗费思想与精力，还会遭受挫折和打击，影响自己的心态，使职业生涯的发展出现曲折。

2.拟订方案

确定创业的方向和谋略以后，还需要进行更加细致的调查研究，再下“开办”的决心。这时仍然要根据所谋划事业的内容、性质与规模，进行可行性研究，分析客户需求和竞争对手等方面的情况，制订出一个或者多个事业发展的具体方案。要特别注意对市场风险的分析，做好防范和应对风险、解决问题的准备。

3.做出决策

对于小规模的创业，制订一个方案是可以的。这时主要是审查方案的合理性、经济性、可行性。对于较大的事业发展项目，就要按照严格的科学决策的办法，制订多个方案，进行比较，优中选优。

从职业生涯发展的角度看，一个人所创的事业就是自己追求的职业。它往往体现着自己的职业价值观，并成为自己的职业系留点。因此，职业决策既要非常慎重，又要相当大胆。

4.积累条件

创业是一个艰辛的过程，其成功依赖于一定的主客观条件。条件积累和创造得越充分，成功就越有把握，所取得的成绩可能就越大。

从客观条件的角度看，积累条件是指生产或者经营项目的各项硬件工作要准备好。首先要把项目的总体格局确定下来，例如从事商品零售业，要确定是入驻百货公司，还是加盟专卖店，或是开设一个小店铺；进而，要把资金、建筑设施、设备、原材料、组织机构、管理制度、高级管理人员、经营模式等规划好。但是，也要注意不能唯条件论和完美主义化。在解决客观条件问题上，还应当注意的是，要发掘个人的关系网络、政府的公共服务和社会方面的各种资源。

从主观条件的角度看，创业者自身要具有较强的能力和个性心理素质，包括洞察市场的能力、生产服务技能、决策和应变能力、管理能力、公共关系能力等，要有肯吃苦、稳扎稳打的作风，勇于决策的魄力，敢于承担风险的精神，不骄不躁的心态，而且要做好承担失败的精神准备。

个人主观条件的强化，往往需要经过一定的学习和培训。

5.付诸实施

具备创业条件，有了良好的创业构想和设计周密的创业计划，接下来就进入了筹措资金、选址、申请生产许可证阶段，着手具体的经营项目的开办事宜。开办企业，不外乎起名（在市场监督管理部门查询有无重名的情况，以确定自己的企业名称）、登记（在市场监督管理部门进行注册登记）、办照（领取营业执照、刻图章）、开户（办理银行账户）等流程，然后就可以开张，进行新企业的经营管理日常运作。

6.发展壮大

发展较好的初期创业者，完成了原始积累、企业有了一定规模后，就面临如何向更高层次过渡、再创辉煌的问题。一般来说，企业的发展壮大主要包括以下几个方面的内容：一是树立企业的品牌和信誉，提升企业的市场知名度；二是扩大企业规模，加强与其他企业的合作，确保企业的核心竞争力；三是规范管理和建章立制，这是企业做强做大的有力保证；四是构造良好的企业文化，增加企业的凝聚力和影响力，这是保持企业长盛不衰的法宝。

12.4.3 创业成功的要诀

1.理性选择项目最关键

创业成功与否往往与创业项目的选定直接相关。《孙子兵法》云：“知彼知己，百战不殆。”创业首先要认识自己，对自己的性格、知识、技能、人际资源等要有充分的了解和把握，选择与自己的优势相适应的创业项目，成功率更高。例如：技能型人才以某项技术为依托开始创业，如宗申摩托的创始人左宗申；知识型人才选择策划、咨询业，如创立叶茂中营销策划机构的叶茂中；社交型人才则可以选择商业性营销代理等事业开始创业。

总之，从你熟悉的行业开始创业，能够把握事业的发展走向，甄别真假信息，掌握关键技术人员的想法，取得未雨绸缪的主动权。

2.市场调研和营销手段很有必要

市场调研是选择创业项目的基础。市场调研的内容主要包括：摸清消费群体的规模、消费水平与层次及大致变动趋势；调研经营场所的地理位置、营业环境、当地政策、同业效益等；明确自己对市场的驾驭和适应能力。同时，要恰当运用营销手段，这是创业初期必不可少的。

3.写好创业计划书特别重要

创业计划书是指创业者在创业初期所编制的商业计划。创业初期，投资风险比较大，一般很难获得商业贷款或创业基金，风险投资商也对处于这一时期的企业投资非常小心。因此，这个时期需要编制大量的创业文书，用于说服别人、规范自己。

写好创业计划书是创业成功的关键环节，创业计划书使创业的内容更缜密、更周详、更具有操作性和预见性。创业计划书的内容主要包括：公司或项目介绍、市场分析、组织与管理、营销计划、生产制造计划、技术与研究计划、财务规划与投资报酬分析、风险评估、阶段目标等。一份好的创业计划书不仅可以引来投资者，还是企业向外部宣传自己的工具，也是企业加强管理的依据。

4.组建团队提升素质是核心

专家研究，团队创业的成功率是非团队创业的3～5倍，同时团队创业是创大业的基础。创业团队包括投资者、经营者、技术骨干、管理骨干等。

过去不少创业者失败的原因，大多是创业团队出了问题，如管理骨干另起炉灶、技术骨干跳槽等不一而足。团队建设的核心是用共同的价值观和事业心营造创业文化，用合理的利益分配（如技术股等）稳定团队。创业者必须树立共赢观念，走出简单的雇用与被雇用的关系的误区。

5.坚持才能取得最终的成功

创业本身就是一种冒险，创业挫折在所难免，只要是看准的事，不要轻言放弃，成功者总是坚持到最后者。

一般来说，每个行业或事物的发展都有自身的周期性规律，要研究规律、寻找开始创业的恰当时机，运用国家政策、宏观环境、重大事件推动创业发展。

选择了恰当时机之后，贵在坚持，在创业过程中，面对困难和挫折不要轻易放弃，要有足够的耐心和顽强的毅力去寻找或创造成功的机会。

12.4.4　创业目标的选择

创业目标的选择，是决定事业成功的起点和关键。大凡成功的创业者，必定都是注重科学方法者。选择创业目标的方法多种多样，下面几种最基本的方法是创业者应该了解和掌握的。

1.区内选择法

区内选择法，就是在自己所涉猎的专业区域A内，选择某个自己感兴趣的领域B作为创业目标（如图12-2所示）。世界冠军李宁创办的运动服装事业、杨澜创立的媒体事业等都是运用了区内选择法。

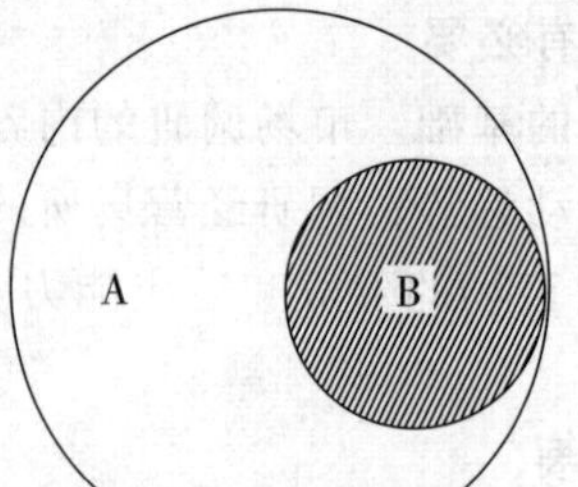

图12-2 区内选择法

2. 横向选择法

横向选择法，就是从自己所熟悉的领域A转移到另一领域B，选择一个目标C进行创业（如图12-3所示）。这里通常有两种情形：转行和延伸。例如，法律专业的老师创办了自己的律师事务所、心理学专业的老师开办了心理咨询公司等。

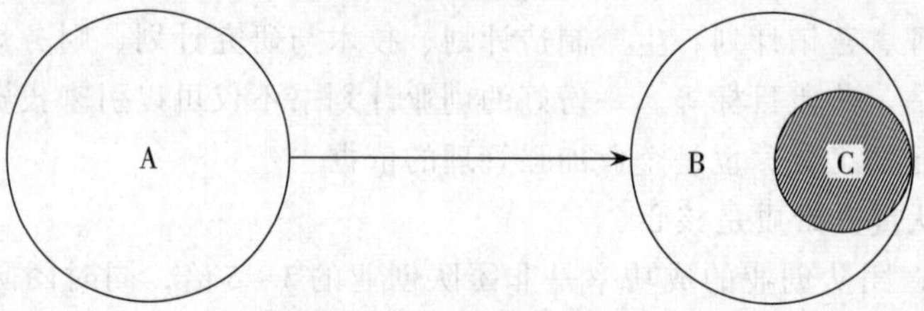

图12-3 横向选择法

3. 边缘选择法

边缘选择法，是在行业A和行业B的交界处选择一个较小领域的目标C作为创业目标（如图12-4所示）。这种选择目标的方法就是把看起来彼此不相联系的情况联系起来，同时也意味着把原来彼此联系的情况分割开来，从而找到一个新的创业方向。

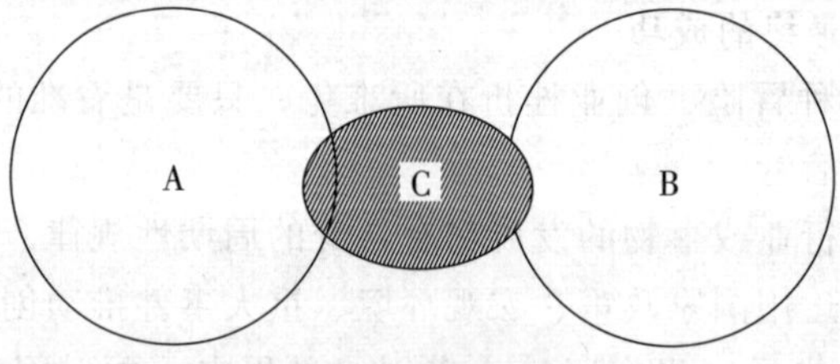

图12-4 边缘选择法

4. 立体选择法

立体选择法，就是在若干行业领域A、B、C等的基础上，进行立体思考，选择一个综合性的目标N进行创业，做综合文章（如图12-5所示）。

新希望集团总裁刘永好，1982年与兄弟几人辞去令人羡慕的公职到农村创业，从鹌鹑养殖与鹌鹑罐头加工起家。1989年，受正大饲料的启发，他分析了四川的养猪业在全国的地位（川猪遍天下），投资饲料加工业。1998年，中国的房地产业由暴利进入微利时代，刘永好认为这是房地产业走出泡沫、走向成熟的标志，于是成立新希望房地产公司。2000年，中国民生银行上市，刘永好以雄厚的实力成为中国民生银行的副董事长，成功进入金融业。2001年，刘永好成为中国西部乳业发展协会首

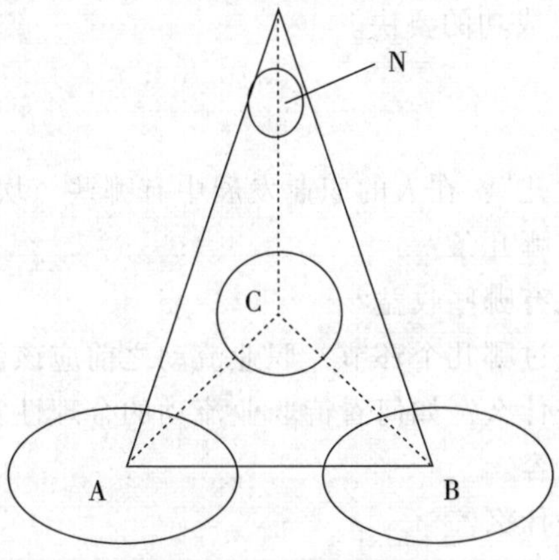

图12-5　立体选择法

席主席，他看到人民生活水平由温饱进入小康，乳业发展前景广阔，于是进入乳品行业。2002年1月，刘永好与阳朔县人民政府签订协议，获得遇龙河上8千米长度及遇龙河畔303亩土地的50年经营权，进军旅游业。2002年12月，新希望集团进军信托、投资行业，看到国家公布金融对外资开放时间表，刘永好相信不久也会对民营企业开放。而后，他又进军保险、证券和金融科技行业，在金融行业的多个领域大展宏图。至此，新希望集团构建了一个集农牧食品、乳品快消、智慧城乡、地产文旅、化工资源、生态环保、医疗健康、金融投资八大产业板块于一体的全方位、立体、庞大的产业结构体系。

选择创业目标的方法多种多样，有志创业者究竟应该采用哪种方法，要根据主客观条件分析运用。

知识拓展：职场成功人士案例中发现的铁律

本章小结

每个人在进入职场后都要经历个人职业成长的“三道坎儿”：一是初入职场的适应与积累坎儿；二是适应职场之后的开拓与目标锁定坎儿；三是锐意进取、追求事业成功的稳步发展坎儿。若能顺利跨过这三道坎儿，将迎来个人事业的辉煌、实现人生的价值。

进而，本章阐述了人的职业成长的五条路：立足本职的最基本道路、自学成才的可行道路、成为行家里手的提高之路、寻找更适合的职业的流动之路和勇于自我设计与开拓的自我创业之路。本章对职业流动和创业道路进一步做了详细讲解。在职业流动一节阐述了新机会的寻求和流动决策，在自我创业一节阐述了创业环境、创业的初始操作、创业目标和创业成功的要诀。

复习思考题

1.什么是职场的“坎儿”？在人的职业发展中有哪些“坎儿”？

2.职业成长的路径有哪几条？

3.立足本职发展可能有哪些收益？

4.实现职业流动要经过哪几个环节？职业流动之前应该做哪些准备？

5.职业流动的本质是什么？如何看待职业流动的合理性？

6.简述创业道路的内容。

7.创业成功的要诀是什么？

案例分析题

你是自己的奇迹

杨文发大专毕业的那年，正赶上“大专生与民工无异”的就业形势。来自农村，一无后台二无社会经验的他，到一家工作环境极差的工厂委屈地做了一名喷漆工人。他很用心地留意工厂里的一切，一个月后他对油漆有了一点了解，便跳槽到了一家生产油漆的工厂，不久便被提升为车间主管。

在了解了工厂的管理之后，他再次跳槽到了一家建筑公司。从技术着手，他学会了室内装潢设计，4年后成了一名工程师。最后，他到一家大型装修公司做了半年业务，填补了他在社交经验方面欠缺。

待时机成熟后，他又跳出来自己开了一家装饰材料店。如今，他已在业内小有名气。看着昔日灰不溜秋的喷漆工变成了西装革履的大老板，朋友们都说他创造了奇迹，然而杨文发却淡然一笑：“你就是自己的奇迹。”

讨论：

1.如何看待本案例中的“蜻蜓点水”式的跳槽？

2.你认为杨文发为创业进行了哪几方面的积累？

3.从本案例中你得到了什么启发？

第12章案例分析提示

职业测试

你的处世能力如何

你的处世能力怎样？下列7个问题能提供答案：

1.当你正在埋头赶一件急事时，你的一个朋友上门来找你倾诉苦闷，你怎么办？

（1）放下手中工作，耐心倾听

（2）显得很不耐烦

（3）似听非听，还在想自己的事情

（4）向他解释，同他另约时间

2.你的朋友想向你借最近刚买的录音机，你自己尚未好好听过，你怎么办？

（1）借给他，但是满腹牢骚

（2）脸色很难看，使你的朋友不得不改口

（3）骗他说你已经借给别人

（4）告诉他你想先用一段时间，然后再借给他

3.在公共汽车上，你无意踩了别人一脚，别人对你骂个不停，你怎么办？

（1）充耳不闻，任其去骂

（2）同他对骂，甚至不惜大骂

（3）推说别人挤了你才踩到他的脚上

（4）请他原谅，同时提醒他骂人是不对的

4.在电影院里是不准高声喧哗的，但你的邻座却旁若无人地大声讲话，你感到讨厌，你怎么办？

（1）很反感，希望别人会向这个人提意见

（2）大声指责他“没修养”

（3）叫服务员来干涉，或者在自言自语中对他进行指责

（4）很有礼貌地请对方别讲话

5.星期天你忙了一整天，把房间全部打扫干净，你的爱人下班回家后却指责你没及时做晚饭，你怎么办？

（1）心里很生气，但仍勉强地去做饭

（2）大发雷霆，骂爱人自私，要爱人自己去做饭

（3）气得当晚不吃饭

（4）向爱人解释，然后邀请爱人一起出去吃饭

6.某一天你家里有急事，你单位的领导不了解这一情况，要你去加班，你怎么办？

（1）人去加班了，心里却在埋怨领导，只是不吭声

（2）拒绝加班，言语十分生硬

（3）推说自己身体不适，不能加班

（4）同领导商量能否不加班，如确需自己加班，那就服从领导安排

7.你辛苦了好几天，自以为某项工作做得不错，不料领导很不满意，你怎么办？

（1）不耐烦地听领导埋怨，心里满是委屈，但不做声

（2）拂袖而去，认为自己不应受委屈

（3）把责任推给客观原因

（4）注意自己做得不够的地方，以便今后改正

处世能力测试结果

第13章 组织对职业生涯的管理

学习目标

✓理解组织职业生涯管理与个人职业生涯发展的关系；

✓掌握组织职业生涯与个人职业生涯的不同视角；

✓了解组织职业生涯管理不同时期的内容；

✓了解职业生涯发展的等级阶梯；

✓重点掌握施恩的员工职业生涯的纵向、平行、向心三维发展道路模式；

✓掌握组织中职业生涯发展的不同通道；

✓掌握技术性员工向管理道路转化的职业生涯内容。

引例 **腾讯人才管理的妙招**

腾讯的迅速发展、团队的快速壮大，背后必然使用一套好的机制进行管理。腾讯十分重视人才，为每位员工制定职业生涯规划，使每位员工清晰自己的职业成长方向、每一个阶段的重心、要求，让员工与企业共同成长。

腾讯为其员工在职业生涯管理中规划了两大发展通道：

(1) 管理发展通道：基层管理者—中层管理者—高层管理者。

(2) 专业发展通道：骨干—专家—资深专家—权威。

在纵向上，腾讯为员工搭建职业发展阶梯，清晰指引员工发展目标，体现了对员工能力发展的期望与要求。纵向上分为六个等级（由高到低）：

LV6——Fellow（权威），作为公司内外公认的权威，推动公司决策；

LV5——Master（资深专家），作为公司内外公认的某方面专家，参与战略制定并对大型项目/领域成功负责；

LV4——Expert（专家），作为公司某一领域专家，能够解决较复杂的问题或领导中型项目/领域，能推动和实施本专业领域内重大变革；

LV3——Specialist（骨干），能够独立承担部门内某一方面工作/项目的策划和推动执行，能够发现本专业业务流程中存在的重大问题，并提出合理有效的解决方案；

LV2——Intermediate（有经验者），能够应用专业知识独立解决常见问题；

LV1——Entry（初做者），能做好被安排的一般性工作。

在以上六个等级里，每个等级又包含三个子等级，分为基础等、普通等和职业等。基础等是指刚达到本级别能力要求，尚需巩固；普通等是指完全达到本级别各项能力要求；职业等是指本级别各项能力表现成为公司或部门内标杆。

在横向上，按能力与职责相近的原则，腾讯为不同能力的员工设计了不同的职业发展通道。

专业族（S1～S6），包含企管类、财务类、人力资源类、法律类、行政类等；

产品/项目族（P1～P6），包含游戏策划类、项目类等；

技术族（T1～T6），包含软件开发类、技术研究类、设计类、游戏美术类等；

市场族（M1～M6），包含战略类、销售类、营销类、客服类等。

绩效和资历是员工职级晋升的门槛，能否实现专业职级的晋升，最终还要看员工专业能力是否真正得到提升，并达到了目标职级的要求；员工只有不断提升工作能力并创造良好的绩效，才能在公司获得持续的发展。

资料来源 企业绩效研究．小企鹅的大智慧：腾讯人才管理的妙招——做好员工的职业生涯规划［EB/OL］．［2021-07-08］．https：//www.sohu.com/a/232000510_264230.

腾讯的员工职业生涯规划是基于怎样的理念？一个组织应该如何进行职业生涯管理？

13.1 组织职业生涯管理的理念和思路

13.1.1 组织的职业生涯理念

人，历来是组织的构成要素，是组织管理的主要对象。从管理发展的历史看，人从科学管理时代附属于机械、类似于机械的对象，变为行为科学阶段具有情感的管理对象，其后变为社会经济系统中的一种复杂因素，进而又变为组织财富的源泉，甚至是造就组织本身的资源。

于是，人力资源、人才资源的概念应运而生，新的用人理念迅速普及。诸多组织都认识到：要搞好自己的经营，要在竞争中取胜，就要充分开发和利用人力资源，做好人力资源这一最宝贵财富的管理工作。

当今世界，在经济全球化、科技进步高速化、信息交流瞬息化、组织模式多元化、劳动形式多样化的条件下，社会经济关系发生极大的变革，组织之中的雇佣关系、分配关系和产权关系正在发生根本的变革，这使得组织的人力资源管理理念也产生进一步的变化。从根本上看，当今的组织理念完全把人放在中心，把人作为立足点，许多组织已经把人的职业生涯规划与管理作为管理工作必不可少的内容。

13.1.2 组织职业生涯管理的思路

1.组织职业生涯管理视角与功效

每个组织都有自己的运转目标，每个组织也都有自己的用人需要。组织为了实现目标，必须基于人的能力、人格、需要、动机，使用本组织需要的人力资源。进行职业生涯规划，是组织管理工作的新思路。这里将组织与个人的职业生涯管理进行比较，详见表13-1[①]。

表13-1 组织与个人职业生涯管理的对比

组织职业生涯管理的视角	个人职业生涯管理的视角
确定组织未来的人员需要	确认个人的能力与兴趣
安排职业阶梯	计划生活和工作目标
评估每个员工的潜能与培训需要	评估组织内外可供选择的路径
在严密检查的基础上，为组织建立一个职业生涯规划体系	关注随着职业与生命阶段的变化，在兴趣和目标方面的变化

按照帕芝的学说，组织对职业生涯管理有效性的评价包括工作绩效、职业态度、职业生涯认同、职业变化的适应性四方面的指标。帕芝的研究结论是：职业生涯管理政策与四种职业生涯管理有效性标准均显著相关；发展管理与职业生涯管理有效性中的绩效、态度、认同均显著相关，但与适应性的相关关系不显著；职业生涯管理中的信息与职业态度、职业生涯认同显著相关，与绩效和适应性的相关关系不显著。在进行回归分析，排除了年龄、任职年限、性别、个人职业生涯管理等因素的影响后，发现组织职业生涯管理对"工作绩效"和"职业变化的适应性"的影响不显著，而对"职业态度""职业生涯认同"有显著影响。[②]可以说，最后的结论是"组织的职业生涯管理对个人的职业态度和职业生涯认同有显著影响"。

2.组织职业生涯管理内容

帕芝首先将组织职业生涯管理的内容分成三类，即政策、发展和信息。

（1）政策管理。组织对职业生涯的政策管理，包括组织有比较系统的人力资源开发政策，即把人力资源规划、为重要员工建立档案、进行员工培训、用科学方法选择员工等，作为人力资源开发政策。

（2）发展管理。组织对职业生涯的发展管理，是指员工对组织实施的职业生涯管理效果的感受。例如，员工是否积极主动地发挥自己的才能，组织是否愿意对员工的发展投资、是否按晋升标准提升职员，员工是否进行职业生涯规划等。

（3）信息管理。组织对职业生涯的信息管理，是指组织职业生涯管理方面信息传播的广泛性，如组织的职位空缺、岗位培训等信息。

13.2 员工在组织中的发展

13.2.1 员工的发展阶梯

从用人单位的角度看，一个人被聘入组织，他就成为组织自身的成员，被置于组织的某一个工作岗位上。进入该组织的这个人，也就扮演了组织成员的角色并加入了

① 马希斯，杰克逊．人力资源管理培训教程［M］．李小平，译．北京：机械工业出版社，1999：162.
② 方俐洛，凌文辁，刘大雄．职业心理与成功求职［M］．北京：机械工业出版社，2001.

组织的分工体系。在科层制即等级制组织中，工作的分工意味着一个人在组织的职位阶梯中的不同位置。

以一家大医院为例，这种职位阶梯图如图13-1所示。

院长	
副院长	
住院部主管	
科主任	处长
主任医师	
副主任医师	
主治医师	
医师	
实习医生	

图13-1 职位阶梯图

社会学告诉我们，人的社会地位的流动分为垂直流动和水平流动。垂直流动包括职业阶层的晋升和下降（这相对少见）；水平流动是同等地位的职业的变换，如从技术工人变为营业员、从工程师转行当大学讲师、从外科的科主任调动担任医院某处的处长。这种职业流动就是一个人职业生涯所走的路。

一个人在组织的职位阶梯中一步一步“向上爬”的努力，是在组织存在诸多人力资源以至可能从社会获得同类资源的环境中进行的。组织则立足于组织发展的大目标，把成员个人的职业生涯发展融入组织发展，通过实现个人的职业生涯目标来保证组织目标的实现，进而实现更加优异的组织目标。

13.2.2 员工的三维发展道路

施恩把人在组织中的发展道路划分为纵向的组织等级维度、横向（平行）的组织职能或技术（专业分工）维度、水平的向心（趋向组织轴心）维度三个方面。一个人在组织中的工作变动、地位变动、角色变动，即在这三维空间中的位移。“职业不同的人经历这些阶段的速度不同，个人方面的因素还强烈地影响其运动速度”“每个人都会以各自不同的方式碰到一系列范围广泛的共通问题和任务”。[①]

施恩的职业周期维度图如图13-2所示。

基于施恩的学说，组织的职业生涯规划要从三个维度对员工进行定位、规划和培训。

从纵向的维度看，组织对员工要进行“晋升道路”方面的规划，并通过相应的选拔、培训和岗位锻炼予以实现。

从横向的维度看，组织对员工的工作安排经常有“同一级别、不同职业”变动的情况。这不仅是组织工作的需要，而且有类似于“工作再设计”的考虑。这不仅可以增加员工对工作的兴趣和工作对员工的挑战性，而且有利于拓宽员工的职业生涯面和增加职业生涯发展渠道。

① 施恩．职业的有效管理［M］．仇海清，译．北京：生活·读书·新知三联书店，1992：41．

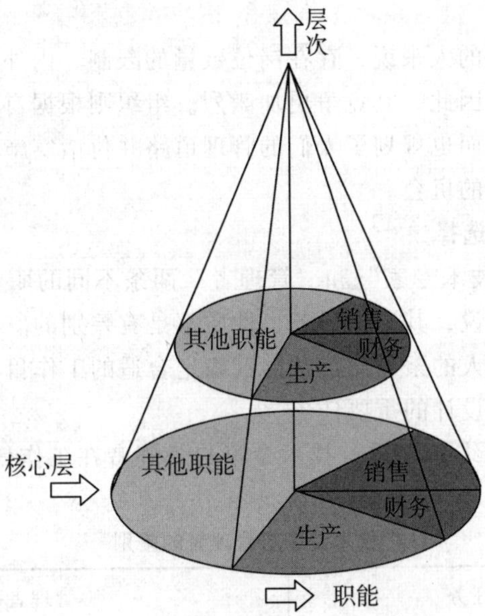

图13-2　组织的职业生涯三维模型

从向心维度看，组织对员工在某一岗位上要进行各种教育培训，包括导师（mentor）的大量帮助，使员工不断地成熟，成为“组织人”和组织各个层次的中坚力量。向心维度蕴含着人们未来职业生涯的发展，蕴含着组织对人的职业生涯规划与选拔。

13.3 组织中的职业生涯通道

13.3.1　技术或管理的单一发展道路

一般来说，对于任何员工，只要其成长道路顺利，在有了较强的职业能力和积累较多的阅历以后，就面临“走技术道路”或“走管理道路”的选择。这不仅是员工个人的选择，也是组织对员工进行职业生涯规划的最基本的道路选择。

从组织的角度看，某个员工进入某一条路以后就与另外的道路割裂和隔离了。

1.技术道路

对有技术专长的员工而言，走技术道路通常是多数人的选择。这条道路要求人们“比较多地考虑自身的因素，特别是自身的创新意识和创新能力，同时要考虑企业产品结构调整的方向、技术的发展走向，以及企业关于技术管理的政策、硬件设施条件”。对员工们而言，走这条道路的优点是需要考虑的“竞争对手”的因素较少，在通常情况下，组织对高级技术专家岗位的限制较少，甚至是多多益善。[①]

① 马士斌．生涯管理［M］．北京：人民日报出版社，2001.

2. 管理道路

对选择走管理道路的人来说，存在岗位数量的限制、内外部的竞争对手以及企业组织变革因素的局限，因此，其竞争更加激烈。组织则根据自身发展目标与战略，规划组织的职位结构，从而也规划了人们的管理道路并付诸实施。这给走管理道路的员工提供了发现生涯前景的机会。

3. 职业发展道路的选择

在任何组织中，“技术专家”和“管理者”两条不同的职业生涯发展道路，对员工所从事的职业岗位来说，其工作任务、性质都是有差别的。根据工作性质的不同合理地选拔人员，根据个人的素质潜能帮助其确定合适的工作目标并进行培训，是组织帮助员工进行职业生涯设计的重要任务。

根据美国学者巴达维的分析，技术专家与管理者在工作任务方面具有10个方面的差别，详见表13-2①。

表13-2 技术专家与管理者的差别

技术专家的任务	管理者的任务
好为人师	劝导、指导、指挥他人
富有直觉性和创造性	对情感和态度很敏感
评价数据系统或方法	评价他人的工作
为技术工作不惜代价	预算、分析和控制成本费用
有高超的分析能力	有很强的表达能力
善于逻辑推理，不喜欢照搬照抄	传达上级意图，实施组织政策
确定具体方法	指出使用什么方法
收集的数据多多益善	根据不充足的材料做出决策
承认客观事实的层次性	承认组织机构的等级制
寻求各种技术之间的关系	寻求各种经营目标之间的关系

13.3.2 从技术向管理的转行道路

在现代组织管理中，人们可以看到一种比较普遍的职业生涯变动现象，即从技术人员“转行”成为管理人员。巴达维对此做了具体分析，见表13-3②。

13.3.3 技能与服务发展道路

我国学者马士斌对占据社会劳动者大部分的一般体力劳动者的职业生涯发展道路给予了关注。他提出了“技能性道路”和“服务性道路”两条发展路径，这是很有意义的。

马士斌指出，在一般的组织中，大多数员工的工作是以本行业的生产经营活动操作和技能性为特征的，他们也就有着“技能”类型的职业生涯系留点，其主要职责是在现有技术条件下提高产品质量和生产效率。因此，他们在“设定人生目标时，要考虑未来的技术发展走势，慎重选择成为哪一领域的操作能手”，在设定“操作性”的

① 巴达维．开发科技人员的管理才能［M］．金碧辉，等译．北京：经济管理出版社，1987：85.
② 巴达维．开发科技人员的管理才能［M］．金碧辉，等译．北京：经济管理出版社，1987：83.

表13-3　从技术到管理的职业计划

阶段	目标	职业计划制订方法	与改行搞管理的关系
1.终身计划和职业意识	探讨职业目标和终身目标	正规的和非正规的职业计划方法	进一步认清终身目标和职业方向
2.职业选择分析和抉择	斟酌可供选择的职业途径并评价每种选择	职业评价准则和有关的职业信息	更好地了解职业选择，了解技术专业的任务和技术管理任务
3.自我评价和风险分析	设法使自己的兴趣与职业要求相吻合	自我评价方法	加深自我认识并了解职业行为和动机
4.为从事管理工作做准备	探讨通向管理职位的选择途径	评价可选择的管理职业途径，建立优秀工作成绩的记录	量体裁衣，使自己的资历和能力与可选择的管理职业的要求相匹配
5.使自己成为一名有效的管理者	培养自己的管理能力，提高资历和技能	各种管理技能评价法	分析自己作为一名管理者的优势和劣势，制订提高管理能力的计划
6.职业发展战略	明确职业发展途径，制订坐稳管理职位的计划	使自己成为管理者的技巧：坐稳管理职位及与上司打交道	增强把握命运的能力，策划职业发展的能力
7.循环往复及对管理职业再评价	评价职业绩效和终身目标	评价内部的职业意向和外部的职业实况	得到反馈，至此事业周期告一段落或周而复始

短期目标时，要考虑市场的产品需求变化对本企业生产结构的影响（进而对工作岗位的影响）。这意味着技术性员工在市场变动的情况下受冲击较大，可能会遇到裁员和技术更新的问题，这是应当引起组织关注的。

对于企业中各类辅助人员、服务人员，马士斌指出，他们工作的相对重要性比较低，技能要求也比较低，因此其职业生涯目标主要是在服务范围的质量等级等方面的成就。对于其中有潜力的员工，可以鼓励他们向其他职业类型转化。①

13.4 组织职业生涯管理的途径

13.4.1　提供职业生涯发展渠道

为员工提供职业生涯发展渠道，是组织的重要责任。一般来说，组织在为员工提供职业生涯发展渠道方面需要注意的问题有以下几个：

1.组织的前途

员工的职业发展远景是基于组织的前途的。能够实现可持续发展，尤其是处于成长期的组织，能够给员工提供较多的发展机会，在“短命公司”则很难有所作为。为

① 马士斌．生涯管理［M］．北京：人民日报出版社，2001：120-131.

此，组织、决策者和广大员工要紧密团结和努力，解决好组织的发展和壮大问题，从而实现个人与组织的共同发展。

2.明晰的职业路径

组织要全面展示自己的组织结构、职业阶梯、任职条件、竞争情况和成长概率，使每个员工都清楚地了解本组织的职业生涯发展路径。在有条件的情况下，还应当帮助每个员工进行个性化的职业生涯规划。安徽江淮汽车集团股份有限公司实行“员工成长路径”的职业生涯规划与管理方法，进行人力资源整合改革，把员工在组织中的发展路径分为技术、管理、生产三类，各有不同的档次等级，对员工的晋升设有培训、年限和业绩方面的条件。[①]

3.工作与职业的弹性化

职业生涯规划的目的之一是促进员工的全面发展。为此，组织要积极推动工作再设计，要采取多通道的职业生涯管理，而且要在一定程度上打通各条通道，使员工的职业生涯发展有更多的选择余地。安徽江淮汽车集团有限责任公司的员工成长理念是“让每个人有机会成全自己”，员工在不同的职业成长路径之间有选择的余地和转换的可能，这为普通员工创造了许多脱颖而出的机会。就管理类职务而言，公司对某职位(例如部门经理）有需求的时候，会面向整个集团招考。上述方法使仓库保管员成为综合计划员，使装配工成为销售员，又竞聘成为副经理。[②]

13.4.2 制定职业生涯规划表

职业生涯规划表是组织对员工实施职业生涯规划与管理的主要方法之一，也是设计、实施和观察职业生涯规划与管理的重要工具。

职业生涯规划表可以有不同的内容和多种模式，组织要根据自身的具体情况和职业生涯规划与管理需要选择制定。马士斌基于职业类别、职业生涯目标体系内容和职业生涯通道的综合考虑，对“人生”“长期”“中期”“短期”各个规划时期的目标与实施内容列项，设计了职业生涯规划表，见表13-4。该表可在一个组织内部广泛、统一使用。

表13-4 **职业生涯规划表**[③]

第　次职业生涯规划，上次规划时间：　　年　月　日

姓名		员工编号	
年龄		性别	
所学专业		学历	
目前任职岗位		岗位编号	
目前所在部门		部门编号	
规划制定时间	年　月　日	部门负责人	

① 哈晓斯．天生我才必有用——安徽江淮汽车集团公司建立员工成长路径记事［J］．中国劳动，2002（5）．
② 哈晓斯．天生我才必有用——安徽江淮汽车集团公司建立员工成长路径记事［J］．中国劳动，2002（5）．
③ 马士斌．生涯管理［M］．北京：人民日报出版社，2001：60-63.

续表

职业类型
（在选定种类的题号上画“√”，可选择两个或以上）
1.管理 2.技术 3.营销 4.操作 5.辅助
如选择的职业类别更具体、细化，请进一步说明：

人生目标
1.岗位目标：
2.技术等级目标：
3.收入目标：
4.社会影响目标：
5.重大成果目标：
6.其他目标：
人生通道：
（1）图示（简略）：
（2）简要文字说明：
实现人生目标的战略要点：

长期目标（通常在10年以上）
1.岗位目标：
2.技术等级目标：
3.收入目标：
4.重大成果目标：
长期通道：
（1）图示（较详细）：
（2）简要文字说明：
实现长期目标的战略要点：

中期目标（通常在5年以上、10年以下）
1.岗位目标：
2.技术等级目标：
3.收入目标：
中期通道：
（1）图示（详细）：
（2）简要文字说明：
实现中期目标的战略要点：

短期目标（通常在1年以上、5年以下）
1.岗位目标：
2.技术等级目标：
3.收入目标：
短期通道：
（1）图示（详细）：
（2）简要文字说明：
短期计划细节：
（1）短期内要完成的主要任务：
（2）有利条件：
（3）主要障碍及对策：
（4）可能出现的意外和应急措施：
年度目标及年度计划的细节通常另行安排，以保持职业生涯规划的相对稳定性和可保存性

备注：
如系修改稿，请说明理由。如有自我申告表，请附在本表后
部门负责人（签字）：
人力资源部职业生涯管理负责人（签字）：

13.4.3 日常人力资源管理

1.招聘

选拔合格的人才对于组织职业生涯管理来说是极为重要的。组织在招聘时要注意两个主要方面：其一，突出对应聘者价值观、人性和潜力的选择，要选拔具有“自我实现人”特征和与组织文化、价值观相同的求职者。其二，将职业生涯导向的招聘对象定位在“初级岗位补充空缺”，而中高级岗位留给员工发展之用。

2.职务调配

任职、晋升和调配是人力资源管理中的经常性工作，这些工作涉及员工的个人前途与发展，组织应当在职业生涯规划与管理中给予高度关注。传统的人事管理以组织需要为出发点对员工进行调配，对员工的需要考虑很少。在现代人力资源管理中，员工工作岗位的调配应当是具有职业生涯导向的，它强调根据员工的职业生涯发展需要进行。除了职业岗位的晋升外，在同一层次、不同职业或职务岗位上的横向移动，也具有工作再设计的功能，有利于员工增加第二岗位以至第三、第四岗位的工作能力，增强职业适应能力，获得信息和开阔眼界，建立比较广泛的联系。其结果，不仅能为以后的晋升积累一定的条件和创造一定的机遇，而且能拓宽员工的职业生涯发展道路，为其成功地进入不同的职业通道创造条件。

3.培训

培训工作是组织人力资源管理的重要内容。在组织的职业生涯管理中，培训工作不仅要有超前意识，目标明确、具体，而且要与员工的需求和职业生涯规划相结合，从而取得较好的培训效果。

职业生涯培训可以分为内部培训、外部培训和出国培训。①一般来说，内部培训和日常工作结合较紧密，对职业生涯规划工作的支持作用也大；外部培训和出国培训则与未来的晋升联系更加密切，投入较大，激励效果较好。组织对这三种培训应根据具体情况选择使用。

4.绩效考评

人力资源管理中的绩效考评，主要目的在于帮助员工寻找绩效方面的问题及原因，进而采取改进绩效的行动。在组织职业生涯管理中，绩效考评既可以帮助员工改进绩效、修正生涯发展偏差，也是修改或调整职业生涯规划的重要依据。

13.4.4 职业生涯规划年度评价

年度评价是组织职业生涯规划与管理的一个重要手段。从基本意义上说，年度评价是周期性地对组织的职业生涯规划与管理工作进行“盘点”，它有利于组织检查职业生涯规划与管理工作的效果，发现存在的问题，根据内外环境和条件的变化及时调整职业生涯规划与管理工作，还可以使职业生涯规划与管理的对象了解情况，积极参与并及时做出调整。

职业生涯规划年度评价的具体方法包括自我评估、直线经理评估和全员评估。一

① 程社明. 你的职业——职业生涯开发与管理［M］. 北京：改革出版社，1999：314-319.

般来说，自我评估是自主和自觉的评估，也是能够取得实效的评估；直线经理评估比较详细，能够与组织的工作有机结合，而且容易跟进组织的职业生涯管理措施；全员评估类似于人力资源绩效评价中的360度考核，评估结果比较全面和客观。

在年度评价之后，往往要进行职业生涯年度会谈，并制定和实施职业生涯规划调整措施。

13.4.5 职业生涯面谈

职业生涯面谈一般是由人力资源部门的职业生涯专职管理人员或者由员工的导师对员工实施。其作用是：其一，有利于职业生涯规划与管理工作的深入开展；其二，弥补直线经理在职业生涯规划与管理方面的不足；其三，发现员工在职业生涯规划与管理中的问题，并帮助其解决。

从员工个人角度看，其职业生涯规划与发展主要存在以下问题：其一，人生目标选择不当，包括人生目标的层次定位不当（定得太高或太低），目标的侧重点定得不合理；其二，职业生涯通道设计不当，例如与别人撞车，轮岗时间太长或太短，轮岗顺序不合理等；其三，职业生涯规划不够周密，长期计划缺乏生涯战略，短期计划制订不详细，没有与轮岗、培训工作结合起来；其四，培训不足，在实现职业生涯规划目标的过程中，特别是在岗位变换之后，常常感到力不从心。[①]

不论是职业生涯专职管理人员还是员工的导师，都要学习和掌握面谈技术，具备一定的心理咨询与诊治知识，才能使职业生涯面谈取得较好的效果。

13.5 组织的分时期职业生涯管理

13.5.1 早期的职业生涯管理

1.完成组织化的任务

人在职业生涯早期的任务是实现自身的社会化，从涉世未深的青少年发展成为初步熟悉职业并且能够融入工作环境的成人。这是一个社会化的过程，也是一个组织化的过程。

这些年轻人初次进入组织或者稍有职业经历，可塑性较强，用人单位对这些员工进行早期职业生涯规划时，应侧重对他们进行人生观和价值观的现实化转变、组织文化的赋予、上岗的引导以及工作知识与技能的培养。

为了帮助新员工，不少组织为他们建立了指导关系。导师和第一任直接上级对新员工的指导作用至关重要。

2.促进相互接纳

对新员工初期职业生涯的帮助，应有的结果是使组织与新员工之间相互接纳。为此，组织应当对新员工采取以下措施：

---

① 马士斌．生涯管理［M］．北京：人民日报出版社，2001.

（1）进行正面的实绩评价；
（2）让新员工分享组织的“机密”；
（3）推动有才干并接受组织价值观者流向组织内核；
（4）进一步提升；
（5）增加薪资；
（6）分配新工作；
（7）举行接纳新员工的仪式。[①]

3. 建立心理契约

建立双方的心理契约（psychological contract）也是新员工进入组织以后职业生涯管理的重要问题。

心理契约也称心理合同，是指员工个人与用人单位双方对彼此权利与义务的一种主观期望和承诺。新员工认为，单位承诺将对自己的贡献给以某种形式的回报，自己为组织做出了贡献，组织就有义务兑现自己的承诺；而组织认为，组织给了员工相应的报酬和发展机会，员工就应该为组织做出贡献。这样，员工和组织双方在这个问题上就达成了默契。

虽然这种心理契约不是正式的、有形的，不是体现为文本的，但它是比一般的工作合同更加重要的契约，因为这是双方自觉达成的。这种合同可以使员工在组织的发展前景与个人的生活和职业生涯之间寻求平衡。[②]

4. 克服现实震动

对于初次走上社会、面对社会现实的青年人来说，他们的个人才能可能没有得到发挥，新工作令人很不满意，没有挑战性或者说乏味，他们还可能看到组织的现实状况与理想中的或正常的人际关系有很大差距等问题，因而受到了现实震动或现实冲击。组织在这时应当对他们进行正确引导，帮助他们克服现实震动。

13.5.2 中期的职业生涯管理

人的职业生涯中期是一个漫长的时期。在这一时期，组织对于员工的职业生涯规划与管理有多方面的任务。

1. 纳入职业生涯规划渠道

组织要根据员工个人的能力和个性特征，考虑其发展潜力和个人意愿，并依据组织的需要和可能给予的培训机会，区分特点，对员工进行技术、管理、技能、服务等不同职业生涯方面的道路设计，将员工个人的发展纳入组织的不同阶梯轨道。

2. 进行职业生涯管理活动

组织在对员工进行职业生涯规划以后，要通过分配合适的工作、提供晋升机会、安排培训等途径，对其职业生涯规划进行落实和管理。这种管理活动的开展，要依靠组织的职业生涯管理制度或体系。其具体方法详见本书第15章。

---

① 吴国存. 企业职业管理与雇员发展［M］. 北京：经济管理出版社，1999：139-143.
② 程社明. 你的职业——职业生涯开发与管理［M］. 北京：改革出版社，1999：181.

3.培养自我规划和发展的能力

应当指出，组织除了对员工进行职业生涯的规划与管理之外，还要培养员工自我评价、自我规划和自我发展的能力，让他们和组织一起进行职业生涯规划与管理。

4.帮助解决工作和职业生涯发展中的问题

现代管理理念认为，员工不仅是组织取得经济效益的源泉，而且是组织的主人。因此，组织要全心全意地帮助员工，为员工解决各种工作、职业生涯发展以至家庭生活方面的问题，如帮助员工处理工作与家庭的关系，以利于其职业生涯的顺利发展。

对于员工个人而言，不仅要解决上述有关的问题，还要注意增加自己对组织的价值，这是一个员工在组织中“保住饭碗”和得到晋升的前提。

5.克服中年危机

对于许多员工来说，其晋升机会有限，尤其是40岁以后，他们对职业生涯的考虑会很多。这时，不少人出现了“中年危机”。这是因为他们的职业生涯发展似乎终止，往往只能原地踏步，在从事现有工作时也可能出现能力衰退感。即使是处于组织中层的员工，他们看不清以后10年或者更长时期的晋升前景，也会出现这种危机感。

这时，组织要给予其帮助，使其度过中年危机。一般来说，组织可以为员工安排横向流动的工作（具有一定的挑战性和新鲜感），让其发挥指导青年员工的作用，并为其提供参加研讨会、继续教育等知识更新的机会。

此外，组织还可以与陷入中年危机的员工一起设计新的职业生涯发展路径。一些中年员工可能采取寻找另外的出路或者自行创业的做法，这时，组织要积极地给予帮助。

13.5.3　后期的职业生涯管理

虽然老年员工的职业生涯即将结束，但是他们仍然是组织的一分子，是能发挥作用的人力资源。一方面，要在工作安排上注意发挥他们的能力和余热，例如为组织提供决策支持、担当顾问、指导下属；另一方面，还要帮助他们解决各种困难，针对他们如何规划退休后的生活提供咨询和培训服务，使其顺利完成人生的又一次转折。

知识拓展：组织机构的类型

本章小结

本章对组织职业生涯规划“把人放在中心”的理念，从组织职业生涯规划及个人职业生涯规划的视角进行了阐述，分析了员工在组织中的发展阶梯和成长的三维模式，以及组织中的成员发展单通道、双通道、三通道、四通道，进而对组织职业生涯管理不同时期的工作内容——早期规划、中期规划和后期规划——进行了阐述。

复习思考题

1.你认为职业生涯规划在管理中的作用是什么？它与人力资源各环节的管理有什么联系？

2.组织职业生涯规划与个人职业生涯规划的异同是什么？

3.试设计一个自己在某个（或若干）组织中的职业生涯等级和成长阶段的规划。

4.试设计一家公司对某员工的职业生涯发展通道与发展阶段的规划。

案例分析题

麦当劳员工的职业生涯管理：从实习生到经理

麦当劳在全世界发展迅速，规模不断扩大，需要一支成熟的中层管理队伍。下面就是麦当劳法国公司把一个普通的大学毕业生培养成为成熟管理者的过程。

1.多样化与后备军

人才多样化是麦当劳员工的一大特点。在麦当劳法国公司的员工中，毕业于饮食服务学校的员工占30%，来自商业学校的占40%，其余的则由大学毕业生、工程师和中学毕业后进修学历的员工组成。

麦当劳还有一支由3 500名在校大学生组成的庞大的年轻人才后备军，他们定期到餐厅打工，根据麦当劳安排的培训计划担任各种职务，并有可能与现职人员一起担任餐厅经理。

多样化的人才组合与庞大的后备力量使人才的培训和提升有极大的选择空间，他们一起成为麦当劳管理阶层的稳固基石，不断将新鲜血液注入公司。

2.从零开始

在麦当劳，取得成功的人都有一个共同的特点，即从零开始，脚踏实地。“炸薯条、做汉堡包”的普通工作是员工在公司发展和走向成功的必经之路。这对于不少有高学历、踌躇满志、想大展宏图的年轻人来说往往是不能接受的。但是，他们必须懂得，脚踏实地、从头做起是在这一行业中成功的必要条件。如果你没有经历过各个阶段的锻炼，没有在各个工作岗位上亲自实践过，那么你又如何以管理者的身份对员工进行监督和指导呢？在这里，从收款到炸薯条直至制作各式冰淇淋，每个岗位上都会造就未来的餐厅经理。

从事饮食业是很辛苦的，在最初的6个月中，人员流动率最高，离去的人中有80%的人根本不了解这一行业。能坚持下来的关键，在于协调好家庭生活与餐馆工作的时间。那些更善于分配和利用时间的人、那些对工作投入最多的人，是胜利者。麦当劳法国公司的人力资源部经理艾蒂安·雷蒙强调：“那些在公司干了6个月以上的人后来都成了麦当劳的忠诚雇员。”

3.快速晋升

有付出就有回报，那些有责任感、有文凭、独立自主的年轻人在25岁以前，就能成为一家中小型餐厅的管理者，这是在许多企业不可能得到的好机会。那么，麦当劳又是如何做到的呢？原来，麦当劳法国公司实行一种快速晋升制度：一个刚参加工作的出色的年轻人，可以在18个月内当上餐厅经理，可以在24个月内当上监督管理员。

晋升对每个人是公平合理的，既不做特殊规定，也不设典型的职业模式。每个人主宰自己的命运，适应快、能力强的人能迅速掌握各个阶段的技术，从而更快地得到晋升。

这个制度可以避免有人滥竽充数。每个级别都有经常性培训，有关人员只有获得一定数量的必要知识，才能顺利通过阶段考试。公平的竞争和难得的机会吸引着大量有文凭的年轻人到此实现自己的理想。

4.职业生涯阶梯步步高

第一阶梯：实习助理。有文凭的年轻人要当4~6个月的实习助理。在此期间，他们以一个普通班组成员的身份投入到公司各个基层工作岗位，如炸薯条、收款、烤牛排等。在这些一线工作岗位上，实习助理应当学会保持清洁和提高最佳服务的方法，并依靠实践来积累管理经验，为日后的管理实践做准备。

第二阶梯：二级助理。这个工作岗位已经带有实际负责的性质。他们在每天规定的一段时间内负责餐厅的工作。与实习助理不同的是，他们要承担一部分管理工作，如订货、计划、排班、统计……他们要在一个小范围内展示他们的管理才能，并在日常实践中摸索经验，协调好他们的小天地。

第三阶梯：一级助理。在进入麦当劳8~14个月后，有文凭的年轻人将成为一级助理，即经理的左膀右臂。与此同时，他们肩负了更大的责任，每个人都要在餐厅独当一面，他们的管理才能不断提高。这离他们的目标——晋升为经理，已经不远了。有些人在首次炸薯条之后不到18个月就升到了这一阶段。

第四阶梯：餐厅经理。在到达这个梦寐以求的阶段前，他们还需要跨越一个为期15天的小阶段。与前面各阶段不同的是，这个阶段本身也是他们盼望已久的：他们可以去芝加哥汉堡包大学进修15天。这是一所名副其实的大学，也是麦当劳的国际培训中心，接待来自全世界的企业和餐厅经理，既教授管理一家餐厅所必需的各方面的理论知识，又传授有关的实践经验。

第五阶梯：监督管理员。一个有才华的年轻人升至餐厅经理后，麦当劳依然为其提供广阔的发展空间。经过一段时间的努力，他们有机会晋升为监督管理员，负责三四家餐厅的工作。

第六阶梯：地区顾问。3年后，监督管理员可以升为地区顾问。届时，他将成为总公司派驻的代表，用艾蒂安·雷蒙的话说，成为“麦当劳的外交官”。作为公司下属十余家餐厅的顾问，他的责任重大——他将是公司标准的捍卫者，而一个从炸薯条做起，经历了各个岗位和阶段的地区顾问，对各方面的管理标准了如指掌。这个由麦当劳特有的公司哲学创造的高级管理人员，正是麦当劳哲学的保证。作为“麦当劳的外交官”，他的主要职责是往返于麦当劳地区总部与各下属企业之间，沟通传递信息。同时，地区顾问还成为总公司在这一地区的全权代表。

第七阶梯：董事长。当然，成绩优异的地区顾问还会晋升，终有一天会实现艾蒂安·雷蒙所说的——麦当劳法国公司董事长的位子上坐着的是一个法国的年轻人。

麦当劳还有一个与众不同的重要特点，就是培养“接班人”。麦当劳有一项重要规则：如果事先未培养出自己的接班人，那么无论谁都不能提级晋升。可以想象，麦当劳因此而成为一个发现人才、培养人才的大课堂。在这里，缺少的绝不会是人才。

总之，成功和有效的员工培训和培养计划，不仅提高了员工素质，而且满足了员工自我实现的需要，增强了企业凝聚力。不论是多么优秀的员工，企业对其都负有培训和培养的责任，这不仅能提高员工的本职工作技能，也能进一步开发员工的潜能。麦当劳在法国获得的成功不仅促进了麦当劳的飞速发展，更重要的是，为全世界的麦当劳餐厅创造了一种新的人才培育模式，培养了一批批管理者，为员工塑造了理想的职业生涯。

资料来源 代凯军. 管理案例博士评点［M］. 北京：中华工商联合出版社，2000.

讨论：

1.麦当劳执行的是一套什么样的人力资源管理制度？它是以什么为指导原则的？

2.“从炸薯条开始”，你认为这种管理制度对有大学文凭的员工有什么重要性？其在职业生涯发展方面的思想内涵是什么？

3.结合本案例的内容，联系现实组织管理中员工管理理念和个人职业生涯发展现象，分析“不想当将军的士兵不是好士兵”这句话在竞争社会中的意义。

第13章案例分析提示

职业测试

职业满意感测试

一、测试方法说明

对于个人来说，准确把握自己对工作的感受是非常重要的。这是理性地认识个人与组织的关系、科学地设计与调整职业生涯规划的重要手段。对于组织来说，了解和掌握员工的职业满意感状况，是有针对性地解决管理中存在的问题和正确进行激励的重要工作，也是对员工进行职业生涯规划与管理的重要方面。

本测试的具体方法为：

第一，除第12、13题外，其他问题均在每一题下面的“A、B、C”三项内容中选一。

第二，第12、13题，在A~J10个项目中选择一个。

第三，按“计分标准”计算各项目的得分，最后计算总分，并查看总分结果的“分析与评价”。

二、测试题

1.在日常工作时，你是否很注意时间：

A.常常

B.工作清闲时会看看

C.永远不会

2.一般在星期一早上上班时：

A.自己的工作能力不能达到平常的水平

B.希望有点什么病躺在医院里，而不愿意上班

C.开始不愿意工作，过1小时左右便轻松愉快地投入工作

3.一天的工作干完了，你的感受是：

A.疲倦得要死，什么都不想干

B.庆幸获得自由

C.有时会有点倦意，不过通常有成就感

4.你对分内的工作是否会很牵挂：

A.有时会对工作有所牵挂

B.根本不会牵挂

C.常常牵挂

5.你对自己现在从事的工作的看法是：

A.大材小用

B.工作上的要求比你的能力要高

C.以前认为办不来的事，现在都能一一办到

6.请选择下列适合你的句子：

A.对工作有浓厚的兴趣，极少有感到枯燥的时候

B.工作时，个别时间有苦闷的感觉

C.在工作时，大部分时间闷得发慌

7.你在工作时有多少时间是在打电话与朋友聊天或谈私事：

A.少而又少

B.偶尔打，尤其是在自己的个人生活有波动时

C.常常

8.你是否白日做梦，幻想得到另一份工作：

A.没有

B.幻想，但不是想得到不同的工作，而是所在职位的升级而已

C.是的

9.你对自己“是否称职”的内心感受是：

A.大部分时间都能胜任

B.有时是称职的

C.大部分时间感到无所适从，心慌意乱

10.你对同事的看法是：

A.喜欢和尊重他们

B.不喜欢他们

C.对他们很冷淡，毫不在乎

11.下面三句话，哪一句最适合你：

A.我不想再进一步了解我的工作

B.在从事这份工作初期，我乐于学习新事物

C.我希望不断加深对自己的工作的了解

12.选出你认为自己拥有的长处：

A.同情心

B.头脑清晰

C.冷静

D.记忆力好

E.精神集中

F.顽强

G有创造力

H.有专门知识

I.平易近人

J.富有幽默感

13.从上面第12题的A~J10个项目中，选出你所在的工作岗位需要的条件，在下面一行找出相应的字母圈出来：

A B C D E F G H I J

14.你最赞同下面哪一句话：

A.工作只是为了维持生活

B.工作是为了挣钱，如果可能的话，最好也能使自己有满足感

C.工作如同自己的生命一样重要

15.你会超时工作吗：

A.如果另加工资、奖金就愿意

B.根本不愿意

C.常常会，甚至没有酬劳也愿意

16.在过去的一年里，你是否无故旷工过：

A.根本没有旷工

B.只有几天而已

C.经常性的

17.你认为自己：

A.非常有进取心

B.毫无进取心

C.有一些进取心

18.你同事对你的态度是：

A.喜欢你，愿意和你在一起，一般人都能与你合得来
B.同事们不喜欢你
C.并不是不喜欢你，但也并不友善
19.你往往与谁谈论工作：
A.局限于同事之间
B.朋友和家人
C.可免则免
20.你是否有轻微或无缘无故的病痛，有时甚至连身体哪个部位在痛也不清楚：
A.很少
B.偶尔
C.经常如此
21.你是如何选择现在的职业的：
A.父母和老师代你决定的
B.没有其他的选择
C.觉得比较合适，自己选择的
22.工作和家庭生活之间有矛盾，例如有家人病倒了，哪一个比较重要：
A.每次都以家庭的事情为重
B.每次都以工作和事业为重
C.除非家里发生紧急的事情，否则都把工作放在首位
23.如果有一份同样的工作，工资只是你现在的2/3，你愿意去做吗：
A.愿意
B.愿意是愿意，但生活的担子太重了
C.不愿意
24.如果辞掉工作，最令你痛苦的是失去：
A.金钱
B.工作的乐趣
C.现在的同事们
25.你会无故离开岗位，去尽情玩乐一天或几天吗：
A.会的
B.不会的
C.可能，要视工作上有无紧急事情要处理
26.在工作上，你有没有被上级赏识的感觉：
A.间或有
B.常常如此
C.罕见
27.在工作方面，什么令你最不满意：
A.你的时间不属于你
B.工作闷极了

C.不能随心所欲

28.你的个人生活是否和你的事业分得一清二楚（本题请与你的家人对证一下）:

A.基本上互不干扰

B.通常情况下分得一清二楚

C.分不开

29.你是否建议你的子女从事你自己从事的职业：

A.如果他们有能力和兴趣，我会的

B.不会，我会劝他们千万不要干

C.我采取中立的态度

30.如果你突然赢得或继承一大笔财富，你会：

A.不再工作，享乐去

B.选择你喜爱的事业，大展拳脚

C.继续你现在的工作

职业满意感测试结果

第14章 管理人员的职业生涯管理

学习目标

✓了解管理人员职业生涯管理的内涵及特点；

✓了解管理人员的职业生涯管理对于企业发展的意义；

✓掌握基层管理者的"PAKS自我能力分析模型"；

✓掌握公司职业发展管理"九格图"；

✓了解基于职业梯的多元化的职业发展通道。

引例 **华为公司管理者培养路径**

多年来，华为公司坚持"积极、多元、开放"的人才观，构建公司与人才同创共赢的人才管理机制。华为公司关注员工的职业发展，持续牵引全体员工提升岗位需要的专业能力，并为员工提供多种价值实现通道；注重员工多元化，强化本地人才队伍建设，让本地人才成为公司在当地业务发展的重要力量；坚持不拘一格用人所长、在实战中持续识别、在机会中不断磨炼优秀人才的梯队建设机制，对优秀员工破格提拔，激发员工创造力与组织活力。

华为公司重视员工的能力建设和职业发展，在工作中给予员工多样成长机会，并为员工提供差异化的发展通道。其中，华为管理者的成长大致遵循"'士兵'（基层员工）—'英雄'（骨干员工）—'班长'（基层管理者）—'将军'（中高层管理者）"的职业发展路径。根据华为公司人才培养工作的实践特点，华为管理者的培养过程可以划分为三个阶段，如图14-1所示。

1.基层历练阶段

基层员工以技术技能开发为主。华为强调基层员工在本职岗位上"埋头苦干"，干一行爱一行，不提倡基层员工换岗。在新员工培训班"领导座谈"课程中，某位高级干部在对刚入职员工的寄语中提道："希望大家走上工作岗位之后，要踏踏实实地把业务基础打好。本职岗位前几年在扎根，一旦扎下根之后，你会成长得很快。"

2.训战结合阶段

成为"班长"后的干部以人际技能开发为主，技术技能开发与概念技能开发为辅，实现管理能力的全面提升。

青训班项目重在开发项目管理能力，达通项目管理的全流程，使受训者从本职岗位的单一视角扩展到项目管理全过程的整体视角，体现了技术技能的开发。

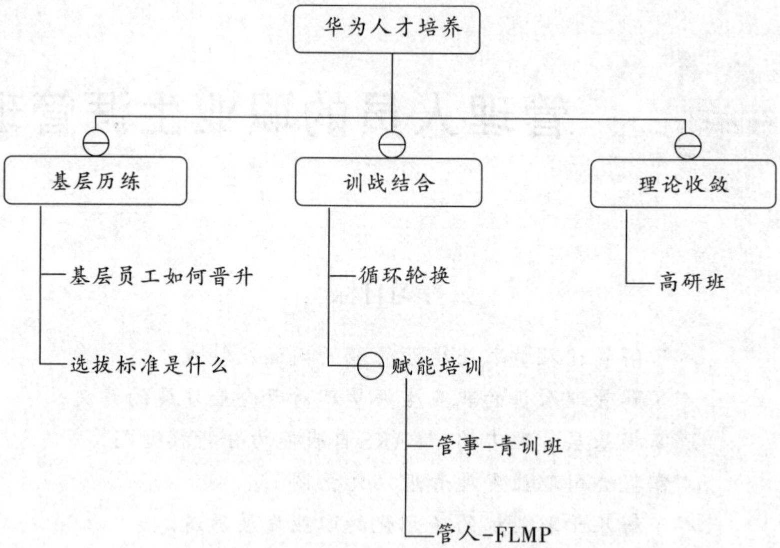

图14-1 华为管理者的培养过程

FLMP项目对基层管理者在团队管理与激励等方面进行团队领导力赋能，实现从“士兵”到“士官”的角色转变，有效开发人际技能。

3.理论收敛阶段

要想成为真正的“将军”，中高级干部需要“有大视野，大到天文地理，但更要能放能收”，实现“术”向“道”的转变。

具体来说，学员通过干部高级管理研讨班系统研讨，把实践经验总结上升到理论高度，深度发酵。这一过程的重点是概念技能的开发，从组织层面出发，建构战略管理与公司文化管理思维。

资料来源 ①华为公司官方网站. ②葛明磊，张译丹. “将军”是如何产生的？——华为公司管理者培养的案例研究［J］. 中国人力资源开发，2015（11）.

企业应如何帮助基层管理者确定其职业方向？在为基层管理者制定职业生涯发展规划时有哪些具体有效的策略？

14.1 管理人员职业生涯管理概述

14.1.1 管理人员的特征

1.较强的独立自主性

管理人员具有特定的知识与管理技能，在应对复杂多变与不确定的环境时，能够开创性地开展工作，因此对工作独立自主性的要求比较高。这类员工不喜欢上司把要做的每一件事都安排得非常明确，更倾向于有较为宽松的、灵活的、高度民主和高度自主的工作环境。他们要求有一定的活动范围和权限，追求自主性、个性化、多样化，强调工作中的自我引导和自我管理。管理人员一般偏好授权、激励和引导的管理风格，喜欢自我管理和弹性的管理方式。

2.劳动的复杂性和劳动成果的难以测量性

管理人员的工作主要依赖其自身的智力投入，其过程往往是无形的，而且可能发生在任何时刻和任何场所，加上工作本身并没有确定的流程和步骤，固定的劳动规则并不存在，因此，对其劳动过程的监控既没有意义也不好执行。另外，其成果多是无形的，也难以精确测量、考核和评价。管理人员一般并不独立工作，他们往往组成工作团队，劳动成果大多是团队集体智慧和共同努力的结晶，难以分割。

3.高度的流动性

在知识经济条件下，企业之间竞争的焦点表现在技术的竞争上，技术的竞争实际上是人才的竞争。这一大环境为管理人员的流动提供了宏观需求。流动性使管理人员往往不追求终身饭碗，而是追求终身就业能力。

凭借专业知识和能力接受新工作、新任务的挑战，管理人员拥有远远高于传统工人的职业选择权。一旦现有工作没有足够的吸引力或缺乏充分的个人成长机会和发展空间，他们会很容易地转向其他公司，寻求更广阔的发展空间。

4.自我实现与关注未来的职业发展

管理人员拥有特定的价值观和更加明确的奋斗目标，工作对他们来说不但意味着换取劳动报酬，更是发挥自己专长和成就事业的方式。凭借其拥有的管理技能与知识，管理人员更在意个人的未来职业发展以及自身价值的提升，并期望得到社会的认可。

14.1.2 管理人员职业生涯管理的内涵及特点

1.管理人员职业生涯管理的内涵

一般而言，管理人员会根据自身的价值观和人生目标，结合组织的需求，对自身的职业发展目标和路径进行系统、长期的规划。在职业生涯管理中，他们还会根据自身的职业规划，不断进行人力资本投资，积极发现或创造机会，逐步推进其职业发展目标的实现。

此外，组织也会通过多种方式，帮助管理人员进行职业生涯管理。大多数组织会对其人力资源进行再投资、再分配和再使用，建立合理的职业生涯管理模型。组织职业生涯管理通常是一个战略过程，它通过为组织内员工构建职业发展通道、帮助员工进行个人职业发展规划等一系列与职业发展相关的活动，最大限度地开发个人的潜能并充分发挥其潜力，使之与企业的职业需求相匹配、相协调、相融合，使企业与个人的需求达到最佳的结合，最终达到组织与个人双赢的结果。

2.管理人员职业生涯管理的特点

根据职业生涯管理的内涵，并结合管理人员这一群体的特点，我们可以看出组织管理人员的职业生涯管理存在如下特点：

（1）专业性、系统性。管理人员的职业生涯管理与管理人员个人的职业规划不同。个人的职业规划是以个体的价值实现和增值为目的的，这并不局限于某个特定的组织。而组织的管理人员职业生涯管理则是从组织角度出发，将员工视为可开发、增值而非固定不变的资本，通过有计划的、系统的努力，实现组织的持续发展和个人的全面发展。这一工作通常由人力资源部门负责，具有较明显的专业性、系统性特征。

（2）满足个人和组织的双重需要。尽管组织的职业生涯管理也会着眼于帮助管理人员实现其自身的职业规划，满足管理人员个人职业发展的需要，但会更在意整个组织人力资源水平的提升。组织的管理者会通过组织职业生涯管理，使同组织发展目标相一致的优秀员工脱颖而出，为组织培养高层次的经营、管理人才或优秀的技术人员，从而提高人员的整体竞争优势，增加优秀人才的储备数量。

（3）职业生涯信息系统在职业生涯管理中具有重要意义。伴随着信息时代的来临，建立完善的职业生涯信息系统对组织的职业生涯管理具有越来越重要的意义。只有做好信息管理工作，才能有效地进行职业生涯管理。在组织职业生涯管理中，组织可以通过信息系统的辅助，全面掌握员工的发展情况，从而制订相应的储备计划，同时，管理人员个人也可以据此了解和掌握有关组织各方面的信息。

（4）多样性、动态性。由于管理人员范围较大，不同的人群会表现出不同的需要。在进行职业生涯管理时，组织需要针对不同人群设计相应的职业生涯管理方案。与此同时，由于组织外界环境也在不断地变化，影响职业发展的主客观条件自然会随之改变，因而组织职业生涯管理的侧重点会随着时间的推移而不断调整。从这一角度看，大多数组织的职业生涯管理都会表现出比较明显的多样性和动态性特征。

14.1.3 管理人员职业生涯管理的意义

1.有利于满足管理人员更高层次的需求，激励他们更好地实现组织的目标

马斯洛的需要层次理论表明，满足个体的需要、发挥个体的潜能以及满足个体追求自我实现的目标可以使个体受到激励。组织可以在充分了解管理人员需要特征的基础上，通过有计划的、系统的职业生涯管理来满足管理人员更高层次的需求，实现管理人员职业发展与企业发展的契合，从而收到双赢的效果。

2.有利于提高管理人员的满意度和忠诚度，充分调动他们的内在积极性

由于管理人员是一个特殊的群体，单纯的经济报酬并不一定能使他们满意，而工作的挑战性、工作中的成就感、个人的发展机会对其起到非常重要的激励作用。在这种情况下，企业可以帮助管理人员制定与其自身特点相吻合的职业生涯规划，承诺帮助其实现职业发展目标，从而激发他们工作的内在积极性，提高他们对组织的满意度和忠诚度。

3.有利于改变重招聘轻管理的状况

应当说，我国现在的企业对人才是比较重视的。这一点从企业对人员的招聘上即可体现出来。各种企业都把对高学历、高素质人才的招录当作一件大事来抓，近年来这种现象尤为突出。在此情况下，一大批具有硕士、博士学位的管理人才进入管理人员的队伍。在招聘之后，企业如果能针对他们的实际，加强组织内部的职业生涯管理，有针对性地开发他们的潜力，营造一种企业与员工共同成长的组织氛围，就会令管理人员对未来充满信心，真正对企业产生归属感。

4.有利于解决晋升渠道不畅的问题，使员工对自己的前途有信心

目前管理人员的成才渠道比较单一，晋升途径一般是行政职务“华山一条路”，不容易满足大部分员工的成就需要。企业通过实施职业生涯管理，可以在一定程度上改善员工晋升渠道单一的问题，从而提高部分优秀管理人员的积极性和创造性。

14.2 基层管理者的职业生涯管理

14.2.1 基层管理者的自我剖析与组织评价

1.基层管理者的“PAKS自我胜任能力分析模型”

基层管理者首先应对自己的基本情况（包括个人的优势、劣势、经验、绩效、兴趣等）有较为清醒的认识，然后在本人价值观的指导下，确定自己近期与长期的发展目标，进而拟订具体的职业发展计划。

进行正确的自我分析和自我评价并不是一件简单的事，需要经过一段时间的观察与测评。基层管理者可以使用胜任能力PAKS测试方法，通过分析自己的胜任能力，来进一步了解自己目前以及潜在的能力。胜任能力是个人潜在的特质，这种潜在的特质在人格中具有深层与持久的特性，因此能够预测一个人在复杂的工作情景中担任某种职位时的行为表现，以及此种行为表现所产生的工作绩效。

胜任能力可以区分为PAKS，即：

胜任能力=性格（personality）+能力（ability）+知识（knowledge）+操作技能（skill）

其中：前两者为一般胜任能力；后两者为特殊胜任能力，与岗位所要求的知识与操作技能有关，这部分主要是专业的技能。①胜任能力的测试方式如表14-1所示。表14-2以人力资源助理岗位为例说明了PAKS的各项内容。

表14-1 **胜任能力的测试方式**

胜任能力分类	一般胜任能力		特殊胜任能力	
	性格	能力	知识	操作技能
主要测试方式	1.自我观察、体验 2.测评工具	1.测评工具 2.工作背景及经验 3.来自他人的评价	考试	1.上机测试 2.绩效表现 3.实际操作

资料来源 廖勇凯. 从普通到优秀：人才提升的7大策略［M］. 北京：人民邮电出版社，2006.

表14-2 **人力资源助理PAKS举例**

岗位名称 / PAKS	人力资源助理
性格	敬业、热情、踏实、正直
能力	沟通能力、写作能力、英语表达能力
知识	薪酬管理知识、劳动法规知识、计算机网络知识
操作技能	办公软件、写作技巧、统计软件

① 廖勇凯. 从普通到优秀：人才提升的7大策略［M］. 北京：人民邮电出版社，2006：124.

由于基层管理者的工作大多是程序化的决策，因此以上简单的模型比较适用。通过胜任能力分析模型，基层管理者可以了解自己的能力构成，通过与更高级别岗位的能力要求或者与同级所具备的能力特征进行比较，能更准确地发现自身的优势与劣势，并在此基础上制定相应的职业生涯规划。

2.组织职业发展管理“九格图”

上述的胜任能力分析模型是基层管理者个体进行职业生涯规划与设计的重要工具。在组织层面对基层管理者进行职业发展规划时，可以采用“九格图”，如图14-2所示。“九格图”是基于组织绩效评估的结果形成的。一般来说，组织管理者需要在每次绩效评估后反思内部员工职业发展的问题。

潜能			
高	业绩不佳 未表现出应有的绩效，需要给予支持和关注	中坚力量 计划提拔，并给予特殊指导	超级明星 培训，建立多条职业发展通道，使其成为公司中高层管理者的储备人才
中	密切关注 某些方面未达到工作要求，需要推动其努力达标	表现适中 考虑其发展，推动其提高绩效	中层管理者后备者 有能力在同级承担更广泛的工作，制订未来成为中层管理者的发展计划
低	失败者 被迫换岗或淘汰出局	需要努力者 努力推动其提高绩效	需要开发者 绩效较高，通过培训使其掌握新的技能
	不足者	达标者	优秀者　绩效

图14-2　组织职业发展管理“九格图”

资料来源　王璞. 新编人力资源管理咨询实务［M］. 北京：中信出版社，2005.

（1）绩效维度。“九格图”的第一个维度是基层管理者的业绩表现：优秀者、达标者和不足者。优秀者，意味着该员工能够持续性地超越工作任务的要求，能够建立并不断优化周边的人际关系。达标者，意味着该员工能够持续性地达到工作任务的要求，并且能够妥善处理周边的人际关系。不足者，意味着该员工不能满足工作任务的要求，而且未能妥善处理周边的人际关系，甚至产生员工冲突等。

（2）潜能维度。由于基层管理者是未来中高层管理者的重要来源，因此对他们的潜能进行评估显得尤为重要，这也是实现成功的员工职业发展整体管理的决定因素之一。评估员工的潜能需要进行认真的分析和调研，组织可以借鉴胜任能力PAKS分析模型所得的结果，还要对员工实现最终目标的过程进行长期的关注。

一般来说，员工的潜能也有三个层次：高、中、低。员工潜能高，意味着其可以转换到一个更高层次的工作岗位。具备高潜能的员工，通常具有高水平的工作技能，具备从事更高级别工作所需要的执行能力和管理能力，其本身也具备承担更大责任的愿望。针对这类基层管理者，企业应为其制定全方位的职业生涯规划，通过适当的引导使其目标与企业的目标相契合，从而为培养未来的中高层优秀管理人才做好准备。对于潜能中等和潜能低的员工，则宜采取适合其自身能力的短期职业发展推动计划。

14.2.2 基层管理者职业生涯目标的设定

在个人评估与组织评估的基础上，基层管理者与组织可以协作制定职业生涯目标。这主要包括：

1. 制定长期目标

在制定职业生涯长期目标时应考虑以下几个问题：（1）长期目标期限不可太长，也不可过短，一般以10年左右为宜；（2）确定长期目标，要结合基层管理者的事业与职业需要，还要结合工作环境的需求。

2. 制定短期目标

在确定长期目标的基础上，使长期目标具体化、现实化、可操作化，从而得出短期目标。在制定短期目标时，要考虑以下几个问题：（1）短期目标必须清楚、明确、现实；（2）每个短期目标应设有次级目标和具体的能力目标。

以人力资源助理为例，其职业生涯目标的具体内容可概括为表14-3中的内容。

表14-3 **人力资源助理职业生涯目标**

目标内容		目标描述
长期目标		担任人力资源部经理，使本企业人力资源的开发与管理成为本行业中的标杆
短期目标	（1）工作能力目标	自学有关人力资源开发与管理的知识 参加合适的培训教育 达到对人力资源开发与管理工作驾驭自如的程度，并具备创新能力
	（2）经济收入目标	年收入不低于10万元
	（3）工作内容目标	希望广泛参与人力资源管理等方面的工作 与上层管理者有更多的互动 关注工作群体和人际关系

14.2.3 基层管理者的职业发展路径

1. 传统的职业发展路径

传统的职业发展路径是一种基于组织内基层管理者的实际发展道路而制定出的发展模式。这种模式基于基层管理者的现实能力以及愿望，进行一定的纵向晋升或横向调动的单向职业发展。

2. 基于职业梯的多元化的职业发展通道

职业梯是决定组织内部人员晋升的不同条件、方式和程序的政策组合。职业梯可以显示出晋升机会的多少，如何去争取，从而为那些渴望获得内部晋升的员工指明努力方向，提供平等竞争的机制。

这是一种针对不同的基层管理者建立多种职业发展通道的方法，基层管理者可以根据自身条件和实现价值的愿望来决定纵向或横向发展。这种职业通道很好地解决了管理职务有限与员工职业发展的矛盾，同时综合了组织的需要、员工个人的实际情况及职业兴趣等因素，让员工在不同的通道之间有转换的机会。

图14-3给出了某公司为基层管理者设计的职业发展路径。通过这种路径，管理者在初级管理水平上平均停留4年——2年半时间担任办公室助理，1年半时间担任一个地方性分公司办公室的管理者。到第14年，管理者一般能达到第四级水平。

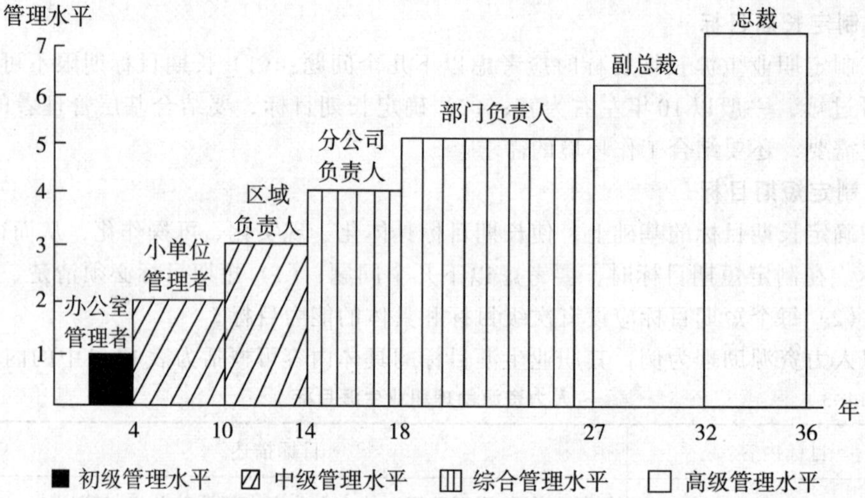

图14-3 某公司为基层管理者设计的职业发展路径

资料来源 伊万切维奇，赵曙明. 人力资源管理［M］. 9版. 北京：机械工业出版社，2005.

14.2.4 基层管理者的职业生涯管理策略

1.职位信息系统

组织必须具备完善的职位信息系统，只有做好职位信息的管理工作，才能有效地进行职业生涯管理。20世纪80年代末，3M公司的员工民意测验显示，员工要求有更多的有关个人职业生涯的信息。于是，3M公司根据民意调查结果试行职位信息系统。员工们非常积极，人力资源部、一线部门及员工组成了专题工作小组，进行为期数月的规划工作。

该系统的组成部分包括岗位通告系统和反馈系统。岗位通告系统包括岗位具体说明以及岗位需求信息，都通过电子方式发布，另外还开通一条电话热线，专门解答人们对岗位通告系统提出的疑问。反馈系统是一个重要组成部分，用人部门的经理会对所有候选人做出回应，未进入面试者也至少会收到一封通知函。

职位信息系统可以使基层管理者了解不同岗位对各种技能和能力的具体要求，同时，作为职业发展规划与管理的基础，该系统还有助于基层管理者确定切合实际的职业发展目标。

2.职业生涯咨询

组织可以提供专业的个人职业生涯咨询服务。基层管理者可以从主管、顾问或人力资源经理处征求关于个人职业生涯发展的意见。通过咨询，组织可以帮助基层管理者制订一份深造计划，帮助他们在求职失败后重新考虑个人前途问题，继续求职或重新确定个人发展方向。

3.工作岗位培训

工作岗位培训又称职场内培训，主要有以下几种形式：

（1）内部导师制。内部导师可以是人力资源主管人员或者基层管理者的直接主管，他们可以向基层管理者传授经验和知识技能。基层管理者通过与内部导师商谈来解决个人职业生涯发展中的各种问题。

（2）公开研讨班。举办基层管理者公开研讨班，可以为其提供个人职业生涯指导。在研讨班中，各基层管理者可以相互交流平级调动的好处，以及内部岗位的求职技巧，如如何写简历、如何面试等。

（3）人才储备计划。组织要发展，首要条件就是储备人才。基层管理者是企业未来中高层管理人员的主要来源，组织可以选择绩效较优的基层管理者进行人才储备并建立企业接班梯队。人才储备计划，一方面可以为企业以后的发展奠定基础，另一方面可以为基层管理者提供更高的目标和更多可利用的资源，还可以帮助基层管理者设定职业发展路径，获得更好的职业发展机会。在具体做法上，如下举措值得借鉴：

①设置副职。在某些必要或关键的岗位设置副职，从基层管理者中选择表现较优的员工担任副职，让他们跟随担任正职者学习。这种方式可以使基层管理者有机会了解并适应上层岗位的工作要求，从而为其制定个人职业生涯规划提供一定的帮助。

②设置储备干部职位。许多跨国公司多用此种方法储备人才。例如，麦当劳和肯德基等大型餐饮连锁店设置了储备店长或干部的岗位。这些基层管理干部经过一段时间的工作历练与培养之后，经考核合格，就有机会成为正式管理职位的接班者。通过这样的方法，这些企业培养了大批的中层管理干部。

4.不懈的监督、评估与修正

不懈的监督、评估与修正是指对组织职业生涯管理全过程进行全面评价、多角度评价，并将评价结果反馈给基层管理者，以促进其改正缺点，更好地实现职业发展目标。具体的工作方式有多种：

（1）定期对基层管理者进行绩效评估和职业生涯发展评审。

（2）通过手册、幻灯片和视频等形式，宣传职业生涯发展项目，持续进行需求分析，介绍成功经验与事迹。

（3）认真追踪职业生涯规划的效果，重视反馈与参与，通过有效措施将反馈信息与未来发展紧密相连。

（4）建立有上层管理人员参与的评价制度。

14.3 经理人的职业生涯管理

14.3.1 经理人的素质要求

企业界关于经理人应具备哪些素质存在诸多观点。例如，通用电气认为“4E+P”是经理人必须具备的基本要素。其中，“4E”即积极向上的活力（energy）、激励（energize）别人的能力、处理是非问题的决断力（edge）、落实工作任务的执行力（execute）；而“4E”是由激情（passion）联系起来的。摩托罗拉将“4E+E”作为选择经理人的条件。其中，“4E”包括眼力（emission）、执行力（executive）、激励力（energize）、决断力（edge）和职业道德（ethic）。

理论界同样有一系列对合格经理人的评价标准：

1.精湛的业务能力

毫无疑问，一名职业经理人应该具备精湛的业务能力来管理现代企业这个高度复杂的组织。精湛的业务能力既是经理人判断市场、合理规划、正确决策的基础，又是其吸引下属、凝聚团队、赢得尊重的核心力量。这种能力是个人素质结构、知识结构和专业结构的综合体现，其中以规划能力、决策能力、用人能力、协调能力、创新能力、应变能力最为重要。

2.优秀的个性品质

美国心理学家通过长期研究认为：个性与成就的关系大于智力与成就的关系，智商相同的人，有的成绩卓著，有的一事无成，其最主要的原因就在于个性差异。一名经理人需要具备以下几项基本的个性品质：

（1）正义感。缺乏公平态度和正义理念的经理人，无论能力多么强也无法得到下属真心的尊敬，领导能力也会大打折扣。经理人的正义感在塑造企业文化的公平方面起到关键作用。

（2）果断坚定。经理人在做决定时应该果断，因为任何方案都不可能是完美的，经理人在衡量了全部因素、选定了最合适的方案之后就要下定决心，彻底贯彻执行。

（3）责任感。经理人应该对下属所犯错误或缺点有所承担，下属所负的责任也是经理人责任的一部分，经理人虽然无法事必躬亲，但是要承担自己的领导责任，设法在正常情形下为下属提供完成工作的条件，下属犯错误时要努力帮助下属弥补工作损失。

（4）沟通能力。经理人应该经常与下属进行沟通，并从自己的职位出发给予下属适当的协助；同时，应该细心发掘下属的潜能，了解他们的真正意图、愿望、价值与目标。

（5）合作精神。经理人要善于通过他人的力量来完成工作。经理人的工作表现要通过下属的合作来实现，因此经理人必须具备合作精神。

3.积极进取的精神

经理人作为企业的统领和中坚力量，在领导企业的过程中，必然会遇到各种困难和阻力，经理人的个人心态将直接影响企业的整体士气。如果经理人积极进取，有强烈的成功欲望，那么他所带领的团队也必然充满生机和活力。所以，对经理人来说，保持旺盛的进取精神、用自己的积极情绪去感染团队相当重要。

总之，社会的发展对经理人的要求越来越高，经理人应该在职业生涯中随时充实自己，发展职业技能，实现自己的职业生涯目标。

14.3.2 经理人的职业生涯规划

职业生涯规划是个人根据对自身的主观因素和客观环境的分析，确立自己的职业生涯发展目标，选择能够实现这一目标的职业，以及制订相应的工作、培训和教育计划，并按照一定的时间安排，采取必要的行动实施职业生涯目标的过程。经理人的职业生涯规划一般包括以下四个方面：

1.职业考察

职业考察是指收集并分析有关职业生涯问题的信息，主要包括自我测评和环境考察两个方面。职业考察的目的在于帮助人们提高自我认知和环境认知的能力，从而制定适合自己的职业目标与职业发展策略。

（1）自我测评。自我测评就是对自己进行全面的分析从而为自己定位。分析的内容包括自己的兴趣、爱好、特长、性格、学识、技能、智商、情商，以及协调、组织、管理、活动能力等。在职业规划过程中，自我测评能够带来许多积极的影响。对经理人而言，自我测评可以促使他们检查过去做出的职业选择，以及这些选择的效果，并据此引导以后的职业选择。他们可能会做出职业变动的决定或者尝试新的工作任务，挑战更为艰巨的工作。

（2）环境考察。在有效的职业生涯管理中，自我测评是一个必不可少的因素。然而，在现实生活中，大部分经理人已经对自己有了较为准确的分析和定位，因此环境考察更为重要。职业生涯深深根植于各种职业、工作和组织中，要想使自身价值得到体现，使自己的才能有用武之地，让自己的兴趣被激发起来，就要认真、深入地分析环境的特征和发展趋势，科学地规划自己的职业。此外，近年来社会的快速变迁、科技的高速发展、市场竞争的加剧以及组织结构的急剧变化都对经理人的职业发展产生了很大的影响。

尽管环境包括许多方面，但就职业生涯规划而言，影响最大的环境因素一般有四个：职业、工作、组织和家庭。在职业生涯目标的具体决策中，哪一类因素影响最大会因人而异。例如，一个即将毕业的大学生最希望了解的可能是不同的组织有哪些不同的进入门槛。而对经理人而言，影响最大的可能是工作生活的平衡情况或者追求更大成就的机会。表14-4概括了环境考察过程中上述四个因素的具体维度。

表14-4　　主要环境因素的考察维度

职业	工作
任务内容	任务内容的丰富性
对才能或培训的要求	任务的重要性
经济回报	必需的才能与培训
安全性	经济回报
社会关系	安全性
工作场所的物质条件	社会关系
生活方式问题：工作时间和工作压力	独立自主的程度
	与其他工作的关系
组织	**家庭**
行业前景	本人和配偶在职业生涯中所处的阶段
财务状况	配偶的情感需求
经营战略	子女的需求
职业生涯道路的灵活性	其他家庭成员的情感需求
职业生涯管理的做法与政策	家庭的财务需求
组织规模和结构	家庭期望的生活方式
薪酬制度	家庭的发展阶段

资料来源　格林豪斯，等．职业生涯管理［M］．王伟，译．北京：清华大学出版社，2006：47．

2.确定职业生涯目标

职业发展必须有明确的方向与目标。目标的选择是职业发展的关键，因为坚定的目标可以成为追求成功的驱动力。哈佛大学有一项非常著名的关于目标对人生影响的跟踪调查，对象是一群智力、学历、所处环境等条件都差不多的年轻人，调查结果如图14-4所示。

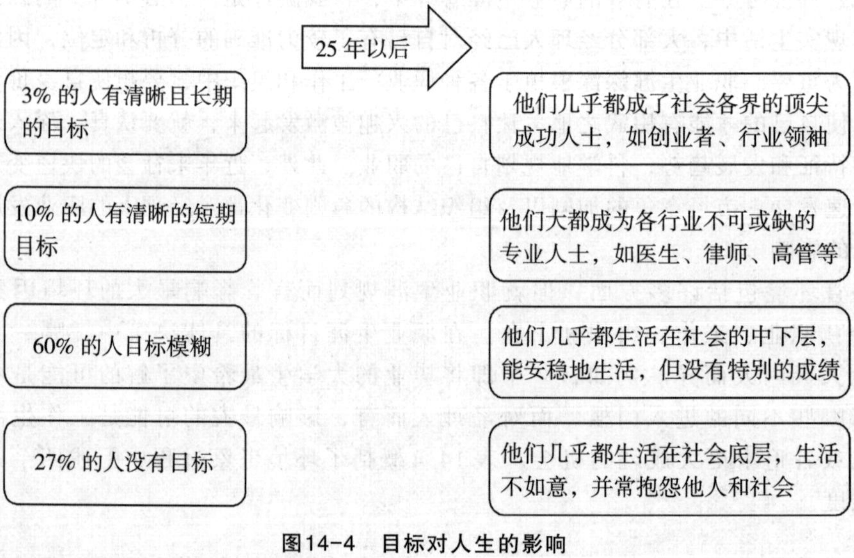

图14-4　目标对人生的影响

资料来源　赵永乐．职业生涯管理［M］．上海：上海交通大学出版社，2006：237-271．

职业生涯目标一般包括短期目标和长期目标。尽管短期和长期完全因人而定，但是一般都认为5~10年为长期，1~3年属短期。长期职业生涯目标的实现有一个过程，需要将大的、长远的目标分解为小的、短期的目标，在实现短期目标的基础上，逐步接近长期目标。至于目标设置是否合理，可以从8个方面进行评价：

（1）行为的明确性——要明确描述出员工与主管在每一工作职责中所要执行的行动方案；

（2）目标的可测量性——目标应该是可以衡量的，要有定量数据，如数量、质量、时间等；

（3）可实现性——必须是经过员工的努力可以实现的；

（4）相关性——目标要与公司目标、部门目标相联系；

（5）时限性——在特定的时间段内完成；

（6）重点集中性——目标一般设置为3~5条；

（7）授权激励性——考虑到组织制度的限制；

（8）重要等级性——设置目标时，要根据重要性给不同的任务设置权重。

例如，一位人力资源助理可能会设置这样的目标。短期目标：承担更多的人力资源工作；广泛涉及人力资源开发的各个方面；与直线管理层加强互动；2~3年内成为人力资源经理。长期目标：参与人力资源规划；参与公司长期规划；参与制定并执行公司的政策；6~8年内成为公司的人力资源总监。

3.制定职业生涯发展策略

研究表明，由于传统的职位阶梯和提拔途径逐渐被淘汰，员工在组织间的流动性大大增强，因此职业生涯受组织间流动性影响的程度也越来越深。具体来说，个人必须确定职业生涯目标，实施职业生涯策略，使自己得到更多的机会，以取得职业生涯的成功。职业生涯策略就是为了帮助人们实现职业生涯目标而设计的各种行动。对于经理人而言，主要有以下几类策略可供选择：

（1）延时工作策略。延时工作策略，即在自己的工作中投入大量的时间和精力。这有很多潜在的好处：首先，增加工作时间有助于提高本职工作的绩效；其次，延时工作还能让组织了解你的工作态度。在现实生活中，通过较长时间的延时工作而获得职业成功的实例并不少见。值得注意的是，延时工作策略并不总是必要或有用的。在一些组织中，一些员工在晚上和周末加班主要是因为组织期望，而并非真有那么多工作必须完成。此外，延时工作会大量减少一个人花在家庭或个人活动上的时间，有损工作和生活的平衡。

（2）机会拓展策略。经理人可以在工作的同时，通过一些活动或努力，与他人沟通自己的兴趣和志向，获得了解和尝试与自身志向相符的工作的机会。这些活动不仅有助于增加经理人的职业生涯选择机会，也便于经理人更好地选择和实现自身的职业生涯目标。例如，某些企业建立的“临时提升”机制，即由“副职”在一段时间内临时代理正职行使其职权，就是经理人实施机会拓展策略的重要渠道。在代理期内，代理人可以通过制定决策、履行职责来锻炼自己，提升能力。值得注意的是，随着社会的发展，个人应该既在组织内部劳动力市场又在外部劳动力市场开拓自己的生涯发展机会。对经理人而言，尤其应该注意在外部劳动力市场挖掘机会。

（3）形象塑造策略。形象塑造策略，即通过交流，使别人了解自己的能力和成功的潜力，特别是接受并完成任务的能力，以便在组织内外树立起自己的声誉。这一策略是用来传递成功和胜任的姿态的。对于经理人而言，塑造良好的形象和声誉具有关键性意义，因为一般人都认为，一个人过去的经历和成就在很大程度上预示着他未来的绩效和成功。因此，当经理人致力于建立强有力的个人工作声望时，也就加大了自己得到晋升和重用的可能性。经理人可以通过完成某些工作任务，例如发现并改变某种不利的工作环境，或者展示自己在某一特殊任务上的领导能力等，为自己树立起良好的形象。

（4）能力开发策略。能力开发策略，即通过教育、培训或者实践工作来获得或提高与工作相关的能力。例如，经理人可以通过加入某种为其成员提供后续教育的职业协会来开发一系列技能，或者到大学听课、参加组织的培训班等。参加能力开发活动和坚持终身学习的做法都能确保个人的工作能力和知识技能满足现有职位的要求，同时也为未来的职业发展提供保障。

在选择和制定自己的职业生涯策略时，经理人应该注意以下两点：

首先，不存在在任何情况下都适用的职业生涯策略，每项策略的有效性要根据职业生涯的目标来判断。例如，致力于成为市场总监的人和努力想成为部门主管的人，两者的策略就有很大不同。

其次，不应该局限于某一单独的策略，而应该采取一系列的策略组合。例如，有的经理人将机会拓展策略和能力开发策略结合起来用在自己的职业生涯上，就很可能取得更大的成功。

4.反馈与修正

职业生涯规划的最后一步就是反馈与修正，即在实现职业生涯目标的过程中，根据实际情况自觉地总结经验和教训，修正对自我的认知和对最终职业目标的定位。员工只有在工作实践中才能更清楚、更透彻地进行自我认知和定位。①

为了更好地完成对经理人职业生涯的反馈与修正，组织应该开展以职业生涯为导向的工作绩效评估。也就是说，组织不应仅局限于评价员工过去的工作绩效，还应该通过科学全面的职业生涯规划，将他们过去的工作绩效、职业偏好与他们的发展需要有机地联系起来。

例如，杰西潘尼公司的管理评价表就要求填写“晋升可能性建议”，以便说明“相关的能力开发计划设想”。具体操作方法是，在每年一度的工作绩效评估开始之前，相关人员及其上级管理人员都要审查公司的管理职业表。表中列出了杰西潘尼公司的所有主管职位（经营工作、销售工作、人事工作和综合管理工作）的名称。此外，公司还提供了一份“工作描述清单”。这张清单包含对职业表中的所有工作的简短描述。管理职业表还确定了典型的提升路线，“在为一位相关的管理人员安排晋升计划时，不仅考虑销售职位，还考虑经营职位、人事职位以及综合管理职位”。因此，员工的晋升计划可以跨越4种职能工作群，也可以晋升1~2个工作等

① 张再生. 职业生涯开发与管理［M］. 天津：南开大学出版社，2003：166.

级。例如，资深的销售专员既可能晋升到助理采购管理员职位，也可能晋升到综合管理员职位。

知识拓展：员工培训与职业生涯开发

本章小结

本章主要基于现有的职业生涯管理的研究成果，对基层管理者、经理人两个群体的职业生涯管理进行了简要的介绍。对于基层管理者，本章重点介绍了自我胜任能力分析模型以及组织评价理论，提出了基层管理者阶梯式的职业生涯路径和管理策略；对于经理人，本章阐述了其素质要求和职业生涯规划管理内容，以及职业生涯策略。

复习思考题

1.试说明管理人员的职业生涯管理对于企业发展的意义。

2.什么是基层管理者的“PAKS自我胜任能力分析模型”？

3.试说明组织职业发展管理“九格图”。

案例分析题

联想和华为的轮岗制

联想：经验拓展

联想认为，个人为自己的职业生涯负责，公司为个人的发展提供机会。公司将为高绩效、高潜力人员提供制订个人发展计划的机会，同时也为将计划的内容运用到具体工作岗位提供机会。

联想始终认为绝大多数学习和发展都发生在工作中，最好的发展方式是基于经验或实践的发展。基于经验的培养方式有很多种，例如轮岗、项目锻炼、安排新的任务等，通过这些方式使每个人不断学习和提高。

根据不同的目的，轮岗包括两类：晋升性轮岗和经验拓展性轮岗。联想主要使用的是经验拓展性轮岗。在联想晋升不仅基于潜力，还必须考虑经验。这样做能够保证管理者用最短的时间适应新的岗位，缩短胜任的时间。最稳妥的做法是，被晋升的人已经具有相关工作经验。因此，轮岗是员工跨职能、BU晋升的前提和有效的发展方法。

联想轮岗的基本原则：上轮下不轮。如果上级轮岗，则下级不能轮岗，反之亦然。相隔时间至少半年。

轮岗人员需要满足下列条件之一：高绩效员工、高潜力员工、被列为后备培养对象。

轮岗人员的职责定位于新岗位，原岗位职责不再保留，目的在于使其承担责任，保证轮岗效果的达成。

轮岗之前需要为轮岗人员设定更高的、清晰的和可衡量的绩效标准或要求，至少要传递这样的信息给轮岗人员。

华为：轮值CEO

轮值CEO是起源于华为公司的一种特殊企业文化。在华为公司，CEO由8名高管轮值出任，任职期为2个月。

CEO作为企业最高行政首长，以高层管理团队轮流坐庄的方式产生，对企业战略策划和制度建设短期负责；而企业的日常经营管理工作，由高层管理团队的成员分头负责。显然，这是一种独特的制度设计，其最大的特征就是最高行政首长并非生产经营决策者，而是战略策划和制度建设的主持者，而且只是短期负责。他们更多的是着眼公司的战略，着眼制度建设，将日常经营决策的权力进一步下放，以推动扩张的合理进行。

轮值制度，平衡了公司各方面的矛盾，使华为得以均衡成长。轮值的好处是，每个轮值者，在一段时间里担负了公司CEO的职责，不仅要处理日常事务，而且要为高层会议起草文件，这大大地锻炼了他们。同时，他也将他管辖的部门带入了全局利益的平衡，公司的"山头"无意中在这几年的轮值中被削平了。

关于轮岗，各家公司都有各自的考虑和实施手段，任正非自己说："华为实在是找不到什么好的办法。CEO轮值制度是不是好的办法，它是需要时间来检验的。"

资料来源　熊童子. 说说联想、阿里、京东、华为的轮岗制［EB/OL］.［2021-07-08］. https：//www.huxiu.com/article/215119.html.

讨论：

1.结合案例内容，谈谈企业对管理者实施职业生涯管理的好处。

2.案例中的轮岗方式对管理者的职业生涯规划有什么帮助？

第14章案例分析提示

职业测试

领导力测试

请回答问题：

1.在以下三种职业中，你最喜欢哪一种？

A.做某个组织的发言人

B.做某个团体的领导人

C.做一支军队的指挥官

2.你认为授权下级有何好处?

A.有利于提高员工个人能力

B.可以让上级领导集中精力于高层管理

C.减轻上级领导的工作负担

3.当你准备做出一项与下属员工的工作密切相关的决定时，是否征求他们的意见?

A.是的，我一贯重视员工的意见

B.不，我认为管理者有权做决定

C.不一定，这要取决于我是否有时间

4.你授权给下级时，给他们多大权限?

A.希望他们先斩后奏

B.每次做重要决定时，都征求你的意见

C.自行决定是否要征求你的意见

5.你希望下属参与制订工作计划吗?

A.不，因为他们会劝我降低标准

B.是的，因为这样才能使他们发挥积极性，真正全心全力完成工作

C.有时候，但重大项目除外

6.如果某位部下在完成一项艰巨任务过程中表现出色，你会:

A.立即表示祝贺

B.不加评论，避免他趁机要求加薪

C.遇到他时顺便表扬几句

7.如果某位一向表现很佳的员工业绩突然下降，你会:

A.忙找他促膝谈心，找出问题所在

B.态度强硬地逼他改正

C.让人事部门去调查原因

8.如果你将向全体部下宣布一项重要的新措施，你会:

A.发一份简报，将新措施刊载在其中

B.安排一名助手去向大家解释

C.召开一次专门会议，向每位下属详细解释新措施

9.如果某位部下因未获提升而情绪低落，你会:

A.告诉他那个职位本来就不适合他

B.教他改进的方法，以便在下次有机会提升时脱颖而出

C.劝他别伤心，告诉他谁都会遇到挫折

10.如果你对某位下属提出的过激方案不感兴趣，你会:

A.指出这个方案的缺陷，同时鼓励他重新考虑新方案

B.告诉他这个方案不合时宜，成本太高，不能实施

C.表示你会认真考虑他的意见，随后将方案丢进档案柜不再理会

领导力测试结果

第15章 技术人员的职业生涯管理

学习目标

✓重点掌握技术人员的特征与需求；
✓了解影响技术人员职业生涯规划的个人、组织和宏观环境三方面的因素；
✓掌握技术人员职业生涯规划的各项内容；
✓掌握技术人员实施职业生涯规划的方法；
✓了解技术人员职业生涯实施中的相关注意事项。

引例

张雅的两难问题

张雅是刚加入某公司不久的一名职员，她所学的专业是会计，岗位一直是财务会计。在工作中，她积极上进，参加了公司提供的培训，不断提升自己的能力，与其他员工相处也很融洽。公司为员工提供了很多晋升的机会，也鼓励员工制定自己的职业生涯规划，并为员工提供个人咨询等各种配套的服务。张雅也将自己的职业生涯规划定为专业管理道路，最终实现“财务总监”的目标。可是，由于结婚已一年了，公公婆婆都希望她能为家里添丁，而丈夫也希望她多花点时间在家庭上，这样能更好地忙自己的事业。最近公司又提供了新的培训机会，而且与公司的行政主管或财务部主管的职务直接挂钩，她很想参加，可是来自家庭的压力让她很困惑，不知道该怎么办。

你认为，专业技术人员应当走什么职业发展道路？如果你是张雅，你如何考虑事业与家庭的关系问题？

15.1 技术人员职业概述

组织中的专业技术人员是指从事专业技术岗位工作的人员以及从事专业技术管理工作且已经聘任过专业技术职务的人员，大体上可以分为工程技术人员、科学研究人员、卫生技术人员、船舶技术人员、会计人员、档案人员等二十余种。他们在个性特征、心理需求、价值观念、工作方式等诸多方面有着自身的特殊性，与经理人员、一般管理人员等类别的员工在职业生涯发展与管理上存在较大差异。专业技术人员范围广、差异大，本章将重点阐述技术人员的职业生涯发展与管理。

15.1.1 技术人员的一般特征

彼得·德鲁克说：“知识型员工不能被有效地管理，除非他们比组织内的其他员工甚至管理者更清楚自己的特殊性，否则他们很难发挥有效作用。”技术人员一般掌握着某个专业领域的知识，属于知识型员工，因而具有其自身的特征，归纳起来，可以概括为以下几个方面：

1.具有较高的文化程度

技术人员一般都受过良好的教育，经历过系统的学习，在某一领域中有其专长，且能独立思考问题。即便是那些没有经历过高等教育的技术人员，也有专业性培训的经历，因此他们能独立思考，专业思维活跃。随着教育的不断发展，越来越多的大学生加入到技术人员的行列，技术人员的平均学历大幅度提升，而且这些大学生逐渐成为技术人员中的核心力量，从而形成一个拥有较高文化程度的群体。

2.具有高度的工作相关性

技术人员是企业技术的应用者与实施者，他们对一般员工进行技术指导并且对相关技术进行改进。与其他人员相比，技术人员更加熟悉相关的业务，拥有更加直接和丰富的实践经验，从而使得企业能够正常运转。技术人员的这种高度重要性，让他们成为企业不可或缺的组成部分，因而技术人员的流失将会使企业的运行受到重创。

3.具有较强的流动倾向

科学技术和信息是当今社会发展的关键因素，其稀缺性和重要性为技术人员的流动提供了宏观的社会环境。同时，随着经济全球化和信息技术的发展，国与国之间的时空距离不断缩小，地球村的概念逐渐被人们接受，这为技术人员的流动提供了可能性。另外，技术人员掌握一定的技术，是重要的人力资本，受到企业的青睐。考虑到自我价值的实现和发展前景，当技术人员服务的企业不能与其个人职业生涯规划相吻合时，离职就成为他们的必然选择。

4.具有较高的个人素质和创造能力

技术人员一般都受过良好的专业教育或培训，因而掌握较高的专业技术和技能，他们希望拥有一个自主的工作环境，在工作中自我引导而不愿受制于人。在从事知识、技术、智力含量高的复杂脑力劳动过程中，他们运用自身的学习和创新能力，凭借自身的知识和智慧，充分利用现代科学技术提高工作的效率，不断地推动技术进步和业务更新。

5.工作过程具有内隐性

技术人员从事复杂的脑力劳动，在很大程度上依赖于自身的智力投入，因而工作常常是连续进行的，很多人实际投入工作的时间可能比正常上班时间多，这就加大了对技术人员工作过程的监督与控制的难度。与此同时，其工作成果也往往需要很长一段时间才能显示出来，其产品是以某种思想或技术发明或管理创新的无形形式出现的，从而增加了衡量工作成果的难度。

15.1.2 技术人员的需求特征

相比普通员工，技术人员更加看重的是能够促进他们发展、有挑战性的工作，不断地追求能力的提高和事业的进步。他们在工作中希望获得自主权，以自己有效的方式进行工作并顺利完成企业交给他们的任务。他们不那么看重金钱的边际价值，成长、自主和成就在他们心中占据更重的分量，因此在需求上也表现出其自身的特征。

1.追求事业成功的需求

技术人员的事业成功是实现技术理想、得到同行肯定、拥有良好声誉等方面的综合体，只有这些方面得到切实实现才符合他们对事业的追求。也正是因为如此，技术人员在工作中更加关注企业的职业发展和培训机会，表现出强烈的自我学习、自我充电的倾向，关注企业的职业发展通道。

2.增长专业知识和能力的需求

技术人员的这一需求主要是指他们对专业知识的学习与应用需求以及对能力的发展与运用需求。技术人员的价值取决于其掌握的知识资本的稀缺性及知识资本存量的多少，因此专业技术人员具有强烈的学习意愿。与短期利益相比，专业知识和与工作相关的经验的增长更能吸引他们。只有真正掌握一定的专业知识和能力，他们才能有更多的成长机会，获得更大的上升空间，最终实现自身的价值。

3.获得内部认可的需求

获得内部认可的需求包括组织承认、领导认同、参与环境的期望等，具体表现在同事与领导的承认和肯定、合理化建议接受程度等多方面。根据马斯洛的需求层次理论，技术人员更看重的是尊重和自我实现的需求。在工作中他们愿意发现问题、寻找问题，渴望看到工作的成果，也因此格外注重他人、组织及社会对自己的评价，并强烈希望得到社会的认可与尊重。

4.对工作环境和氛围的需求

这一需求主要体现在以下两个方面：一是对公平、公正和公开的制度环境的需求；二是合作需求，如研发人员对研发小组内外合作氛围以及软性环境支持的需求。企业给员工提供一个公平、公正和公开的环境能使员工更忠诚、更高效，而员工则会爱惜自己的工作环境、珍惜工作机会，不遗余力、更富创造性地完成工作并为企业创造更多财富。

15.2 技术人员的职业生涯规划

15.2.1 技术人员职业生涯规划的影响因素

在制定技术人员的职业生涯规划时，应当重点考虑以下因素：

1.员工个人的因素

很多技术人员个人的因素，诸如兴趣、能力、职业生涯发展阶段、职业锚、家庭生活等，都影响其职业生涯规划。兴趣是促使事业成功的重要因素，可以使人集中精力去获得知识、开发智力并创造性地开展工作。能力既对员工个体发展提出强烈需求，又为个体实现发展提供可能，它是员工职业发展的重要基础和影响因素。职业生涯发展各阶段是相互联系的，前一阶段的职业发展情况关系到下一阶段的职业发展，以及对员工的职业成功程度的评判。技术人员的职业发展大多围绕他们所擅长的技术能力进行，或者依托他们特定的职能工作能力，因而具有技术职业锚的员工一般倾向选择能保证自己在既定的技术或职能领域中不断发展的职业。家庭生活质量、生活状况、是否有特殊困难等因素也对一个人的职业生涯规划与发展有一定程度的影响。

2.组织的因素

企业目标和发展战略必须通过全体员工的共同努力才能实现。员工的职业生涯发展机会也主要通过企业目标的实现而获得。因此，企业目标和发展战略是影响技术人员职业生涯规划的重要因素。一般情况下，员工会考虑企业的价值观。员工觉得自己的价值观与企业价值观吻合时，就会留下来，否则就会离开。组织的岗位供给是影响技术人员职业生涯规划的又一重要因素。岗位供给信息对员工制定职业生涯规划具有现实的参考价值，脱离岗位供给分析而制定的职业生涯规划具有很大的盲目性。领导者的管理哲学是企业制定政策、制度的指导思想，是企业管理人员的行动指南。企业领导者对员工职业生涯规划的重视程度直接影响员工的行为。

3.宏观环境的因素

国家政策为员工个人的职业生涯发展提供了很多机会。比如，国际经济文化交流的增加、外资企业的增多，为技术人员的能力提升、职业发展提供了更多的机遇。技术人员的职业生涯规划同样也受到社会环境的制约。社会发展的趋势在很大程度上影响员工的就职要求。

15.2.2 技术人员职业生涯规划的内容

技术人员职业生涯规划的内容大致可以分为以下几方面：

1.确定职业目标

确定职业目标主要包括对技术人员选择职业和确定职业生涯发展战略的指导。职业造就个人的命运，对技术人员来说，他们的职业决定了他们的经济来源和社会地位，是他们生存的物质基础。组织应通过对技术人员和组织岗位的分析，结合他们的个人特征，帮助他们选择适合的工作岗位；通过对生涯道路选择影响因素进行分析，结合组织的特征，帮助技术人员设立多层次、分阶段的职业生涯目标，并且设计合理的职业生涯路线图。同时，组织应根据发展战略和经营方针制订未来的职业需求计划，再利用职业信息系统及时向员工发布信息，鼓励技术人员选择不同的职业发展道路，确保组织在适当的时候，拥有与适当的职位相匹配的适当数量和类型的技术人员，并使他们有效地完成组织的任务。

2.确定成功的标准

个人职业生涯目标的实现是职业生涯成功的表现，但判断职业生涯成功与否的标准不是唯一的，个人、家庭、组织、社会判定的标准都存在一定的差异。因而，在确定成功的标准时还应注意以下两方面：

（1）个人的职业竞争力。在工业经济时代，职位提升速度、级别、薪酬水平等都是职业生涯成功与否的衡量标准。在当今的知识经济时代，非职务变动发展逐渐成为职业生涯发展的重要形式，个体的职业竞争力成为评价职业生涯成功与否的重要标准之一。具体而言，技术人员为了适应组织环境和社会环境的发展和变革，必须不断地提升自己的职业竞争力。在这种情况下，当组织效益好时，技术人员可以继续成为组织的一员；当组织效益不佳时，则可以流动到其他组织寻找新的职位和职业发展机会；即使组织倒闭了，也能够凭借职业竞争力很快找到工作。一般说来，技术人员的职业竞争力表现在两个方面：在组织内部的技术竞争力和在组织外部的市场竞争力。

（2）个人与家庭的关系。职业生涯成功与否，与员工的家庭生活有着非常密切的关系。个人与家庭应当是并行发展的，或者说是相互依存的，个人职业生涯的每个阶段都与家庭因素息息相关，当然其中可以表现为和谐或冲突等形式。每个人在社会生命周期中都扮演着多种社会角色，即便可以改变某一时期的职业，也没有办法改变对家庭应尽的责任。技术人员搞好职业生涯与家庭责任之间的平衡是十分重要的，而这一点对于年轻的技术人员尤其是女性技术人员来说尤为重要。

3.设置合理的职业通道

伴随着经济与社会的发展，技术人员的职业生涯发展通道也发生了很大变化，目前主要有三种模式：

（1）单一的发展道路。对白领阶层的员工而言，大多数人都会选择走技术专家的道路。走这条道路的人要求自身有较强的创新意识和创新能力，对其他因素考虑得少些。在通常情况下，组织对高级技术专家岗位限制较少。

（2）双重职业道路。双重职业道路通常是指在组织中实行“当专家”和“当领导”两种并存发展的道路。这并不是将技术道路和管理道路分割开来，而是承认技术人员的重要性并给予技术人员更多职业生涯发展的空间。双重职业道路是伴随着现代科学进步而出现的，表明技术人员、专家在社会中的作用越来越受到重视。

（3）网状通道。根据技术人员的特征，网状职业通道模式的具体内容如图15-1所示。

此网状模式将技术人员的职业生涯发展纵向通道由原来的一条拓展为四条，并形成横向的链接。这四条通道分别是技术带头人通道、项目/型号管理通道、生产/制造综合管理通道和行政管理通道，在不同的通道中又分成多种不同的岗位层级，且每个层级设置数个晋升阶梯。晋升阶梯是对技术人员进行绩效评价和能力评估后，根据其达到的层次给予晋升或其他形式的激励。同时，技术带头人通道和项目/型号管理通道的阶梯数量比相应同一层级岗位的行政管理通道的阶梯数量少一些，这样可以使技术通道晋升的速度更快，有利于对技术人员的引导。对不同岗位的技术人员，组织应帮助他们明确职业生涯发展方向和目标，使他们有前进的动力。

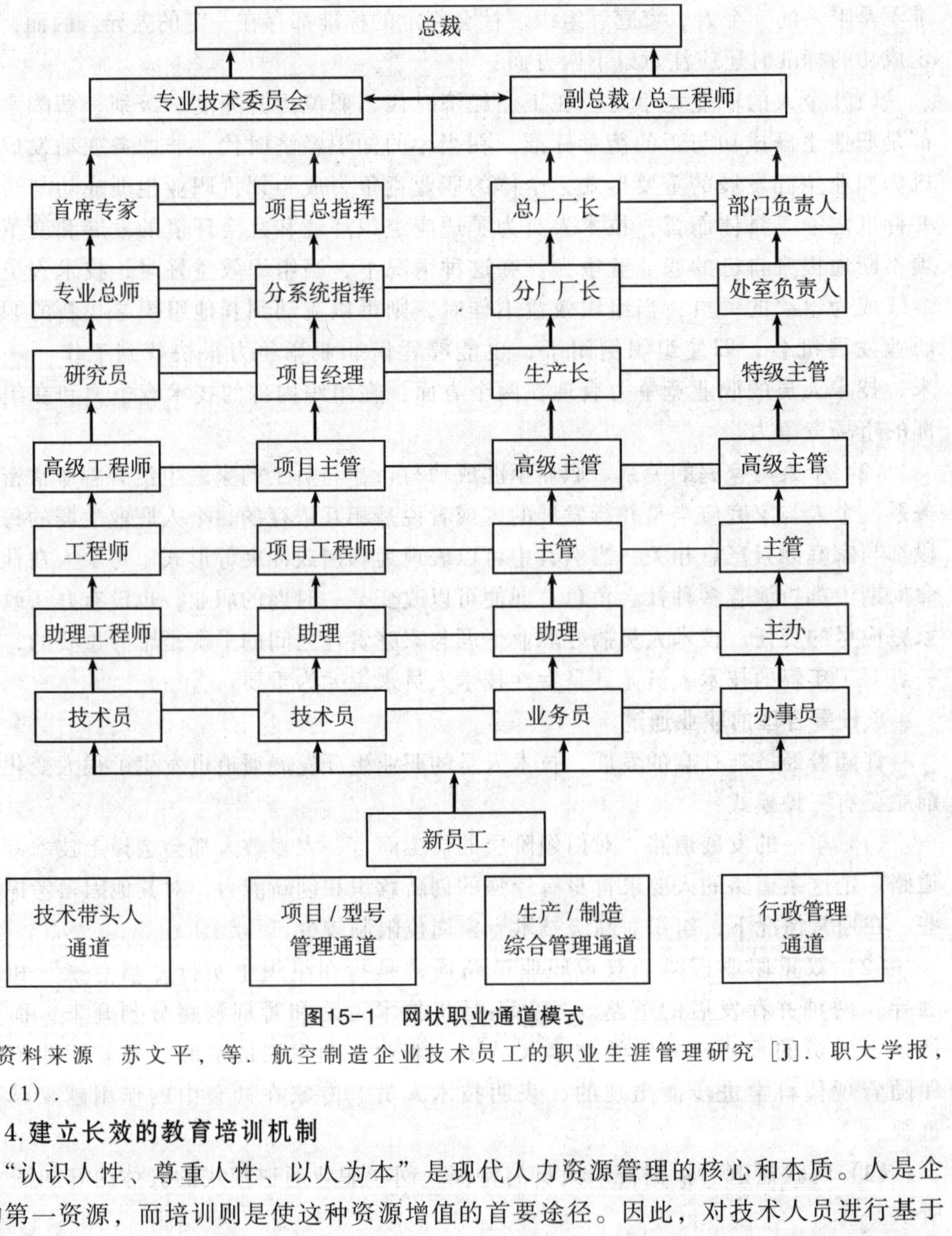

图15-1 网状职业通道模式

资料来源 苏文平，等．航空制造企业技术员工的职业生涯管理研究［J］．职大学报，2009（1）．

4.建立长效的教育培训机制

“认识人性、尊重人性、以人为本”是现代人力资源管理的核心和本质。人是企业的第一资源，而培训则是使这种资源增值的首要途径。因此，对技术人员进行基于职业生涯规划的职业培训是十分必要的，企业要充分利用各项资源，实现培训的效益最大化。

基于技术人员职业生涯规划的培训体系的流程是：

（1）明确培训需求。有效实施培训的首要环节就是培训调查。要通过问卷调查、访谈以及工作观察等方式调查企业的总需求、各岗位需求和技术人员个人需求，再综合考虑这三部分需求制订合适的培训计划和培训项目。在培训过程中不仅要满足企业战略发展的需求，提高企业绩效，更要关注技术人员自身的需求，深入调查他们的实际工作能力，并通过指导、咨询等方式帮助员工更好地了解自己，发现自身的优点与不足，提供更有针对性的培训。企业要在已收集的数据信息基础上进行统计分析，再结合访谈及工作观察的结果，按照紧急和重要程度对培训需求加以归类总结，对企业员工素质现状进行分析，最终形成培训需求报告。

（2）确定培训内容。确定培训内容时要充分考虑岗位的具体要求，以及技术人员自身对发展道路的期望。企业应根据现有的技术人员职业发展序列和级别，开发与之相适应的具有层次性和系统性的培训项目，为不同级别的技术人员开展行之有效的培训活动，保证技术人员能够达到更高的技能水平，使技术人员更好地向下一个阶梯前进。

（3）拟订培训方案。以制定的培训需求报告为基础，结合企业发展战略、目前及预期岗位实际要求以及技术人员个人的职业生涯规划，拟订适合企业的培训方案。培训方案应包括企业的相关知识、相关技能、员工态度三个方面的内容。

（4）实行导师制。导师能够为专业技术人员传授难以从其他渠道获得的工作经验和附加技能，能够帮助技术人员进一步发挥他们的强项并且识别新的事业选择和机会。在实际推行导师制的过程中，企业需要在更大范围内推广技术人员职业生涯管理文化和与之相辅的体系，从而使技术人员持续地保持创新意识与创新能力。

（5）确保培训成果的有效性。培训成果的有效性主要体现在两个方面，即业绩的提高和员工的晋升。业绩的提高是一个显而易见的指标，是员工职业生涯规划的一个重要环节，同时也是激励员工的一种有效方式。因而，对技术人员的培训应当是一个"培训—提升—培训"的过程，不断地激励员工，更好地保证培训的效果，最终实现组织的目标。

15.3 技术人员的职业生涯管理实务

15.3.1 克服技术人员职业生涯发展的认识误区

1.将技术人员与一般的普通员工等同对待

在现实中，很多组织在管理的理念上和思想深处没有将技术人员当成组织的关键人力资源，更没有意识到技术人员在组织职业生涯管理中的重要地位，不清楚技术人员具有的特殊心理和行为规律，对他们内心深处对事业、组织的责任感和工作的动力缺乏深刻的认识与理解，因而，在管理的过程中，没有将技术人员的个人特征与个人需求融入组织的职业生涯管理中。这样，组织的技术人员就得不到有效的激励，积极性得不到充分的发挥。

2.缺乏与员工的双向沟通

技术人员个人的自我管理与组织的发展目标可能存在冲突，从而使组织的最终目标难以实现。因而，组织需要对技术人员个人的自我管理进行有效的引导，让员工的自我管理有内在的动力，更加符合组织的发展。然而，在现实中，很多技术人员并没有进行科学的自我分析与环境分析，只是从职位的级别、工资角度来考虑个人的发展，而组织也没有提供相应的服务，致使一些职位竞聘的人很多，而另一些职位很少有人问津。因而，企业应积极关注组织与员工个人的职业生涯发展，与员工保持沟通，对员工个人的职业生涯进行指导。

3.职业发展通道单一

一些组织的“官本位”思想较为严重，人们往往习惯用行政级别来衡量自己和他人事业的成败。而在现实生活中，没有那么多的高职位满足每个人的这一需求。对于技术人员来说，其职业发展的通道更狭窄，晋升常处于停滞的状态，这严重影响了技术人员工作的积极性。一些组织虽然意识到了这个问题，试图建立双重或者多重职业生涯阶梯，然而在具体的执行过程中，存在很多的不足。

4.不重视培训，对跳槽过分敏感

很多组织只重视业务技能培训，忽略知识、素质、理念培训的时效性，也没有对员工进行如心理、态度等方面的培训。一些组织仍将员工培训看成一项成本开支，而不是一种激励，因而精打细算，期望尽量减少。还有一些组织对员工跳槽过分敏感，担心花了一笔很大的培训费用，最终的结果是员工离职，因而把这种跳槽行为看成员工对组织的背叛，并期望通过扣发工资等手段将人留住，致使组织与员工之间的关系进一步恶化。

15.3.2 技术人员职业发展规划的建设与实施

在技术人员规划个人职业生涯的过程中，组织可以从如下方面帮助和促进他们科学管理自身的职业生涯：

1.自我评估

职业生涯规划的过程是从员工对自己的能力、兴趣、职业发展需要及目标进行评估开始的。员工的自我评估过程，实际上是自我分析和解剖的过程。技术人员在进行自我评估的时候可以使用以下方法：

（1）优缺点平衡表。优缺点平衡表的编制过程很简单。首先，在一张纸的中间画一条竖线，左边标明“优点”，右边标明“缺点”，接下来记录自己意识到的所有优点和缺点。有效编写这张表的关键是一定要诚实。编完后，在以后的行为中，尽量发扬自己的优点，克服自己的缺点。

（2）好恶调查表。其编制的方法与优缺点平衡表是一样的，只需要把“优点”换成“喜好”，“缺点”换成“厌恶”就可以了。需要注意的是，这里要调查的好恶范围只局限于与工作相关的内容。例如，喜欢室内还是户外工作，喜欢安静还是热闹的工作环境，喜欢还是不喜欢出差等，这些好恶都将影响个人的职业选择和职业发展目标。

（3）职业生涯规划研讨会。员工参与该项活动，通过与更多的同事、组织管理人员、专家进行讨论，更好地了解自己的优缺点、价值观、职业目标等相关信息，为个人职业发展提供方向，并掌握为实现这些目标所需的方法与策略。另外，举办退休前研讨会，是为退休员工适应退休后的生活而进行的职业辅导。

（4）职业生涯规划手册。这一方法主要用于帮助没有时间或不愿意参加集体活动的员工，提供旨在帮助员工认识自我、制定目标和实现目标手段的文字性资料，使员工学会做职业生涯规划。

2.职业生涯发展咨询中心

组织要建立有效的职业生涯发展咨询中心应做到以下几个方面：首先，取得员工信任。让员工知道建立咨询中心是符合他们自身的利益的，能让他们更好地管理自己的职业生涯。其次，选取合适的地址。企业应当将中心建立在最显著而且容易到达的地方，向员工表明企业不仅允许而且鼓励员工充分利用中心，如果有必要还可以建立服务于多个地点的流动中心。再次，选择合适的人员，这也是进行职业生涯开发最为关键的因素。咨询中心应当聘请一些外部的顾问和职业研究专家，做到企业内部员工和外部专家有力结合。之所以聘请外部专家，是为了让员工相信中心的顾问和专家是代表他们的利益，真心为他们服务的，同时也能节省成本。最后，实现咨询中心的网络化。这有利于对数据进行解释与分析，获取有价值的信息。

3.内部人才市场

通过内部招聘和内部提拔来填补空缺的职位有以下优点：能提高员工的士气、认同感；有利于评价候选人的工作能力；更加节省成本；有利于控制工资水平。

4.内部劳动力市场信息

企业在建立内部人才市场的过程中，要及时发布内部劳动力供求信息。例如，动态发布组织发展思路和策略、职位需求、职业发展通道、人才资源储备等各方面的信息，使员工充分了解组织的要求，明确努力的方向。在提供职业信息方面，企业可以采取以下两种方法：公布职位空缺信息；介绍职业生涯发展道路。企业可以建立职业资源中心，将其作为资料和信息发布中心。这些资料和信息可以涉及企业情况、政策、职业生涯管理自我学习指南等。

5.潜力评价中心

由于个人评价存在一定的主观性，因而组织需要采用一定的方法对技术人员的潜力进行客观的评价。通常组织可以采取以下两种方法：

（1）评价中心。评价中心是指将受评人置于一个模拟情境中，由企业内部的高级管理人员和外部的心理学专家共同采用多种测评技术，观察和评价受评人在这种环境下的心理与行为，进而预测受评人的各项能力及存在的不足。评价中心一般用于确定管理者候选人，并为其职业生涯发展制定和设计培训内容，是当今选拔或培训高级管理者的重要方法。对有志于向高级管理者发展的技术人员，需要运用这一方法进行客观评价。一般情况下，评价中心最常用的是情景模拟测验，采取公文处理、无领导小组讨论、角色扮演和案例研究等测评技术进行。

（2）心理测验。这是指运用心理学测量工具对个人的职业潜能、兴趣、价值观等进行测验。职业潜能包括语言能力、数学能力、机械能力、知觉能力、空间想象能力、推理能力、手指灵巧性等。

6.项目开发

项目开发是指组织为了顺应时代的发展，使组织中的人员具备必要的竞争力而实施的人才培养措施。具体说来，它主要包括：（1）工作轮换，让技术人员在不同的岗位上流转，积累经验，为晋升打基础。(2) 利用组织内外人力资源发展项目对技术人员进行培训，比如承担学费的学位教育、管理指导和导师制等。(3) 派技术人员参加有关学术或非学术的研讨会。(4) 专门对技术人员开展培训或实行双重或者多重职业生涯规划。

15.3.3 技术人员职业生涯管理的注意事项

1.工作与家庭平衡

在职业生涯中，所有的员工都要从事一定的非工作的活动，其中必然产生一些冲突。工作与家庭冲突主要有4种类型：压力冲突、行为冲突、角色冲突和时间冲突。针对工作与家庭的冲突，员工个人和组织都需要采取一系列措施，有效地解决两者之间的矛盾。

(1) 个人的自我管理。首先，确定优先次序，弄清楚家庭责任与工作之间的关系，从更长远的角度来看待问题。其次，更新观念，改变传统家庭观念和模式所带来的内疚感。要成为成功的职业父母，就要学会自我约束、自我管理。最后，协调好夫妻双方工作与家庭的关系，减少家庭对工作的负面影响。

(2) 组织的工作与家庭平衡计划。组织应采取一系列的措施帮助员工解决工作与家庭平衡问题。比如：制定对工作和非工作活动的调解政策；向员工提供解决家庭问题的咨询服务；设计适应家庭需要的弹性工作制；实施职务分担；为员工提供支持；提供参观或联谊等机会，促进员工与家人的相互理解；将部分福利扩展到员工家庭范围，分担员工家庭压力。

2.职业多样化管理

随着人口及劳动力的日趋多样化，组织应认识到其所依赖的员工也是多样化的，并考虑能否管理好这些多样化的员工。同时，组织可能存在不公平的问题。比如，女性的职业生涯发展有很多障碍，在晋升和薪水、绩效考核、发展相关工作技能和建立重要职业联系等方面，与男性相比，往往存在差距或者缺乏机会。

针对以上问题，组织具体可以按以下步骤实施多样化管理：

(1) 就多样化的意义和重要性进行交流。组织要想有效地推行多样化管理，就必须明白组织多样化的构成和实施多样化管理的意义，并且将这种意义有效地反馈给员工、董事会、股东、供应商等利益相关者，让他们认识到自身在多样化管理过程中应尽的责任。

(2) 实行公平的雇用体系。组织应当杜绝雇用中的歧视问题，通过招聘工作发现最有才能的应聘者，而不管他们的种族、性别、宗教、年龄等，还必须认真审查雇用过程的每个环节。

(3) 识别重要的多样化问题。组织可以通过问卷调查、面谈和观察的方法来评价自己的文化，识别哪些重要因素能更好地为员工创造机会。另外，通过对管理中的做法和员工的态度不断进行研究，也能识别重要的多样化问题。组织还可以采用多样化的团队或多样化委员会收集多样化的相关问题。

(4) 采用多样化培训。多样化培训是多样化管理的重要组成部分，主要包括情况介绍、角色扮演、团队建设、视频录放等方面。

（5）发挥管理层的作用。组织中的高、中、基层管理者都应当实行有效的领导，在多样化管理中承当相应的责任。

3.工作丰富化

工作丰富化是指在工作中赋予员工更多的责任、自主权和控制权。与工作扩大化不同，工作丰富化不是水平地而是垂直地增加工作内容。在这种情况下，员工在任务、责任上承担更多，同时也拥有更大的自主权，并进行自我管理。工作丰富化提高了员工的满意程度和工作的积极性。组织要有效地实行工作丰富化，可采取以下5个步骤：

（1）确定自然的工作单元，使集体的工作形成一个有实际意义的整体。

（2）合并任务。分析工作中相似和重叠的任务，合并成一个整体。

（3）形成与顾客之间的紧密联系。通过这一举措，使得技术人员与顾客有机地联系起来，了解顾客的需求并且能更好地满足这种需求。

（4）直接分派任务。尽可能地赋予技术人员自主权，这样，不需要经过其他部门专门培训，技术人员就能在自己的自主创新中提高能力。

（5）建立公开的信息反馈渠道。通过这一方式，技术人员能更好地与组织进行沟通，得到更多关于产品和服务的信息。

知识拓展：生涯导向的员工培训

本章小结

技术人员是组织的基石，脱离了他们，组织将无法运行，因而对技术人员的职业生涯规划进行管理成为组织一项重要任务。首先，本章分析了技术人员的特征和切实需求。其特征主要包括：具有较高的文化程度、具有高度的工作相关性、具有较强的流动倾向、具有较高的个人素质和创造能力、工作过程具有内隐性。其个人需求包括追求事业成功的需求、增长专业知识和能力的需求、获得内部认可的需求、对工作环境和氛围的需求四个方面。其次，本章详细介绍了影响技术人员职业生涯规划的三大因素（个人、组织、宏观环境），以及技术人员职业生涯规划的内容（确定职业目标，确定成功的标准，设置合理的职业通道，建立长效的教育培训机制）。最后，本章提出从自我评估、职业生涯发展咨询中心、内部人才市场、内部劳动力市场信息、潜力评价中心、项目开发六方面着手，有效地实施技术人员的职业生涯规划，强调了在职业生涯规划的实施过程中应当注意工作与家庭的平衡、职业多样化管理、工作丰富化三个问题。

复习思考题

1.技术人员有哪些特征和需求?

2.影响职业生涯规划的因素有哪些?

3.当前，技术人员职业生涯规划面临哪些问题?其职业生涯规划的内容有哪些?

4.如何实施技术人员的职业生涯规划?实施中应注意哪些问题?

案例分析题

国网工匠蒙媛的专家成长之道

出生于电业世家的蒙媛，19岁从成都水电学校毕业后，成为国网四川省电力公司广安供电公司的一名电能表修校工。

对岗位的热爱、对职业的敬重，对于年轻的蒙媛来说，最初是质朴的心愿，逐渐内化为一种高度的事业心、责任感，外化为干一行、爱一行、钻一行的行动，“工匠”之心油然而生。

2013年，在日复一日的安装过程中，细心观察的蒙媛发现，常规的操作方法不仅存在安全隐患，而且削落的电线头子污染环境，安装过程时间长。她反复琢磨，潜心思考，终于发明了一种“简易绝缘套筒”。这种“简易绝缘套筒”，在安装电能表时，只需要套住裸露的导线一端，就能方便安全地进行安装，而且提高了安装速度，制作简单、费用低廉还能够重复使用。此项发明为电力企业节约生产成本上百万元，现已被四川省电力公司采用，获得市公司五小成果奖，已申报国家专利。

2015年，蒙媛在工作中发现，悬挂在室外立柱上的电表箱日晒雨淋，容易生锈，更换时必须停电，拆除安装表箱时间长、效率低，减少了供电企业的售电量。为了实现在无须停电的情况下提高更换速度，蒙媛通过一段时间的实验摸索，发明出一种新型电能表箱。这种表箱安装简单，容易更换，整个更换过程无须停电，更换时间缩短仅为2分钟。此项创新为电力企业节约了大量的人力、物力成本，每年带来上千万元的经济效益，目前已被设备生产企业投入量产。

蒙媛如一只拧紧发条的时钟，安静地行走在创新改革的时空轨道上，一项项成果悄然而至。她发明的“新型电压夹”，解决了电能表在现场检验中电压试验夹容易跳落的问题，并申请了国家专利；她发明的“电能表标准接线装置”，解决了智能电能表在换装过程中出现计量差错的问题，也申请了国家专利。

2015年，蒙媛参与国家电网公司重点科技研究项目“计量二次回路在线监测设备”的研究、安装和调试工作，并对研究成果的现场运行数据进行分析，为此项成果的研究和推广提供了数据支持。

2017年，蒙媛又参与了国家级科技研究项目“配电网计量装置复杂工况下检测关键技术及应用”，获得中国仪器仪表学会科技三等奖、全国电力协会科技三等奖。蒙媛还参与了四川省电力公司重点科技研究项目“分布式电源并网电能计量及用电信息采集关键技术”的研究，为国家新能源的高效利用、降低环保压力，为国网公司建设坚强智能电网的目标提供了有力的支撑。

广安地处山区，对无线信号影响大，而采集装置基本上是采用无线信号进行传输，这样对采集成功率影响很大，直接影响公司的同业对标指标。针对这种情况，蒙媛攻坚克难，开展技术攻关，她经过多次尝试，采用通过有线把无线信号放大后引入采集设备的方法，成效显著，成功率高。此项“GPRS信号补盲法”已在全省进行推广应用，被四川省电力公司纳入群众创新项目。

大力传承和弘扬“工匠精神”，蒙媛行走在匠心筑梦的路上，并把争做“大国工匠”梦想的种子播撒四面八方。

2015年3月，四川省政府以蒙媛名字命名成立“蒙媛技能大师工作室”，2017年9月，升格为国家级技能大师工作室。蒙媛以此作为平台，在公司开设“周周微课堂”，每周星期一开讲。她还定期举办“蒙媛技能大师工作室知识大讲堂”，通过设立主会场、网络传输等方式，面向全市电力行业职工授课，听者云集，广受欢迎。目前，该工作室培养出技能大师10人，其中1人已获得国家电网公司优秀技能人才称号。

蒙媛专业理论知识扎实，现场实践经验丰富，操作技艺娴熟精湛，从事电能计量工作近20年，特别善于技术创新和破解各项技术难题。她是国家电网公司聘请的电能计量专业首席“技能专家”和“培训专家”，长期担任国家电网公司全国各大网省公司新进大学生核心专业课的教学工作，培训学生达1 100余人次。

坚守工匠精神，追求精益求精。蒙媛将自己的青春和才智化作光和热，将个人人生价值融入电力事业的发展与社会的进步之中，不忘初心、牢记使命，把工作做到极致，做最优秀的自己，在新的历史征途上，将成就新的梦想与荣光。

资料来源　淡江旭．做最优秀的自己——记国网工匠蒙媛［J］．中国电力教育，2018（6）．

讨论：

1.从蒙媛的职业生涯发展过程来看，你认为她的发展属于哪一种职业通道模式？你从中得到哪些启示？

2.如果你是组织职业生涯规划的设计者，你如何为技术人员制定合理的职业生涯规划？

第15章案例分析提示

职业测试

威廉斯创造力测试

一、测试方法

在下列句子中，如果你发现某些句子所描述的情形很适合你，则请你在答案纸

（请自备）上“完全符合”的圆圈内打“√”；若有些句子仅是在部分时候适合你，则在“部分符合”的圆圈内打“√”；如果有些句子对你来说根本是不可能的，则在“完全不符”的圆圈内打“√”。

二、注意事项

1.每一题都要做，不要花太多时间去想。

2.所有题目都没有“正确答案”，凭你读完每一句后的第一印象填答。

3.虽然没有时间限制，但应尽可能地争取以较快的速度完成，愈快愈好。

4.切记：凭你自己真实的感觉作答，在与自己情形最相符的圆圈内打“√”。

5.每个题在“完全符合”“部分符合”“完全不符”三者之中，只能打一个“√”。

三、测试题

1.在学校里，我喜欢试着对事情或问题做猜测，即使不一定都猜对也无所谓。

2.我喜欢仔细观察我没有看过的东西，以了解详细的情形。

3.我喜欢听变化多端和富有想象力的故事。

4.画图时我喜欢临摹别人的作品。

5.我喜欢利用旧报纸、旧日历及旧罐头等废物来做成各种好玩的东西。

6.我喜欢幻想一些我想知道或想做的事。

7.如果事情不能一次完成，我会继续尝试，直到成功为止。

8.做功课时我喜欢参考各种不同的资料，以便得到多方面的了解。

9.我喜欢用相同的方法做事情，不喜欢去找其他新的方法。

10.我喜欢探究事情的真假。

11.我喜欢做许多新鲜的事。

12.我不喜欢交新朋友。

13.我喜欢想一些不会在我身上发生的事情。

14.我喜欢想象有一天能成为艺术家、音乐家或诗人。

15.我会因为一些令人兴奋的念头而忘记了其他的事。

16.我宁愿生活在太空站，也不喜欢住在地球上。

17.我认为所有的问题都有固定的答案。

18.我喜欢与众不同的事情。

19.我常想要知道别人正在想什么。

20.我喜欢故事或电视节目所描写的事。

21.我喜欢和朋友一起分享我的想法。

22.如果一本故事书的最后一页被撕掉了，我就自己编造一个故事，把结局补上去。

23.我以后想做一些别人从没想过的事情。

24.尝试新的游戏和活动，是一件有趣的事。

25.我不喜欢太多的规则限制。

26.我喜欢解决问题，即使没有正确的答案也没关系。

27.有许多事情我都很想亲自去尝试。

28.我喜欢唱没有人知道的新歌。
29.我不喜欢在班上同学面前发表意见。
30.当我读小说或看电视时，我喜欢把自己想成故事中的人物。
31.我喜欢幻想200年前人类生活的情形。
32.我常想自己编一首新歌。
33.我喜欢翻箱倒柜，看看有些什么东西在里面。
34.画图时，我很喜欢改变各种东西的颜色和形状。
35.我不敢确定我对事情的看法都是对的。
36.对于一件事情先猜猜看，然后再看是不是猜对了，这种方法很有趣。
37.玩猜谜之类的游戏很有趣，因为我想要知道结果如何。
38.我对机器有兴趣，也很想知道它里面是什么样子，以及它是怎样转动的。
39.我喜欢可以拆开来的玩具。
40.我喜欢想一些新点子，即使用不着也无所谓。
41.一篇好的文章应该包含许多不同的意见或观点。
42.为将来可能发生的问题找答案，是一件令人兴奋的事。
43.我喜欢尝试新的事情，目的只是想知道会有什么结果。
44.玩游戏时，我通常是有兴趣参加，而不在乎输赢。
45.我喜欢想一些别人常常谈论的事情。
46.当我看到一张陌生人的照片时，我喜欢去猜测他是怎样一个人。
47.我喜欢翻阅书籍和杂志，但只想知道它的内容是什么。
48.我不喜欢探寻事情发生的各种原因。
49.我喜欢问一些别人没有想到的问题。
50.无论在家里或在学校，我总是喜欢做许多有趣的事。

威廉斯创造力测试结果

主要参考文献

［1］苏文平．职业生涯规划与就业创业指导［M］．2版．北京：中国人民大学出版社，2020.

［2］通识教育规划教材编写组．大学生职业生涯规划［M］．北京：人民邮电出版社，2019.

［3］里尔登，伦兹，彼得森，等．职业生涯发展与规划［M］．侯志瑾，等译．4版．北京：中国人民大学出版社，2018.

［4］费瑟斯通豪．远见：如何规划职业生涯3大阶段［M］．苏健，译．北京：北京联合出版有限公司，2018.

［5］孙宗虎．职业生涯规划管理实务手册［M］．3版．北京：人民邮电出版社，2018.

［6］夏季春．职业规划创新与实战［M］．北京：科学出版社，2017.

［7］石建勋．职业生涯规划与管理［M］．2版．北京：清华大学出版社，2017.

［8］刘平，张文．大学生职业生涯规划与就业指导［M］．北京：高等教育出版社，2017.

［9］裴宇晶，邹家峰．为自己的性格找份工作：九型人格与职业生涯规划［M］．北京：民主与建设出版社，2017.

［10］王新超．职业发展心理学［M］．北京：中央编译出版社，2017.

［11］钟思嘉，金树人．大学生职业生涯规划：自主与自助手册［M］．北京：高等教育出版社，2017.

［12］孙继滨．互联网+新求职时代：迈出领先一步［M］．北京：新华出版社，2017.

［13］应届生求职网．应届生求职简历全攻略［M］．上海：上海交通大学出版社，2017.

［14］许湘岳，黄东斌．职业生涯规划［M］．北京：人民出版社，2017.

［15］萨克尼克，若夫门．职业指导——职业生涯规划教程［M］．中国就业培训技术指导中心，清华大学学生职业发展指导中心，译．11版．北京：中国劳动社会保障出版社，2017.

［16］张丽．女性职业生涯规划与管理［M］．北京：北京师范大学出版社，2017.

［17］王俊．职业生涯规划［M］．南京：东南大学出版社，2016.

［18］庄明科，谢伟．大学生职业生涯规划［M］．北京：中国人民大学出版社，2016.

［19］蒋直平，聂蕙，陈晚云．职业选择样本［M］．长沙：中南大学出版社，2016.

[20] 王强. 蓝图——清华学子的职业生涯设计［M］. 北京：清华大学出版社，2016.

[21] 顾倩妮. 中国管理者职业生涯成功主观感受研究——基于适应性的视角［M］. 北京：立信会计出版社，2016.

[22] 格罗斯罗. 脱颖而出：技术人员的职业生涯管理秘笈［M］. 易艺，译. 北京：机械工业出版社，2015.

[23] 国家职业分类大典修订工作委员会. 中华人民共和国职业分类大典（2015年版）［M］. 北京：中国劳动社会保障出版社，2015.

[24] 马怀立，张敏，邓莹. 我的生涯训练手册［M］. 长春：东北师范大学出版社，2015.

[25] 方伟. 大学生职业生涯规划咨询案例教程［M］. 2版. 北京：北京大学出版社，2015.

[26] 应届生求职网. 应届生互联网行业求职全攻略［M］. 上海：上海交通大学出版社，2015.

[27] 周鸣阳，许爱玉. 找准你的位置——大学生求职与职场制胜方略［M］. 杭州：浙江大学出版社，2014.

[28] 莱卡，乌德蒙. 职业健康心理学［M］. 傅文青，赵幸福，译. 北京：中国轻工业出版社，2014.

[29] 俞文钊，吕建国，孟慧. 职业心理学［M］. 大连：东北财经大学出版社，2014.

[30] 格林豪斯，卡拉南，戈德谢克. 职业生涯管理［M］. 王伟，译. 4版. 北京：清华大学出版社，2014.

[31] 卢埃林，霍尔特. 适合比成功更重要［M］. 古典，译. 北京：中信出版社，2013.

[32] 熊苹. 职业生涯规划［M］. 2版. 北京：清华大学出版社，2013.

[33] 杜耿. 重塑职业生涯规划［M］. 北京：人民邮电出版社，2013.

[34] 孙东雅. 世界500强企业面试实录［M］. 北京：华夏出版社，2013.

[35] 任占忠，陈永利. 大学生职业适应指导［M］. 北京：北京交通大学出版社，2013.

[36] 叶军峰，夏建辉. 就业与职场适应［M］. 北京：中国劳动社会保障出版社，2013.

[37] 萨克尼克，本达特，劳夫曼. 职业的选择：成功规划你的人生［M］. 周文霞，等译. 北京：机械工业出版社，2011.

[38] 刘宁. 企业管理人员职业生涯成功的影响因素研究：社会网络观点［M］. 北京：北京大学出版社，2011.

[39] 姬振旗，周锋. 求职择业指导（本科版）［M］. 北京：高等教育出版社，2011.

[40] 叶纳. 职业生涯规划：自测、技能与路径［M］. 刘红霞，杨伟国，译. 4版.

北京：机械工业出版社，2011.

［41］因克森．理解职业生涯：九种你必须了解的职业隐喻［M］．高中华，译．北京：中国轻工业出版社，2011.

［42］胡八一．这样面试最有效——有效面试的十大方法［M］．北京：人民邮电出版社，2009.

［43］曼德．新职业观［M］．北京：人民邮电出版社，2006.

［44］伍顿，贾米森．成功金字塔［M］．刘国栋，沈昌胜，徐刚，译．北京：中国青年出版社，2004.

［45］邱美华，董华欣．生涯发展与辅导［M］．台北：心理出版社，1997.

［46］施恩．职业的有效管理［M］．仇海清，译．北京：生活·读书·新知三联书店，1992.